아비담마 종합 해설

—

상좌부 불교계 전반에서 『아비담맛타 상가하』는 항상 아비담마 연구의 첫 번째 교과서로 사용된다. 불교 승원에서, 특히 버마에서 초심자와 어린 비구들은 논장의 책들과 그것의 주석서들을 공부하도록 허용 받기 전에, 먼저 『아비담맛타 상가하』를 암기해야 한다.

아비담마 종합 해설

아비담맛타 상가하 빠알리어 텍스트·번역·해설

Abhidhammattha Sangaha

지음 아누룻다
해설 빅쿠 보디
옮김 법륜 김종수

불광출판사

총 편집자, 빅쿠 보디

—

나라다 큰스님이 편집하고 번역한 빠알리어 텍스트를 빅쿠 보디가 다시 번역하였으며, 우 레와따 담마와 빅쿠 보디의 서론 및 설명과 함께 우 실라난다 스님이 정리한 아비담마 표(table)들을 곁들였다.

공헌자들에 대해

나라다(Nārada) 스님은 1898년 콜롬보에서 태어났다. 18세에 존경받는 스승인 뻴레네 와지라냐나 마하나야까(Pelene Vajirañāṇa Mahānāyaka) 장로 밑에서 사미계를 받았고, 20세에 구족계를 받았다. 나라다 스님은 승단 생활 65년 동안 경건함과 규율이 잡힌 행동, 불법을 스리랑카와 해외에 전파하는 일에 탁월함을 보였다. 그는 1983년 콜롬보에서 열반했다. 나라다 스님은 영어로 쓰인 저술로, 상좌부(Theravāda) 불교에 대한 가장 명료하고 상세한 입문서로 널리 간주되는 『붓다와 그분의 가르침』(*The Buddha and His Teachings*)이라는 책으로 잘 알려져 있다.

빅쿠(Bhikkhu) 보디(Bodhi)는 1944년에 뉴욕에서 태어난 미국 국적의 스님이다. 클레어몬트(Claremont) 대학원에서 철학 박사학위를 마친 후에, 그는 승가에 들어갈 목적으로 스리랑카로 갔다. 그는 저명한 학승인 발랑고다 아난다 마이뜨레야(Balangoda Ananda Maitreya) 스님 밑에서 1972년에 사미계를 받았고, 1973년에 구족계를 받았으며, 그 스승 밑에서 빠알리어(Pāli)와 담마(Dhamma)를 공부했다. 그는 그 경들의 주석서와 더불어 네 권의 주요 빠알리 경전(Pāli sutta)의 번역을 포함하여, 상좌부 불교에 관한 몇몇 책들을 저술하였다. 1984년부터 불교출판협회(Buddhist Publication Society)의 편집자로 활동했으며, 1988년 이래로 그 협회의 회장을 맡았다.

우 레와따 담마(U Rewata Dhamma) 스님은 버마에서 태어나 이른 나이에 승원에 들어갔다. 그는 버마에서 여러 저명한 학승들 밑에서 빠알리어와 상좌부 불교를 공부했고, 23세에 경전 연구에서 가장 높은 시험에 합격했다. 1953년 당시 대통령이 그에게 국가 공인 대법사(Sāsanadhaja-siripavara-dhammācariya)라는 명예로운 칭호를 수여했다. 그는 1956년부터 1967년까지 인도에서 공부했고, 베나레스 힌두 대학(Benares Hindu University)에서 박사학위를 받았다. 1975년에 영국으로 건너와 버밍햄에 불교 센터를 설립, 활동의 근거지로 삼았다. 그는 지금 유럽과 미국의 다양한 센터에서 명상과 불교를 가르친다. 레와따 담마 스님은 1965년, 와라나시(Varanasi)에서 『위바위니 띠까』(*Vibhāvinī-Ṭīkā*)와 함께 『아비담맛타 상가하』(*Abhidhammattha Sangaha*, 아비담마 주제 개요)를 편집하고 출판했으며, 1970년에 『마하 띠까』(*Mahā-Ṭīkā*)와 함께 『청정도론』(*Visuddhamagga*)을 편집하고 출판했다. 1967년에는 힌두어로 쓴 자신의 주석서와 함께 힌두어로 번역한 『아비담맛타 상가하』가 출판되었는데, 그해의 훌륭한 책들 가운데 하나로 힌디 아카데미(Hindi Academy)로부터 깔리다사 상(Kalidasa Prize)을 수여받았다. 그것은 인도의 많은 대학에서 불교 연구의 교과서로 사용된다.

실라난다(Sīlānanda) 스님은 버마에서 태어났으며 1947년 출가하였다. 그는 법의 대가(Dhammācariya)의 두 가지 학위를 갖고 있으며, 사가잉(Sagaing)과 만달라이(Mandalay)의 대학에서 빠알리어와 불교 연구를 강의하였다. 그는 1954년에 랑군에서 소집된 제6차 불교 회의에서 종합 빠알리어-버마어

사전의 최고 편집자로, 빠알리어 경전의 최종 편집자로 탁월한 위치를 차지했다. 1979년 이래로 그는 미국에서 살면서 그곳에서 통찰(vipassanā) 명상, 아비담마, 상좌부 불교의 다양한 다른 면들을 가르쳤다. 실라난다 스님은 담마난다 승원(Dhammānanda Vihara)의 설립자 겸 주지이고 캘리포니아에 있는 미국의 상좌부 불교 협회와 담마착까(Dhammachakka) 명상 센터의 정신적인 지도자이다. 그의 책인 『사념처(四念處)』(*The Four Foundations of Mindfulness*)는 위즈덤 출판사(Wisdom Publications)에서 출판하였다.

목차

상세목차

1

마음의 개요

마음부수들의 결합

마음부수들의 조합

3

여러 가지 항목의 개요

4

인식과정의 개요

5

인식과정을 벗어난 마음의 개요

6 물질의 개요

7

범주의 개요

8 조건의 개요

9 명상주제의 개요

사마타의 개요

위빳사나의 개요

표 목록

약어

텍스트의 이름

A.	Anguttara Nikāya, 증지부
Asl.	Atthasālinī(Dhammasangaṇī의 주석서)
D.	Dīgha Nikāya, 장부
Dhs.	Dhammasanganī, 법집론
Expos.	*The Expositor*(Atthasālinī의 번역서)
M.	Majjhima Nikāya, 중부
Pṭs.	Paṭisambhidāmagga, 무애해도
S.	Saṃyutta Nikāya, 상응부
Smv.	Sammohavinodanī(Vibhanga의 주석서)
Vibhv.	Vibhāvinī-Ṭīkā
Vism.	Visuddhimagga, 청정도론

사선(/)에 의해서 분리된 빠알리어 텍스트에 관해서, 사선의 왼쪽에 있는 숫자는 텍스트의 번호를 나타내고, 오른쪽의 숫자는 빠알리성전협회(Pāli Text Society)의 권 번호와 쪽 번호를 나타낸다. Vism.(『청정도론』, *Visuddhimagga*)의 참조번호는 냐나몰리(Ñāṇamoli) 스님의 번역서인 *The Path of Purification*의 장 번호와 섹션 번호이다.

서문

이 책은 상좌부 불교계 전역에서 사용되는 주요 입문서인 아누룻다(Anuruddha) 스님의 『아비담맛타 상가하』(*Abhidhammattha Sangaha*, 아비담마 주제 개요) 빠알리어 텍스트를 기반으로 한 영어 번역과 상세한 설명을 포함한다. 이 책은 나라다(Nārada) 스님이 쓴 『상가하』(*Sangaha*)의 오래된 판본이며 주해를 붙인 번역인 『아비담마 설명서』(*A Manual of Abhidhamma*)의 개정판으로 약 4년 전에 작업이 시작되었다. 이제 출판될 시기가 다가오면서, 기본적으로는 동일한 제목 하에 출판되지만 실제로는 완전히 새로운 책으로 진화했다. 부분적으로 그것의 저본과의 연속성을 유지하기 위해서, 그리고 부분적으로 '아비담마 설명서'라는 이름이 단지 문자 그대로 '아비담마에 포함된 것들의 개요'를 뜻하는 빠알리어 원본의 제목에 가장 만족스러운 번역이기 때문에 그 제목은 유지하였으며, 원래의 제목에 보다 광범위한 영역을 강조하기 위해서 '종합적인(comprehensive)'이라는 수식어가 더해졌다.

이 책이 겪어온 과정에 대해 간단한 설명이 필요한 것 같다. 나라다 스님의 『아비담마 설명서』가 그것이 지나온 네 가지 판본에서 초심자를 위한 아비담마 안내서로 수십 년 동안 훌륭하게 역할을 해왔지만, 점차 기술적인 설명과 정리 배열 면에서 개선의 필요가 분명해졌다. 그리하여 1988년 후반에 『아비담마 설명서』를 다시 인쇄할 필요가 임박해졌을 때, 나는 버밍햄에 있는 불교 승원(Buddhist Vihara)의 레와따 담마(Rewata Dhamma) 스님에게 연락해서 네 번째 판본에 있는 설명에 대해 일련의 교정을 요청했다. 나는 또한 스님에게 아비담마를 진지하게 공부하는 사람에게 유용하리라고 생각되는 좀 더 많은 정보를 더해야 한다고 제안했다. 그는 드물게도 여러 가지 훌륭한 요건들을 갖추고 있었기 때문에 나는 이 과업에서 레와따 담마 스님의 도움을 특별히 원했다: 그는 상좌부 아비담마 연구의 심장부인 버마 출신으로 전통적인 교육을 받은 비구 스님이다. 스님은 『아비담맛타 상가하』와 그것의 고전적인 주석서인 『위바위니 띠까』를 편집했다. 또한 (힌두어로) 그 책에 대한 그 자신의 주석서를 썼다. 그럴 만큼 스님의 영어는 유창하다.

레와따 담마 스님이 영국에서 주해에 대한 개정을 편찬하고 있는 동안에, 나는 스리랑카에서 나라다 스님의 『아비담맛다 상가하』에 대한 영어 번역을 검토하기 시작했다. 몇 개의 판본으로 되어 있는 빠알리어 텍스트 및 주석과의 긴밀한 비교는 그것의 번역과 원본에 대한 나라다 스님의 빠알리어 판본 둘 다에서 많은 변화를 가져왔다. 번역을 개정할 때 나의 목표는 사소한 잘못들을 교정하는 것뿐만 아니라 빠알리어 용어들의 번역에서 높은 수준의 기술적인 일관성과 정확성을 성취하는 것이었다. 『청정도론』에 대한 냐나몰리 스님의 거장다운 번역인 *The Path of Purification*과의 교차 참조를 용이하게 하기 위해서, 나는 어떤 경우에는 나라다 스님이 선택한 용어들이 견지되도록 했고, 다른 경우에는 계속 다른 대안이 되는 용어들을 선택했지만, 주로 후자의 책에서 사용된 전문용어 가운데 많은 것을 채택했다. 『아비담마 설명서』에 대한 편집작업이 거의 마무리될 즈음에, 나는 함말라와 삿다띳사(Hammalawa Saddhātissa)가 편집한 빠알리성전협회(Pāli Text Society)의 『아비담맛타 상가하』의 최근 판본을 만나게 되었다. 이것은 나에게 빠알리어 텍스트에 대한 몇 가지 추가적인 교정을 하도록 해주었지만, 불행하게도 이 판본을 너무 늦게 만나서 『상가하』의 단락번호를 붙이는 데 그것의 체계를 사용할 수 없었다.

이 새로운 판본을 준비하면서 주된 과업은 설명을 쓰는 것이었다. 처음에 우리가 일을 시작했을 때, 우리의 의도는 나라다 스님의 원래의 설명을 가능한 한 많이 유지하고, 우리가 생각하기에 필요하거나 특별히 바람직할 때만 그 설명을 변경하고 새로운 자료를 도입하는 것이었다. 그러나 일을 진행하면서 훨씬 더 많은 전면적인 변화가 필요하다는 것이 곧 분명해졌다. 『아비담맛타 상가하』에 포함된 필수적인 모든 원리들에 대한 정확하고 상세한 설명을 제공하려는 바람으로 레와따 담마 스님과 나는 『상가하』의 주요 주석서로 수망갈라사미(Sumangalasāmi, 스리랑카, 12세기 후반) 스님이 쓴 『아비담맛타위바위니 띠까』(*Abhidhammatthavibhāvinī-Ṭīkā*)와 레디 사야도(Ledi Sayadaw)가 쓴 (버마, 1897년에 처음 출판된) 『빠라맛타디빠니 띠까』(*Paramatthadīpanī-Ṭīkā*)를 빈번하게 참조했다. 설명 자료의 많은 부분이 이 두 가지 주석서에서 추출되었다.

이 두 주석서는 아비담마 학자들 사이에서 잘 알려진 바와 같이 종종 그들이 기술적인 질문을 다룰 때 반대의 입장을 취해서 레디 사야도는 더 오래된 책에 대해 지속적으로 비판을 가했다. 여기에서 우리의 목적은 그 논쟁에 끼어들기보다는 아비담마의 근본적인 교의를 설명하는 것이기 때문에, 우리는 그 두 가지 주석서의 공통점이나 보충적인 공헌에 초점을 맞추었다. 일반적으로 우리는 그들을 나누는 주장은 피했지만, 이따금씩 그들의 차이점이 본질적으로 흥미가 있는 것처럼 보이면 그들의 서로 반대되는 의견들을 인용했다. 통찰지의 토양(paññābhūmi, 제14장-제17장)에 관한 여러 장에서 긴 아비담마 스타일의 논문을 포함하고 있는 『청정도론』으로부터 많은 양의 정보가 또한 도출되었다.

그렇게 모아진 설명 자료의 큰 더미에서, 우리는 초심자들이 아비담마의 복잡성을 뚫고 나갈 수 있도록 인도할 뿐만 아니라 베테랑 연구자에게도 자극을 주는 것으로, 그리고 계몽적인 것으로 입증될 『아비담맛타 상가하』에 상세한 설명을 쓰려고 노력했다. 설명은 상좌부 승원 공동체에서 유지되는 것과 같은 전통적인 설명 방법을 엄격하게 따랐다. 그리하여 현대 철학이나 심리학과 곁눈질로 비교하는 것뿐만 아니라 개인적인 해석을 모험적으로 시도하는 것을 의도적으로 피했다. 그런 비교 연구가 명백한 가치를 갖고는 있지만, 상좌부 정통에 의해서 고수된 것과 같은 아비담마 가르침에 대한 '내부의' 설명에서 그런 비교연구가 배제되어야 한다고 우리는 느꼈다.

책 전체는 다소 고전적인 주석서의 방식으로 쓰였다. 각 섹션은 『아비담맛타 상가하』의 빠알리어 텍스트 구절을 포함하고, 정확한 번역과 함께 인용된 구절에서 나타나는 중요한 용어와 아이디어에 대한 설명이 뒤따른다. 『상가하』가 아비담마에 대한 간결하고 매우 간략한 개요, 즉 살아있는 스승이 그의 제자들을 위해 설명하여 개요를 구체화시키는 방식으로 쓰인 것이기 때문에, 그런 접근이 필요했다. 그 자체로만 읽으면 『상가하』의 비밀의 가장자리만 서성거릴 뿐이다.

레와따 담마 스님과 내가 다시 함께 쓴 서론은 독자를 『아비담맛타 상가하』로 이끌고, 아비담마 철학이 도출되는 아비담마 문헌의 본체로 이끌 뿐만 아니라 보다 넓은 관점과 목표를 가지고 아비담마 전체 철학으로 독자를 이끌도록 의도되었다. 이 책을 준비하는 마지막 단계에서 우리가 만난 행운은 또 다른 버마의 아비담마 학자인 실라난다(Sīlānanda) 스님이 미국에서 그의 연구를 위해 준비한 많은 수의 아비담마 표들을 사용할 수 있도록 허락 받은 것이었다. 막대한 양의 정보를 간결한 체계로 배열하여 압축한 이 표들은 분명히 아비담마의 세부사항을 파악하는 데 매우 효과적인 연구 보조물로 입증될 것이다. 여기에 부록으로 포함된 마음과 마음부수들을 위한 텍스트 출처의 목록에 대한 공적은 실라난다 스님의 것이다.

이 서문을 결론 지으면서, 이 책의 완성을 위해 베풀어준 많은 사람들의 관대한 도움에 감사하는 즐거운 일이 남았다. 레와따 담마 스님과 나는 설명의 초기 부분을 준비할 때의 머코 프라이바(Mirko Fryba)의 유능한 도움에 감사하고 싶다. 덧붙여, 레와따 담마 스님은 마 마 르윈(Mar Mar Lwin), 피터 켈리(Peter Kelly), 질 로빈손(Jill Robinson), 우빠사까(Upasaka) 까루나 보디(Karuna Bodhi), 틸락(Tilak)에게 감사를 표현했다. 나는 레와따 담마 스님께서 이 책에 통합된 자료를 편찬하기 위해 빠듯한 스케줄 가운데에서도 시간을 내주신 것에 감사드리고 싶다. 또한 이 일을 더 쉽게 만들어 주었던 조력자들 팀에게 감사를 표현하고 싶다.

출판에 더욱 가까이 이르러서는 놀라운 정확성으로 빠알리어 텍스트와 『아비담맛타 상가하』의 개정된 영어 번역을 디스크에 입력해 준 아이야 냐나시리(Ayyā Nyanasirī)에게 감사한다. 또한 놀랄 만한 정확성으로 손으로 쓴 설명 원고를 디스크에 입력해 준 사위트리 찬드라라뜨네(Savithri Chandraratne)에게 감사한다. 그리고 설명 초고에 대한 통찰력 있는 의견으로 텍스트의 중요한 향상을 이끌어 낸 아이야 위말라(Ayyā Vimalā)에게도 감사한다. 마지막으로 이 판본을 위해 귀중한 표들을 사용하도록 친절하게 허락해 준 실라난다 스님께 감사한다.

빅쿠 보디
스리랑카의 칸디에서
1992년 8월

표에 대한 주해

다음 표들은 실라난다 스님이 제공한 것이고, 원래는 그가 개인적인 설명을 위해 만든 것이다: 1.1, 2.2, 2.3, 2.4, 3.1, 3.2, 3.3, 3.4, 3.5, 3.6, 3.8, 4.2, 4.3, 4.4, 4.5, 5.5, 5.6, 5.7, 6.2, 6.3, 8.2, 8.3, 9.1.

다음의 표들은 나라다 스님의 『아바담마 설명서』에 수록된 것이다: 1.11, 4.1, 5.1, 7.1, 7.3.

〔표 5.4〕는 나라다 스님의 『조건관계 설명』(Guide to Conditional Relations) 파트 1, 〔도표 7〕 (198-99쪽)에 기반을 두고 있다. 〔표 7.4〕는 나라나 스님의 『요소에 관한 법문』(Discourse on Elements), 제1장 표의 방법(26쪽)에 기반을 두고 있다. 그 둘은 빠알리성전협회의 친절한 허락을 받고 사용되었다.

위 표들의 원본은 이 판본의 목적을 위해 어떤 측면에서 수정되기도 하였다. 이 책에 나오는 다른 표들은 새롭게 만들어졌거나 아비담마 연구에서 일반적으로 사용되는 것이다.

서론

본서의 핵심은 『아비담맛타 상가하』(*Abhidhammattha Sangaha*, 아비담마 주제 개요)라는 제목의 중세 불교 철학 개요이다. 이 책은 학승인 아누룻다(Anuruddha) 스님의 저서로 여겨지지만 그에 대해서는 너무 알려진 것이 없어서 그가 출생한 나라와 그가 살았던 정확한 세기가 여전히 의문으로 남아 있다. 그럼에도 불구하고 저자를 둘러싸고 있는 개인적인 모호함은 있지만 그의 작은 설명서는 상좌부 불교의 가장 중요하고 영향력 있는 책들 가운데 하나가 되었다. 대략 50쪽으로 인쇄되어 9개의 짧은 장으로 구성된 이 책에서, 저자는 아비담마라고 불리는 불교 교리의 심원한 체계에 대한 대가다운 요약을 제공해 준다. 그 체계의 핵심들을 포착하고 쉽게 이해하기에 적합한 형태로 그것들을 배열하는 능력이 훌륭해서 그의 책은 남아시아와 동남아시아의 상좌부 불교 국가 전역에서 아비담마 연구의 표준 입문서가 되었다. 이 나라들, 특히 아비담마 연구를 가장 열심히 추구하는 버마에서 『아비담맛타 상가하』는 불교 지혜의 위대한 보고를 열 수 있는 꼭 필요한 열쇠로 간주된다.

아비담마

아비담마 철학의 중심에 붓다 가르침의 정통 교정본으로 상좌부 불교에서 인정되는 빠알리어 경전의 부류들 가운데 하나인 아비담마 삐따까(Abhidhamma Piṭaka, 논장)가 있다. 이 정경은 붓다께서 돌아가신 후 초기 몇 세기 동안 인도에서 열린 세 번의 대 불교도 결집에서 편찬되었다. 첫 번째 결집은 라자가하(Rājagaha)에서 붓다께서 반열반하시고 3개월 후에 마하깟사빠(Mahākassapa) 장로의 지도로 500명의 장로스님들이 결집했다. 두 번째 결집은 100년 후에 웨살리(Vesālī)에서 열렸다. 그리고 세 번째 결집은 200년 후에 빠딸리뿟따(Pāṭaliputta)에서 열렸다. 지금은 빠알리어라고 불리는 중인도 언어로 보존된 이들 결집에서 나온 경전은 띠삐따까(Tipiṭaka, 삼장), 즉 세 가지 '바구니' 혹은 가르침의 모음집으로 알려져 있다. 첫 번째 모음집인 위나야 삐따까(Vinaya Piṭaka, 율장)는 비구스님들과 비구니스님들의 행위 규범과 승가를 통제하는 규정들을 담고 있는 규율에 관한 책이다. 두 번째 모음집인 숫따 삐따까(Sutta Piṭaka, 경장)는 붓다께서 활동적으로 45년의 성직을 수행하는 동안 다양한 경우에서 말씀하신 법문들을 모은 것이다. 그리고 세 번째 모음집은 아비담마 삐따까(Abhidhamma Piṭaka, 논장), 즉 붓다의 '더 수승한' 혹은 '특별한' 교리이다.

빠알리어 경전의 이 세 번째 큰 부분은 다른 두 부분과 분명하게 다른 특징을 지닌다. 경과 율은 분명하고 실제적인 목적, 즉 해탈이라는 분명한 메시지를 선포하고 개인적인 수행 방법을 제시하는 목적을 가지는 반면, 논장은 교리의 추상적이고 대단히 기술적인 체계화의 측면을 제시한다. 이 모음집은 7권으로 구성되어 있다: 『담마상가니』(*Dhammasaṅgaṇī*, 法集論), 『위방가』(*Vibhaṅga*, 分析論), 『다뚜까타』(*Dhātukathā*, 界論), 『뿍갈라빤냣띠』(*Puggalapaññatti*, 人施設論), 『까타왓투』(*Kathāvatthu*, 論事), 『야마까』(*Yamaka*, 雙論), 『빳타나』(*Paṭṭhāna*, 發趣論). 이 논서들은 경과는 다르게 실제 삶의 환경에서 발생하는 법문과 토론의 기록이 아니다. 이들은 오히려 교리의 원리들이 체계적으로 조직되고, 세밀하게 정의되고, 꼼꼼하게 도식화되고 분류되는 완성된 논문들이다. 비록 이 논서들이 의심의 여지가 없이 처음에는 B.C. 1세기의 나머지 경들과 함께 구두로 구성되고 전달되고 난 후에야 글로 기록되었지만, 이 논서들은 글로 쓴 문서에서 더욱 전형적인 구조화된 생각과 엄격한 일관성의 특징을 보여준다.

상좌부 전통에서 논장은 가장 높이 존중되고, 불교 경전의 왕관 보석으로 존경받는다. 이 높은 존중의 예로, 스리랑카에서 깟사빠(Kassapa)왕(A.C. 10세기)은 논장 전체를 금판에 새기고 첫 번째 책은 보석 상자 안에 넣었다. 반면에 또 다른 왕인 위자야바후(Vijayabāhu, 11세기)는 왕으로서의 업무를 착수하기 전에 매일 아침 『담마상가니』(*Dhammasanganī*, 法集論)를 공부하고 그것을 싱할리어(Sinhala)로 번역하였다. 하지만 피상적으로 읽으면 아비담마에 주어진 이런 예경은 이해하기 어려워 보인다. 그 텍스트들은 지루하고 싫증나도록 반복적인 여러 교리적인 용어들을 조작하는 학문적인 연습에 불과한 것처럼 보인다.

논장이 그렇게 깊이 존중되는 이유는 이 고대의 책들이 전하려는 뭔가 중요한 것이 있다는 확신을 가지고 착수하여 철저히 연구하고 심오하게 반조하는 결과로써만 분명해진다. 아비담마 논서들을 그러한 정신으로 읽어서 그것의 폭넓은 함축적 의미와 유기적인 일치성에 대한 어떤 통찰을 얻게 되면, 그 논서들이 경험된 실재의 전체성에 대한 포괄적인 관점, 즉 범위의 광범위함, 체계의 완전성, 그리고 분석의 정확성에 의해 특징지어지는 관점을 말하려고 하고 있음을 알게 될 것이다. 상좌부의 정통적 관점에 따르면 그 논서들이 전하는 체계는 사색적인 생각이 빚어낸 공상이 아니고, 형이상학적인 가설로 결합된 모자이크도 아닌, 깊고 가장 세심하게 사물의 전체성을 꿰뚫은 사람에 의해서 파악된 진정한 존재의 본성을 드러낸 것이다. 이런 특징을 갖고 있기 때문에, 상좌부 전통은 아비담마를 붓다의 걸림 없는 일체지(sabbaññutā-ñāṇa)에 대한 가능한 한 가장 완전한 표현으로 간주한다. 아비담마는 완전하게 깨달은 사람의 마음에 담마(dhamma, 法)가 나타나는 방식, 즉 괴로움과 괴로움의 소멸이라는 그의 가르침의 두 가지 극단에 따라서 체계화된 방식에 대한 그의 진술이다.

논장이 분명하게 말하고 있는 체계는 철학·심리학·윤리학이며, 이 모든 것이 해탈을 위한 프로그램의 뼈대로 통합되어 있다. 아비담마는 실재의 본성에 대한 관점인 존재론을 제시하기 때문에 철학으로 묘사될 수 있다. 이 관점은 '담마 이론'(dhammavāda)으로 명명되어 왔다. 간단하게 말해서 법론은 궁극적인 실재가 담마라고 불리는 기본적인 구성 원소들의 다중성으로 구성되어 있다고 주장한다. 담마는 현상의 배후에 숨겨진 본체도 아니고 단순히 나타난 것과 반대되는 것으로서의 '사물 그 자체'도 아닌 실재의 근본적인 구성요소이다. 담마는 두 가지의 넓은 부류로 나뉜다: 열반(Nibbāna)인 조건 지어지지 않은 담마, 그리고 경험의 과정을 구성하는 순간적인 정신과 물질의 현상들인 조건 지어진 담마. 실체적인 대상과 영속적인 사람이라는 우리의 익숙한 세계는 담마 이론에 따르면 담마에 의해 제공된 원 자료들로부터 마음이 만들어낸 개념적인 구성물이다. 우리의 일상적인 준거 틀의 실재들은 토대가 되는 담마의 층에서 유래하는 단지 합의상의 실재를 가진다. 궁극적인 실재를 지니는 것은 담마뿐이다: 담마는 마음의 개념적인 자료 처리에서 독립적인 '그 자신의 측면으로부터'(sarūpato) 한정된 존재.

실재의 본성에 대한 그러한 개념은 경장, 특히 무더기[蘊], 감각장소[處], 요소[界], 연기[緣] 등에 대한 붓다의 논설에 이미 함축되어 있는 것처럼 보이지만, 그런 개념은 보다 실용적으로 정형화된 경의 가르침에 대한 기초로 전면에 나서지 않고 그곳에 암묵적으로 남아 있다. 심지어 논장 자체에서도 담마 이론은 명시적인 철학적 교리로는 아직 표현되지 못하고 있다. 담마는 후에 나온 주석서에서 나온다. 그럼에도 불구하고 비록 아직 함축적이지만 담마 이론은 여전히 아비담마의 보다 분명한 과업인 체계화 프로젝트 배후에 있는 규정하는 원리로서의 역할에 초점을 맞춘다.

이 프로젝트는 현상들을 '있는 그대로' 아는 지혜를 얻기 위해서 담마라는 존재론적 궁극성을 가지는 실재의 유형들과 개념적인 구성물로만 존재하지만 궁극적으로 실재하는 것으로 잘못 파악되는 실재의 유형들 사이에 쐐기가 끼워져야 한다는 전제에서 시작된다. 이런 구별로부터 진행되면서, 아비담마는 고정된 수의 담마들을 실재의 구성물로 제시하는데, 이것들의 대부분은 경에서 가져온 것이다. 아비담마는 다음에 그 체계에 의해서 인정되는 존재론적인 궁극적 실재와의 일치를 보여주는 방식으로 경에서 사용되는 모든 교리 용어들을 정의하는 것으로 시작된다. 이 정의의 토대 위에서 아비담마는 그 체계의 구조 안에서의 담마의 위치를 강조하는 미리 정해진 연관성의 범주와 형식의 망으로 담마를 철저하게 분류한다. 이 체계는 실재의 진정한 반영으로 여겨지기 때문에, 이것은 그 분류가 전체적인 실재의 구조 안에서 각각의 담마의 위치를 정확하게 지적한다는 것을 의미한다.

실재의 본성을 이해하려는 아비담마의 시도는 서양의 고전적인 과학의 시도와는 반대로 외부의 세계를 향하여 내다보는 중립적인 관찰자의 관점으로부터 나아가는 것이 아니다. 아비담마의 주된 관심은 경험의 본성을 이해하는 것이며, 그리하여 그것이 초점을 맞추고 있는 실재는 의식적인 실재, 즉 경험에서 얻어진 것으로서의 세계이고, 가장 거친 의미에서의 지혜와 알려진 것들로 구성된다. 이런 이유로 아비담마의 철학적인 과업은 현상학적 심리학으로 차츰 변화한다. 경험된 실재에 대한 이해를 용이하게 하기 위해서 아비담마는 마음이 자신을 내관적인 명상에 나타낼 때 그 마음을 정교하게 분석한다. 아비담마는 마음을 다양한 유형으로 분류하고, 각 유형의 요소들과 역할을 상술하고, 마음들을 그 마음들의 대상과 생리적인 토대와 서로 연관시키고, 다양한 마음의 유형들이 계속적인 경험의 과정을 구성하기 위해서 어떻게 서로 연관되고 물질적인 현상과 연관되는지를 보여준다.

마음에 대한 이러한 분석은 이론적인 호기심에 의해서 동기화되는 것이 아니라 괴로움으로부터 해탈의 증득이라는 붓다 가르침의 가장 중요한 실제적인 목표에 의해서 동기화된다. 붓다는 괴로움을 탐욕·성냄·미혹에 뿌리를 둔 정신적 지향성인 우리의 오염된 태도로 규정하기 때문에, 아비담마의 현상학적 심리학도 심리학적 윤리학의 성격을 띠고, '윤리학'이란 말을 도덕규범의 좁은 의미에서가 아닌 성스러운 삶과 정신적인 청정으로 인도하는 완전한 지도적 원리에서 이해한다. 따라서 우리는 아비담마가 주로 윤리적인 기준의 토대에서 마음의 상태들을 구별한다는 사실을 알게 된다: 유익한 것과 해로운 것, 아름다운 요소들과 오염된 요소들. 아비담마의 마음에 대한 도식화는 붓다의 도 닦음 수행에 의해서 불제자들이 도달하는 연속적인 청정의 단계들에 상응하는 위계질서적인 계획을 따른다. 이 계획은 색계 선정과 무색계 선정인 몰입삼매 명상의 진보를 통해서, 그 다음에는 위빳사나의 단계들과 출세간 도·과의 지혜를 통해서 마음의 정련(청정)을 추구한다. 마지막으로 아비담마는 모든 번뇌로부터 마음의 되돌릴 수 없는 해탈로 얻어지는 청정의 완성에 이르는 윤리적 발전의 전체 규모를 보여준다.

아비담마의 철학적·심리학적·윤리적 세 가지 차원 모두는 붓다의 가르침의 초석인 사성제(四聖諦)에 의해서 설해진 해탈 프로그램으로부터 이 차원들의 마지막 합리화를 이끌어낸다. 담마에 대한 존재론적 개관은 전반적으로 조건 지어진 현상들의 세계와 일치하는 괴로움의 성스러운 진리가 완전하게 이해되어야 한다(pariññeyya)는 붓다의 권고에서 나온다. 정신적인 번뇌들의 두드러짐과 그것의 심리적이고 윤리적인 관심을 나타내는 범주들의 체계에서 깨달음의 필수요소들을 아비담마는 두 번째와 네 번째의 성스러운 진리인 괴로움의 일어남과 그것의 소멸에 이르는 도 닦음과 연결시킨다. 그리고 그 시스템에 의해서 정교하게 만들어진 담마의 전체적인 분류는 세 번째 진리이며 괴로움의 소멸의 진리인 조건 지어지지 않은 요소(asankhatā dhātu), 즉 열반에서 정점에 이른다.

두 가지 체계

위대한 불교 주석가인 붓다고사(Buddhaghosa) 스님은 '아비담마(Abhi-dhamma)'라는 말이 '담마(Dhamma)를 능가하고 담마와 구별되는 것'(dham-mātireka-dhammavisesa)을 의미한다고 설명한다. 접두어 아비(abhi)는 뛰어남과 구별의 의미를 가지며, 이때의 담마는 경장의 가르침을 의미한다.[1] 아비담마가 경의 가르침을 능가한다고 말할 때, 이것은 경의 가르침이 어떤 정도에서든지 결함이 있다거나 아비담마가 경에 알려지지 않은 비전의 교리에 대한 어떤 새로운 계시를 선언하는 것이라는 사실을 보여주려는 의도가 아니다. 경과 아비담마 둘 모두는 사성제에 대한 붓다의 독특한 교리에 기초를 두고 있고, 깨달음을 얻는 데 필수적인 모든 원리들은 이미 경장에 설해져 있다. 이 둘 사이의 차이는 절대로 근본적인 것들에 대한 관심이 아니라 오히려 일부는 규모의 문제이고 일부는 방법의 문제이다.

규모에 관하여 아비담마는 경장에서 발견될 수 없는 취급의 철저함과 완전함을 제공한다. 붓다고사 스님은 경에서는 오온, 12가지 감각장소, 18계 등과 같은 교리적인 범주들이 단지 부분적으로만 분류되는 반면에, 논장에서는 그것들이 어떤 것은 경과 공통되고 다른 것들은 아비담마에 독특한 다양한 분류 체계에 따라서 완전하게 분류된다고 설명한다.[2] 그리하여 아비담마는 경장과 구별되는 상세한 규모와 복잡성을 가진다.

다른 주요한 차이점은 방법에 관한 것이다. 경장에 포함된 법문들은 매우 다양한 이해 능력을 갖고 있는 청중을 대상으로 다양한 환경에서 붓다가 설한 것이다. 그 법문들은 의도에서 다분히 교육적이고, 듣는 이를 가르침의 수행으로 인도하는 데, 그 진리를 꿰뚫음에 도달하는 데 가장 효과적인 방법으로 제시된다. 이 목적을 성취하기 위해서 붓다는 듣는 이들에게 교리를 이해시키는 데 필요한 교훈적인 수단을 자유롭게 사용한다. 붓다는 직유와 은유를 사용한다. 붓다는 권고하고 충고하고 영감을 준다. 붓다는 청중의 기질과 태도를 평가하고 긍정적인 반응을 일깨우도록 가르침의 제시를 조정한다. 이런 이유로 경의 가르침의 방법은 담마에 관한 비유적인, 혹은 꾸며진 법문(pariyāya-dhammadesanā)으로 묘사된다.

경과는 대조적으로 논장은 가능한 한 순수하고 직접적으로 경의 설명의 기초가 되고 그것의 기반 위에서 개개의 법문을 끌어오는 전체적인 체계를 드러내도록 의도되어 있다. 아비담마는 듣는 이의 개인적인 기질과 인지 능력을 고려하지 않는다. 아비담마는 특수한 실용적인 요구에 양보하지 않는다. 아비담마는 문학적인 꾸밈과 교육적인 방편이 완전히 없는 추상적이고 형식적인 방법으로 실재의 구도를 드러낸다. 그리하여 아비담마의 방법은 담마에 관한 문자 그대로의, 혹은 꾸밈이 없는 법문(nippariyāya-dhammadesanā)으로 묘사된다.

두 체계의 기법의 차이는 또한 그 체계들 각각의 전문용어에도 영향을 미친다. 경에서 붓다는 관습적인 언어(vohāravacana)를 사용하고, 존재론적 궁극성을 갖고 있지는 않지만 여전히 정당하게 실재로 간주될 수 있는 것들의 견지에서 표현된 진리인 관습적인 진리(sammutisacca)를 수용한다. 그리하여 경에서 붓다는 마치 구체적인 실재인 것처럼 '나'와 '너'에 대해서, '남성'과 '여성'에 관해서, 중생, 사람, 그리고 심지어 자아까지도 말한다. 하지만 아비담마의 설명 방법은 궁극적인 진리(paramatthasacca)의 관점에서 타당한 용어를 엄격하게 제한한다: 담마들, 그것들의 특징, 작용, 관계. 그리하여 아비담마에서는 경에서 의미 있는 의사소통의 목적으로 임시로 용인되는 그런 모든 개념적인 실재들을 그것들의 존재론적 궁극적 실재들로, 즉 무상하고 조건 지어지고 조건적으로 일어나고 어떤 존재하는 자아나 실체가 비어 있는 맨(bare) 정신적인 현상들과 물질적인 현상들로 분해된다.

그러나 하나의 단서가 필요하다. 두 체계를 구별할 때, 이것은 각각의 삐따까(Piṭaka, 藏)에 가장 특징적인 것에 기반을 둔 것으로 이해되어야 하고 절대적인 이분법으로 해석되어서는 안 된다. 어느 정도 두 체계는 서로 겹치고 서로 관통한다. 그리하여 경장에서 우리는 무더기, 감각장소, 요소 등과 같은 엄격히 철학적인 전문용어를 사용해서, 아비담마 체계의 범위 안에 들어오는 법문을 발견한다. 다시 논장 안에서 우리는 엄격한 표현 방법을 벗어나 인습적인 전문용어를 사용하여, 경의 체계의 범위 안에 들어오는 부분들, 심지어 『뿍갈라빤냣띠』(*Puggalapaññatti*, 人施設論) 한 권의 책 전부도 발견한다.

아비담마의 독특한 특징들

철학적인 설명 방법을 엄격하게 고수하는 것 외에도, 아비담마는 그것의 체계화 과업에 필수적인 많은 다른 주목할 만한 공헌을 한다. 하나는 논장의 주요 책들에서 전체 체계를 위한 청사진으로서 마띠까(*mātikā*, 論母), 즉 매트릭스 혹은 범주의 체계를 사용하는 것이다. 본 논장의 서문으로 바로 『담마상가니』(*Dhammasaṅgaṇī*, 法集論)의 처음에 나오는 이 매트릭스는 아비담마 방법에 특유한 122가지 분류의 형식으로 구성되어 있다. 이들 중에서 22개가 삼개조(tika), 즉 근본적인 담마들이 분포되는 세 가지 용어의 세트이다. 나머지 100개는 이개조(duka), 즉 분류의 기반으로 사용되는 두 가지 용어의 세트이다.[3] 이 매트릭스는 담마의 목적을 위해 결정된 원리들에 따라서 경험의 복잡한 다양성을 분류하기 위한 일종의 격자 역할을 한다. 예를 들어, 삼개조는 유익한[善] 법과 해로운[不善] 법과 결정할 수 없는[無記] 법, 즐거운 느낌과 결합한 법과 고통스러운 느낌과 결합한 법과 중립적인 느낌과 결합된 법, 업의 과보들인 법과 업의 과보를 만들어내는 법과 어느 것도 아닌 법 등이다. 이개조는 원인인 법과 원인이 아닌 법, 원인이 함께하는 법과 원인이 함께하지 않는 법, 조건 지어진 법과 조건 지어지지 않은 법, 세간적인 법과 출세간적인 법과 같은 세트들을 포함한다. 범주의 선택에 의해서, 매트릭스는 현상의 전체성을 포괄하고, 성격상 철학적이거나 심리학적이거나 윤리학적인 다양한 각도에서 그 현상의 정체성을 분명하게 밝힌다.

아비담마의 두 번째 독특한 특징은 외관상 끊임없는 의식의 흐름을 각각의 대상에 대한 기초적인 인식으로서의 마음 자체를 포함하여 하나의 복잡하고 개체적인 찟따(citta, 마음)라고 불리는 분리되고 덧없는 인식적 사건의 연속으로 해체한 것과, 인식 행위에서 보다 특별한 과업을 행사하는 마음부수(cetasika)들을 모은 것이다. 그러한 마음에 대한 관점은 적어도 개략적으로 경험을 다섯 가지 무더기(오온)로 분석하는 경장으로부터 쉽게 끌어올 수 있다. 오온 가운데 네 가지 정신적인 무더기는 항상 분리되지 않고 함께 결합하지만, 그 개념이 거기서는 단지 암시적이다. 논장에서는 그 암시가 단순히 포착되는 것만이 아니라, 미세한 즉시성과 삶에서 삶으로 연장된 연속성에서의 의식의 작용에 대한 비범하게 상세하고 일관성 있는 그림으로 확대된다.

세 번째 공헌은 불교 법문의 보급을 구성하는 전문용어들의 혼란 가운데서 질서를 확립하려는 욕구에서 나온다. 각각의 담마를 정의할 때, 아비담마 텍스트는 대부분은 경에서 나온 긴 동의어 목록을 서로 연관시킨다. 이 정의 방법은 단일한 담마가 어떻게 다양한 이름으로 다양한 범주로 들어가는가를 보여준다. 예를 들어, 오염원들 가운데 탐욕(lobha)의 마음부수는 감각적 욕망의 번뇌, 존재에 대한 집착의 번뇌, 간탐의 몸의 매듭, 감각적 욕망에 대한 취착 등으로 발견될 수 있다. 깨달음의 필수요소들 가운데 통찰지(paññā)의 마음부수는 통찰지의 기능과 힘, 담마에 대한 조사의 깨달음의 요소[擇法覺支], 바른 견해[正見]의 도의 요소 등에서 발견될 수 있다. 이런 일치를 확립함에 있어 아비담마는 경 자체에서는 분명하지 않을 수 있는 교리 용어들 사이의 상호연관성을 보여주는 데 도움을 준다. 그 과정에서 아비담마는 또한 붓다의 법문을 해석하기 위한 정확성을 만드는 도구를 제공한다.

마음에 대한 아비담마의 개념은 존재의 궁극적인 구성요소들을 분류하기 위한 새로운 주요한 체계, 즉 결국에 아비담마 후기 문헌에서 무더기[蘊], 감각장소[處], 요소[界] 등과 같은 경에서 물려받는 체계보다 우월성을 가지는 체계로 귀결된다. 논장에서 후자의 범주들은 여전히 크게 나타나지만 마음과 마음부수들의 순간적인 동시발생을 이루는 것으로서의 정신에 대한 관점은 그 체계에 더 알맞은 네 가지 분류 방법으로 귀결된다. 이것은 실재를 네 가지 구경법(paramattha)으로 나누는 것이다: 마음, 마음부수들, 물질 현상들, 열반(citta, cetasika, rūpa, nibbāna). 앞의 세 가지는 조건 지어진 실재를 구성하고, 마지막은 조건 지어지지 않은 요소이다.

논장의 마지막 책인 『빳타나』(*Paṭṭhāna*, 發趣論)에서 주목해야 할 아비담마 방법의 마지막 새로운 특징은 궁극적 실재들이 어떻게 체계적인 과정으로 결합되는가를 보여주는 목적으로 제시된 24가지 조건관계의 세트이다. 이 조건들의 체계는 아비담마의 이전 책들을 지배하는 분석적인 방법에 필요한 것을 보충해 준다. 그 분석 방법은 명백하게 보이는 전체를 그들을 구성하는 요소들로 해체하며 나아감으로써 자아나 실체의 특성이 있는 것 같은 어떤 개체의 핵의 공성을 드러낸다. 그 종합적 방법은 조건관계가 고립된 자아가 포함된 단위가 아니라 서로 관련되고 서로 의존하는 광대한 다층의 망 속에 있는 매듭이라는 것을 보여주기 위한 분석에 의해서 얻어지는 맨 현상들의 조건관계를 구성한다. 관련시켜서 보면, 논장의 이전 논문들의 분석적 방법과 『빳타나』의 종합적 방법은 무아(anattā)와 연기 혹은 조건(paṭicca samuppāda)이라는 불교의 두 가지 철학적인 원리들의 필수적인 일치성을 확립한다. 그리하여 아비담마 방법론의 확립은 전체 담마의 중심에 있는 통찰과 완벽한 조화를 유지한다.

아비담마의 기원

비록 현대의 비평적인 학문은 아비담마의 형성을 점차적인 진화적 과정으로 설명하려고 시도하지만,[4] 상좌부 정통은 그것의 시원을 붓다에게 돌린다. 붓다고사 스님에 의해 인용된 대주석서(mahā-aṭṭhakathā)에 따르면 "아비담마로 알려진 것은 제자의 분야와 영역이 아니라 붓다들의 분야와 영역이다."[5] 더욱이 주석서 전통에서는 붓다가 살아있는 동안에 이미 깨닫고 설한 것은 아비담마의 정신뿐만 아니라 아비담마의 문자까지였다고 주장한다.

『앗타살리니』(*Atthasālinī*)에서는 깨달음을 얻은 후 네 번째 주에 세존은 보리수 근방에서 거하고 계신 동안에 여전히 북서 방향으로 보석집(ratanaghara)에 앉아 계셨다고 말한다. 이 보석집은 문자 그대로 보석으로 만들어진 집이 아니라 세존께서 논장 7권의 책을 명상하셨던 장소이다. 세존은 『담마상가니』(*Dhammasanganī*, 法集論)부터 시작해서 차례로 그 책들의 내용을 명상하셨지만, 앞의 여섯 권의 책을 조사하는 동안에는 몸에서 빛을 발하지 않으셨다. 그러나 『빳타나』에 이르러서 원인, 대상 등의 24가지 보편적인 조건관계들을 명상하기 시작했을 때, 그분의 일체지는 분명히 그곳에서 그것의 기회를 발견했다. 거대한 물고기인 띠미라띠뼹갈라(Timiratipingala)가 깊이가 84,000 요자나의 거대한 대양에서만 여지를 찾을 수 있듯이, 마찬가지로 그분의 일체지는 진정으로 그 큰 책(Great Book, 大經)에서만 여지를 찾을 수 있다. 그러한 기회를 발견한 그분의 일체지에 의해서 그 미묘하고 심오한 담마를 명상하실 때, 남색, 금색, 빨간색, 하얀색, 황갈색, 그리고 눈부신 여섯 색깔의 광명이 스승의 몸에서 발했다.[6]

상좌부 정통은 논장이 붓다의 진정한 말씀이라고 주장하고, 이런 면에서 설일체유부(Sarvāstivādin)라는 초기 라이벌 학파와는 다르다. 이 학파는 상좌부 논서와는 세부사항에서 상당히 다른, 7권으로 구성된 논장을 갖고 있었다. 설일체유부에 따르면 논장의 책들은 붓다의 제자들에 의해서 쓰여졌으며, 몇몇의 제자들이 붓다께서 열반하시고 여러 세대가 지난 후에 제자가 되었다는 것이다. 그러나 상좌부 학파는 아소까(Asoka) 황제 치세 동안에 목갈리뿟따 띳사(Moggaliputta Tissa) 장로의 저작인 『까타왓투』(*Kathāvatthu*, 論事)에 나오는 일탈된 관점에 대한 상세한 반박을 제외하고는 세존께서 직접 아비담마의 책들을 설했다고 주장한다.

성전 주석서들은 분명히 옛날 구전에 근거해서 붓다께서 인간 세상에서 그분의 인간 제자들에게 아비담마를 설하신 것이 아니라, 삼십삼천(Tāvatiṃsa)의 천신들의 회중에게 설했다고 주장한다. 이 전통에 따르면, 일곱 번째 우안거 바로 전에 세존께서는 삼십삼천에 올라가서 빠릿찻따까(Paricchattaka) 나무 밑에 있는 빤두깜발라(Paṇḍukambala) 돌 위에 앉아서 우기의 3개월 동안 1만 세계에서 모인 천신들에게 아비담마를 가르치셨다. 그 가르침의 주요 청자(聽者)는 천신으로 재생한 그분의 어머님이신 마하마야 데위(Mahāmāyā-devī)셨다. 붓다께서 아비담마를 인간 세상보다 천상에서 설하신 이유는 아비담마의 완전한 모습을 제시하기 위해서는 한 기간 동안에 같은 청중에게 처음부터 끝까지 설해져야 하기 때문이라고 한다. 아비담마를 전부 설하는 데는 3개월이 필요하기 때문에 오직 천신들과 범천들만이 끊임없는 연속성으로 그것을 받아들일 수 있다. 그들만이 그 정도 길이의 기간 동안 한 자세로 계속 있을 수 있기 때문이다.

그러나 붓다께서는 매일 몸을 유지하기 위해 인간 세상에 내려와서 웃따라꾸루(Uttarakuru)의 북쪽 지역으로 탁발하기 위해 가셨다. 탁발을 하신 후에는 음식을 드시기 위해 아노땃따(Anotatta) 호수로 가셨다. 법의 장군인 사리뿟따(Sāriputta) 장로는 그곳에서 붓다를 만나고 천상에서 그 날 하신 가르침의 개요를 받았다. "그때 그에게 스승께서는 '사리뿟따야, 이만큼의 교리가 설해졌다.'라고 말씀하시면서 그 방법을 알려 주셨다. 그리하여 그 방법은 마치 붓다께서 해변에 서서 그의 빈손으로 대양을 가리키듯이 분석지를 부여받은 상수제자에게 전수되었다." 세존께서 장로에게 수십만 가지 방법으로 가르치신 교리는 매우 분명해졌다.[7]

세존께서 가르치신 담마를 배워서, 사리뿟따는 이제 그것을 그의 직계 제자 500명에게 가르쳤고, 그리하여 논장의 텍스트 교정본이 확립되었다. 『빳타나』(*Paṭṭhāna*, 發趣論)의 수(數) 시리즈뿐만 아니라 아비담마 논서들의 텍스트 순서는 사리뿟따 존자의 몫이 되었다. 아마도 우리는 『앗타살리니』의 이런 사실을 인정하면서도 아비담마의 철학적인 관점과 그것의 기본적인 구성은 붓다에게서 시작되었지만 세부적인 실제 작업과 아마도 심지어 텍스트 자체의 원형은 그 뛰어난 상수제자와 그를 따랐던 제자들의 몫이라는 사실을 암묵적으로 인정해야 한다. 다른 초기 불교 학파들에서도 아비담마는 어떤 전통에서 아비담마의 문자적인 저자로 간주되는 사리뿟따 존자와 긴밀하게 연결되어 있다.[8]

일곱 권의 책[七論]

7권의 정경 아비담마 논서의 내용에 대한 간략한 개요는 과다한 텍스트 자료가 『아비담맛타 상가하』(*Abhidhammattha Sangaha*, 아비담마 주제 개요)로 압축되고 요약된 텍스트 자료의 과다함에 대한 어떤 통찰을 제공해 줄 것이다. 첫 번째 책인 『담마상가니』(*Dhammasaṅgaṇī*, 法集論)는 전체 체계의 원천이다. 그 제목은 '현상들[法]의 열거'로 번역될 수 있고 그 책은 사실 존재의 궁극적인 구성요소들의 철저한 범주를 배열하는 작업에 착수한다.

전체 아비담마의 뼈대 역할을 하는 범주들의 목록인 마띠까(*mātikā*, 論母)로 시작해서, 그 텍스트 자체는 4개의 장들로 나누어진다. 첫 번째 「마음의 상태들」은 그 책의 대략 반을 차지하고 마띠까에 나오는 첫 번째 삼개조인 유익한 것[善], 해로운 것[不善], (업으로) 결정할 수 없는 것[無記]을 분석함으로써 전개된다. 그러한 분석을 제공하기 위해서, 그 텍스트는 그것들의 윤리적인 특질에 의해서 분류되는 121가지 마음의 유형을 열거한다.[9] 각 마음의 유형은 다시 그것과 함께 일어나는 마음부수들로 해체되고, 그 마음부수들은 개별적으로 완전하게 정의된다. 두 번째 장인 「물질에 관하여」는 물질 현상들의 다양한 유형들을 열거하고 분류함으로써 윤리적으로 결정할 수 없는 것들에 대한 조사를 계속한다. 「요약」이라 불리는 세 번째 장은 아비담마 매트릭스와 경 매트릭스에 나오는 모든 용어들에 대한 간결한 설명을 제공한다. 마지막으로 결론인 「개요」는 아비담마 매트릭스에 대한 보다 압축된 설명을 제공하지만 경 매트릭스는 생략한다.

'분석의 책'인 『위방가』(*Vibhanga*, 分析論)는 18개의 장으로 구성되어 있으며, 각각의 장은 자체의 논문을 포함하고, 차례대로 다음의 내용들을 다룬다: 무더기[蘊], 감각장소[處], 요소[界], 진리[諦], 기능[根], 연기[緣], 마음챙김의 확립[四念處], 최상의 노력[四正勤], 성취수단[四如意足], 깨달음의 필수요소들[七覺支], 팔정도, 선정, 무량, 공부 규정, 분석지, 지혜의 종류, 사소한 점들(오염원들의 수 목록), 그리고 불교 우주의 정신·우주 지형도인 '교리의 심장'(dhammahadaya). 『위방가』의 장들 대부분은 전부는 아니지만 세 가지 하위 섹션을 가진다: 경의 방법론에 따른 분석, 아비담마 자체의 방법론에 따른 분석, 그리고 매트릭스의 범주를 조사하고 있는 주제에 적용시키는 조사 섹션.

'요소에 관한 법문'인 『다뚜까타』(*Dhātukathā*, 界論)는 전체적으로 교리문답 형식으로 쓰여졌다. 그것은 현상들을 무더기[蘊], 감각장소[處], 그리고 요소[界]의 세 가지 체계의 관점에서 토론하고, 그 현상들이 그 체계 안에 포함되는지 여부, 어느 정도 포함되는지 여부, 그리고 그 체계들과 관련되는지 여부를 결정하려고 한다.

'개인의 개념'인 『뿍갈라빤낫띠』(*Puggalapaññatti*, 人施設論)는 아비담마 자체보다 경의 방법에 더 가까운 논장의 한 책이다. 이 책은 개념의 유형에 대한 전반적인 열거로 시작하는데, 이것은 그 책이 원래 아비담마 방법의 엄격한 적용에 의해서 배제된 개념적인 실재를 설명하기 위해서 다른 책들에 대한 보충물로 의도되었다는 것을 보여준다. 이 책의 대부분은 다양한 개인들의 유형에 대한 형식적인 정의를 제공한다. 이 책은 10개의 장이 있다: 첫 번째 장은 개인의 단일한 유형을 다루고, 두 번째 장은 쌍을 다루고, 세 번째 장은 세 가지 무리 등을 다룬다.

'논의의 요점들'인 『까타왓투』(*Kathāvatthu*, 論事)는 목갈리뿟따 띳사의 저술로 여겨지는 논의에 관한 논문이다. 그는 상좌부 학파 밖에 있는 불교 학자들의 이설을 논박하기 위해서 붓다의 반열반 후 218년이 지나고 아소까 황제 시대에 그것을 편찬했다고 한다. 주석서들은 붓다께서 일어날 과오를 미리 아시고 목갈리뿟따 띳사가 스승(붓다)의 의도에 따라서 단순히 작성했던 반박의 개요를 말씀하셨다고 주장함으로써 정경 안에 그것이 포함되었다는 것을 옹호한다.

'쌍들의 책'인 『야마까』(*Yamaka*, 雙論)는 전문용어들의 애매함을 해결하고 정확한 용법을 정의하는 목적을 가지고 있다. 그것은 한 질문의 이원적인 분류와 그것과 반대되는 명확한 표현을 줄곧 사용하는 처리방식 때문에 그렇게 불린다. 예를 들어 제1장의 첫 번째 질문의 쌍은 "모든 유익한 현상들은 유익한 원인인가? 모든 유익한 원인들은 유익한 현상인가?"와 같이 진행된다. 이 책은 10개의 장이 있다: 원인, 무더기, 감각장소, 요소, 진리, 형성들, 잠재성향, 마음, 현상, 기능.

'조건관계의 책'인 『빳타나』(*Paṭṭhāna*, 發趣論)는 아마도 논장에서 가장 중요한 책이며, 그래서 전통적으로 '큰 논문'(mahāpakaraṇa)으로 명명된다. 내용뿐만 아니라 범위가 엄청나게 큰 이 책은 버마본 6차 결집판으로 총 2500쪽이 되는 다섯 권의 책으로 구성되어 있다. 『빳타나』의 목적은 그것의 24가지 조건관계의 체계를 아비담마 매트릭스에서 구체화한 모든 현상들에 적용하는 것이다. 이 책의 본론은 네 가지 큰 부분으로 되어 있다: 긍정적인 방법에 따르는, 부정적인 방법에 따르는, 긍정적·부정적 방법에 따르는, 그리고 부정적·긍정적 방법에 따르는 연기. 이것들 각각은 다음에 여섯 가지 하위 부분들을 가진다: 삼개조의 연기, 이개조의 연기, 이개조와 삼개조가 결합한 연기, 삼개조와 이개조가 결합한 연기, 삼개조와 삼개조가 결합한 연기, 이개조와 이개조가 결합한 연기. 이 24가지 섹션의 패턴 안에 24가지 조건의 방식이 모든 생각할 수 있는 순열로 적절한 순서에 따라 존재의 모든 현상들에 적용된다. 그것의 건조한 표 형식에도 불구하고, 심지어 '불경스런' 인간적인 관점에서 볼 때, 『빳타나』는 쉽게 인간 정신의 진정으로 기념비적인 생각들 가운데 하나가 될 수 있는 자격이 있고, 비전의 폭, 엄격한 일관성, 세부사항에 대한 수고스러운 주의가 놀랍다. 상좌부 정통에게 그것은 붓다의 방해받지 않은 일체지에 대한 가장 웅변적인 증언이다.

주석서들

논장의 책들은 정경의 텍스트에 의해서 세워진 발판을 설명과 예증에 의해서 채우도록 구성되고 많은 분량의 해석 문헌에 영향을 주었다. 이 부류의 가장 중요한 저작물들은 붓다고사 스님의 권위 있는 주석서들이다. 그것은 세 가지이다: 『담마상가니』의 주석서로 '해설자'라는 의미의 『앗타살리니』(*Atthasālinī*), 『위방가』의 주석서로 '미혹을 떨쳐버리는 사람'이라는 의미의 『삼모하위노다니』(*Sammohavinodanī*), 나머지 다섯 가지 논문에 대한 통합 주석서인 『빤짭까라나 앗타까타』(*Pañcappakaraṇa Aṭṭhakathā*). 이 동일한 문헌 층에 붓다고사가 저술한 『청정도론』(*Visuddhimagga*)이 또한 속해 있다. 비록 이 마지막 책이 명상에 대한 백과사전식의 안내서이지만, '통찰의 토양'(제14장-제17장)에 관한 장들은 통찰(위빳사나) 수행을 하기 전에 충분히 익혀야 하는 이론을 펼쳐서 사실상 아비담마에 대한 축약된 논문을 구성한다. 다음에 주석서들 각각은 스리랑카의 장로 아난다(Ānanda) 스님이 쓴 근본복주서(mūlaṭīkā)가 있고, 이 복주서 각각은 다시 [붓다고사의 책에 대한 복주서(ṭīkā)의 저자로 훌륭한 담마빨라(Dhammapāla) 스님과 구별되어야 하는] 아난다의 제자 담마빨라(Dhammapāla)에 의해서 쓰여진 복복주서(anuṭīkā)가 있다.

주석서들의 저자가 붓다고사 스님으로 여겨질 때, 그 주석서들이 어떤 면에서든 독창적인 저술이거나 심지어 전통적인 자료를 해석하려는 독창적인 시도라고 생각해서는 안 된다. 그 주석서들은 오히려 붓다고사가 아누라다뿌라(Anurādhapura)에 있던 대사(Mahāvihāra, 大寺)에서 발견한 방대한 양의 축적된 해석 자료를 주의 깊게 편집한 판본들이다. 이 자료는 그 위대한 주석가를 수세기 앞섰음에 틀림없고, 정경 아비담마의 의미를 설명할 수 있는 박식한 불교 스승들의 수세대에 걸친 집합적인 노력을 대표한다. 논장에 깊이 간직된 생각을 초월하는 주석서들의 역사적 발전의 증거를 찾으려 노력하는 것은 유혹적이지만, 이 작업을 너무 많이 하는 것은 위험하다. 그 이유는 정경 아비담마의 대단히 많은 분량이 주석서들로 하여금 개개의 요소들이 체계적인 전체의 부분으로 결합되어 그 체계적인 전체가 없이는 개개의 요소들이 중요한 차원의 의미를 잃게 되는 통합적인 맥락에 기여하도록 요구하고 있기 때문이다. 그리하여 궁극성의 보장이 결여되어 정경 텍스트가 아닌 방식으로 수정되고 증가되었을 가능성이 있지만, 주석 체계의 상당히 많은 부분이 정경 아비담마에 매우 밀접하게 생겨났으며 후자와 함께 전파되었다고 가정하는 것은 불합리한 것이 아니다.

이것을 염두에 두고 우리는 주석서의 특징이지만 논장 자체에서는 알려져 있지 않거나 역행하는 아비담마 개념 가운데 몇 가지에 잠시 주목할 것이다. 하나는 마음의 인식과정(cittavīthi)에 대한 상세한 설명이다. 이 개념이 정경 책들에서는 암묵적으로 인정되는 것처럼 보이지만, 그 개념이 이제는 그 자체로 설명의 도구로써 사용되게 된다. 다양한 마음의 형태인 마음(citta)의 역할들이 구체화되고, 시간이 지나면서 찟따 자체가 그것의 역할에 의해서 명명되게 된다. '순간, 찰나'라는 의미의 카나(khaṇa)가 사건의 발생을 결정하는 기본 단위로서의 경에 나오는 '때'를 의미하는 사마야(samaya)를 대신하고, 물질 현상들의 기간은 정신 현상들의 17순간으로 결정되었다. 순간(찰나)을 일어남, 머묾, 소멸의 세 가지 아찰나로 구분하는 것도 주석서들에서 새롭게 시작한 것으로 보인다.[10] 심장 토대

(hadayavatthu)가 의계(意界)와 의식계(意識界)의 물질적인 토대로 명기되었듯이, 물질 현상들을 무리(kalāpa)로 나누는 것은, 비록 주된 물질 요소들(사대)과 파생된 물질 사이의 구별에 의해서 암시화되지만, 주석서들에서 처음으로 말해졌다.

주석서들은 업을 분류하기 위한 범주들 가운데 많은 범주들(전부는 아니어도)을 소개하고, 업과 업의 과보 사이의 상세한 상호관련을 풀어 나간다. 주석서들은 또한 마음부수들(cetasikā)의 전체 수를 마감한다. 『담마상가니』에 나오는 "혹은 그 경우에 있는 다른(언급되지 않은) 조건적으로 일어난 비물질적인 현상들이 무엇이든지"라는 말은 마음부수들의 제한이 없는 영역을 분명히 파악하고 있지만, 주석서들은 그것을 "혹은 담마가 무엇이든지"(yevāpanakā dhammā)라고 말함으로써 제한하고 있다. 다시 주석서들은 담마에 대한 정형화된 정의를 '자기 자신의 내재적 본성을 가진 것'(attano sabhāvaṃ dhārentī ti dhammā)이라고 함으로써 담마 이론을 완성한다. 구체적인 담마들을 정의하는 일은 결국에 한 쌍의 옛 주석서 텍스트인 『뻬따꼬빠데사』(*Peṭakopadesa*)와 『넷띠빠까라나』(*Nettipakaraṇa*)에서 가져온 네 가지 정의하는 장치인 특징, 역할, 나타남, 가까운 원인을 광범위하게 사용함으로써 마무리 짓는다.

『아비담맛타 상가하』(Abhidhammattha Sangaha, 아비담마 주제 개요)

정경본에서 이미 큰 아비담마 체계가 부피와 복잡성이 증가함에 따라, 그것은 연구와 이해의 목적을 위해서 점점 다루기 힘들게 되었다. 그래서 상좌부 불교 사상의 진화의 어느 단계에서, 그 주제는 처음 연구하는 사람에게 충실하고 철저하지만 다룰 수 없을 정도로 세부사항이 많지 않으면서 그것의 주요 대의에 대한 분명한 그림을 제공하기 위해서, 전반적으로 아비담마를 간략하게 요약할 필요가 느껴졌음에 틀림없다.

이 필요를 충족시키기 위해서 아마도 5세기 초에서 12세기까지 계속해서 아비담마에 대한 짧은 메뉴얼들이나 개요들이 나타나기 시작했다. 버마에서 이들은 '작은 손가락 설명서'(let-than)라고 불린다. 여기에 아홉 가지가 있다.

1. 『아비담맛타 상가하』(*Abhidhammattha Sangaha*), 아누룻다 스님 저
2. 『나마루빠 빠릿체다』(*Nāmarūpa-pariccheda*), 동일인 저
3. 『빠라맛타 위닛차야』(*Paramattha-vinicchaya*), 동일인 저
4. 『아비담마아와따라』(*Abhidhammāvatāra*), 붓다닷따(Buddhadatta, 붓다고사의 선임 주석가) 스님 저
5. 『루빠아루빠 위바가』(*Rūpārupa-vibhāga*), 동일인 저
6. 『삿짜 상케빠』(*Sacca-sankhepa*), 바단따(Bhadanta, 대덕) 담마빨라(Dhammapāla, 아마도 스리랑카인, 대복주석가와 다른 인물) 저
7. 『모하 위체다니』(*Moha-vicchedanī*), 바단따 깟사빠(Kassapa, 남인도인 혹은 스리랑카인) 저
8. 『케마 빠까라나』(*Khema-pakaraṇa*), 바단따 케마(Khema, 스리랑카인) 저
9. 『나마짜라 디빠까』(*Nāmacāra-dīpaka*), 바단따 삿담마 조띠빨라(Saddhamma Jotipāla, 버마인) 저

이들 가운데 대략 12세기에서 현재까지 아비담마 연구를 지배했던 책은 '아비담마에 포함된 주제들의 개요'라는 의미의 『아비담맛타 상가하』(*Abhidhammattha Sangaha*, 아비담마 주제 개요)이다. 그것의 인기는 간략성과 종합성 사이의 놀라운 균형으로 설명될 수 있다. 그것의 짧은 영역 안에 아비담마에 대한 필수적인 모든 것이 간략하고 주의 깊게 요약되어 있다. 비록 이 책의 처리 방식이 혼자 읽을 때는 애매한 정도까지 대단히

간결하지만, 자격 있는 스승 밑에서 공부하고 설명의 도움을 받으면, 그것은 학생을 자신 있게 그 체계의 꾸불꾸불한 미로를 헤쳐 나가서 아비담마의 전체적인 구조를 명확하게 인식하도록 인도해 준다. 이런 이유로 상좌부 불교계 전반에서 『아비담맛타 상가하』는 항상 아비담마 연구의 첫 번째 교과서로 사용된다. 불교 승원에서, 특히 버마에서 초심자와 어린 비구들은 논장의 책들과 그것의 주석서들을 공부하도록 허용 받기 전에, 먼저 『아비담맛타 상가하』를 암기해야 한다.

이 설명서의 저자인 아누룻다 스님에 관한 상세한 정보는 존재하지 않는다. 그는 위에서 언급된 두 가지 다른 설명서의 저자로 간주된다. 그리고 불교권 나라에서는 그가 모두 아홉 가지 개요서를 썼다고 알려져 있는데, 그 개요서들 가운데 이 세 권의 책만이 남아 있다. 『빠라맛타 위닛차야』는 우아한 빠알리어 문체로 쓰여졌고, 높은 수준의 문학적 탁월함을 갖고 있다. 그 책의 후기에 따르면 그 책의 저자는 남인도 깐찌뿌라(Kañcipura, Conjeevaram) 주의 까웨리(Kāveri)에서 태어났다. 붓다닷따 스님과 붓다고사 스님 또한 같은 지역에 머물렀다고 전해지며, 복주석가 담마빨라 스님 역시 그 지역 사람이었을 것으로 여겨진다. 수세기 동안 깐찌뿌라는 학식 있는 비구들이 더 많은 연구를 위해서 스리랑카로 갔던 상좌부 불교의 중요한 중심지였다는 증거가 있다.

아누룻다 스님이 정확하게 언제 살았고 설명서들을 언제 썼는지는 알려져 있지 않다. 옛 승원 전통은 그가 같은 스승 밑에 있었던 붓다닷따 스님의 동료 학생이었을 것으로 생각하여, 그를 5세기의 인물로 본다. 이 전통에 따르면, 이 두 장로는 스승에 대한 감사의 표시로 『아비담맛타 상가하』를 각각 썼으며, 이에 스승은 "붓다닷따는 모든 종류의 보물로 방을 채우고 문을 잠근 반면에, 아누룻다는 보물로 방을 채웠지만 문을 열어 놓았다."라고 말했다.[11] 하지만 현재의 학자들은 이 전통을 지지하지 않는다. 아누룻다의 문체와 내용에 근거해서 그가 8세기 이전에 살았다고 할 수 없으며 오히려 아마도 10세기와 12세기 초 사이에 살았으리라고 주장한다.[12]

『아비담맛타 상가하』의 후기에서 아누룻다 스님은 스리랑카에서 모든 주석의 전통으로 여기는 물라소마(Mūlasoma) 승원에서 그 설명서를 썼다고 말한다. 이 사실을 그가 깐찌뿌라에서 태어났다고 말하는 『빠라맛타 위닛차야』의 결론 게송과 조화시키는 몇 가지 방법이 있다. 하나의 가정은 그가 남인도의 후손이지만 『아비담맛타 상가하』를 썼던 스리랑카로 갔다는 것이다. 말랄라세께라(G. P. Malalasekera)에 의해서 발전된 또 다른 하나의 가설은 그가 깐찌뿌라에서 시간을 보낸 스리랑카 본토인이라는 것이다. [하지만 이것은 깐찌뿌라에서 태어났다는 그의 진술을 간과한다.] 붓다닷따(A. P. Buddhadatta) 대장로가 세운 세 번째 가설은 여전히 『아비담맛타 상가하』의 저자인 스리랑카인 아누룻다와 『빠라맛타 위닛차야』를 쓴 깐찌뿌라에 있던 또 다른 누군가는 두 명의 다른 스님이라고 주장한다.[13]

『아비담맛타 상가하』의 주석서들

극도로 압축되었기 때문에, 『아비담맛타 상가하』는 설명이 없이는 쉽게 이해할 수 없다. 그러므로 아비담마 철학의 간결하고 핵심적인 개요를 명료하게 하기 위해서 대단히 많은 수의 복주서들(ṭīkās)이 쓰여졌다. 사실 이 작업은 다른 어떤 빠알리어 텍스트보다 더 많은 주석서들이 나오도록 자극했기에 빠알리어뿐만 아니라 버마어, 싱할리어, 태국어 등으로까지 쓰여졌다. 15세기 이래로 버마가 아비담마 연구의 중심지여서, 우리는 버마 학자들이 빠알리어나 버마어로 쓴 많은 주석서들을 발견한다. 빠알리어 만으로 쓰여진 『아비담맛타 상가하』에 관한 주석서는 19가지가 되는데 그 가운데 다음에 나오는 것들이 가장 중요하다:

1. 『아비담맛타상가하 띠까』(*Abhidhammatthasangaha-Ṭīkā*), '옛 주석서'라는 의미의 『뽀라나 띠까』(*Porāṇa-Ṭīkā*)로도 알려져 있다. 이것은 나와위말라붓디 장로스님에 의해서 12세기에 스리랑카에서 쓰여진 매우 작은 복주서(ṭīkā)이다.
2. 『아비담맛타위바위니 띠까』(*Abhidhammatthavibhāvinī-Ṭīkā*), 12세기 스리랑카의 저명한 사리뿟따 마하사미(Sāriputta Mahāsāmi)의 제자인 사망갈라사미(Sumangalasāmi) 스님이 썼으며, 간단하게 『위바위니』(*Vibhāvinī*)로 불린다. 이 복주서는 빠르게 옛 주석서를 능가했고 일반적으로 상가하(Sangaha)에 대한 가장 심오하고 믿을 수 있는 주석서로 간주된다. 버마에서 이 책은 유명한 주석서라는 의미의 '띠까 기요(*ṭīkā-gyaw*)'로 알려져 있다. 이 책의 저자는 아비담마에 대한 그의 학식과 정통함 때문에 크게 존경받는다. 그는 『아비담마 아누띠까』(*Abhidhamma-Anuṭīkā*)와 『빠라맛타만주사』(Paramatthamañjūsā)로도 알려져 있는 『위숫디막가 마하띠까』(*Visuddhimagga-Mahāṭīkā*)와 같은 옛 권위서들에 많이 의존하고 있다. 비록 레디(Ledi) 사야도가(다음의 4번 참조) 『아비담맛타 상가하』에 관한 그 자신의 주석서에서 광범위하게 『위바위니』를 비평했지만, 그것의 인기는 줄어들지 않고 실제로는 늘어났으며 몇몇의 버마 학자들은 레디 사야도의 비평에 반대하여 그것을 옹호하기 위해 일어났다.
3. 『상케빠 완나나』(*Sankhepa-vaṇṇanā*), 꼿떼(Kotte)의 빠라끄라마바후(Parākramabāhu) 6세 통치 기간 동안에(15세기) 스리랑카를 방문했으며 차빠다(Chapada) 대장로로도 알려진 버마의 대장로 삿담마 조띠

빨라(Saddhamma Jotipāla)에 의해서 16세기에 쓰여졌다.[14]

4. 『빠라맛타디빠니 띠까』(*Paramatthadīpanī-Ṭīkā*), 레디 사야도가 쓴 '궁극적인 의미에 대한 설명.' 버마의 레디 사야도(1846-1923)는 근대 상좌부 전통의 가장 훌륭한 학승이며 명상 마스터 가운데 한 사람이다. 그는 철학, 윤리학, 명상 수행, 그리고 빠알리어 문법을 포함하여 상좌부 불교의 다양한 면에 관한 70권 이상의 설명서를 썼다. 그의 복주서는 그의 비평이 또한 더 오래된 책을 옹호하는 반응에서 시작되었지만 그동안 존중되어 오던 『위비위니 띠까』(*Vibhāvinī-ṭīkā*)에서 325가지를 지적하여 실수들과 잘못된 해석들이 일어났다고 주장했기 때문에 아비담마 연구 분야에서 큰 반향을 일으켰다.
5. 『앙꾸라 띠까』(*Ankura-Ṭīkā*), 위말라(Vimala) 사야도가 썼다. 이 복주서는 『빠라맛타디빠니』가 출판되고 15년이 지난 후에 쓰여졌고 레디 사야도의 비평에 반대하여 『위비위니』에 대해서 일반적으로 받아들여지는 의견들을 지지한다.
6. 『나와니따 띠까』(*Navanīta-Ṭīkā*), 인도의 학자인 담마난다 꼬삼비(Dhammānanada Kosambi)에 의해서 저술되어 1933년에 처음으로 데바나가리(devanāganī) 본으로 출판되었다. 이 책의 제목은 문자 그대로 '버터 주석서'인데, 그것은 철학적인 논쟁을 피하고 매끄럽고 단순한 방법으로 『아비담맛타 상가하』를 설명하기 때문에 아마 그렇게 불렸을 것이다.

『아비담맛타 상가하』에 대한 개략적인 설명

『아비담맛타 상가하』에는 9개의 장이 있다. 그것은 네 가지 궁극적 실재인 마음, 마음부수, 물질, 열반을 열거하면서 시작된다. 이들에 대한 상세한 분석이 앞의 여섯 개 장을 위해 제시된 프로젝트이다. 제1장은 마음(citta)의 89가지 유형과 121가지 유형을 정의하고 분류하는 「마음의 개요」이다. 범위에서 제1장은 『담마상가니』(*Dhammasanganī*, 法集論)의 마음의 상태에 관한 장과 같은 영역을 다루지만 접근방식이 다르다. 정경의 책은 마띠까(mātikā, 論母)에 나오는 첫 번째 삼개조에 대한 분석과 더불어 시작되고, 그리하여 처음에 유익한[善], 해로운[不善], 업으로 결정할 수 없는[無記] 세 가지 윤리적인 특질에 기초하여 마음을 분류한 다음에 그 범주들 안에서 마음이 일어나는 곳에 기초하여 욕계, 색계, 무색계, 출세간의 범주로 마음을 세분한다. 반면에 『아비담맛타 상가하』는 마띠까에 얽매이지 않고 먼저 일어나는 곳에 기초하여 마음을 나누고, 윤리적 특성에 기초하여 마음을 세분한다.

제2장 「마음부수의 개요」는 먼저 52가지 마음부수(cetasika)를 열거하고 네 가지 부류로 나눈다: 공통들, 때때로들, 해로운 요소들, 아름다운 요소들. 그 다음에 마음부수들은 두 가지 상호보완적인 방법에 의해서 조사된다. 먼저 결합의 방법(sampayoganaya)은 조사의 단위로 마음부수들을 취하고 그것들이 개체로 결합되는 마음의 유형들을 도출하는 것이다. 그리고 두 번째 조합의 방법(sangahanaya)은 조사의 단위로 마음의 유형들을 취하고 각각의 구성에 들어가는 마음부수들을 도출하는 것이다. 제2장은 다시 원칙적으로 『담마상가니』의 첫 번째 장에 의존한다.

제3장 「여러 가지 항목의 개요」는 여섯 가지 범주에 관한 요소들과 더불어 마음의 유형들을 분류한다. 원인(hetu), 느낌(vedanā), 역할(kicca), 문(dvāra), 대상(ārammaṇa), 토대(vatthu)가 그것이다.

처음 3개의 장(제1장~제3장)은 내적으로 그리고 외적인 다양한 요소들과 관련하여 마음의 구조에 주로 관심을 갖는다. 대조적으로 다음 2개의 장(제4장~제5장)은 마음의 역학, 즉 마음의 발생 방식을 다룬다. 아비담마에 따르면, 마음은 두 가지로 구별되지만 서로 연관된 방식, 즉 능동적인 과정과 수동적인 흐름으로 구별된다. 제4장(「인식과정의 개요」)은 '인식과정'의 성격을 탐구한다. 제5장(「인식과정을 벗어난 마음의 개요」)은 수동적인 '인식과정을 벗어난' 흐름을 다루고, 전통적인 불교 우주론의 조사와 더불어 시작된다. 여기에서의 설명은 아비담마 주석서들에 크게 기반을 두고 있다. 제6장 「물질의 개요」는 정신의 영역에서 물질의 영역으로 넘어간다. 『담마상가니』의 제2장에 주로 기초하여, 물질의 개요는 물질 현상들의 유형을 열거하고, 그 유형들을 다양한 방식으로 분류하고, 그 유형들이 일어나는 방식을 설명한다. 물질의 개요는 또한 물질의 무리라는 주석서의 개념을 소개하고, 그 무리를 상세하게 다루며, 존재의 다양한 영역에서 물질과정이 일어나는 것을 설명한다. 제6장은 이 시스템에서 유일하게 조건 지어지지 않은 부분인 네 번째 궁극적 실재인 열반(Nibbāna)에 관한 짧은 섹션으로 결론을 맺는다.

제6장과 함께 아누룻다 스님은 네 가지 궁극적 실재에 관한 그의 분석적인 설명을 완성했지만, 아비담마의 완전한 그림을 제시하기 위해서 설명되어야 하는 몇 가지 중요한 주제가 남아 있다. 이것들이 마지막 3개의 장들에서 다루어진다. 제7장 「범주의 개요」는 궁극적 실재들을 네 가지 넓은 표제 아래 다양한 범주 체계들로 배열한다: 해로운 범주의 개요, 다양한 윤리적인 특성들의 항목들을 포함하는 혼합된 범주의 개요, 깨달음의 필수요소들의 개요, 아비담마 존재론의 종합적인 조사인 일체의 개요. 이 장은 『위방가』(*Vibhanga*, 分析論)에 많이 의존하고 약간은 『담마상가니』에 의존한다.

제8장 「조건의 개요」는 물리적인 현상들과 정신적인 현상들의 상호연관성에 관한 아비담마의 가르침을 포함시켜서 그것들의 기능적인 상호관계를 해명하는 종합적인 처리로 궁극적인 실재들에 대한 분석적인

처리를 보충한다. 그 설명은 빠알리어 경전에서 발견되는 조건에 대한 두 가지 대안적인 접근방법을 요약적으로 제시한다. 하나는 경에서 현저하게 드러나거나 『위방가』(제6장)에 나오는 경과 아비담마의 관점에서 분석된 연기(緣起)의 방법이다. 이 방법은 삶과 죽음의 순환인 윤회(saṃsāra)의 굴레를 유지하는 원인과 결과 패턴의 관점에서 조건을 검토한다. 다른 하나는 24가지 조건관계를 가진 『빳타나』(*Paṭṭhāna*, 發趣論)의 방법이다. 이 장은 개념(paññatti)에 대한 간략한 설명으로 결론을 맺고, 적어도 암시적으로 『뿍갈라빤냣띠』(*Puggalapaññatti*, 人施設論)를 끌어온다.

『아비담맛타 상가하』의 아홉 번째 마지막 장은 이론이 아닌 실제 수행에 관심이 있다. 이것은 명상주제의 개요이다. 제9장(「명상주제의 개요」)은 일종의 『청정도론』을 요약하는 역할을 한다. 이 장은 『청정도론』에서 철저하게 설명된 모든 명상방법을 간략하게 조사하고, 고요(samatha)와 통찰(vipasannā)이라는 두 가지 명상체계의 수행에 대한 압축된 설명을 제시한다. 이 장이 요약하고 있는 명저(『청정도론』)처럼, 이 장은 네 가지 유형의 깨달은 자들과 도와 과의 증득에 대한 설명으로 결론을 맺는다. 『아비담맛타 상가하』의 이런 배열은 아마도 아비담마의 궁극적인 해탈의 의도를 강조하는 역할을 한다. 마음과 물질에 대한 모든 이론적인 분석은 명상수행으로 수렴되고, 그 수행은 불교 최상의 목표인 무집착에 의한 마음의 해탈로 귀결된다.

Namo tassa Bhagavato Arahato Sammāsambuddhassa

그분 세존, 공양 올려 마땅한 분, 바르게 깨달으신 분께 귀의합니다.

제 1 장

마음의 개요

Cittasangahavibhāga

1 찬양의 말
(thutivacana)

Sammāsambuddham atulaṃ

Sasaddhamma gaṇuttamaṃ

Abhivādiya bhāsissaṃ

Abhidhammatthasangahaṃ.

–

비할 바 없는 분이신 완전하게 깨달으신 분과 고귀한 가르침과 성스러운 승가에 예경하고, 나는 아비담마에 대한 설명(아비담마에 포함된 주제들의 개요)을 말하리라.

§ 1 설명

◉

예경하고(abhivādiya) 담마(Dhamma, 法)의 주석가들이 왜곡되지 않은 실재에 대한 이해를 추구하는 모든 이들의 궁극적인 귀의처인 불·법·승 삼보에 대한 예경과 함께 그들의 주석을 시작하는 것은 빠알리 불교전통에서 확립된 관례이다. 그러므로 이 전통에 따라서 깊은 예경심으로 저자 아누룻다 스님은 삼보에 대한 예경을 표현하는 찬양의 말로 그의 주석서를 시작한다. 가치 있는 대상에 대한 예경의 마음은 그러한 마음을 일으키는 사람의 정신적 흐름에 공덕을 일으키는 유익한 업이다. 이 예경이 가장 예경을 받을 만한 가치가 있는 대상인 삼보를 향한 것이라면 일으킨 공덕은 광대하고 강력하다. 마음에 축적된 그런 공덕은 자신의 공덕 짓는 일을 완성하는 데 방해가 되는 요소들을 막아내는 능력을 가지며, 그 일의 성공적인 성취를 지원할 수 있는 능력을 가진다. 더욱이 붓다를 따르는 자에게

담마에 대한 책을 쓰는 것은 지혜의 완성(paññāpārāmī, 지혜바라밀)을 계발할 수 있는 귀중한 기회이다. 그러므로 저자는 책을 시작할 때 지복의 찬양의 말로 그런 기회를 얻은 것에 대한 기쁨을 표현하고 있다.

완전하게 깨달으신 분(sammāsambuddha, 正等覺者) 붓다께서는 모든 법의 궁극적 성질을 그 법들의 고유한 특성들과 보편적인 특성들로 스스로 완전하게 이해하신 분이기 때문에 완전하게 깨달은 분[正等覺者]이라 불린다. 이 말은 스승으로부터 도움을 받지 않고 얻은 모든 실재들에 대한 직접적인 지혜를 의미한다. 붓다는 또한 그분의 특성과 속성이 다른 어떤 존재에 의해서도 비교될 수 없기 때문에 비할 데 없는 분(atula)이라고도 불린다. 모든 아라한들이 해탈을 얻는 데 충분한 계·정·혜의 뛰어난 특성들을 가지고 있지만, 어느 누구도 지고의 붓다께서 완전하게 갖추신 헤아릴 수 없고 측정할 수 없는 공덕들을 갖지는 못한다. 붓다의 공덕들은 10가지 여래(Tathāgata)의 힘[如來十力, 맛지마 니까야 12], 네 가지 자기 확신의 근거들[四無畏, 맛지마 니까야 12], 큰 자비의 증득[大慈悲, 빠띠삼비다막가 i,126], 그리고 방해받지 않는 전능의 지혜[一切智, 빠띠삼비다막가 i,131]이다. 그러므로 붓다께서는 모든 중생들 가운데 비할 데 없는 분이시다. "비구들이여, 독특하고, 짝할 사람이 없고, 상대가 없고, 비할 수 없고, 동등한 사람이 없고, 상대가 될 수 있는 사람이 없는 한 분, 즉 여래·아라한·완전하게 깨달은 분[正等覺者]이시다."(앙굿따라 니까야 1:13/i,22)라고 설해지는 바와 같다.

고귀한 가르침(saddhamma, 正法) 가르침, 즉 담마는 교학(pariyatti), 수행(paṭipatti), 통찰(paṭivedha)의 세 가지 측면을 의미한다. '교학'이란 율(Vinaya)·경(Sutta)·논(Abhidhamma)의 세 가지 모음을 구성하는 붓다의 가르침을 기록한 삼장(Tipiṭaka)에 대한 공부이다. '수행'이란 계·정·혜의 삼학이다. '통찰'이란 출세간도의 꿰뚫음과 성스러운 과의 증득이다. 교학은 수행에 지침을 제공하고 수행은 통찰에 이르는 돌파구를 가져오기 때문에 이 각각은 그 다음에 오는 것의 토대가 된다. 이 가르침은 진실하고 훌륭하다는 의미에서 '고귀한'이라고 불린다. 그 이유는 붓다의 가르침이 적용되면 그것이 분명히 지고의 진리와 최고의 선(善)인 열반의 증득으로 인도하기 때문이다.

성스러운 승가(gaṇuttama) 가나(gaṇa)라는 말은 모임이나 무리를 의미하는데, 여기서는 공동체나 화합승을 의미하는 승가(sangha)의 동의어로 쓰였다. 두 종류의 승가가 있다: 구족계를 받은 비구나 비구니 승가인 관습적인 승가(sammutisangha)와 '성스러운 승가'라는 존경의 말로 언급되는 성자들의 승가(ariya-sangha). 성스러운 승가는 성자들이 예류·일래·불환·아라한의 도와 과에 도달했는지에 따라서 여덟 가지로 구분되는 성자들의 경지에 도달한 4쌍의 사람들로 붓다의 성취된 제자들의 성스러운 공동체이다.

나는 아비담마에 대한 설명을 말하리라 본서의 제목인 『아비담맛타 상가하』(*Abhidhammattha Sangaha*)는 문자 그대로는 '아비담마에 포함된 주제들의 개요'를 의미한다. 아비담마는 논장에 전해진 붓다의 특별한 혹은 '훌륭한'(abhi) 가르침(dhamma)이다. "나는 말하겠다."(bhāsissaṃ)는 우리에게 본서가 실재를 분석하기 위한 도구로 이용될 수 있도록 암송하고 암기하도록 의도되어 있다는 것을 상기시킨다.

2 네 가지 궁극적 실재 (catudhā paramattha)

Tattha vutt'ābhidhammatthā

Catudhā paramatthato

Cittaṃ cetasikaṃ rūpaṃ

Nibbānam iti sabbathā.

–

여기서 설해지는 아비담마에 포함된 주제들은 궁극적 실재의 관점에서 모두 네 가지이다: 마음, 마음부수, 물질, 열반.

§ 2 설명

◉

궁극적 실재의 관점에서(paramatthato) 아비담마 철학에 따르면, 두 가지 실재, 즉 관습적인 것(sammuti)과 궁극적인 것(paramattha)이 있다. 관습적인 실재들은 보통의 개념적인 생각(paññatti)과 관습적인 표현(vohāra) 방식의 내용들이다. 그것은 생물, 사람, 남자, 여자, 동물과 같은 것들과 우리의 분석되지 않은 세상에 대한 그림을 구성하는, 겉보기에 안정되고 지속적인 대상들을 포함한다. 아비담마 철학은 이 개념들이 궁극적인 타당성을 갖고 있지 않다고 주장한다. 왜냐하면 이 개념들이 의미하는 대상들은 줄일 수 없는 실재로 그 스스로 존재할 수 없기 때문이다. 그 개념들의 존재방식은 개념적이지만 실재적이지 않다. 그들은 그 자신의 본성으로 존재하는 실재가 아니라 정신적 구성의 산물들(parikappanā)이다.

궁극적 실재들은 대조적으로 그 자신의 본성(sabhāva)으로 존재하는 것들이다. 이것들이 담마(dhamma)들이다: 줄일 수 없는 마지막 존재의 구성요소들, 즉 존재에 대해 올바르게 행해진 분석에서 기인하는 궁극적인 실재들. 그러한 존재들은 더 이상의 축소를 허용하지 않고 그 자체가 분석의 마지막 용어, 즉 존재의 복잡한 다양성의 진정한 구성요소들이다. 그러므로 빠라맛타(paramattha)라는 말이 그 구성요소에 적용되는데, 그것은 빠라마(parama, 궁극적인, 가장 높은, 마지막의)와 앗타(attha, 실재)에서 파생되었다.

궁극적인 실재들은 궁극적 존재로서의 존재론적 관점에서뿐만 아니라 바른 지혜의 궁극적 대상으로 인지론적 관점에서의 특징을 갖는다. 참깨 씨에서 기름을 추출하듯이, 그렇게 개념적 실재에서 궁극적 실재를 추출할 수 있다. 예를 들어, '존재'와 '남자'와 '여자'는 그들이 의미하는 것들이 줄일 수 없는 궁극적인 단위를 암시하는 개념들이다. 그러나 우리가 아비담마의 분석적인 도구로 이것들을 지혜롭게 조사하면, 우리는 그것들이 개념에 의해 암시되는 궁극성을 갖고 있지 않고, 단지 정신과 물질적인 과정의 무상한 요소들의 모임인 관습적인 실재라는 것을 알게 된다. 그리하여 지혜로 관습적인 실재를 조사함으로써, 우리는 마침내 우리의 개념적인 구성물들 배후에 있는 객관적인 실재들에 도달하게 된다. 아비담마의 궁극적인 실재들을 형성하는 것은 마음의 구성 작용과는 독립적으로 자신의 내재적인 본성을 유지하는 이 객관적인 실재들, 즉 담마들이다.

비록 궁극적인 실재들이 사물의 구체적인 본질로 존재하지만, 그것들은 너무 미묘하고 심오해서 훈련을 받지 않은 보통 사람은 그것들을 인지할 수 없다. 그런 사람은 그의 마음이 실재를 관습적으로 정의한, 겉모습으로 만드는 개념에 의해서 가려졌기 때문에 궁극적인 실재들을 볼 수 없다. 존재에 대한 지혜롭고 철저한 주의(yoniso manasikāra)에 의해서만 개념 너머를 볼 수 있고, 궁극적인 실재를 자신의 지혜의 대상으로 가질 수 있다. 그리하여 빠라맛타(paramattha)는 궁극적인 혹은 최상의 지혜의 영역에 속하는 것으로 묘사될 수 있다.[1]

모두 네 가지 경에서 붓다는 보통 존재나 개인을 다섯 가지 유형의 궁극적 실재인 오온(pañcakkhandhā)으로 분석한다: 색(色, 물질), 수(受, 느낌), 상(想, 인식), 행(行, 정신적인 형성들), 식(識). 아비담마의 가르침에서 궁극적인 것들은 텍스트에서 열거된 네 가지 범주로 나누어진다. 처음의 마음, 마음부수, 물질 세 가지는 모든 조건 지어진 실재들로 구성된다. 경의 가르침의 오온은 이 세 가지 범주와 일치한다. 식온(識蘊, viññāṇakkhandha)은 여기에서 마음(citta)으로 구성되는데, 마음(citta)이라는 말은 일반적으로 그것의 마음부수들과 구별되는 다양한 마음의 부류들을 일컫기 위해 사용된다. 중간의 세 무더기는 아비담마에서 다양한 역할들을 수행하면서 마음과 함께 일어나는 정신적인 법인 마음부수들(cestaika)의 범주에 모두 포함된다. 아비담마 철학은 52가지 마음부수를 열거한다. 느낌과 인식의 무더기[受蘊과 想蘊]는 각각 하나의 마음부수로 계산된다. 경의 정신적인 형성들의 무더기(sankhārakkhadha, 行蘊)는 50가지 마음부수로 세분된다. 물질의 무더기[色蘊]는 물론 아비담마의 물질의 범주와 일치한다. 물질의 무더기는 후에 28가지 유형의 물질 현상으로 나누어질 것이다.

조건 지어진 이 세 가지 실재에 조건 지어지지 않은 네 번째 실재가 추가된다. 오온에 포함되지 않는 이 실재는 조건 지어진 존재에 내재한 괴로움으로부터 최종적인 해탈의 상태인 열반이다. 그리하여 아비담마 철학에는 모두 네 가지 궁극적인 실재들이 있다: 마음, 마음부수, 물질, 열반.

3 네 가지 부류의 마음 (catubbidha citta)

Tattha cittaṃ tāva catubbidhaṃ hoti: (i)kāmāvacaraṃ; (ii)rūpāvacaraṃ; (iii)arūpāvacaraṃ; (iv)lokuttarañ cā ti.

–

그것들 가운데 마음은 우선 네 가지이다: (i) 욕계 마음들, (ii) 색계 마음들, (iii) 무색계 마음들, (iv) 출세간 마음들.

§ 3 설명

◉

마음 『아비담맛타 상가하』의 제1장은 네 가지 궁극적인 실재 가운데 첫 번째인 마음 혹은 정신인 찟따(citta)의 검토에 할애된다. 마음이 먼저 연구되는 이유는 불교의 실재에 대한 분석의 초점은 경험이며, 마음은 경험에서 주된 요소, 즉 대상에 대한 앎이나 인지를 구성하는 것이기 때문이다.

빠알리어 찟따는 '인지하다, 알다'라는 의미인 동사 어근 찌띠(citi)에서 유래되었다. 주석가들은 찟따를 행위자, 도구, 행위의 세 가지 방식으로 정의한다. 행위자로서의 찟따는 대상을 인지하는 것(ārammaṇaṃ cintetī ti cittaṃ)이다. 도구로서의 찟따는 그 도구로 마음과 함께하는 마음부수들이 대상을 인지하는 것이다(etena cintentī ti cittaṃ). 행위로서의 찟따는 단지 대상을 인지하는 과정 자체이다(citanamattaṃ cittaṃ).

단순한 행위라는 관점에서 본 세 번째 정의는 세 가지 가운데 가장 적절한 것으로 간주된다. 즉 찟따는 근본적으로 대상을 인지하거나 아는 행위나 과정이다. 그것은 인지하는 행위를 떠나서 그 자체로 실제적인 존재를 소유하고 있는 행위자나 도구가 아니다. 행위자나 도구의 관점에서 본 정의는 영원한 자아나 에고가 인지의 행위자와 도구라고 주장하는 사람들의 잘못된 견해[邪見]를 논파하기 위해서 제안되었다. 불교 사상가들은 이 정의에 의해서 인지 행위를 수행하는 것은 자아가 아니라 찟따, 즉 마음이라는 사실을 지적한다. 이 마음은 단지 인지하는 행위이고, 그 행위는 반드시 무상하여 일어나고 소멸하는 특성이 있다.

궁극적 실재의 성격을 명료하게 하기 위해서, 빠알리어 주석가들은 궁극적 실재의 한계를 정하는 네 가지 정의하는 장치들을 제안한다. 이 네 가지 장치이다: (1) 특징(lakkhaṇa), 즉 현상들의 두드러진 특징, (2) 역할(rasa), 즉 구체적인 과업(kicca)의 수행 혹은 목표의 성취(sampatti), (3) 그것의 나타남(paccupaṭṭhāna), 즉 경험의 범위 안에서 자신을 나타내는 방식, (4) 가까운 원인(padatthāna), 즉 그것이 의존하는 주된 조건.

찟따의 경우, 특징은 대상을 아는 것(vijānana)이다. 역할은 마음부수들을 관장하고 항상 마음부수들과 함께한다는 점에서 마음부수들의 선구자(pubbangama)가 되는 것이다. 마음은 마음부수들과 물질적인 현상들의 완전한 부재 상태에서 홀로 일어날 수 없기 때문에, 그것의 나타남, 즉 그것이 명상자의 경험에 나타나는 방식은 과정의 연속성(sandhāna)으로서의 나타남이다. 가까운 원인은 정신·물질(nāmarūpa)이다.

마음이 대상을 인지하는 것으로는 하나의 특징, 즉 그것의 모든 다양한 나타남에서 동일하게 남아 있는 특징을 가지지만, 아비담마는 찟따를 다양한 유형으로 구별한다. 찟따라고도 불리는 이 유형들은 89가지 혹은 보다 세밀한 구분 방법에 의해서 121가지로 계산된다(〔표 1.1〕 참조). 우리가 보통 마음이라고 생각하는 것은 실제로는 일련의 찟따들, 즉 순간적인 마음의 행위들이고, 이 행위들은 매우 빠르게 연속적으로 일어나서 우리

[표 1.1] 한눈에 보는 89 또는 121가지 마음

세간 마음들 81				
욕계 마음들 54				
	○ 해로운 마음들 12			
		(1) – (8)	탐욕에 뿌리박은 마음들	8
		(9) – (10)	성냄에 뿌리박은 마음들	2
		(11) – (12)	미혹에 뿌리박은 마음들	2
	○ 원인 없는 마음들 18			
		(13) – (19)	해로운 과보의	7
		(20) – (27)	유익한 과보의	8
		(28) – (30)	원인 없는 작용만 하는	3
	○ 욕계 아름다운 마음들 24			
		(31) – (38)	욕계 유익한	8
		(39) – (46)	욕계 과보의	8
		(47) – (54)	욕계 작용만 하는	8
색계 마음들 15				
		(55) – (59)	색계 유익한	5
		(60) – (64)	색계 과보의	5
		(65) – (69)	색계 작용만 하는	5
무색계 마음들 12				
		(70) – (73)	무색계 유익한	4
		(74) – (77)	무색계 과보의	4
		(78) – (81)	무색계 작용만 하는	4
출세간 마음들 8 / 40				
	○ 출세간 유익한 마음들 4 / 20			
		(82) / (82) – (86)	예류도	1 / 5
		(83) / (87) – (91)	일래도	1 / 5
		(84) / (92) – (96)	불환도	1 / 5
		(85) / (97) – (101)	아라한도	1 / 5
	○ 출세간 과보의 마음들 4 / 20			
		(86) / (102) – (106)	예류과	1 / 5
		(87) / (107) – (111)	일래과	1 / 5
		(88) / (112) – (116)	불환과	1 / 5
		(89) / (117) – (121)	아라한과	1 / 5

는 다양한 유형인 별개의 경우들을 감지할 수 없다. 아비담마는 마음의 유형들을 구별할 뿐만 아니라, 보다 중요한 것은 아비담마가 또한 그 유형들을 코스모스, 즉 통일되고 긴밀하게 서로 짜여진 전체로 질서 있게 보여주고 있다.

그렇게 하기 위해서 아비담마는 몇 개의 겹치는 분류의 원칙들을 사용한다. 『아비담맛타 상가하』의 이 섹션에 도입된 원칙들 가운데 첫 번째는 마음이 일어나는 곳(bhūmi)이다. 네 가지 마음이 일어나는 곳이 있다. 세 가지는 세간이다: 욕계, 색계, 무색계. 네 번째는 출세간이다. 처음 세 가지 마음이 일어나는 곳을 한정하는 '계'란 의미의 아와짜라(avacara)는 '특별한 지역에서 이리저리 움직이는 것', 혹은 '종종 방문하는 것', 즉 '특별한 세계'를 의미한다. 자주 방문 받는 그 장소는 그 계의 이름, 즉 욕계와 색계와 무색계에 의해서 지정되는 존재의 세계(bhūmi)이다. 그러나 비록 마음의 세 가지 세계가 그것과 상응하는 존재계와 특별히 가깝게 연결되지만, 그것들은 동일하지 않다. 마음의 세계는 마음의 유형들을 분류하기 위한 범주이고, 존재계는 중생들이 재생하고 그들의 삶을 보내는 영역이나 세계이다.

그럼에도 불구하고 명확한 관계가 마음의 세계와 존재계 사이에 존재한다: 특정한 마음의 세계는 그것에 상응하는 존재계에 전형적인 것이고, 그곳에서 가장 종종 일어나는 경향을 가짐으로써 그 세계를 종종 방문하는 마음의 유형으로 구성된다. 특정한 세계의 마음은 그에 상응하는 세계에 묶여 있지 않고, 또한 다른 존재계에서도 일어날 수 있다. 예를 들어, 색계와 무색계 마음들이 욕계에서 일어날 수 있고, 욕계 마음들이 색계와 무색계에서 일어날 수 있다. 그러나 마음의 세계는 그것의 이름을 공유하는 세계에 전형적이라는 점에서 여전히 연결점이 발견된다. 더욱이 어떤 특정한 세계의 업에 능동적인 마음들, 즉 업을 생산하는 마음들은 그에 상응하는 존재계에 재생을 일으키는 경향이 있고, 만약 그 마음들이 재생을 일으킬 수 있는 기회를 얻는 데 성공하면, 그 마음들은 다른 어떤 세계가 아닌 그 세계에서 그렇게 할 것이다. 그럼으로써 마음의 세계와 그와 상응하는 존재계 사이의 연결은 대단히 가깝다.

욕계 마음들(kāmāvacaracitta) 까마(kāma)라는 말은 주관적인 욕망, 즉 감각적 욕망에 대한 갈애와 대상에 대한 욕망으로 보이는 형색[色], 소리

[聲], 냄새[香], 맛[味], 감촉[觸]의 다섯 가지 외적인 감각 대상들에 대한 욕망을 뜻한다. 욕계 세상(kāmabhūmi)은 11가지 세상인 네 가지 악처, 인간 세상, 여섯 가지 욕계 천상으로 구성된 욕계의 존재계이다. 욕계 마음들은 비록 다른 세계에서도 일어나지만 욕계에서 적절한 영역을 갖는 모든 마음을 포함한다.

색계 마음들(rūpāvacaracitta) 색계는 색계 세상(rūpabhūmi) 혹은 색계 선(禪, rūpajjhāna)이라고 불리는 몰입삼매 명상 상태에 해당하는 마음의 세계이다. 대체로 이 영역에서 움직이는 어떤 마음도 색계에 속하는 것으로 이해된다. 색계 선은 보통 땅 까시나(kasina) 등과 같은(제9장 6 참조), 혹은 자기 자신의 몸의 일부 등과 같은 장치일 수 있는 물질적인 대상(rūpa)에 집중하는 명상 상태에서 얻어진다. 그러한 대상은 선이 계발되는 기반이 된다. 그런 대상의 기반 위에서 얻어진 마음의 고양된 상태를 색계 마음이라 부른다.

무색계 마음들(arūpāvacaracitta) 무색계는 무색계 세상(arūpabhūmi)에 해당하는 마음의 세계, 혹은 무색계 선(arūpajjhāna)이라는 비물질 몰입삼매에 해당하는 마음의 세계이다. 대체로 이 영역에서 움직이는 어떤 마음이든지 무색계에 속한 것으로 이해된다. 수행자가 색계 선을 넘어서 형상이 없는 명상 상태를 얻을 때, 그는 물질 형태와 연관된 모든 대상을 버리고 무한한 허공 등과 같은 어떤 비물질적인 대상에 집중해야 한다. 그런 대상에 기반을 두고 얻어진 고양된 마음의 상태를 무색계 마음이라고 부른다.

출세간 마음들(lokuttaracitta) 로꿋따라(lokuttara), 즉 출세간이라는 말은 '로까(loka, 세상), 웃따라(uttara, 넘어선, 초월하는)'를 의미하는 말에서 유래되었다. '세상'이라는 개념은 세 가지이다: 중생들의 세상(sattaloka, 有情世間), 물리적인 우주(okāsaloka, 器世間), 형성된 것들의 세상(sankhāraloka), 즉 물질적·정신적으로 조건 지어진 현상들의 전체. 여기에 관련된 세상의 개념은 형성된 것들의 세계, 즉 오온 안에 포함된 모든 세간적인 현상들이다. 조건 지어진 것들의 세상을 초월하는 것은 조건 지어지지 않은 요소인 열반이고, 열반의 실현에 직접적으로 함께하는 마음의 유형들은 출세간 마음이라 불린다. 다른 세 가지 유형은 구별하여 세간 마음(lokiyacitta)이라고 불린다.

❖❖❖

그리하여 우리는 마음이 세계에 의해서 네 가지 넓은 부분으로 분류될 수 있다는 것을 안다: 욕계 마음, 색계 마음, 무색계 마음, 출세간 마음. 마음은 또한 세계 외에도 다른 원리들의 기반 위에서 분류될 수 있다. 아비담마 철학에서 중요한 역할을 하는 분류의 하나의 원칙은 종류 혹은 성품(jāti)이다.

그것의 성품과 관련하여 마음은 네 가지로 나누어진다: 해로운, 유익한, 과보의, 작용만 하는. 해로운 마음(akusalacitta)은 세 가지 해로운 원인들인 탐욕, 성냄, 미혹 가운데 하나 혹은 다른 하나와 함께하는 마음이다. 그런 마음은 정신적으로 건강하지 않으며, 도덕적으로 비난할 만하고, 괴로운 결과를 만들어 내기 때문에 해롭다고 불린다. 유익한 마음(kusalacitta)은 유익한 원인들인 탐욕 없음 혹은 관대함, 성냄 없음 혹은 자애, 미혹 없음 혹은 통찰지와 함께하는 마음이다. 그런 마음은 정신적으로 건강하고, 도덕적으로 비난할 수 없고, 즐거운 결과를 만들어 낸다.

유익한 마음과 해로운 마음은 의도적인 행위(kamma)로 구성된다. 업이 익어서 생기는 찟따(마음)들, 즉 마음의 상태들은 과보(vipāka)라고 불린다. 이 마음들은 이전의 두 가지와 구별되는 세 번째 마음의 부류, 즉 유익한 업의 과보와 해로운 업의 과보로 구성되는 부류이다. 업과 업의 과보는 순전히 정신적인 것이라고 이해해야 한다. 깜마(업)는 유익하거나 해로운 마음과 결합한 의도적인 행위이다. 그것의 과보는 업의 성숙을 경험하는 다른 찟따들이다.

종류의 분류에 따른 마음의 네 번째 부류는 빠알리어로 끼리야(kiriya) 혹은 끄리야(kriyā)라고 불리며, 여기에서는 '작용만 하는'이라고 번역하였다. 이 마음의 유형은 깜마도 아니고 깜마의 과보도 아니다. 그것은 행위를 포함하지만, 이 행위는 깜마로 결정되지 않아서 업의 과보를 만들어 낼 수 없다.

과보의 마음과 작용만 하는 마음은 유익하지도 해롭지도 않다. 대신에 그 마음들은 결정할 수 없는(abyākata, 無記), 즉 유익한 것과 해로운 것이라는 이분법의 관점으로 결정할 수 없는 마음이다.

욕계 마음들 (kāmāvacaracittāni) — 54

해로운 마음들 (akusalacittāni) — 12

4 탐욕에 뿌리박은 마음들 (lobhamūlacittāni) — 8

Tattha katamaṃ kāmāvacaraṃ?

1. Somanassasahagataṃ diṭṭhigatasampayuttaṃ asankhārikam ekaṃ.
2. Somanassasahagataṃ diṭṭhigatasampayuttaṃ sasankhārikam ekaṃ.
3. Somanassasahagataṃ diṭṭhigatavippayuttaṃ asankhārikam ekaṃ.
4. Somanassasahagataṃ diṭṭhigatavippayuttaṃ sasankhārikam ekaṃ.
5. Upekkhāsahagataṃ diṭṭhigatasampayuttaṃ asankhārikam ekaṃ.
6. Upekkhāsahagataṃ diṭṭhigatasampayuttaṃ sasankhārikam ekaṃ.
7. Upekkhāsahagataṃ diṭṭhigatavippayuttaṃ asankhārikam ekaṃ.
8. Upekkhāsahagataṃ diṭṭhigatavippayuttaṃ sasankhārikam ekan ti.

Imānī aṭṭha pi lobhasahagatacittāni nāma.

—

이 가운데 무엇이 욕계에 속하는가?

1. 기쁨이 함께하고, 사견과 결합하고, 자극받지 않은 마음 하나.
2. 기쁨이 함께하고, 사견과 결합하고, 자극받은 마음 하나.
3. 기쁨이 함께하고, 사견과 결합하지 않고, 자극받지 않은 마음 하나.
4. 기쁨이 함께하고, 사견과 결합하지 않고, 자극받은 마음 하나.
5. 평온이 함께하고, 사견과 결합하고, 자극받지 않은 마음 하나.

6. 평온이 함께하고, 사견과 결합하고, 자극받은 마음 하나.
7. 평온이 함께하고, 사견과 결합하지 않고, 자극받지 않은 마음 하나.
8. 평온이 함께하고, 사견과 결합하지 않고, 자극받은 마음 하나.
이 여덟 가지 마음의 유형은 탐욕이 함께한다.

§ 4 설명

◉

해로운 마음들 해로운 마음을 분석할 때, 아비담마는 먼저 그 마음의 가장 두드러진 원인 또는 뿌리(mūla, hetu)인 탐욕(lobha), 성냄(dosa), 혹은 미혹(moha)에 의해서 그것을 분류한다. 아비담마에 따르면, 탐욕과 성냄은 서로 배타적이다. 그 마음들은 같은 마음에서 공존할 수 없다. 그리하여 탐욕이 주된 원인인 마음의 상태들은 '탐욕에 뿌리박은 마음'이라고 불리며, 여덟 가지가 열거된다. 성냄이 주된 원인인 마음의 상태들은 '성냄에 뿌리박은 마음'이라고 불리며, 두 가지 마음이 열거된다. 세 번째 해로운 원인인 미혹은 모든 해로운 마음의 상태에 존재한다. 그리하여 탐욕에 뿌리박은 마음과 성냄에 뿌리박은 마음에서 미혹은 또한 잠재적인 원인으로 발견된다. 그럼에도 불구하고 미혹이 탐욕이나 성냄과 함께하지 않고 일어나는 마음의 유형들이 있다. 이 마음들은 두 가지인데 미혹만 포함하는 마음들, 혹은 '미혹에 뿌리박은 마음'이라고 불린다. (〔표 1.2〕 참조)

탐욕에 뿌리박은 마음들(lobhamūlacittāni) 탐욕이 해로운 원인들 가운데서 항상 먼저 언급되기 때문에, 아비담마는 해로운 마음의 세 가지 부류의 분석을 탐욕에 뿌리박은 다양한 마음들을 분석함으로써 시작한다. 로바(lobha)라는 빠알리어는 강렬한 열정이나 탐욕에서부터 미묘한 좋아함이나 집착에 이르기까지 모든 다양한 탐욕을 포함한다. 탐욕에 뿌리박은 마음은 세 가지 원리에 기초하여 미분화(二分化)한 여덟 가지 유형으로 나누

[표 1.2] 해로운 마음들

	원인	느낌	결합한	결합하지 않은	자극받은	번호
1	탐욕	기쁨	사견	…	무	(1)
2	〃	〃	사견	…	유	(2)
3	〃	〃	…	사견	무	(3)
4	〃	〃	…	사견	유	(4)
5	〃	평온	사견	…	무	(5)
6	〃	〃	사견	…	유	(6)
7	〃	〃	…	사견	무	(7)
8	〃	〃	…	사견	유	(8)
9	성냄	불만족	적의	…	무	(9)
10	〃	〃		…	유	(10)
11	미혹	평온	의심	…	…	(11)
12	〃	〃	들뜸	…	…	(12)

어진다. 하나는 기쁨이나 평온의 느낌인 마음부수의 느낌(vedanā)이고, 두 번째는 그릇된 견해[邪見]의 유·무이고, 세 번째는 그 마음이 자극받는지 혹은 자극받지 않는지에 대한 고려이다. 이 세 가지 구별의 순열로부터 여덟 가지 마음의 유형이 얻어진다.

기쁨이 함께한(somanassasahagata) 기쁨(somanassa)은 '즐거운(su)+마음(manas)'에서 유래되었다. 그래서 그것은 문자 그대로 즐거운 정신적인 상태이다. 기쁨은 하나의 느낌, 구체적으로는 즐거운 정신적인 느낌이다. 모든 마음은 어떤 느낌과 함께하고, 그 느낌은 육체적이거나 정신적이거나, 기쁘거나 괴롭거나 중립적이다. 기쁨은 육체적이라기보다는 정신적인, 고통스럽거나 중립적이라기보다는 즐거운 느낌이다. 이 느낌은 이 마음의 유형과 불가피하게 섞인다는 점에서 이 마음의 유형과 함께한다(sahagata). 마치 두 강의 물이 만날 때, 그것이 함께 섞여 구별될 수 없는 것과 같다.

아비담마는 기쁨이 함께하는 탐욕에 뿌리박은 네 가지 마음을 묘사한다. 이 부류에 있는 다른 네 가지 마음은 평온이 함께한다(upekkhā-sahagata). 평온(upekkhā)이라는 말은 편견이나 선호에 의해 흔들리지 않는 마음 상태인 평온이나 공명정대의 고양된 정신적인 특질을 의미하기 위해서 빠알리어 텍스트에서 종종 사용된다. 그러나 여기에서 그 단어는 기쁨이나 거부를 향하여 기울지 않는 정신적인 느낌인 중립적인 느낌을 단순히 의미하기 위해서 사용되었다. 전혀 다른 반대 방식으로 대상을 경험하는 즐거운 느낌과 괴로운 느낌과는 대조적으로, 평온은 중립적인 방식으로 대상을 경험한다. 그리하여 평온한 느낌은 괴롭지도 즐겁지도 않은 느낌(adukkhamasukkhā vedanā)이다.

사견과 결합한(diṭṭhigatasampayutta) 기쁨이나 평온이 함께하는 것으로서의 느낌에 기초하여 탐욕에 뿌리박은 마음을 두 가지 부류로 나눈 후에, 텍스트는 다시 사견과의 관련성에 기초하여 같은 마음을 나눈다. 딧티(diṭṭhi)라는 말은 견해를 의미하고, 만약 그것이 '바른(sammā)'이라는 의미의 접두어에 의해서 명시되지 않으면, 그것은 일반적으로 사견(micchā diṭṭhi)을 말한다.[2] 그릇된 견해는 확신, 믿음, 의견, 혹은 합리화로서 탐욕에 뿌리박은 마음과 함께한다. 그 견해는 그것에 이성적인 합리화를 제공함으로써 마음이 일어나는 원천지인 집착을 강화시키거나, 그 견해 자체가 집착의 대상이 되기도 한다. 그릇된 견해는 모두 네 가지 마음의 유형과 결합한다. 기쁨이 함께한 두 가지 마음과 평온이 함께한 두 가지 마음이 그것이다. 탐욕이 사견에 의해 제공된 어떤 합리화와도 함께하지 않고 그 마음들에서 작용한다는 점에서, 나머지 네 가지는 사견과 결합하지 않는다(diṭṭhigatavipayutta).

자극받지 않은(asankhārika) 탐욕에 뿌리박은 마음을 구별하는 세 번째 원리는 자극의 유무이다. 여러 가지 의미를 갖고 있는 상카라(sankhāra)라는 말은 자극, 격려, 유인(payoga) 혹은 방편(upāya)의 적용을 의미하는 아비담마에 특유한 의미로 여기에서 사용된다. 이 자극은 다른 사람들에 의해서 강요될 수도 있고 자신 안에서 생길 수도 있다. 사용되는 수단은 육체적일 수도 있고 언어적일 수도 있고 혹은 순전히 정신적일 수도 있다. 이 부추김은 그에 상응하는 행위를 일으키는 특별한 마음을 일어나게 하는 육체적인 수단으로 우리를 유도하면 육체적이다. 그리고 사용되는 수단이 다른 사람의 명령이나 설득력이면 언어적이다. 또한 반조나 의지 있는 결심에 의해서 우리의 내적인 저항에도 불구하고 어떤 마음의 유형들을 만들어 내려는 의도적인 노력을 하면 정신적이다. 자극은 아래에서 보게 되듯이, 해로운 마음이나 유익한 마음과 결합할 수 있다. 방편적인 수단에 의해서 자극이나 유인 없이 자연스럽게 일어나는 마음은 자극받지 않은 것이라고 불린다. 방편에 의한 자극이나 유인과 함께 일어나는 마음은 자극받은(sasankhārika) 것이라고 불린다. 탐욕에 뿌리박은 마음의 부류에서 네 가지 유형은 자극 받지 않은, 즉 자연스러운 것이며, 네 가지 유형은 자극받은, 즉 유인된 것이다.

5 성냄에 뿌리박은 마음들 (dosamūlacittāni) — 2

9. Domanassasahagataṃ paṭighasampayuttaṃ asankhārikam ekaṃ.

10. Domanassasahagataṃ paṭighasampayuttaṃ sasankhārikam ekan ti.

Imāni dve pi paṭighasampayuttacittāni nāma.

–

9. 불만족이 함께하고, 적의와 결합하고, 자극받지 않은 마음 하나.
10. 불만족이 함께하고, 적의와 결합하고, 자극받은 마음 하나.
이 두 가지 마음의 유형은 적의와 결합한다.

§ 5 설명

◉

성냄에 뿌리박은 마음들(dosamūlacittāni) 아비담마에 의해 분석되는 해로운 마음의 두 번째 부류는 세 가지 해로운 원인 가운데 두 번째인 성냄에 뿌리박은 것이다. 이 마음은 단순히 자극받은, 그리고 자극받지 않은 것으로써 구별되는 두 가지 마음이다. 기쁨 혹은 평온의 선택적인 느낌과 함께 일어날 수 있는 탐욕에 뿌리박은 마음과는 대조적으로, 성냄에 뿌리박은 마음은 불만족이라는 단지 하나의 느낌과 함께 일어난다. 게다가 탐욕에 뿌리박은 마음과는 다르게, 성냄에 뿌리박은 마음은 사견과 결합하여 일어나지 않는다. 비록 사견이 성냄의 행동을 동기화할 수는 있지만, 아비담마에 따르면 사견은 같은 마음에서 성냄과 동시에 일어나지 않고, 다른 마음의 유형에서 더 이른 시간에 일어난다.
불만족이 함께한(domanassasahagata) 성냄에 뿌리박은 마음의 상태들과 함께하는 느낌은 불만족이다. 도마낫사(domanassa)라는 빠알리어는 '나쁜(du)+마음(manas)'에서 유래되었고 불만족한 정신적인 느낌을 의미한다. 이 느낌은 성냄에 뿌리박은 마음과만 함께하고, 그런 마음은 반드시 이 느낌이 함께한다. 그리하여 불만족, 즉 불만족한 정신적인 느낌은 항상 해롭다. 이런 면에서 그것은 업으로 결정되지 않는 불만족한 몸의 느낌과 다르며, 유익하거나[善] 해롭거나[不善] 결정할 수 없는[無記] 기쁨과 평온과도 다르다.

적의와 결합한(**paṭighasampayutta**) 탐욕에 뿌리박은 마음이 명백하게 탐욕과 함께한다고 말해지는 반면에, 성냄(dosa)에 뿌리박은 마음은 적의(paṭigha)라는 같은 뜻의 말로 설해진다. 빠띠가(paṭigha)는 폭력적인 분노에서 미묘한 짜증에 이르기까지 모든 정도의 적의를 포함한다. 그 단어는 문자 그대로 '맞서 싸우는'을 뜻하고, 저항이나 거부나 파괴의 정신적인 태도를 보여준다.

비록 불만족과 적의가 항상 서로와 함께하지만, 그들의 특성은 구별되어야 한다. 불만족(domanassa)은 불만족한 느낌의 경험이고, 적의(paṭigha)는 악의와 짜증의 정신적인 태도이다. 오온의 측면에서, 불만족은 느낌의 무더기(vedanākkhandha)에 포함되는 반면에, 적의는 정신적인 형성들(sankhārakkhandha)에 포함된다.

6 미혹에 뿌리박은 마음들 (mohamūlacittāni)— 2

11. Upekkhāsahagataṃ vicikicchāsampayuttam ekaṃ.
12. Upekkhāsahagataṃ uddhaccasampayuttam ekan ti.
Imāni dve pi momūhacittāni nāma.
Icc'evaṃ sabbathā pi dvādasākusalacittāni samattāni.

—

11. 평온이 함께하고, 의심과 결합한 마음 하나.
12. 평온이 함께하고, 들뜸과 결합한 마음 하나.
이 두 가지 마음의 유형은 순전한 미혹을 포함한다.
이와 같이 모두 12가지의 해로운 마음의 유형이 끝난다.

§ 6 설명

◉

미혹에 뿌리박은 마음(mohamūlacittāni) 이 마지막 부류의 해로운 마음은 다른 두 가지 해로운 원인인 탐욕과 성냄이 없는 찟따(citta)들로 구성된다. 보통 미혹은 또한 탐욕이나 성냄을 초래한다. 그러나 비록 미혹이 항상 탐욕과 성냄이 함께하는 마음에 하나의 원인으로 존재하지만, 거기서의 미혹의 작용은 종속적이다. 그러나 이 마지막 두 가지 해로운 마음의 유형에서는 미혹만이 해로운 원인으로 존재하고, 그리하여 그 둘은 미혹에 뿌리박은 마음으로 분류된다. 미혹의 작용이 특별히 이 두 가지 마음의 유형에서 분명하기 때문에, 그들은 또한 순전한 미혹을 포함하는 마음(momūhacitta)으로 묘사된다. 빠알리어로 순전한 미혹(momūha)은 미혹(moha)의 강조형이다. 미혹에 특별히 두드러진 두 가지 마음의 유형이 있다: 하나는 의심과 결합하고, 다른 하나는 들뜸과 결합한다.

평온이 함께한(upekkhāsahagata) 미혹에 뿌리박은 마음이 일어날 때는 원하는 대상이 존재할지라도, 그것이 원하는 것으로 경험되지 않고, 그래서 즐거운 정신적인 느낌(somanassa)이 일어나지 않는다. 마찬가지로 원하지 않은 대상도 그와 같이 경험되지 않아서 불만족한 정신적인 느낌(domanassa)이 일어나지 않는다. 더군다나 마음이 의심이나 들뜸에 사로잡힐 때 그것은 긍정적이거나 부정적인 단호한 평가를 내릴 수 없어서 즐겁거나 고통스러운 느낌과 결합될 수 없다. 이런 이유로 이 두 가지 마음과 함께하는 느낌은 중립적인 평온의 느낌(upekkhā)이다.

의심과 결합한(vicikicchāsampayutta) 주석가들은 위찌낏차(vicikicchā, 의심)란 말에 대해 두 가지 어원적인 설명을 제공한다: (1) 당혹스런 생각으로 인한 짜증, (2) 지혜로 대처할 수 있는 치료법의 부재.[3] 이 설명 둘 다는 의심이 미혹의 우세함에 의해 당혹, 회의, 혹은 우유부단을 뜻한다는 것을 보여준다. 이 의심과 결합한 마음은 미혹에 뿌리박은 첫 번째 마음의 유형이다.

들뜸과 결합한(uddhaccasampayutta) 들뜸은 시끄러움, 정신적인 산란함, 혹은 동요이고, 이 들뜸에 감염된 마음은 미혹에 뿌리박은 두 번째 마음의 유형이다. 아비담마에 따르면, 들뜸의 마음부수는 12가지 해로운 마음 모두에서 발견되지만(제2장 13 참조), 나머지 11가지 마음에서 그것의 힘(satti)은 비교적 약하고 그것의 역할은 부차적이다. 그러나 이 마지막 마음의 유형에서는 들뜸이 주된 요소가 된다. 그래서 이 마지막 유형만이 들뜸과 결합한 마음으로 묘사된다.

자극받은 혹은 자극받지 않은 것이라는 견지에서의 어떤 자질부여도 미혹에 뿌리박은 이 두 가지 마음에 대한 묘사에 부과될 수 없다는 사실에 주목해야 한다. 주석가들은 이 생략에 대한 다른 의견을 제시한다. 『위바위니 띠까』(*Vibhāvinī-Ṭīkā*)와 『청정도론』(*Visuddhimagga*)의 대복주서(Mahā-Ṭīkā)는 자극의 관점에서의 구별이 생략된 이유를 둘 중 어느 하나의 대안도 적용될 수 없기 때문이라고 주장한다. 그들은 이 두 마음이 자연적인 예리함이 없기 때문에 그것들은 자극받지 않은 것으로 묘사될 수 없고, 그것들을 의도적으로 일어나게 할 수 있는 경우가 없기 때문에 그것들은 자극받은 것으로 묘사될 수 없다고 주장한다. 하지만 레디 사야도는 이 입장을 거부하고 이 마음들만이 자극받지 않는다고 주장한다. 그는 "이 두 마음이 그 자신의 본성에 따라서 자연스럽게 중생들에게 일어나기 때문에, 그것들은 어떤 유인이나 방편적인 수단에 의해서 일으킬 필요가 없다. 그것들은 항상 어렵지 않게 일어난다. 그리하여 그것들은 오로지 자극받지 않으며, 이것이 자극에 의한 구별이 여기에서 언급되지 않은 이유이다."라고 주장한다.

7 해로운 마음들의 요약

Aṭṭhadhā lobhamūlani

Dosamūlani ca dvidhā

Mohamūlani ca dve'ti

Dvādas'ākusalā siyuṃ.

–

여덟 가지는 탐욕에 뿌리박고, 두 가지는 성냄에 뿌리박으며, 두 가지는 미혹에 뿌리박는다. 그리하여 12가지 해로운 마음의 유형이 있다.

§ 7 설명

◉

탐욕에 뿌리박은 여덟 가지 마음의 유형은 다음의 경우들로 설명할 수 있다.

1 기쁨이 함께한, 훔치는 것에 악함이 없다는 견해를 가지고 있는 한 소년이 과일가게에서 사과 하나를 자연스럽게 훔친다.

2 기쁨이 함께한, 같은 견해를 갖고 있는 그는 친구의 자극에 의해서 사과 하나를 훔친다.

3-4 그 소년이 어떤 그릇된 견해를 갖고 있지 않다는 사실을 제외하고는 1, 2와 동일.

5-8 이 네 가지는 훔치는 것이 중립적인 느낌을 가지고 행해진다는 것을 제외하고는 1에서 4까지와 동일하다.

성냄에 뿌리박은 두 가지 유형은 다음과 같이 설명될 수 있다.

9 성냄이 함께한 사람이 자연스럽게 화가 나서 다른 사람을 죽인다.
10 성냄과 함께한 사람이 미리 생각한 후에 다른 사람을 죽인다.

미혹에 뿌리박은 두 가지 유형은 다음과 같이 설명될 수 있다.

11 어떤 사람은 미혹 때문에 붓다의 깨달음이나 해탈의 방법으로서의 담마의 효능을 의심한다.
12 어떤 사람은 마음이 너무 산란해서 어떤 대상에도 그의 마음을 집중할 수 없다.

원인 없는 마음들
(ahetukacittāni) — 18

8 해로운 과보의 마음들
(akusalavipākacittāni) — 7

(1) Upekkhāsahagataṃ cakkhuviññāṇaṃ; tathā (2) sotaviññāṇaṃ; (3) ghānaviññāṇaṃ; (4) jivhāviññāṇaṃ; (5) dukkhasahagataṃ kāyaviññāṇaṃ; (6) upekkhāsahagataṃ sampaṭicchanacittaṃ; (7) upekkhāsahagataṃ santīraṇacittañ ca ti. Imāni satta pi akusalavipākacittāni nāma.

—

(1) 평온이 함께한 안식(眼識), 그와 같이 (2) [평온이 함께한] 이식(耳識), (3) [평온이 함께한] 비식(鼻識), (4) [평온이 함께한] 설식(舌識), (5) 고통이 함께한 신식(身識), (6) 평온이 함께한 받아들이는 마음, (7) 평온이 함께한 조사하

는 마음. 이 일곱 가지는 해로운 과보의 마음의 유형들이라 한다.

§ 8 설명

◉

원인 없는 마음들(ahetukacittāni) 아헤뚜까(ahetuka)라는 말은 원인이 없다는 것을 의미하고, 헤뚜(hetu, 원인, 뿌리)라고 불리는 마음부수들이 없는 마음의 유형을 한정한다. 이 18가지 유형은 세 가지 해로운[不善] 원인인 탐욕·성냄·미혹 중 어느 것도 포함하지 않고, 유익하거나[善] 결정할 수 없는[無記] 세 가지 밝은 원인들인 탐욕 없음·성냄 없음·미혹 없음도 포함하지 않는다. 원인은 마음에 안전성을 확립하는 데 도움이 되는 요소이기 때문에, 원인이 없는 이 마음들은 원인이 있는 마음들보다 더 약하다. 이 부류의 18가지 마음은 세 가지 무리를 이룬다: 해로운 과보의 마음들, 유익한 과보의 마음들, 작용만 하는 마음들. (〔표 1.3〕 참조)

해로운 과보의 마음들(ahetukavipākacittāni) 원인 없는 마음의 첫 번째 범주는 해로운 업에서 생기는 일곱 가지 마음의 유형으로 구성된다. 이 마음의 유형은 그 자체로는 해롭지 않고 업으로 결정할 수 없다(abyākata). 여기에서 '해로운'(akusala)이라는 말은 그 마음들이 해로운 업에 의해서 만들어진 과보임을 의미한다. 그 말은 이 마음의 상태 자체를 한정하는 것이 아니라 그것들이 생겨난 업을 한정한다.

안식(眼識, cakkhuviññāṇa) 두 가지 부류, 즉 해로운 과보의 마음과 유익한 과보의 마음에서의 첫 번째 다섯 가지 유형의 과보의 마음은 눈·귀·코·혀·몸의 감성 물질(pasāda)에 기초한 것들이다. 이 10가지 마음은 통틀어 한 쌍의 다섯 가지 감각식(dvi-pañcaviññāṇa, 前五識)이라고 불린다.

안식은 눈의 감성 물질(cakkhu-pasāda)에 기초하여 일어난다. 그것의 역할은 보이는 대상을 단순히 보는, 즉 직접적으로 즉시 인지하는 것이다.

[표 1.3] 원인 없는 마음들

	종류	느낌	마음	번호
1	해로운 과보의	평온	안식	(13)
2	〃	〃	이식	(14)
3	〃	〃	비식	(15)
4	〃	〃	설식	(16)
5	〃	고통	신식	(17)
6	〃	평온	받아들이는	(18)
7	〃	〃	조사하는	(19)
8	유익한 과보의	평온	안식	(20)
9	〃	〃	이식	(21)
10	〃	〃	비식	(22)
11	〃	〃	설식	(23)
12	〃	즐거움	신식	(24)
13	〃	평온	받아들이는	(25)
14	〃	기쁨	조사하는	(26)
15	〃	평온	조사하는	(27)
16	작용만 하는	평온	오문전향	(28)
17	〃	〃	의문전향	(29)
18	〃	기쁨	미소 짓는	(30)

다른 유형의 감각식도 그 각각의 감성 물질에 기초하여 일어나고, 그것들의 역할은 그 각각의 대상을 인지하는 것, 즉 소리를 듣는 것, 냄새를 맡는 것, 맛을 보는 것, 감촉을 느끼는 것이다. 해로운 과보의 마음의 경우에 그 대상은 불쾌하거나 원하지 않은 것(aniṭṭha)이다. 하지만 처음 네 가지 감각 기능에 미치는 영향은 약해서 그것과 결합한 느낌은 중립, 즉 평온이다. 그러나 해로운 과보의 신식(身識)의 경우에는 몸의 기능에 미치는 그 대상의 영향이 강해서 그것과 함께하는 느낌은 몸의 고통(dukkha)이다.

받아들이는 마음(sampaṭicchanacitta) 감각 대상이 다섯 가지 감각문[五門] 가운데 하나에 있는 감각 기능에 부딪칠 때, 예를 들어 보이는 형색이 눈에 부딪칠 때, 먼저 그 대상으로 전향하는 마음이 일어난다. 이 마음 바로 다음에 안식이 그 형색을 보며 일어난다. 이 보는 행위는 단지 한 마음 순간만 지속된다. 바로 다음에 안식이 본 바로 그 대상을 파악하거나 '받아들이는' 마음이 일어난다. 이것이 받아들이는 마음이고, 이것은 안식을 일으킨 같은 유형의 업에서 생긴다.

조사하는 마음(santīraṇacitta) 이것은 또 다른 원인 없는 마음이고, 받아들이는 마음 바로 다음에 일어난다. 그것의 역할은 감각식이 막 인지하고 받아들이는 마음이 파악한 대상을 조사하거나 검사하는 것이다. 받아들이는 마음과 조사하는 마음은 다섯 가지 감각문[五門]에서만 일어나고, 둘 다 과거 업의 과보이다.

9 유익한 과보의 원인 없는 마음들 (kusalavipāka-ahetukacittāni) — 8

(8) Upekkhāsahagataṃ cakkhuviññānaṃ; tathā (9) sotaviññāṇaṃ; (10) ghānaviññāṇaṃ; (11) jivhāviññāṇaṃ; (12) sukhasahagataṃ kāyaviññāṇaṃ; (13) upekkhāsahagataṃ sampaṭicchanacittaṃ; (14) somanassasahagataṃ santīraṇacittaṃ; (15) upekkhāsahagataṃ santīraṇa cittañ ca ti. Imāni aṭṭha pi kusalavipākāhetukacittāni nāma.

—

(8) 평온이 함께한 안식, 그와 같이 (9) [평온이 함께한] 이식, (10) [평온이 함께한] 비식, (11) [평온이 함께한] 설식, (12) 즐거움이 함께한 신식, (13) 평온이 함께한 받아들이는 마음, (14) 기쁨이 함께한 조사하는 마음, (15) 평온이 함께한 조사하는 마음. 이 여덟 가지는 유익한 과보의 원인 없는 마음의 유형이라 한다.

§ 9 설명

◉

유익한 과보의 원인 없는 마음들(kusalavipāka-ahetukacittāni) 이 범주에 있는 여덟 가지 마음의 유형은 유익한 업의 과보이다. 이전 부류의 명명에서 아헤뚜까(ahetuka)라는 말은 모든 해로운 과보의 마음들이 원인이 없기 때문에 포함되지 않았다. 원인이 함께하는 해로운 과보의 마음은 없다. 그러나 다음에 보게 되듯이 유익한 과보의 마음은 원인들, 즉 업으로 결정할 수 없는(abyākata, 無記) 아름다운 원인들과 함께할 수 있다. 원인 있는 것들과 원인 없는 유익한 과보의 마음을 구별하기 위해서, 아헤뚜까라는 말이 그들의 부류 명명에 포함되었다.

이 마음의 유형 가운데 일곱 가지는 해로운 과보의 마음에 상응한다. 그러나 해로운 과보의 마음들이 원하지 않는 대상에 대하여 일어나는 반면에, 유익한 과보의 마음들은 원하거나(iṭṭha) 열렬히 원하는(ati-iṭṭha) 대상에 대하여 일어난다. 그것들의 대응물처럼 여기에서의 처음 네 가지 감각식은 평온, 즉 중립적인 느낌과 결합한다. 그러나 몸에 미치는 대상의 영향은 강하기 때문에, 유익한 과보의 신식과 결합한 느낌은 몸의 즐거움(sukha)의 느낌이다.

원인 없는 유익한 과보의 마음들은 해로운 과보의 마음들 가운데 대응물이 없는 마음의 유형을 포함한다. 이것은 기쁨(somanassa)이 함께하는 조사하는 마음이다. 해로운 업의 과보인 조사하는 마음이 항상 중립적인 느낌과 함께하는 반면에, 유익한 업의 조사하는 마음은 두 가지이다. 하나는 적당히 원하는 대상에 대해서 일어나는 중립적인 느낌과 함께하는 마음이고, 다른 하나는 대상이 특별히 원하는 것일 때 일어나는 기쁨이 함께하는 마음이다. 그리하여 이전의 부류에서 발견되는 일곱 가지 유형과는 대조적으로 이 부류에는 여덟 가지 마음의 유형이 있다.

10 원인 없는 작용만 하는 마음들 (ahetukakiriya-cittāni) — 3

(16) upekkhāsahagataṃ pañcadvārāvajjanacittaṃ; tathā (17) mano-dvārāvajjanacittaṃ; (18) somanassasahagataṃ hasituppādacittañ cā ti.
Imāni tīṇi pi ahetukakiriyacittāni nāma.
Icc'evaṃ sabbathā pi aṭṭhāras'āhetukacittāni samattāni.

—

(16) 평온이 함께하는 오문전향의 마음, 그와 같이 (17) [평온이 함께하는] 의문전향의 마음, (18) 기쁨이 함께하는 미소 짓는 마음. 이 셋은 원인 없는 작용만 하는 마음의 유형이라 한다.
이와 같이 모두 18가지 유형의 원인 없는 마음들이 끝난다.

§ 10 설명

◉

원인 없는 작용만 하는 마음들(ahetukakiriyacittāni) 원인 없는 마음(ahetu-ka)들 가운데 남은 세 가지 마음의 유형은 업의 과보가 아니다. 그것들은 어떤 업의 힘도 갖고 있지 않은 과업을 수행할 수 있는 것을 보여주기 위해서 '작용만 하는' 것으로 표현되는 끼리야(kiriya)라고 불리는 부류에 속한다. 그런 마음의 유형은 인과의 업도 아니고 업의 과보도 아니다. 이 범주 안에서, 세 가지 마음의 유형은 원인이 없고, (뒤에서 묘사되는) 나머지는 원인이 있다.
오문전향의 마음(pañcadvārāvajjanacitta) 외부의 감각 대상이 다섯 가지 육체적인 감각기관에 부딪칠 때, 형색을 보는 안식의 예처럼 적절한 감각식이 일어나기 전에, 또 다른 마음이 먼저 일어났음에 틀림없다. 이 마음이 오문전향의 마음이고, 이것은 어떤 대상이 다섯 가지 감각의 문(dvāra) 가운데 어느 하나에 자신을 드러내든지 간에 그것에 전향하는(āvajjana) 역할을 갖는다. 이 마음은 그 대상을 보거나, 듣거나, 냄새 맡거나, 맛보거나, 감촉하지 않는다. 그것은 단순히 그 대상으로 전향하여, 감각식으로 하여금 즉시 연속하여 일어나도록 한다.

의문전향의 마음(manodvārāvajjacitta) 이 마음의 유형은 오문에서 발생하는 인식과정이나 의문에서 발생하는 인식과정에서 일어난다. 각각의 경우에 그것은 다른 역할을 수행한다. 오문에서 발생할 때 그것은 결정하는 마음(votthapanacitta)으로 불린다. 그때 그것의 역할은 감각식에 의해서 인식된 대상을 결정하거나 정의하는 것이다. 오문 인식과정에서, 결정하는 마음은 조사하는 마음을 계승한다. 조사하는 마음이 대상을 검사하고 난 후에, 결정하는 마음이 그것을 분별한다.

내적인 관념작용 기능을 통하여 발생하는 인식과정인 의문 과정에서, 이 동일한 마음의 유형은 다른 역할을 수행한다. 그때 그것의 역할은 의문에 나타나는 대상으로 전향하는 것이다. 그런 역할에서 이 마음은 의문전향의 마음으로 알려져 있다.

미소를 일으키는 마음(hasituppādacitta) 이것은 역시 아라한(Arahant)의 유형인 붓다와 벽지불을 포함하여 아라한들에게 특유한 마음이다. 그것의 역할은 아라한으로 하여금 욕계 현상들에 대하여 미소 짓게 하는 것이다. 아비담마에 따르면, 아라한은 네 가지 아름다운 욕계 작용만 하는 마음(제1장 15 참조)과 여기에서 언급된 원인 없는 미소 짓는 마음, 즉 다섯 가지 마음 가운데 하나의 마음으로 미소 지을 수 있다.

11 원인 없는 마음들의 요약

Satt'ākusalapākāni puññapākāni aṭṭhadhā
Kriyācittāni tīṇi ti aṭṭhārasa ahetukā.

–

일곱 가지는 해로운 과보의 마음들이다. 유익한 과보의 마음들은 여덟 가지이다. 세 가지는 작용만 하는 마음들이다. 그리하여 원인 없는 마음들은 18가지이다.

12 아름다운 마음들
(sobhanacittāni)

Pāpāhetukamuttāni sobhanānī ti vuccare
Ekūnasaṭṭhi cittāni ath'ekanavutī pi vā.

–

사악한 마음들과 원인 없는 마음들을 제외하고, 나머지는 '아름다운' 마음들이라고 불린다. 그것들은 수가 59가지 혹은 91가지이다.

§ 12 설명

◉

아름다운 마음들(sobhanacittāni) 아름다운 마음들은 12가지 유형의 해로운 마음인 '사악한 마음들'과 완전히 원인 없는 18가지 유형의 '원인 없는 마음들'을 제외한 모든 마음을 포함한다. 이 마음의 유형은 아름다운 마음부수들(cetasika, 제2장 5-8 참조)이 함께하기 때문에 아름답다고 한다.

아름다운(sobhana) 마음들은 유익한(kusala) 마음들보다 더 넓은 범위를 갖는다. 아름다운 마음들은 모든 유익한 마음을 포함하지만, 그것은 또한 아름다운 마음부수들을 갖고 있는 과보의 마음들과 작용만 하는 마음들을 포함한다. 이 후자의 마음들은 유익하지 않고 업으로 결정할 수 없는(abyākata, 無記) 것이다. 아름다운 마음은 모든 색계 마음들, 무색계 마음들, 출세간 마음들뿐만 아니라 (바로 다음에 정의될) 24가지 욕계 마음들로 구성된다. 아름다운 마음을 제외한 마음들은 아름답지 않은(asobhana) 마음이라 불린다.

59가지 혹은 91가지 59가지 아름다운 마음은 다음과 같이 얻어진다: 24가지 욕계+15가지 색계+12가지 무색계+여덟 가지 출세간. 총 91가지는 출세간 마음을 여덟 가지로 나누지 않고 40가지 유형으로 나누어서 얻어지고, 이것은 다음에 설명될 것이다(제1장 30-31 참조).

욕계 아름다운 마음들
(kāmāvacara-sobhanacittāni) — 24

13 욕계 유익한 마음들
(kāmāvacara-kusalacittāni) — 8

1. Somanassasahagataṃ ñāṇasampayuttaṃ asankhārikam ekaṃ.
2. Somanassasahagataṃ ñāṇasampayuttaṃ sasankhārikam ekaṃ.
3. Somanassasahagataṃ ñāṇavippayuttaṃ asankhārikam ekaṃ.
4. Somanassasahagataṃ ñāṇavippayuttaṃ sasankhārikam ekaṃ.
5. Upekkhāsahagataṃ ñāṇasampayuttaṃ asankhārikam ekaṃ.

6. Upekkhāsahagataṃ ñāṇasampayuttaṃ sasankhārikam ekaṃ.

7. Upekkhāsahagataṃ ñāṇavippayuttaṃ asankhārikam ekaṃ.

8. Upekkhāsahagataṃ ñāṇavippayuttaṃ sasankhārikam ekan ti.

Imāni aṭṭha pi sahetuka-kāmāvacara-kusalacittāni nāma.

–

1. 기쁨이 함께하고, 지혜와 결합하고, 자극 받지 않은 마음 하나.

2. 기쁨이 함께하고, 지혜와 결합하고, 자극 받은 마음 하나.

3. 기쁨이 함께하고, 지혜와 결합하지 않고, 자극 받지 않은 마음 하나.

4. 기쁨이 함께하고, 지혜와 결합하지 않고, 자극 받은 마음 하나.

5. 평온이 함께하고, 지혜와 결합하고, 자극 받지 않은 마음 하나.

6. 평온이 함께하고, 지혜와 결합하고, 자극 받은 마음 하나.

7. 평온이 함께하고, 지혜와 결합하지 않고, 자극 받지 않은 마음 하나.

8. 평온이 함께하고, 지혜와 결합하지 않고, 자극 받은 마음 하나.

이것들은 원인을 가진 여덟 가지 유형의 욕계 유익한 마음들이다.

§ 13 설명

◉

욕계 유익한 마음들(kāmāvacara-kulasavittāni) 이 부류의 마음은 이분법의 세 가지 원리에 기초하여 여덟 가지 유형으로 나누어진다. 하나는 네 가지 경우에 기쁨(somanassa), 즉 즐거운 정신적인 느낌인 마음부수이고, 네 가지 경우에는 평온(upekkhā), 즉 중립적인 정신적인 느낌인 마음부수이다. 두 번째는 지혜의 유무이다. 그리고 세 번째는 자극받지 않은 것과 자극받은 것의 두개조이다. (〔표 1.4〕 참조)

지혜와 결합한(ñāṇasampayutta) 지혜는 현상을 있는 그대로(yathā-sabhāvaṃ) 이해하는 것이다. 지혜와 결합한 마음에서, 지혜(ñāṇa)라는 말

[표 1.4] 욕계 아름다운 마음들

	느낌	지혜	자극받은	유익한	과보의	작용만 하는
1	기쁨	결합한	없음	(31)	(39)	(47)
2	〃	〃	있음	(32)	(40)	(48)
3	〃	결합하지 않은	없음	(33)	(41)	(49)
4	〃	〃	있음	(34)	(42)	(50)
5	평온	결합한	없음	(35)	(43)	(51)
6	〃	〃	있음	(36)	(44)	(52)
7	〃	결합하지 않은	없음	(37)	(45)	(53)
8	〃	〃	있음	(38)	(46)	(54)

은 통찰지의 마음부수(paññā-cetasika)를 일컫는다. 그것은 또한 미혹 없음(amoha)의 원인을 나타낸다. 지혜와 결합하지 않은(ñāṇavippayutta) 마음은 이 지혜의 요소를 갖고 있지 않지만, 해로운 마음에만 속하는 무명(avijjā) 혹은 미혹(moha)을 포함하지 않는다.

자극받지 않은 주석서에 따르면, 사람은 육체적 건강함과 정신적 건강함, 좋은 음식과 기후 등 때문에, 그리고 과거에 비슷한 행위를 한 결과로 자극이 없이도 좋은 행위를 한다. 자극은 앞에서 설명한 대로(86쪽) 다른 사람의 권유에 의해서, 혹은 개인적인 사색에 의해서 일어난다.

원인 있는(sahetuka) 지혜와 결합한 네 가지 유익한 마음은 세 가지 모든 유익한 원인을 갖고 있고, 지혜와 결합하지 않은 네 가지 마음은 탐욕 없음 혹은 관대함과 성냄 없음 혹은 자애를 갖고 있지만, 미혹 없음은 갖고 있지 않다.

유익한 욕계 마음의 여덟 가지 유형은 다음 예들로 설명될 수 있다.

1 어떤 사람은 관대한 행위가 유익한 행위라는 것을 이해하고 자극 없이 자연스럽게 그 행위를 즐겁게 행한다.

2 어떤 사람은 사색하거나 다른 사람에게서 자극을 받은 후에 그와 같

은 좋은 일을 행한다.

3 어떤 사람은 자극은 없지만 이것이 유익한 행위라는 것을 이해하지 못하고 관대한 행위를 한다.

4 어떤 사람은 이해하지 못하고 사색한 후에, 혹은 다른 사람의 자극이 있은 후에 관대한 일을 즐겁게 행한다.

5-8 이 마음의 유형들은 이전의 네 가지와 같은 방법으로 이해되어야 하지만, 기쁜 느낌 대신에 중립적인 느낌을 가진 마음들이다.

이 여덟 가지 마음의 유형은 오염원들을 억제하고 좋은 과보를 만들어 내기 때문에 유익한(kusala) 혹은 공덕 있는(puñña) 것이라고 불린다. 그 마음들은 유익한 육체적인 행위와 언어적인 행위를 할 때마다, 욕계에 속하는 유익한 마음의 상태들을 일으킬 때마다 범부(putthujjana)와 유학(有學, sekkha), 즉 예류자와 일래자와 불환자의 세 가지 낮은 단계에 있는 성스러운 제자들에게 일어난다. 이 마음들은 그 행위가 업의 영향력을 입지 않는 아라한에게는 일어나지 않는다.

14 욕계 과보의 마음들 (kāmāvacara-vipākacittāni) — 8

9. Somanassasahagataṃ ñāṇasampayuttaṃ asankhārikam ekaṃ.
10. Somanassasahagataṃ ñāṇasampayuttaṃ sasankhārikam ekaṃ.
11. Somanassasahagataṃ ñāṇavippayuttaṃ asankhārikam ekaṃ.
12. Somanassasahagataṃ ñāṇavippayuttaṃ sasankhārikam ekaṃ.
13. Upekkhāsahagataṃ ñāṇasampayuttaṃ asankhārikam ekaṃ.

14. Upekkhāsahagataṃ ñāṇasampayuttaṃ sasankhārikam ekaṃ.

15. Upekkhāsahagataṃ ñāṇavippayuttaṃ asankhārikam ekaṃ.

16. Upekkhāsahagataṃ ñāṇavippayuttaṃ sasankhārikam ekan ti.

Imāni aṭṭha pi sahetuka-kāmāvacara-vipākacittāni nāma.

–

9. 기쁨이 함께하고, 지혜와 결합하고, 자극 받지 않은 마음 하나.

10. 기쁨이 함께하고, 지혜와 결합하고, 자극 받은 마음 하나.

11. 기쁨이 함께하고, 지혜와 결합하지 않고, 자극 받지 않은 마음 하나.

12. 기쁨이 함께하고, 지혜와 결합하지 않고, 자극 받은 마음 하나.

13. 평온이 함께하고, 지혜와 결합하고, 자극 받지 않은 마음 하나.

14. 평온이 함께하고, 지혜와 결합하고, 자극 받은 마음 하나.

15. 평온이 함께하고, 지혜와 결합하지 않고, 자극 받지 않은 마음 하나.

16. 평온이 함께하고 지혜와 결합하지 않고, 자극 받은 마음 하나.

이들은 원인을 가진 여덟 가지 유형의 욕계 과보의 마음이다.

§ 14 설명

◉

원인 있는 욕계 과보의 마음들(sahetuka-kāmāvacara-vipākacittāni) 여덟 가지 유익한 마음의 유형이 있듯이, 그에 상응하는 여덟 가지 과보의 마음의 유형이 있다. 이 여덟 가지 마음의 유형은 욕계 유익한 마음의 업의 과보이다. 이것들을 유익한 업 때문에 생긴 원인 없는 과보의 마음들과 구별하기 위해서, 이 마음들은 '원인 있는(sahetuka)'으로 묘사된다. 원인 없는 유익한 과보의 마음들과 원인 있는 과보의 마음들 둘 다는 같은 여덟 가지 유익한 마음에 의해서 만들어지지만, 그 두 쌍은 그것들의 특성과 역할에서 다르다. 이 차이점은 마음의 역할을 논할 때(제3장 8-11 참조) 더 분명해질 것이다.

15 욕계 작용만 하는 마음들

(kāmāvacara-kriyācittāni) — 8

17. Somanassasahagataṃ ñāṇasampayuttaṃ asankhārikam ekaṃ.
18. Somanassasahagataṃ ñāṇasampayuttaṃ sasankhārikam ekaṃ.
19. Somanassasahagataṃ ñāṇavipppayuttaṃ asankhārikam ekaṃ.
20. Somanassasahagataṃ ñāṇavipppayuttaṃ sasankhārikam ekaṃ.
21. Upekkhāsahagataṃ ñāṇasampayuttaṃ asankhārikam ekaṃ.
22. Upekkhā-sahagataṃ ñāṇasampayuttaṃ sasankhārikam ekaṃ.
23. Upekkhāsahagataṃ ñāṇavipppayuttaṃ asankhārikam ekaṃ.
24. Upekkhāsahagataṃ ñāṇavipppayuttaṃ sasankhārikam ekan ti.

Imāni aṭṭha pi sahetuka-kāmāvacara-kriyācittāni nāma.

Icc'evaṃ sabbathā pi catuvīsati sahetuka-kāmāvacara-kusala-vipāka-kriyācittāni samattāni.

—

17. 기쁨이 함께하고, 지혜와 결합하고, 자극 받지 않은 마음 하나.
18. 기쁨이 함께하고, 지혜와 결합하고, 자극 받은 마음 하나.
19. 기쁨이 함께하고, 지혜와 결합하지 않고, 자극 받지 않은 마음 하나.
20. 기쁨이 함께하고, 지혜와 결합하지 않고, 자극 받은 마음 하나.
21. 평온이 함께하고, 지혜와 결합하고, 자극 받지 않은 마음 하나.
22. 평온이 함께하고, 지혜와 결합하고, 자극 받은 마음 하나.
23. 평온이 함께하고, 지혜와 결합하지 않고, 자극 받지 않은 마음 하나.
24. 평온이 함께하고, 지혜와 결합하지 않고, 자극 받은 마음 하나.

이것들은 원인을 가진 여덟 가지 유형의 욕계 작용만 하는 마음들이다.

그리하여 모두 원인 있는 24가지 유형의 욕계 마음인 유익한 마음들, 과보의 마음들, 작용만 하는 마음들이 끝난다.

§ 15 설명

◉

원인 있는 욕계 작용만 하는 마음들(sahetuka-kāmāvacara-kriyācittāni) 여덟 가지 유익한 욕계 마음은 범부와 유학에게 일어나는 반면, 그 마음들은 재생의 영역에서 업과 미래생의 윤회를 초월한 붓다와 아라한에게는 일어나지 않는다. 붓다나 아라한에게는 그 마음들과 정확하게 상대가 되는 여덟 가지 마음의 유형이 일어난다. 이 마음들은 어떤 업의 퇴적물도 남기지 않고 단지 그것들이 작용만 하기 때문에 작용만 하는 마음(kriyā/kiriya)이라고 불린다. 붓다나 아라한은 재생의 원인인 무명과 갈애의 모든 흔적을 제거했기 때문에, 그분들의 좋은 행위가 미래 과보를 일으킬 수 있는 방법이 없다. 그 마음들은 단지 일어나서, 어떤 역할을 수행하고, 그 다음에 찌꺼기를 남기지 않고 사라진다.

16 욕계 아름다운 마음들의 요약

Vedanā-ñāṇa-sankhārabhedena catuvīsati
Sahetu-kāmāvacarapuññapākakriyā matā.

—

유익한, 과보의, 작용만 하는 것으로 이해되는 – 원인 있는 욕계 마음은 느낌, 지혜, 자극의 분류에 따라 24가지이다.

§ 16 설명

◉

원인 있는 욕계 마음들은 유익한, 과보의, 작용만 하는 것으로 세 가지가 되고, 이것들 각각은 기쁜 느낌이나 중립적인 느낌에 의해서, 지혜의 유무에 의해서, 자발성이나 자극에 의해서 순열을 통해 여덟 가지로 나누어진다. 그리하여 세 가지 원인 있는 지혜와 연결된 12가지와 두 가지 원인 있는 다른 12가지를 더하여 모두 24가지 마음의 유형이 있게 된다. 비록 스승들이 '큰'을 의미하는 접두사 마하(mahā)에 대한 다양한 설명을 하지만, 이 세 가지 무리들은 종종 큰 유익한(mahākusala) 마음들, 큰 과보의(mahāvipāka) 마음들, 큰 작용만 하는(mahākiriya) 마음들로 일컬어진다.

17 욕계 마음들의 요약

Kāme tevīsapākāni puññāpuññāni vīsati
Ekādasa kriyā cā ti catupaññāsa sabbathā.

—

욕계에서 23가지는 과보이고, 20가지는 유익하면서 해로우며, 11가지는 작용만 하는 것이다. 그리하여 모두 54가지이다.

§ 17 설명

◉

욕계에서 경험되는 마음의 모든 유형은 총 54가지이다. 이 마음들은 다음과 같이 분류된다.

종류에 따라 :

8 큰 유익한 마음

12 해로운 마음

23 과보의 마음

7 해로운 과보의 마음

8 원인 없는 유익한 과보의 마음

8 큰 유익한 과보의 마음

11 작용만 하는 마음

3 원인 없는 작용만 하는 마음

8 큰 작용만 하는 마음

느낌에 의해 :

18 기쁨이 함께한

32 평온이 함께한

2 불만족이 함께한

1 즐거움이 함께한

1 고통이 함께한

지혜와 사견과 결합하는 것에 의해 :

16 결합한

16 결합하지 않은

22 어느 것도 아닌

자극에 의해 :

17 자극받지 않은

17 자극받은

20 어느 것도 아닌(=원인 없는 그리고 미혹의)

아비담마를 가르치는 전통적인 승원의 방법은 학생들에게 이 목록들을 숙고할 뿐만 아니라 잘 암기하도록 독려한다. 다음 장과 아비담마 논장에서 설해지듯이, 이 마음들에서 구성되는 마음부수들을 연구할 때 이 목록은 대단히 중요하다.

색계 마음들 (rūpāvacaracittāni) — 15

18 색계 유익한 마음들 (rūpāvacara-kusalacittāni) — 5

1. Vitakka-vicāra-pīti-sukh'-ekaggatā-sahitaṃ paṭhamajjhāna-kusala-cittaṃ.
2. Vicāra-pīti-sukh'-ekaggatā-sahitaṃ dutiyajjhāna-kusalacittaṃ.
3. Pīti-sukh'-ekaggatā-sahitaṃ tatiyajjhāna-kusalacittaṃ.
4. Sukh'-ekaggatā-sahitaṃ catutthajjhāna-kusalacittaṃ.
5. Upekkh'-ekaggatā-sahitaṃ pañcamajjhāna-kusalacittañ cā ti.

Imāni pañca pi rūpāvacara-kusalacittāni nāma.

—

1. 일으킨 생각, 지속적 고찰, 희열, 행복, 한곳 집중이 함께하는 초선의 유익한 마음.
2. 지속적 고찰, 희열, 행복, 한곳 집중이 함께하는 제2선의 유익한 마음.
3. 희열, 행복, 한곳 집중이 함께하는 제3선의 유익한 마음.
4. 행복, 한곳 집중이 함께하는 제4선의 유익한 마음.
5. 평온, 한곳 집중이 함께하는 제5선의 유익한 마음.

이것들은 다섯 가지 유형의 색계 유익한 마음들이다.

19 색계 과보의 마음들
(rūpāvacara-vipākacittāni) — 5

1. Vitakka-vicāra-pīti-sukh'-ekaggatā-sahitaṃ paṭhamajjhāna-vipāka-cittaṃ.
2. Vicāra-pīti-sukh'-ekaggatā-sahitaṃ dutiyajjhāna-vipākacittaṃ.
3. Pīti-sukh'-ekaggatā-sahitaṃ tatiyajjhāna-vipākacittaṃ.
4. Sukh'-ekaggatā-sahitaṃ catutthajjhāna-vipākacittaṃ.
5. Upekkh'-ekaggatā-sahitaṃ pañcamajjhāna-vipākacittan cā ti.

Imāni pañca pi rūpāvacara-vipākacittāni nāma.

—

1. 일으킨 생각, 지속적 고찰, 희열, 행복, 한곳 집중이 함께하는 초선의 과보의 마음.
2. 지속적 고찰, 희열, 행복, 한곳 집중이 함께하는 제2선의 과보의 마음.
3. 희열, 행복, 한곳 집중이 함께하는 제3선의 과보의 마음.
4. 행복, 한곳 집중이 함께하는 제4선의 과보의 마음.
5. 평온, 한곳 집중이 함께하는 제5선의 과보의 마음.

이것들은 다섯 가지 유형의 색계 과보의 마음들이다.

20 색계 작용만 하는 마음들
(rūpāvacara-kriyācittāni) — 5

1. Vitakka-vicāra-pīti-sukh'-ekaggatā-sahitaṃ paṭhamajjhāna-kriyā-cittaṃ.

2. Vicāra-pīti-sukh'-ekaggatā-sahitaṃ dutiyajjhāna-kriyācittaṃ.

3. Pīti-sukh'-ekaggatā-sahitaṃ tatiyajjhāna-kriyācittaṃ.

4. Sukh'-ekaggatā-sahitaṃ catutthajjhāna-kriyācittaṃ.

5. Upekkh'-ekaggatā-sahitaṃ pañcamajjhāna-kriyācittañ cā ti.

Imāni pañca pi rūpāvacara-kriyācittāni nāma.

Icc'evaṃ sabbathā pi paṇṇarasa rūpāvacara-kusala-vipāka-kriyācittāni samattāni.

—

1. 일으킨 생각, 지속적 고찰, 희열, 행복, 한곳 집중이 함께하는 초선의 작용만 하는 마음.
2. 지속적 고찰, 희열, 행복, 한곳 집중이 함께하는 제2선의 작용만 하는 마음.
3. 희열, 행복, 한곳 집중이 함께하는 제3선의 작용만 하는 마음.
4. 행복, 한곳 집중이 함께하는 제4선의 작용만 하는 마음.
5. 평온, 한곳 집중이 함께하는 제5선의 작용만 하는 마음.

이것들은 다섯 가지 유형의 색계 작용만 하는 마음들이다.

그리하여 모두 15가지 유형의 색계 유익한, 과보의, 작용만 하는 마음들이 끝난다.

§ 18-20 설명

◉

색계 마음들(rūpāvacaracittāni) 이 세계의 마음은 거친 물질이 없고 단지 미세한 나머지 물질만 남아 있는 영역인 색계(rūpabhūmi)에서 움직이고 색계에 속하는 모든 마음들을 포함한다. 이 영역으로의 재생은 삼매(samādhi) 수행의 높은 증득인 선(禪, jhāna)이라고[4] 불리는 명상 상태의 증득에 의해서 성취된다. 이 세계에서 빈번히 일어나는 마음들의 상태가 색계와 성질상 연결되어 있다는 점에서 '색계 마음들'이라고 불린다.

15가지 마음, 즉 다섯 가지 유익한 마음, 다섯 가지 과보의 마음, 다섯 가지 작용만 하는 마음이 이 범주에 속한다([표 1.5]). 유익한 색계 마음들은 이 삶 자체에서 선을 수행하는 범부와 유학(sekkha)에 의해 경험된다. 이 마음들과 상응하는 과보의 마음들(vipāka)은 단지 색계에서만, 즉 선을 수행한 결과로 그곳에 태어난 존재들에게 일어난다. 다섯 가지 작용만 하는(kriyā) 선의 마음은 선을 얻은 아라한들에 의해서 경험된다.

주석가들은 선(jhāna)이라는 빠알리어를 '명상하다'라는 의미의 어근에서 가져오고, 다시 '태우다'라는 의미의 또 다른 어근에서 가져온다. 선은 대상을 긴밀히 명상하기 때문에, 그리고 집중에 반대되는 해로운 상태를 태우기 때문에 그렇게 불린다.[5] 해로운 상태란 감각적 욕망, 악의, 해태와 혼침, 들뜸과 후회, 의심이라는 다섯 가지 장애(nīvarana, 五蓋)이다.

[표1.5] 색계 마음들

	마음	함께하는					유익한	과보의	작용만 하는
1	초선정	최초의 적용 (일으킨 생각)	지속적 적용 (지속적 고찰)	희열	행복	집중	(55)	(60)	(65)
2	이선정	…	지속적 적용 (지속적 고찰)	희열	행복	집중	(56)	(61)	(66)
3	삼선정	…	…	희열	행복	집중	(57)	(62)	(67)
4	사선정	…	…	…	행복	집중	(58)	(63)	(68)
5	오선정	…	…	…	평온	집중	(59)	(64)	(69)

선은 고요함 혹은 고요명상(samathabhāvanā)이라고 불리는 명상 방법에 의해서 얻어진다. 이 유형의 명상은 삼매(samādhi)의 기능을 강화시키는 것을 포함한다. 마음을 하나의 선택된 대상에 고정시킴으로써 모든

정신적 산만함이 제거된다. 장애들은 억압되고 마음은 그것의 대상에 완전히 몰입된다. 사마타 수행은 나중에 상세하게 다루어질 것이다(제9장 2-21 참조).

선 마음의 대상은 닮은 표상(paṭibhāganimitta)이라고 불리는 정신적인 영상이다. 이 표상은 개념적인 대상(paññatti)으로 간주되지만, 그것은 보통 눈에 보이는 형색의 기반에서 일어나고, 그래서 이런 선들은 색계에 속한다. 선을 얻기를 열망하는 명상 수행자는 집중의 원래 대상으로 그 위에 집중을 고정시키는 색이 있는 원반과 같은 까시나(kasiṇa)라고 불리는 명상 장치를 선택할 수도 있다. 집중이 성숙해지면 이 물질적인 장치는 '익힌 표상(ugghanimitta)'이라고 불리는 그 자체의 영상화된 복제물을 일으킬 것이고, 이것이 차례로 선의 대상으로 취해지는 닮은 표상을 일으킨다.

색계 유익한 마음들 이 범주는 다섯 가지 선에 의해서 구별되는 다섯 가지 마음으로 구성되고, 각각의 선은 독특한 마음의 유형으로 구성된다. 선은 두 가지 이유로 일정한 순서대로 열거된다: (1) 선의 증득을 위해 명상할 때 이 순서로 선을 증득하기 때문에, (2) 붓다께서 이 순서대로 선을 가르치셨기 때문에.

초선의 유익한 마음 각각의 선은 선의 요소(jhānanga)라고 불리는 마음부수들의 선택에 의해서 정의된다. 각 선의 마음에 포함된 많은 마음부수들 가운데서 특정한 선을 다른 선과 구별하고 몰입삼매의 과정을 가져오는 것은 이 선의 요소들이다. 초선은 텍스트에서 열거되어 있듯이 다섯 가지 요소를 포함한다. 초선을 얻기 위해서는 이 다섯 가지 요소가 대상을 긴밀하게 '명상하고' 몰입삼매를 방해하는 다섯 가지 장애[五蓋]를 '태우며' 균형 잡힌 방식으로 전부 존재해야 한다.

최초의 적용(vitakka, 일으킨 생각) 경에서 위딱까(vitakka)라는 말은 생각이라는 느슨한 의미로 종종 사용되지만, 아비담마에서 그것은 마음을 대상에 올려놓거나 인도하는 마음부수를 의미하는 정확한 기술적인 의미로 사용된다.[6] 왕의 충신이 마을 사람을 궁으로 인도하듯이, 위딱까도 마음을 대상으로 인도한다. 선을 얻기 위한 수행에서, 위딱까는 해태와 혼침(thīnamiddha)의 장애를 억제하는 특별한 과업을 갖고 있다.

지속적 적용(vicāra, 지속적 고찰) 위짜라는 보통 조사를 의미하지만, 여기에서는 대상에 마음을 지속적으로 적용시키는 것을 의미한다. 위딱까가 마음과 마음부수들을 대상으로 인도하는 것인 반면 위짜라는 대상에 마음을 계속적으로 적용시키는 것이다. 주석서들은 이 두 가지 선의 요소의 차이를 강조하기 위해서 다양한 비유를 제공한다. 위딱까는 새가 날기 위해 날개를 펼치는 것과 같고, 위짜라는 새가 펼친 날개로 하늘을 나는 것과 같다. 위딱까는 벌이 꽃을 향하여 내려오는 것과 같고, 위짜라는 벌이 꽃 위에서 윙윙거리며 날아다니는 것과 같다. 위딱까는 녹슨 철 접시를 들고 있는 손과 같고, 위짜라는 그 접시를 닦는 손과 같다.[7] 선에서 위짜라는 의심(vicikicchā)의 장애를 일시적으로 억제하는 데 기여한다.

희열(pīti) '신선하게 하다'를 의미하는 동사 삐나야띠(pīnayati)에서 나온 삐띠(pīti)는 대상에 대한 즐거움이나 즐거운 관심으로 설명될 수 있다. 그 말은 선의 요소로서의 역할에 맞는 번역어인 환희(rapture)로 종종 번역되지만, 그것의 모든 어감을 포괄하기에는 충분하지 않을 수 있다.[8] 주석가들은 삼매를 수행할 때 일어나는 삐띠의 다섯 가지 등급을 구별한다: 작은 희열, 순간적인 희열, 쏟아지는 희열, 들어 올리는 희열, 스며드는 희열. 작은 희열은 몸의 털을 서게 할 수 있다. 순간적인 희열은 번갯불과 비슷하다. 쏟아지는 희열은 해안의 파도처럼 반복해서 몸 전체에서 부서진다. 들어 올리는 희열은 몸을 들어 올릴 수 있다. 그리고 스며드는 희열은 범람하여 동굴을 채우듯이 온몸에 스며든다. 마지막이 선에 존재하는 삐띠와 동일하다.[9] 선의 요소로서의 삐띠는 악의(vyāpāda)의 장애를 억제한다.

행복(sukha) 이 선의 요소는 즐거운 정신적인 느낌이다. 그것은 기쁨

(somanassa)과 동일하고, 유익한 과보의 신식(身識)과 함께하는 즐거운 몸의 느낌인 수카(sukha)와는 동일하지 않다. 지복으로도 표현되는 수카는 감각적인 욕망을 떨쳐버리면서 생긴다. 그래서 이것은 비세속적인 혹은 정신적인 행복(nirāmisasukha)으로 설명된다. 이것은 들뜸과 후회(uddhaccakukkucca)에 대항한다.

비록 희열과 행복이 긴밀하게 연결되어 있지만, 희열이 정신적 형성의 무더기(sankhārakkhandha, 行蘊)에 속하는 능동적인 요소인 반면에, 행복은 느낌의 무더기(vedanākkhandha, 受蘊)에 속하는 느낌이다. 희열은 지친 여행자가 오아시스를 만났을 때 경험하게 된 기쁨에 비유되고, 행복은 목욕하고 물을 마신 후의 즐거움에 비유된다.[10]

한곳 집중(ekaggatā, 一境性) 이 빠알리어는 문자 그대로 하나의(eka) 점에 있는(agga) 상태(tā)를 의미한다. 이 마음부수는 다섯 가지 모든 선의 주된 요소이고 삼매(samādhi)의 본질이다. 한곳에 집중하는 것은 일시적으로 감각적 욕망을 억제하고, 어떤 명상이든지 그것의 증득을 위해서 필요한 조건이다. 한곳 집중은 선의 두드러진 특징인 대상을 긴밀히 명상하는 역할을 수행하지만, 이 역할을 혼자서 수행할 수는 없다. 그것은 각각이 그 자신의 특별한 역할을 수행하는 네 가지 선의 요소의 공동 작용을 필요로 한다: 대상에 마음부수들을 적용하는 위딱까, 대상에 마음부수들을 유지하는 위짜라, 대상에서의 기쁨을 가져오는 삐띠, 선에서의 행복을 경험하는 수카.

제2선의 유익한 마음들 등 더 높은 선들은 강화된 삼매를 통하여 더 거친 선의 요소들을 제거하고 더 미묘한 요소들을 정제함으로써 얻어진다. 경에서 붓다께서는 초선에서 제2선으로 진행할 때 위딱까와 위짜라를 동시에 제거하는 것을 가르침으로써 선을 네 가지로 설하신다. 아비담마에서의 선은 위딱까는 제거하고 위짜라는 남아 있는 중간의 선을 포함시켜서 다섯 가지가 된다. 이것이 아비담마 체계에서의 제2선이다.

제3선에서 위짜라도 제거되고, 제4선에서 삐띠는 서서히 사라지도록 되어 있고, 제5선에서 우뻭카, 즉 평온 혹은 중립적인 느낌의 마음부수가 수카, 즉 행복을 대신한다. 그리하여 처음 네 가지 선의 마음이 기쁨이 함께한(somanassasahita) 것인 반면에, 제5선의 마음은 평온이 함께한(upekkhāsahita) 것이다.

색계 네 가지 선을 열거하는 경의 방법에 따르면, 초선은 아비담마의 초선과 모든 면에서 동일하다. 그러나 경의 방법에 따른 제2선은 최초의 적용(일으킨 생각)과 지속적 적용(지속적 고찰)을 동시에 가라앉힘으로써 얻어지고, 그래서 아비담마의 방법에 따른 제3선처럼 희열, 행복, 한곳 집중의 세 가지 선의 요소만 가진다. 경의 방법에 따른 제3선은 행복과 한곳 집중의 두 가지 선의 요소를 가지고, 제4선은 평온(즉 중립적인 느낌)과 한곳 집중의 두 가지 선의 요소를 가진다. 이 두 가지 선은 아비담마의 방법에 따른 제4선, 제5선과 각각 동일하다.

비록 경이 명백한 용어로 선에 대한 다섯 가지 분석을 언급하지는 않지만, 경은 붓다의 삼매의 세 가지 종류의 구별에서 이 분석에 대한 암묵적인 기초를 제공한다: 최초의 적용(일으킨 생각)과 지속적 적용(지속적 고찰) 둘 다와 함께하는 삼매, 최초의 적용(일으킨 생각)은 없지만 지속적 적용(지속적 고찰)은 있는 삼매, 최초의 적용도 지속적 적용도 없는 삼매(savitakka savicāra samādhi, avitakka vicāramatta samādhi, avitakka avicāra samādhi: 맛지마 니까야.128/iii,162). 첫 번째는 분명히 두 시스템의 초선이고, 세 번째는 경의 방법에 따른 제2선 이상의 선이고, 아비담마의 방법에 따른 제3선 이상의 선이다. 그러나 두 번째는 경 자체 안에서는 어느 곳에서도 명백하게 설명되지 않고 단지 아비담마의 방법에 따른 제2선으로 이해할 수 있다.

21 색계 마음들의 요약

Pañcadhā jhānabhedena rūpāvacaramānasaṃ
Puññapākakriyābhedā taṃ pañcadasadhā bhave.

—

색계 마음들은 선에 의해 나누어질 때 다섯 가지이다. 그것들은 유익한 마음들, 과보의 마음들, 작용만 하는 마음들에 의해 나누어질 때 15가지 유형이 된다.

§ 21 설명

◉

다섯 가지 선은 유익한 마음들로, 과보의 마음들로, 작용만 하는 마음들로 일어남으로써 15가지 유형이 된다. 같은 수준의 선의 마음 각각은 유익한 것이든 과보의 것이든 혹은 작용만 하는 같은 것이든 요소들의 세트에 의해서 정의된다. 색계 모든 마음들은, 비록 지혜가 구체적인 선의 요소가 아니어서 공식적으로 언급되지 않아도, 지혜와 결합한다(ñāṇasampayutta). 그래서 모든 색계 마음들은 세 가지 원인, 즉 탐욕 없음·성냄 없음·미혹 없음을 가진다.

욕계 유익한 마음들과 해로운 마음들과는 대조적으로, 색계 마음들은 자극받은 것과 자극받지 않은(sasankhāria-asankhārika) 것에 의해서 구별되지 않는다는 사실을 주목해야 한다. 동일한 구별이 무색계 마음들과 출세간 마음들의 설명에서도 빠져 있다. 이렇게 빠지는 이유는 선 혹은 도·과를 얻기 위해 명상을 수행할 때, 다른 사람의 자극이나 자기 스스로의 자극에 의존하는 한 마음은 아직 증득에 도달하기 위한 적합한 조건에 있지 않다. 자극받은 것과 자극받지 않은 것의 구별은 증득에 이르는 예비

수행 단계와 적절한 관계가 있지만, 실제 증득이 일어나는 마음들은 자극이나 유인을 포함할 수 없다. 그래서 자극받은 선과 출세간 증득의 진정한 가능성이 없기 때문에 자극받은 것과 자극받지 않은 것의 구별 자체는 이런 마음의 유형들과는 관련될 수 없다.

여기에서 표현한 관점은, 모든 선의 증득이 어떤 예비적인 노력(pubbābhisankhāra)을 포함하기 때문에, 선의 마음은 자극받지 않은 것이라고 불릴 수 없지만, 단지 자극받는다는 『위바위니 띠까』(*Vibhāvinī-Ṭīkā*)의 일반적으로 용인되는 의견과는 다르다. 이 관점은 선에 이르는 예비적인 노력이 선의 마음 자체와 함께하는 '자극'과 동일시되어서는 안 되기 때문에 옹호될 수 없다. 그리하여 『위바위니』의 훌륭한 권위에도 불구하고, 자극받은 것과 자극받지 않은 것의 구별은 보다 높은 부류의 마음들과는 관계가 없는 것으로 간주하는 것이 여전히 선호되는 것처럼 보인다.

그럼에도 불구하고, 레디 사야도는 이 구별이 그것들을 얻는 도 닦음(paṭipadā)의 방식으로 경에서 구별하기 때문에 선과 출세간 상태에 적용되는 것으로 이해될 수 있다고 주장한다. 『담마상가니』(*Dhammasanganī*, 法集論)는 오염원들이 단지 강력한 노력과 많은 노력에 의해서 억압될 때, 즉 어려운 도 닦음(dukkhapaṭipadā)에 의해서 얻어지는 증득과, 오염원들이 쉽고 즐겁게 억압될 수 있을 때, 즉 쉬운 도 닦음(sukhapaṭipadā)에 의해서 얻어지는 증득을 구별한다. 레디 사야도는 어려운 도 닦음에 의해서 증득에 도달하는 사람의 선과 출세간 마음은 욕계 수준에서의 자극받은 마음의 상태들로 여기고, 쉬운 도 닦음에 의해서 나아가는 사람의 선과 출세간 상태는 자극받지 않은 마음의 상태들로 여긴다.

그러나 비록 레디 사야도의 관점이 주목할 가치가 있지만, 다음과 같은 사실이 남게 된다: (1) 『담마상가니』는 처음에 도 닦음의 방식에 대해서 어떤 언급도 하지 않고 선과 출세간 마음을 분류한다. (2) 도 닦음의 방식에 의한 분류로 소개하는 부분에서 그것은 선의 독특한 유형이나 출세간 마음을 열거하기 위한 기초로 이런 구별을 사용하지 않는다. 그래서 도와 과의 마음들에서뿐만 아니라 선의 마음들에서도 자극받은-자극받지 않은 것의 구별을 배제하는 것이 더 선호되는 것처럼 보인다.

무색계 마음들 (arūpāvacaracittāni) — 12

22 무색계 유익한 마음들 (arūpāvacara-kusalacittāni) — 4

1. Ākāsānañcāyatana-kusalacittaṃ.
2. Viññānancāyatana-kusalacittaṃ.
3. Ākiñcaññāyatana-kusalacittaṃ.
4. N'evasaññān'āsaññāyatana-kusalacittañ cā ti.

Imāni cattāri pi arūpāvacara-kusalacittāni nāma.

—

1. 공무변처에 속하는 유익한 마음.
2. 식무변처에 속하는 유익한 마음.
3. 무소유처에 속하는 유익한 마음.
4. 비상비비상처에 속하는 유익한 마음.

이것들은 네 가지 유형의 무색계 유익한 마음들이다.

23 무색계 과보의 마음들 (arūpāvacara-vipākacittāni) — 4

1. Ākāsānañcāyatana-vipākacittaṃ.
2. Viññāṇancāyatana-vipākacittaṃ.
3. Ākiñcaññāyatana-vipākacittaṃ.

4. N'evasaññān'āsaññāyatana-vipākacittañ cā ti.

Imāni cattāri pi arūpāvacara-vipākacittāni nāma.

—

1. 공무변처에 속하는 과보의 마음.

2. 식무변처에 속하는 과보의 마음.

3. 무소유처에 속하는 과보의 마음.

4. 비상비비상처에 속하는 과보의 마음.

이것들은 네 가지 유형의 무색계 과보의 마음들이다.

24 무색계 작용만 하는 마음들 (arūpāvacara-kriyācittāni) — 4

1. Ākāsānañcāyatana-kriyācittaṃ.

2. Viññānancāyatana-kriyācittaṃ.

3. Ākiñcaññāyatana-kriyācittaṃ.

4. N'evasaññān'āsaññāyatana-kriyācittañ cā ti.

Imāni cattāri pi arūpāvacara-kriyācittāni nāma.

Icc'evaṃ sabbathā pi dvādasa arūpāvacara-kusala-vipāka-kriyā-cittāni samattāni.

—

1. 공무변처에 속하는 작용만 하는 마음.

2. 식무변처에 속하는 작용만 하는 마음.

3. 무소유처에 속하는 작용만 하는 마음.

4. 비상비비상처에 속하는 작용만 하는 마음.

이것들은 네 가지 유형의 무색계 작용만 하는 마음들이다.
이와 같이 모두 12가지 무색계 유익한 마음들, 과보의 마음들, 작용만 하는 마음들이 끝난다.

§ 22-24 설명

◉

무색계 마음들(arūpāvacaracittāni) 이 마음의 세계는 물질이 완전히 초월되고 단지 마음과 마음부수들만 남아 있는 네 가지 영역의 무색계 세상(arūpabhūmi)에 속하는 마음들로 구성된다. 이 네 가지 영역으로의 재생은 색계의 다섯 가지 선을 초월하는 삼매를 계발함으로써 도달되는 무색계 선(arūpajjhāja) 혹은 형태가 없는 몰입삼매의 증득을 통하여 이루어진다. 무색계는 12가지 마음, 즉 범부와 유학이 무색계 증득을 경험하는 네 가지 유익한 마음, 무색계에 재생함으로써 일어나는 네 가지 과보의 마음, 무색계 증득에 드는 아라한에게 일어나는 네 가지 작용만 하는 마음으로 구성된다.

공무변처(ākāsānañcāyatana) 네 가지 무색계 선의 첫 번째는 공무변처의 증득이다. 이것에 도달하기 위해서 까시나 대상에 기초한 다섯 번째 색계 선을 마스터한 명상 수행자는 까시나의 닮은 표상을 측량할 수 없을 때까지 펼친다. 그 다음에 그는 '무한한 허공'이라고 명상하면서 그것이 퍼져 있던 허공에만 주의를 기울이는 것에 의해서 까시나를 제거한다. 이런 방식으로 주의를 계속 기울임으로써 몰입삼매 상태에서 대상으로 무한한 허공이라는 개념(ākāsapaññatti)을 갖고 있는 마음이 마침내 일어난다. '공무변처'라는 표현은 엄격하게 말해서 첫 번째 무색계 마음의 대상 역할을 하는 무한한 허공이라는 개념을 일컫는다. 여기에서 기반(āyatana, 處)이라는 말은 선 마음의 거주처 혹은 거처라는 의미를 가진다. 그러나 파생된 의미에서 볼 때 '공무변처'라는 표현은 또한 선 자체까지 확대된다.

식무변처(viññāṇañcāyatana) 여기에서 무한하다고 말하는 마음은 첫 번째 무색계 몰입삼매 마음이다. 그 첫 번째 무색계 몰입삼매가 그것의 대상으로 무한한 허공의 장소나 개념을 갖고 있기 때문에, 이것은 그것의 대상으로 그 허공에 퍼져 있는 마음이 또한 그것의 무한성에 참여한다는 것을 의미한다. 그럼으로써 이 증득에 도달하기 위해서 명상 수행자는 대상으로 공무변처의 마음을 취하여 두 번째 무색계 몰입삼매가 일어날 때까지 '무한한 마음'이라고 그것을 명상한다.

무소유처(ākiñcaññāyatana) 세 번째 무색계의 증득은 그것의 대상으로 공무변처에 속하는 마음의 현재 없음, 공, 혹은 떨쳐버린 측면을 갖는다. 그 마음의 부재에 주의를 기울임으로써 세 번째 무색계 몰입삼매는 그것의 대상으로 첫 번째 무색계 마음에 관하여 존재하지 않음 혹은 없음이라는 개념(natthibhāva-paññatti)를 취하면서 일어난다.

비상비비상처(n'evasaññān'āsaññāyatana) 이 마지막 무색계 증득은 그것이 인식을 포함한다고 말할 수도 없고 인식을 포함하지 않는다고 말할 수도 없기 때문에 그렇게 불린다. 이 마음의 유형에서, 인식(saññā)의 요소는 대단히 미세하여 인식의 결정적인 역할을 하지 못하기 때문에, 이 상태는 인식을 갖고 있다고 말할 수 없다. 그러나 인식이 완전히 부재한 것이 아니라 잔여 형태로 남아 있다. 그래서 그것은 인식이 없다고도 말할 수 없다. 인식만이 언급되지만, 이 마음에 있는 다른 모든 마음부수들도 매우 극단적인 미세함의 상태로 존재해서 그것들은 존재한다거나 존재하지 않는다고 표현될 수 없다. 이 네 번째 무색계 몰입삼매는 그것의 대상으로 세 번째 무색계 몰입삼매인 무소유처의 마음을 가진다.

25 무색계 마음들의 요약

Ālambanappabhedena catudh'āruppamānasaṃ
Puññapākakriyābhedā puna dvādasadhā ṭhitaṃ.

—

무색계 마음들은 대상으로 분류할 때 네 가지이다. 유익한 것, 과보의 것, 작용만 하는 것으로, 다시 분류하면 그것들은 12가지가 된다.

§ 25 설명

◉

대상으로 분류할 때 무색계 마음의 각 유형에 관련하여 이해해야할 두 종류의 대상(ālambana)이 있다: 하나는 마음에 의해 직접 취해지는 대상이고(ālambitabba), 다른 하나는 초월되는 대상(atikkamitabba)이다. 그들의 상호관련성이 〔표 1.6〕에 나와 있다.

[표 1.6] 무색계 마음들

	마음	직접 대상	초월된 대상	유익한	과보의	작용만 하는
1	공무변처	허공의 개념	까시나의 개념	(70)	(74)	(78)
2	식무변처	무한한 허공의 마음	허공의 개념	(71)	(75)	(79)
3	무소유처	없음의 개념	무한한 허공의 마음	(72)	(76)	(80)
4	비상비비상처	무소유의 마음	없음의 개념	(73)	(77)	(81)

무색계 선은 몇 개의 중요한 면에서 색계 선과 다르다. 색계 선이 다양한 까시나 등과 같은 다양한 대상을 가질 수 있는 반면에, 각각의 무색

계 선은 그 자체에 특유한 단지 하나의 대상만을 가진다. 또한 색계 선은 선의 요소들에 관련하여, 즉 초선은 다섯 가지 요소를 가지고 있고, 제2선은 네 가지를 갖는 등 서로 다르다. 더 높은 선을 얻기를 원하는 명상 수행자는 같은 대상을 유지하고 제5선에 이를 때까지 연속적으로 더 미세한 각각의 요소를 제거한다. 그러나 색계 제5선에서 첫 번째 무색계 선, 그리고 한 무색계 선에서 다음으로 진행하기 위해서 초월되어야 하는 더 이상의 선의 요소들은 없다. 대신에 명상 수행자는 연속적으로 더 미세한 각각의 대상을 초월함으로써 나아간다.

무색계 선의 마음들은 모두 색계 제5선과 같은 두 가지 선의 요소인 평온과 한곳 집중을 가진다. 이 이유 때문에 네 가지 무색계 선은 때때로 색계 제5선에 포함되는 것으로 말해진다. 그것들은 제5선과는 다른 세계와 다른 유형의 대상에 속하기 때문에 마음으로 그것들은 다르다. 그러나 무색계 선들은 두 가지 같은 선의 요소로 구성되어 있기 때문에, 그것들은 때때로 아비담마 스승들에 의해서 제5선의 형태로 간주된다.

전체적으로 말해서, 15가지 색계 마음과 12가지 무색계 마음은 장애가 없고 순수하고 고양되고 훌륭한 마음의 상태이기 때문에 고귀한, 고상한, 고양된, 훌륭한 마음(mahaggatacitta 마학가따찟따)으로 명명된다.

지금까지 논한 81가지 마음 모두는 세 가지 세상인 욕계 세상(kāma loka), 색계 세상(rūpaloka), 무색계 세상(arūpaloka)에 속해 있기 때문에 세간의 마음들(lokiyacitta)이라 불린다.

출세간 마음들 (lokuttaracittāni) — 8

26 출세간 유익한 마음들 (lokuttara-kusalacittāni) — 4

1. Sotāpatti-maggacittaṃ.

2. Sakadāgāmi-maggacittaṃ.

3. Anāgāmi-maggacittaṃ.

4. Arahatta-maggacittañ cā ti.

Imāni cattāri pi lokuttara-kusalacittāni nāma.

—

1. 예류도의 마음.

2. 일래도의 마음.

3. 불환도의 마음.

4. 아라한도의 마음.

이것들은 네 가지 유형의 출세간 유익한 마음들이다.

27 출세간 과보의 마음들 (lokuttara-vipākacittāni) — 4

1. Sotāpatti-phalacittaṃ.

2. Sakadāgāmi-phalacittaṃ.

3. Anāgāmi-phalacittaṃ.

4. Arahatta-phalacittañ cā ti.

Imāni cattāri pi lokuttara-vipākacittāni nāma.

Icc'evaṃ sabbathā pi aṭṭha lokuttara-kusala-vipāka-cittāni samattāni.

—

1. 예류과의 마음.
2. 일래과의 마음.
3. 불환과의 마음.
4. 아라한과의 마음.

이것들은 네 가지 유형의 출세간 과보의 마음들이다.

이와 같이 모두 여덟 가지 출세간 유익한 마음들과 과보의 마음들이 끝난다.

28 출세간 마음들의 요약

Catumaggappabhedena catudhā kusalaṃ tathā

Pākaṃ tassa phalattā ti aṭṭhadh'ānuttaraṃ mataṃ.

—

유익한 마음들은 네 가지 도에 따라 분류되어 네 가지이다. 그것들의 과(果)인 과보의 마음들도 그와 같다. 그리하여 출세간 마음들은 여덟 가지로 이해된다.

§ 26-28 설명

◉

출세간 마음들(lokuttaracittāni) 출세간 마음들은 취착의 다섯 가지 무더기[五取蘊]로 구성되는 세계(loka)를 초월하는(uttara) 과정에 속하는 마음이다. 이 마음의 유형은 태어남과 죽음의 순환인 윤회(saṃsāra)로부터의 해탈로 인도하고 괴로움의 소멸인 열반의 증득으로 인도한다. 여덟 가지 출세간의 마음이 있다. 이 마음들은 깨달음의 네 가지 단계인 예류, 일래, 불환, 아라한에 속한다. 각 단계는 [표 1.7]에서 보듯이 두 가지 마음의 유형인 도 마음(maggacitta)과 과 마음(phalacitta)을 포함한다. 모든 출세간 마음들은 대상으로 조건 지어지지 않은 실재인 열반을 가지지만, 그 마음들의 역할에 따라 도와 과로 다르다. 도 마음은 오염원들을 제거하는 역할(혹은 영원히 약화시키는 역할)을 가진다.[11] 과 마음은 그것과 상응하는 도에 의해 가능해진 정도의 해탈을 경험하는 역할을 가진다. 도 마음은 유익한 마음(kusalacitta)이고, 과 마음은 과보의 마음(vipākacitta)이다.

[표 1.7] 여덟 가지 출세간 마음

	도	과
예류	(82)	(86)
일래	(83)	(87)
불환	(84)	(88)
아라한	(85)	(89)

각각의 도 마음은 단지 한 번만 일어나고, 단지 한 마음순간 동안에만 계속된다. 그것은 그것을 증득하는 사람의 정신의 연속에서 결코 반복되지 않는다. 도와 상응하는 과 마음은 도의 순간 바로 다음에 처음 일어나고, 두 가지 또는 세 가지 마음순간 동안 지속된다. 계속해서 그것은 반복될 수 있고, 수행과 더불어 과 증득(phalasamāpatti – 다음 제4장 22; 제9장 42 참조)이라 불리는 출세간 몰입삼매에서 많은 마음순간 동안 지속되도록 만들어질 수 있다.

도와 과는 통찰 수행(vipassanābhāvanā)이라 불리는 명상 수행으로 얻어진다. 이 유형의 명상은 통찰지(paññā)의 기능을 강화시키는 것을 포함한다. 변화하는 정신과 물질의 현상에 지속적으로 주의를 기울임으로써 명상 수행자는 무상·고·무아의 진정한 특성을 식별하는 것을 배운다. 이 통찰이 완전히 성숙해지면, 그 통찰은 결과적으로 출세간의 도와 과를 가져온다.

예류도의 마음(sotāpatti-maggacitta) 돌이킬 수 없는 해탈의 길로 들어서는 것은 예류라 불리고, 이 증득을 경험하는 마음이 예류도의 마음이다. 그 흐름(sota)은 바른 견해[正見], 바른 사유[正思惟], 바른 말[正語], 바른 행위[正業], 바른 생계[正命], 바른 정진[正精進], 바른 마음챙김[正念], 바른 삼매[正定]의 여덟 가지 요소를 갖고 있는 성스러운 팔정도이다. 갠지스강의 물이 히말라야 산맥에서 대양으로 방해받지 않고 흐르듯이, 출세간의 팔정도는 바른 견해가 일어나는 것으로부터 열반의 증득에 이르기까지 방해받지 않고 흐른다.

비록 팔정도의 요소들이 덕스러운 범부의 세간의 유익한 마음들에서 일어날 수 있지만, 이 요소들은 범부가 품성을 변화시켜 담마(Dhamma)에서 돌아설 수 있기 때문에, 그들의 목적지가 고정되어 있지 않다. 그러나 예류의 경험에 도달한 성스러운 제자에게, 팔정도의 요소들은 운명이 고정되어 있고, 열반에 이르는 강처럼 흐른다.

예류도의 마음은 처음 세 가지 족쇄인 '유신견(有身見)' 또는 자아에 대한 그릇된 견해, 삼보에 대한 의심, 해탈로 인도할 수 있다는 믿음으로 의례와 의식에 집착하는 것을 잘라내는 역할을 가진다. 그것은 더욱이 인간보다 하위의 재생으로 인도할 만큼 충분히 강한 탐욕, 성냄, 미혹 모두를 잘라낸다. 이 마음은 다섯 가지 다른 마음, 즉 사견과 결합한 탐욕에 뿌리박은 네 가지 마음과 의심과 결합한 미혹에 뿌리박은 마음을 영원히 제거하기도 한다. 예류를 경험한 사람은 최대 일곱 생 안에 마지막 해탈에 도달하는 것이 확실하며, 어떤 악처에도 재생하지 않는다.

일래도의 마음(sakadāgāmi-maggacitta) 이 마음은 일래자의 경지로 접근하는 팔정도와 결합한 마음이다. 이 마음은 어떤 족쇄도 제거하지 않지만 감각적 욕망과 악의라는 더 거친 형태를 약하게 만든다. 이 단계에 이른 사람은 해탈을 증득하기 전에 기껏해야 한 번만 더 이 세상에 재생한다.

불환도의 마음(anāgāmi-maggacitta) 세 번째 도를 증득한 사람은 결코 다시는 욕계에 재생하지 않는다. 만약 그런 사람이 같은 생에서 아라한에 도달하지 못한다면, 그는 색계에 재생하여 그곳에서 목표(해탈)를 이룰 것이다. 불환도의 마음은 감각적 욕망과 악의라는 족쇄를 제거한다. 그것은 또한 성냄에 뿌리박은 두 가지 마음도 영구적으로 제거한다.

아라한 도의 마음(arahatta-maggacitta) 아라한은 완전하게 해탈한 분, 즉 오염원으로 구성된 적(ari)을 파괴한(hata) 분이다. 아라한도의 마음은 결과적으로 아라한의 완전한 해탈을 가져오는 마음이다. 이 마음은 다섯 가지 미세한 족쇄인 색계에 대한 욕망, 무색계에 대한 욕망, 자만, 들뜸, 무명을 파괴한다. 그것은 또한 남아 있는 해로운 마음들의 유형인 사견과 결합하지 않은 탐욕에 뿌리박은 네 가지 마음과 들뜸과 결합한 미혹에 뿌리박은 한 가지 마음을 제거한다.

과의 마음(phalacitta) 각각의 도의 마음은 자동적으로 도에 바로 연속하여 동일한 인식과정에서 결국 그 각각의 과를 가져온다. 그 후 과 마음은 성스러운 제자가 명상에서 과의 증득에 들 때 여러 번 일어날 수 있다. 앞에서 언급했듯이, 과 마음은 종류에 따라서 과보의 마음(vipāka)으로 분류된다. 출세간 작용만 하는(kiriya) 마음들이 없다는 것에 주목해야 한다. 그 이유는 아라한이 과 증득에 들면, 그 증득에서 일어나는 마음들은 과보의 마음의 부류에 속하게 되고 출세간도의 과가 되기 때문이다.

29 종합적인 마음의 요약

Dvādas'ākusalān'evaṃ kusalān'ekavīsati
Chattiṃs'eva vipākāni kriyācittāni vīsati.
Catupaññāsadhā kāme rūpe paṇṇaras'īraye
Cittāni dvādas'āruppe aṭṭhadh'ānuttare tathā.

—

그리하여 12가지 해로운 마음의 유형과 21가지 유익한 유형이 있다. 과보의 마음들은 수가 36가지이고, 작용만 하는 마음들의 유형은 20가지이다. 54가지 욕계 마음의 유형이 있고, 색계에 할당된 15가지가 있다. 무색계에는 12가지 마음의 유형이 있고 출세간 마음들은 여덟 가지이다.

§ 29 설명

◉

이 구절에서, 아누룻다 스님은 마음의 개요에서 이제까지 설한 89가지 마음의 상태 전부를 요약한다. 첫 번째 절에서 그는 이 마음들을 종류(jāti)에 따라 네 가지 부류로 나눈다(［표 1.8］ 참조):

12 해로운 마음들(akusala)
21 유익한 마음들(kusala)
36 과보의 마음들(vipāka)
20 작용만 하는 마음들(kiriya)

마지막 두 가지 부류는 유익하지도 해롭지도 않기 때문에 업으로 결정할 수 없는(abyākata) 것으로 함께 묶인다.

[표 1.8] 종류에 의한 89가지 마음

	해로운[不善]	유익한[善]	결정할 수 없는[無記]	
			과보의	작용만 하는
욕계	12	8	23	11
색계	…	5	5	5
무색계	…	4	4	4
출세간	…	4	4	…
	12	21	36	20

두 번째 절에서 그는 동일한 89가지 마음을 마음의 세계(bhūmi)에 의해서 또 다른 네 가지 마음의 부류들로 나눈다(〔표 1.9〕 참조).

54 욕계 마음들(kāmāvacara)
15 색계 마음들(rūpāvacara)
12 무색계 마음들(arūpāvacara)
8 출세간 마음들(lokuttara)

그리하여 비록 마음이 대상을 인식하는 그것의 특징으로는 하나이지만, 다양한 기준에 따라 다양한 유형들로 나누어지면 많아진다.

[표 1.9] 세계에 의한 89가지 마음

세간 – 81															출세간 8	
욕계 54									고귀한 – 27							
해로운 12			원인 없는 18			아름다운 24			색계 15			무색계 12				
탐욕에 뿌리박은	성냄에 뿌리박은	미혹에 뿌리박은	해로운 과보의	유익한 과보의	작용만 하는	유익한	과보의	작용만 하는	유익한	과보의	작용만 하는	유익한	과보의	작용만 하는	도	과
8	2	2	7	8	3	8	8	8	5	5	5	4	4	4	4	4

- 아름답지 않은 마음들 = 12 해로운 + 18 원인 없는(30). 아름다운 마음들 = 나머지 (59 또는 91)

121 가지 마음의 유형
(ekavīsasatāni cittāni)

30 간단하게

Ittham ekūnanavutippabhedaṃ pana mānasaṃ
Ekavīsasataṃ v'ātha vibhajanti vicakkhaṇā.

—

그리하여 89가지인 이 다양한 마음들의 부류를 현자는 121가지로 나눈다.

31 상세하게

Kathaṃ ekūnanavutividhaṃ cittaṃ ekavīsasataṃ hoti?

1. Vitakka-vicāra-pīti-sukh'-ekaggatā-sahitaṃ paṭhamajjhāna-sotāpatti-maggacittaṃ.
2. Vicāra-pīti-sukh'-ekaggatā-sahitaṃ dutiyajjhāna-sotāpattimagga-cittaṃ.
3. Pīti-sukh'-ekaggatā-sahitaṃ tatiyajjhāna-sotāpatti-maggacittaṃ.
4. Sukh'-ekaggatā-sahitaṃ catutthajjhāna-sotāpatti-maggacittaṃ.
5. Upekkh'-ekaggatā-sahitaṃ pañcamajjhāna-sotāpatti-maggacittañ cā ti.

Imāni pañca pi sotāpatti-maggacittāni nāma. Tathā sakadāgāmi-magga anāgāmi-magga arahatta-magga cā ti samavīsati maggacittāni. Tathā phalacittāni cā ti samacattāḷīsa lokuttaracittāni bhavantī ti.

—

89가지 유형으로 분석된 마음이 어떻게 121가지 유형이 되는가?

1. 일으킨 생각, 지속적인 고찰, 희열, 행복, 한곳 집중이 함께한 초선의 예류도의 마음.
2. 지속적인 고찰, 희열, 행복, 한곳 집중이 함께한 제2선의 예류도의 마음.
3. 희열, 행복, 한곳 집중이 함께한 제3선의 예류도의 마음.
4. 행복, 한곳 집중이 함께한 제4선의 예류도의 마음.
5. 평온, 한곳 집중이 함께한 제5선의 예류도의 마음.

이것들은 다섯 가지 유형의 예류도의 마음들이다. 일래도의 마음, 불환도의 마음, 아라한도의 마음들도 그와 같아서 20가지 도의 마음이 있다. 그와 마찬가지로 과 마음들의 유형도 20가지가 있다. 이리하여 40가지 출세간 마음들이 있다.

§ 30-31 설명

◉

모든 명상 수행자들은 통찰지(paññā), 즉 무상·고·무아의 세 가지 특성에 대한 통찰 수행을 통하여 출세간의 도와 과에 이른다. 그러나 그것은 삼매(samādhi)의 계발 정도에 따라 차이가 있다. 선의 기반 없이 통찰을 계발하는 사람들은 순수 위빳사나 수행자(sukkhavipassaka)라고 불린다. 그들이 도와 과에 도달하면, 그들의 도와 과의 마음들은 초선에 상당하는 수준에서 일어난다.

선의 기반 위에서 통찰을 계발하는 사람들은 도에 도달하기 전에 그들이 얻은 선의 수준에 상응하는 도와 과를 얻는다. 옛 스승들은 어떤 요소가 도와 과의 선 수준을 결정하느냐의 질문에 대해서 다른 견해를 개진한다. 어떤 파(派)는 그것이 토대 선(pādakajjhāna), 즉 출세간의 증득에 이르는 통찰을 계발하기 전에 마음을 집중시키기 위한 기반으로 사용된 선이라고 주장한다. 두 번째 이론은 도의 선 수준이 명상된 또는 조사된 선(sammasitajjhāna)이라 불리는 통찰에 의해 조사하기 위한 대상으로 사용된 선에 의해서 결정된다고 주장한다. 또 다른 세 번째 파는 명상 수행자가 일련의 선들을 마스터하면 그의 개인적인 바람이나 기호(ajjhāsaya)에 의해서 도의 선 수준을 통제할 수 있다고 주장한다.[12]

그럼에도 불구하고, 어떤 설명을 채택하더라도 순수 위빳사나 수행자와 선 명상 수행자에게 똑같이, 모든 도와 과의 마음들은 선 마음의 유형들로 간주된다. 그 마음들이 그렇게 간주되는 이유는 그것들이 세간의 선처럼 완전한 몰입삼매와 함께 그것들의 대상을 긴밀히 명상하는 상태로 일어나기 때문이며, 세간의 선에 있는 그것들의 상대물에 상응하는 강도를 가진 선의 요소들을 갖고 있기 때문이다. 도와 과의 출세간 선은 몇 개의 중요한 면에서 세간의 선과 다르다. 첫째, 세간의 선이 그것의 대상으로 까시나의 표상과 같은 어떤 개념을 가지는 반면에, 출세간의 선은 그것의 대상으로 조건 지어지지 않은 실재인 열반을 가진다. 둘째, 세간의 선이 단지 잠재성향을 남겨 놓은 채 오염원들을 억누르는 반면에, 도의 출세간의 선은 오염원들이 다시는 일어나지 못하도록 오염원들을 제거한다. 셋째, 세간의 선이 색계로 재생하도록 이끌어서 재생의 순환에서 존재를 유지하지만, 도의 선은 윤회에 묶이는 족쇄들을 잘라내어서 결과적으로 삶과 죽음의 순환에서 해탈하게 한다. 마지막으로, 세간의 선에서는 지혜의 역할이 집중의 역할에 종속되는 반면에, 출세간 선에서의 지혜와 삼매는 균형이 잘 잡혀서 삼매는 마음을 조건 지어지지 않은 요소에 고정시키고 지혜는 사성제의 깊은 의미를 간파한다.

선의 요소들의 배열에 따라, 도와 과의 마음들은 다섯 가지 선의 규모에 따라 등급화 된다. 그래서 순수한 도와 과에 의해 여덟 가지로 출세간 마음을 열거하는 대신에, 각각의 도와 과의 마음은 그것이 일어날 수 있는 선의 수준에 따라서 다섯 가지로 열거될 수 있다. 이렇게 되면 여덟 가지 출세간 마음이 각각 다섯 가지 선의 수준에서 얻어질 수 있어서 〔표 1.10〕에서 보듯이 수가 40가지가 된다.

[표 1.10] 40가지 출세간 마음

	도				과			
선	예류	일래	불환	아라한	예류	일래	불환	아라한
초선	(82)	(87)	(92)	(97)	(102)	(107)	(112)	(117)
제 2선	(83)	(88)	(93)	(98)	(103)	(108)	(113)	(118)
제 3선	(84)	(89)	(94)	(99)	(104)	(109)	(114)	(119)
제 4선	(85)	(90)	(95)	(100)	(105)	(110)	(115)	(120)
제 5선	(86)	(91)	(96)	(101)	(106)	(111)	(116)	(121)

32 결론 요약

Jhānangayogabhedena katv'ekekan tu pañcadhā
Vuccat'ānuttaraṃ cittaṃ cattāḷīsavidhan ti ca.
Yathā ca rūpāvacaraṃ gayhat'ānuttaraṃ tathā
Paṭhamādijhānabhede āruppañ cā pi pañcame.
Ekādasavidhaṃ tasmā paṭhamādikam īritaṃ
Jhānam ekekam ante tu tevīsatividhaṃ bhave.
Sattatiṃsavidhaṃ puññaṃ dvipaññāsavidhaṃ tathā
Pākam icc'āhu cittāni ekavīsasataṃ budhā ti.

—

각각의 (출세간) 마음을 다양한 선의 요소에 따라 다섯 가지 종류로 나누어, 출세간 마음은 40가지가 된다고 말한다.
색계 마음들이 초선 등으로 분류하는 것에 의해 다루어지듯이, 출세간 마음들도 그와 같다. 무색계 마음들은 제5선에 포함된다.
그러므로 초선부터 시작하는 선의 마음들은 11가지가 된다고 말한다. 마지막 선의 마음들은 총 23가지이다.
유익한 마음은 37가지이고, 52가지는 과보의 마음들이다. 그리하여 현자는 121가지 마음의 유형이 있다고 말한다.

§ 32 설명

◉

무색계 마음들은 제5선에 포함된다 앞에서 설명했듯이, 무색계 선은 제5선과 동일한 두 가지 선의 요소를 가지고 있어서 제5선의 유형으로 간주된다. 그리하여 명상 수행자가 통찰을 계발하기 위한 토대로 무색계의 선을 사용하면, 그의 도와 과의 마음은 제5선의 출세간 마음이 된다.
초선부터 시작하는 선의 마음들은 11가지가 된다 초선에서 제4선까지의 각각의 선은 색계 유익한, 과보의, 작용만 하는 것(=3)으로 일어나고, 도와 과에 의해서 네 가지(=8)로 일어나 11가지가 된다.
마지막 선의 마음들은 총 23가지이다 마지막 색계 선과 네 가지 무색계 선을 포함하는 제5선은 유익한, 과보의, 작용만 하는 다섯 가지 마음 각각으로 구성되고(=15), 출세간 여덟 가지 마음으로 구성되어 총 23가지가 된다 ([표 1.11] 참조).

37가지 유익한 마음과 52가지 과보의 마음은 네 가지 출세간 유익한 마음과 네 가지 과보의 마음을 각각 20가지로 대체하여 얻어진다. 그리하여 마음의 개요에서 마음의 총수는 89가지에서 121가지로 늘어난다.

[표 1.11] 선의 마음들 – 세간과 출세간

	색계 15			무색계 12			출세간 40		
선	유익한	과보의	작용만 하는	유익한	과보의	작용만 하는	유익한	과보의	합계
초선	1	1	1	…	…	…	4	4	11
제 2선	1	1	1	…	…	…	4	4	11
제 3선	1	1	1	…	…	…	4	4	11
제 4선	1	1	1	…	…	…	4	4	11
제 5선	1	1	1	4	4	4	4	4	23
	5	5	5	4	4	4	20	20	

Iti Abhidhammatthasangahe
Cittasangahavibhāgo nāma
paṭhamo paricchedo.

이와 같이 『아비담맛타 상가하』에서
마음의 개요라는 제목의
제1장이 끝난다.

제 2 장

마음 부수의 개요

Cetasikasangahavibhāga

1 서시

Ekuppāda-nirodhā ca ekālambana-vatthukā
Cetoyuttā dvipaññāsa dhammā cetasikā matā.

—

[마음과] 함께 일어나고 함께 소멸하며, [마음과] 동일한 대상과 동일한 토대를 가지는, 마음과 결합하는 52가지 법을 마음부수라 한다.

§ 1 설명

◉

마음과 결합하는 법들(cetoyuttā dhammā) 『아비담맛타 상가하』의 제2장은 두 번째 궁극적 실재의 유형인 마음부수(cetasika)들이다. 마음부수들은 마음(citta)과 즉시 결합하여 일어나는 정신적인 현상이고, 전체적인 인식 행위에서 보다 구체적인 과업을 수행함으로써 마음을 돕는다. 마음부수들은 마음 없이 일어날 수 없고, 마음도 마음부수들과 완전히 분리되어 일어날 수 없다. 그러나 비록 이 두 가지가 기능적으로 서로 의존한다 해도, 마음부수들이 주된 인식의 요소인 마음에 의존하여 대상의 인식에 도움을 주기 때문에 마음이 주된 것으로 간주된다. 마음과 마음부수들 사이의 관계는 왕과 수행원들 사이의 관계로 비유된다. 비록 "왕이 온다."고 말하지만, 왕은 혼자 오지 않고, 항상 그의 수행원들과 함께 온다. 마찬가지로, 하나의 마음이 일어날 때마다 그것은 절대 혼자 일어나지 않고 항상 그것의 수행원들인 마음부수들과 함께한다.[1]

마음부수의 개요에서, 아누룻다 스님은 먼저 그것들의 적절한 부류로 모든 마음부수들을 열거할 것이다(2-9 참조). 그 후에 그는 마음부수들을 두 가지 상호보완적인 관점으로 조사할 것이다. 그것의 첫 번째는 결합의 방법(sampayoganaya)이라 불린다. 이 방법은 마음부수들을 조사의 토대로 하고 각각의 마음부수가 어떤 마음의 유형들과 결합하는지를 결정하고자 한다(10-17 참조). 두 번째의 관점은 조합의 방법(sangahanaya)이라고 불린다. 이 방법은 마음을 주된 것으로 취해서 각각의 마음의 유형에 어떤 마음부수들이 그 안에서 조합하는가를 결정하려고 한다(18-29 참조).

(마음과) 함께 일어나고 함께 소멸하는 첫 번째 절은 그것들 모두에게 공통인 네 가지 특징에 의해서 마음부수들을 정의한다:

(1) 마음과 함께 일어남(ekuppāda)
(2) 마음과 함께 소멸함(ekanirodha)
(3) 마음과 같은 대상을 가짐(ekālambana)
(4) 마음과 같은 토대를 가짐(ekavatthuka)

이 네 가지 특징은 마음과 동시에 생기는 마음부수들 사이의 관계를 기술한다. 만약 '함께 일어나는'만 언급되면, 그 정의는 마음과 동시에 일어나는 물질 현상들, 즉 마음과 업에 의해서 만들어진 물질 현상들을 마음부수들로 (잘못) 포함할 것이다. 그러나 이 물질 현상들은 함께 일어난 마음과 동시에 모두 소멸하지 않고 대체로 17 마음순간 동안 계속된다. 그래서 그것들을 배제하기 위해서 '함께 소멸하는' 특징이 소개되었다.

게다가 마음과 함께 일어나서 멸하는 두 가지 물질 현상인 몸의 암시와 말의 암시가 있다.[2] 그러나 이 물질 현상들은 대상을 갖지 않아서 이것이 마음과 마음부수들인 정신 현상들을 물질 현상들과 구별시킨다. 모든 정신 현상들은 대상을 경험하고 함께 일어난 마음과 마음부수들은 같은 대상을 경험하는 반면에, 물질 현상들은 어떤 대상도 전혀 경험하지 않는다. 그래서 같은 대상을 가지는 것이라는 세 번째 특징이 말해진다.

마지막으로 물질 형태의 무더기가 발견되는 영역, 즉 욕계와 색계에서는 마음과 마음부수들은 같은 육체적인 토대를 가진다. 즉 그것들은 물질적인 감각기관들 가운데 하나의 감각기관이나 심장 토대의 공통된 지원으로 일어난다.[3] 이것이 마음부수의 네 번째 특징이다.

52가지 마음부수

윤리적으로 가변적인 마음부수들 (aññasamānacetasika) — 13

2 공통들 (sabbacittasādhāraṇa) — 7

Katham? Ⅰ. (1) Phasso, (2) vedanā, (3) saññā, (4) cetanā, (5) ekaggatā, (6) jīvitindriyaṃ, (7) manasikāro cā ti satt'ime cetasikā sabbacittasādhāraṇā nāma.

—

어떻게? Ⅰ. (1) 감각접촉, (2) 느낌, (3) 인식, (4) 의도, (5) 한곳 집중, (6) 정신적인 생명 기능, (7) 주의. 이 일곱 가지 마음부수들은 모든 마음에 공통된 공통들이라 불린다.

§ 2 설명

◉

52가지 마음부수들 아비담마 철학은 52가지 마음부수를 인정한다. 이들은 〔표 2.1〕에서 보듯이 네 가지 넓은 범주로 분류된다.

(1) 일곱 가지 공통들
(2) 여섯 가지 때때로들
(3) 14가지 해로운 마음부수들
(4) 25가지 아름다운 마음부수들

윤리적으로 가변적인 마음부수들(aññāsamānacetasika) 마음부수들 가운데 처음 두 가지 범주인 일곱 가지 공통들과 여섯 가지 때때로들은 여기에서 자유롭게 번역된 '윤리적으로 가변적인(aññasamāna)'이라는 명칭으로 통합된다. 이 표현은 문자 그대로는 '다른 것과 공통된'을 의미한다. 아름답지 않은 마음들은 아름다운 마음들과의 관계에서 '다른'(añña)이라고 불리고, 아름다운 마음들은 아름답지 않은 마음들과의 관계에서 '다른'이라고 불린다. 처음 두 가지 범주의 13가지 마음부수들은 아름다운 마음들과 아름답지 않은 마음들에 공통(samāna)이고, 특별히 결합하는 원인(hetu)들인 다른 마음부수들에 의해서 마음에 부여된 윤리적인 특성을 취한다. 유익한 마음들에서 그것들은 유익한 것[善]이 되며, 해로운 마음들에서 그것들은 해로운 것[不善]이 되고, 업으로 결정할 수 없는 마음들에서 그것들은 업으로 결정할 수 없는 것[無記]이 된다. 이런 이유로 그것들은 '다른 것과 공통의' 즉 윤리적으로 가변적인 것이라고 불린다.

공통들(sabbacittasādhāraṇa) 일곱 가지 공통들은 모든 마음(sabbacitta)에 공통된(sādhāraṇa) 마음부수들이다. 이 요소들은 가장 기본적이고 필수적인 인식 역할을 수행하기 때문에 이것들이 없이는 대상에 대한 의식이 완전히 불가능하다.

(1) 감각접촉(phassa) 팟사(phassa)라는 말은 '닿다'를 의미하는 동사 푸사띠(phusati)에서 유래되었지만, 감각접촉이 몸의 기능에 미치는 대상의 육체적인 영향으로 이해해서는 안 된다. 그것은 오히려 마음이 나타난 대상을 정신적으로 '접촉'하여 전체 인식 과정을 시작하는 마음부수이다. 빠알리어 주석서에서 사용되는 네 가지 정의하는 장치의 견지에서 보면,[4] 감각접촉은 접촉하는 특징이 있다. 그것이 마음과 대상으로 하여금 부딪히게 하기 때문에, 그것의 역할은 부딪힘이다. 그것의 나타남은 마음, 감각 기능, 대상이 함께 일어나는 것이다. 그것의 가까운 원인은 초점을 맞

추고 있는 대상의 영역이다.[5]

[표 2.1] 한눈에 보는 52가지 마음부수

윤리적으로 가변적인 마음부수들 — 13	**아름다운 마음부수들** — 25
공통들 — 7 (1) 감각접촉 (2) 느낌 (3) 인식 (4) 의도 (5) 한곳 집중 (6) 생명기능 (7) 주의[作意] 때때로들 — 6 (8) 일으킨 생각 (9) 지속적 고찰 (10) 결심 (11) 정진 (12) 희열 (13) 열의 **해로운 마음부수들** — 14 해로운 공통들 — 4 (14) 미혹 (15) 부끄러움 없음 (16) 잘못에 대한 두려움 없음 (17) 들뜸 해로운 때때로들 — 10 (18) 탐욕 (19) 사견 (20) 자만 (21) 성냄 (22) 질투 (23) 인색 (24) 후회 (25) 해태 (26) 혼침 (27) 의심	아름다운 공통들 — 19 (28) 믿음 (29) 마음챙김 (30) 부끄러움 (31) 잘못에 대한 두려움 (32) 탐욕 없음 (33) 성냄 없음 (34) 마음의 중립 (35) 정신적인 몸의 고요함 (36) 마음의 고요함 (37) 정신적인 몸의 가벼움 (38) 마음의 가벼움 (39) 정신적인 몸의 부드러움 (40) 마음의 부드러움 (41) 정신적인 몸의 적합함 (42) 마음의 적합함 (43) 정신적인 몸의 능숙함 (44) 마음의 능숙함 (45) 정신적인 몸의 올곧음 (46) 마음의 올곧음 절제들 — 3 (47) 바른 말 (48) 바른 행위 (49) 바른 생계 무량들 — 2 (50) 연민[悲] (51) 더불어 기뻐함[喜] 미혹 없음 — 1 (52) 통찰지의 기능(慧根)

(2) 느낌(vedanā) 느낌은 대상을 느끼는 마음부수이다: 그것은 대상이 경험되는 정서적인 방식이다. 빠알리어 웨다나(vedanā)는 (다양한 마음부수들을 포함하는 복잡한 현상들로 보이는) 감정(emotion)을 의미하지 않고, 즐겁거나 괴

롭거나 중립적인 경험의 순수한 정서적인 특성을 의미한다. 느낌은 느껴지는(vedayita) 특징을 갖는다. 그것의 역할은 경험하는 것이거나, 대상에 대해 원하는 면을 즐기는 것이다. 그것의 나타남은 결합한 마음부수들을 즐기는 것이다. 그것의 가까운 원인은 고요함이다.[6] 다른 마음부수들은 대상을 단지 이차적으로 경험하는 반면에, 느낌은 대상을 직접 완전하게 경험한다. 이런 면에서 다른 마음부수들은 왕을 위해 음식을 준비하고 음식을 준비하는 동안에 음식의 맛만 보는 요리사에 비유되는 반면에, 느낌은 좋아하는 양만큼 음식을 즐기는 왕에 비유된다.

(3) 인식(saññā) 인식의 특징은 대상의 특성을 인식하는 것이다. 그것의 역할은 '이것은 똑같다'라는 것을 다시 인식하기 위한 조건으로 표상을 만드는 것이거나, 전에 인식된 것을 알아차리는 것이다. 그것은 이미 파악된 특징에 의해서 대상을 해석하는 것(abhinivesa)으로 나타난다. 그것의 가까운 원인은 나타나는 대상이다. 그것의 과정은 목수가 각각의 목재에 해둔 표시에 의해서 어떤 종류의 목재인지를 알아차리는 것에 비유된다.

(4) 의도(cetanā) 찟따(citta)와 같은 어근에서 나온 쩨따나(cetanā)는 목표의 실현, 즉 인식의 의욕적인 혹은 의도적인 측면과 관련된 마음부수이다. 그래서 그것은 의도라고 번역된다. 주석서들은 쩨따나가 대상에 작용할 때 그것과 결합한 마음부수들을 조직한다고 설명한다. 그것의 특징은 의도하는 상태이고, 그것의 역할은 (업을) 축적하는 것이며, 그것의 나타남은 조정이다. 그것의 가까운 원인은 결합한 법들이다. 마치 최고의 학생이 자신의 학과 내용을 암기하고 다른 학생들에게도 그들의 학과 내용을 암기하도록 만들듯이, 의도가 대상에 작용하기 시작할 때, 그것은 또한 결합된 법들로 하여금 자신의 과업을 수행하도록 만든다. 의도는 업을 짓는 데 가장 중요한 마음부수이다. 왜냐하면 행위의 윤리적인 특성을 결정하는 것이 의도이기 때문이다.

(5) 한곳 집중(ekggatā, 一境性) 이것은 대상에 마음을 하나 되게 만드는 것이다. 비록 이 마음부수가 선정의 요소로 작용하는 선정에서 두드러지지만, 아비담마는 정신통일을 위한 그 능력의 초기단계는 모든 마음의 유형들, 심지어 가장 기본적인 마음에도 존재한다고 가르친다. 이것은 거기에서 마음을 대상에 고정하는 마음부수이다. 한곳 집중의 특징은 방황하지 않음이나 산만하지 않음이다. 그것의 역할은 결합한 법들을 결합시키거나 통일시키는 것이다. 그것은 평화로 나타나고, 그것의 가까운 원인은 행복이다.[7]

(6) 정신적인 생명 기능(jīvitindriya) 두 가지 종류의 생명 기능, 즉 정신적인 법들을 활성화시키는 정신적인 생명 기능과 물질 현상들을 활성화시키는 물질적인 생명 기능이 있다. 정신적인 생명 기능만이 마음부수로 쓰인다. 그것은 관련된 정신적인 법들을 유지시키는 특징을 가지며, 그것들을 일어나게 만드는 역할을 하고, 그것들의 현존을 확립하는 것으로서의 나타남을 가지며, 그것의 가까운 원인은 유지되는 정신적인 법들이다.

(7) 주의(manasikāra, 作意) 이 빠알리어는 문자 그대로 '마음에 만드는 것[作意]'을 의미한다. 주의는 마음이 대상으로 전향하는 원인이 되는 마음부수이고, 그것으로 대상은 마음에 현존하게 된다. 그것의 특징은 관련된 정신적인 법들을 대상을 향하여 인도하는 것(sāraṇa)이다. 그것의 역할은 관련된 정신적인 법들을 대상에 묶는 것이다. 그것은 대상과의 직면으로 나타나고, 그것의 가까운 원인은 대상이다. 주의는 배의 키와 같아서, 배를 목적지로 향하게 한다. 혹은 주의는 잘 훈련된 말들(즉, 관련된 법들)을 목적지(대상)를 향하게 하여 마차를 모는 마부와 같다. 주의는 최초의 적용(vitakka, 일으킨 생각)과 구별되어야 한다. 전자는 그것과 함께 일어나는 것들을 대상으로 돌리는 반면에, 후자는 그것들을 대상에 적용시킨다. 주의는 모든 마음에 존재하는 필수불가결한 인식요소이다. 위딱까는

인식에 필수불가결한 것이 아닌 특별한 마음부수이다.

3 때때로들 (pakiṇṇaka) — 6

Ⅱ. (1)Vitakko, (2)Vicāro, (3)adhimokkho, (4)viriyaṃ, (5)pīti, (6)chando cā ti cha ime cetasikā pakiṇṇakā nāma. Evam ete terasa cetasikā añña-samānā ti veditabbā.

—

Ⅱ. (1) 최초의 적용(일으킨 생각), (2) 지속적 적용(지속적 고찰), (3) 결심, (4) 정진, (5) 희열, (6) 열의. 이 여섯 가지 마음부수는 때때로들이라고 불린다. 그리하여 이 13가지 마음부수는 윤리적으로 가변적인 것들로 이해되어야 한다.

§ 3 설명

◉

때때로들(pakiṇṇaka) 이 무리에 있는 여섯 가지 마음부수는 다른 마음부수들에 의해서 결정되는 것으로서의 마음의 도덕적인 특성을 가지는 윤리적으로 가변적인 요소들이라는 점에서 공통들과 비슷하다. 그것들은 특별한 마음의 유형들에서 발견되지만 모든 마음들에서는 발견되지 않는다는 점에서 공통들과는 다르다.

(1) 최초의 적용(vitakka, 일으킨 생각) 위딱까(vitakka)는 선정을 논할 때 이미 소개되었다. 거기에서 그것은 다섯 가지 선정의 요소 가운데 첫 번째로 나타난다.[8] 위딱까는 마음을 대상에 적용하는 것이다. 그것의 특

징은 마음을 대상으로 인도하는 것이다.[9] 그것의 역할은 대상을 치고 때리는 것이다. 그것은 마음을 대상으로 인도하는 것으로 나타난다. 비록 가까운 원인이 무엇인지 주석서에 언급되지 않지만, 대상이 그것의 가까운 원인으로 이해될 수 있다.

보통의 위딱까는 단순히 마음을 대상에 적용시킨다. 그러나 위딱까가 삼매를 통해서 계발될 때, 그것은 선정의 요소가 된다. 그것은 그때 대상에 마음이 몰입하는 것, 즉 몰입삼매(appanā)라고 불린다. 위딱까는 사유(sankappa)라고 불린다. 그래서 그것은 그릇된 사유(micchāsankappa)와 바른 사유(sammāsankappa)로 구별된다. 후자는 팔정도의 두 번째 요소이다.

(2) 지속적 적용(vicāra, 지속적 고찰) 역시 선정의 요소인 위짜라(vicāra)는 대상을 고찰한다는 의미에서 대상에 지속적인 압박을 가하는 특징이 있다.[10] 그것의 역할은 대상에 마음부수들을 지속적으로 적용시키는 것이다. 그것은 마음부수들을 대상에 정착시키는 것으로 나타난다. 대상을 그것의 가까운 원인으로 이해할 수 있다. 위딱까와 위짜라 사이의 차이는 앞(115쪽)에서 논했다.

(3) 결심(adhimokkha) 아디목카(adhimokkha)라는 말은 문자 그대로 마음을 대상에 풀어놓는 것을 의미한다. 그것은 결심이나 결의로 번역된다. 그것은 확신의 특징을 가지고, 더듬지 않는 역할을 가지며, 결정으로 나타난다. 그것의 가까운 원인은 확신할 수 있는 일이다. 그것은 대상에 대한 흔들리지 않는 결심 때문에 석주(돌기둥)에 비유된다.

(4) 정진(viriya) 위리야(viriya)는 혈기왕성한 사람의 상태나 행위이다. 그것의 특징은 지지, 노력, 정열이다. 그것의 역할은 관련된 법들을 지지하는 것이다. 그것의 나타남은 무너지지 않음이다. 그것의 가까운 원인은 절박함(saṃvega)이나 정진을 일으키기 위한 근거, 즉 활기찬 행위를 하도록 부추기는 어떤 것이다. 마치 헌 집을 받치는 새 목재들이 헌 집을 무

너지지 않게 하듯이, 혹은 마치 강한 증원 부대가 왕의 군대로 하여금 적을 패배시킬 수 있도록 하듯이, 정진은 모든 관련된 법들을 떠받치고 지지하고 그 마음부수들이 물러서는 것을 허용하지 않는다.

(5) **희열(pīti)** 선정의 요소들 가운데 이미 소개된 삐띠는 충분히 만족시키는(sampiyāna) 특징을 갖는다. 그것의 역할은 정신과 몸을 신선하게 만드는 것이거나, (환희로 전율을 느끼도록) 퍼지는 것이다. 그것은 의기양양함으로 나타난다. 정신과 몸(nāmarūpa)이 가까운 원인이다.

(6) **열의(chanda)** 찬다(chanda)는 하고자 함(kattu-kāmatā), 즉 행위를 하거나 어떤 결과를 성취하려 함을 의미한다. 이런 종류의 열의는 부끄러운 의미에서의 욕망인 탐욕(lobha)과 갈망(rāga)으로부터 나오는 욕망과는 구별되어야 한다.[11] 후자는 항상 해로운 반면에, 찬다는 유익한 마음부수들과 결합할 때, 가치 있는 목표를 성취하려는 덕스러운 열의의 역할을 하는 윤리적으로 가변적인 요소이다. 찬다의 특징은 하고자 함이고, 그것의 역할은 대상을 찾는 것이다. 그것의 나타남은 대상에 대한 필요이며, 그 동일한 대상이 가까운 원인이다. 그것은 마음의 손을 대상을 향하여 뻗는 것으로 간주될 수 있다.

4 해로운 마음부수들 (akusalacetasika) — 14

Ⅲ. (1)Moho, (2)ahirikaṃ, (3)anottappaṃ, (4)uddhaccaṃ, (5)lobho, (6)diṭṭhi, (7)māno, (8)doso, (9)issā, (10)macchariyaṃ, (11)kukkuccaṃ, (12)thīnaṃ, (13)middaṃ, (14)vicikicchā cā ti cuddas'ime cetasikā akusalā nāma.

—

Ⅲ. (1) 미혹, (2) 부끄러움 없음, (3) 잘못에 대한 두려움 없음, (4) 들뜸, (5) 탐욕, (6) 사견, (7) 자만, (8) 성냄, (9) 질투, (10) 인색, (11) 후회, (12) 해태, (13) 혼침, (14) 의심. 이 14가지는 해로운 마음부수들이라 한다.

§ 4 설명

◉

(1) 미혹(moha) 모하(moha)는 무명(avijjā)과 동의어이다. 그것의 특징은 정신적인 무지 혹은 알지 못함(aññāṇa)이다. 그것의 역할은 꿰뚫음 없음, 즉 대상의 진정한 본성을 덮는 것이다. 그것은 바른 이해의 부재나 정신적인 어두움으로 나타난다. 그것의 가까운 원인은 현명하지 못한 주의(ayoniso manasikāra)이다. 그것은 모든 해로운 것의 원인으로 간주된다.

(2,3) 부끄러움 없음(ahirika)과 잘못에 대한 두려움 없음(anottappa) 부끄러움 없음의 특징은 신체적인 잘못된 행동과 언어적인 잘못된 행동에 대한 혐오감의 부재이다. 잘못(혹은 도덕적인 무모함)에 대한 두려움 없음의 특징은 그런 잘못된 행동에 대한 두려움의 부재이다. 둘 다 사악한 짓을 하는 역할을 한다. 그것들은 사악한 짓에서 물러서지 않음으로 나타난다. 그것들의 가까운 원인은 각각 자신에 대한 존중심의 결핍과 타인에 대한 존중심의 결핍이다.[12]

(4) 들뜸(uddhacca) 들뜸(혹은 동요)은 바람에 의해 휘저어진 물처럼 조용하지 않음의 특징을 가진다. 그것의 역할은 바람이 현수막을 펄럭이게 만들듯이, 마음을 불안정하게 만드는 것이다. 그것은 혼란으로 나타난다. 그것의 가까운 원인은 정신적인 소음에 대한 현명하지 못한 주의이다.

(5) 탐욕(lobha) 첫 번째 해로운 원인(뿌리)인 탐욕은 모든 정도의 이기적인 욕망, 갈애, 집착, 탐착을 망라한다. 그것의 특징은 대상을 움켜쥐

는 것이다. 그것의 역할은 고기가 뜨거운 팬에 들러붙듯이 들러붙는 것이다. 그것은 포기하지 않는 것으로 나타난다. 그것의 가까운 원인은 속박으로 인도하는 것에서 즐김을 보는 것이다.

(6) **사견**(**diṭṭhi**) 여기에서의 딧티(diṭṭhi)는 잘못 보는 것을 의미한다. 그것의 특징은 현상들에 대한 현명하지 못한(정당화되지 않는) 해석이다. 그것의 역할은 미리 추측하는 것이다. 그것은 그릇된 해석이나 믿음으로 나타난다. 그것의 가까운 원인은 성스러운 분들(ariya)을 만나지 않음 등이다.[13]

(7) **자만**(**māna**) 자만은 거만의 특징을 갖는다. 그것의 역할은 자신을 높이는 것이다. 그것은 허영심으로 나타난다.[14] 그것의 가까운 원인은 사견과 결합하지 않은 탐욕이다.[15] 그것은 광기로 간주된다.

(8) **성냄**(**dosa**) 두 번째 해로운 원인인 도사는 모든 종류의 그리고 모든 정도의 혐오감, 적의, 성냄, 짜증, 불쾌감, 원한으로 구성되어 있다. 그것의 특징은 흉포함이다. 그것의 역할은 퍼지거나 그 자체의 지지물, 즉 그것이 일어나는 정신과 몸을 태우는 것이다. 그것은 괴롭히는 것으로 나타난다. 그리고 그것의 가까운 원인은 짜증의 근거이다.[16]

(9) **질투**(**issā**) 질투는 다른 사람의 성공을 시기하는 특징을 가진다. 그것의 역할은 다른 사람의 성공에 만족하지 않는 것이다. 그것은 다른 사람의 성공에 대한 혐오감으로 나타난다. 그것의 가까운 원인은 다른 사람의 성공이다.

(10) **인색**(**macchariya**) 인색의 특징은 이익을 얻었거나 얻을 수 있을 때 자기 자신의 이익을 감추는 것이다. 그것의 역할은 이익을 다른 사람들과 공유하는 것을 참지 못하는 것이다. 그것은 (공유하는 것으로부터) 물러서는 것으로 나타나고 쩨쩨함이나 쌀쌀한 느낌으로 나타난다. 그것의 가까운 원인은 자기 자신의 이익이다.

(11) 후회(kukkucca) 꾹꿋짜(kukkucca)는 잘못을 저지른 다음에 하는 후회나 회한이다. 그것의 특징은 뒤따르는 후회이다. 그것의 역할은 한 것과 하지 않은 것에 대해 슬퍼하는 것이다. 그것은 회한으로 나타난다. 그것의 가까운 원인은 한 것과 하지 않은 것(즉 범했거나 빠뜨린 잘못)이다.

(12) 해태(thīna) 해태는 나태함이나 둔함이다. 그것의 특징은 추진력의 결핍이다. 그것의 역할은 정진을 몰아내는 것이다. 그것은 정신의 가라앉음으로 나타난다. 그것의 가까운 원인은 권태, 졸림 등에 대한 현명하지 못한 주의이다.

(13) 혼침(middha) 혼침은 마음부수들의 병적인 상태이다. 그것의 특징은 다루기 힘듦이다. 그것의 역할은 억누르는 것이다. 그것은 처지는 것, 혹은 꾸벅거리는 것과 졸림으로 나타난다. 그것의 가까운 원인은 해태의 가까운 원인과 같다.

해태와 혼침은 항상 결합되어 나타나고, 정진(viriya)과 반대된다. 해태는 마음이 병든 것과 같고(cittagelañña) 혼침은 마음부수들이 병든 것과 같다(kāyagelañña). 그들은 쌍으로 최초의 적용(vitakka, 일으킨 생각)에 의해서 극복되는 다섯 가지 장애들 가운데 하나를 차지한다.

(14) 의심(vicikicchā) 여기에서의 의심은 정신적인 의심, 즉 불교적 관점에서 불·법·승 그리고 수행에 대한 믿음을 가질 수 없는 것이다. 그것의 특징은 의심하는 것이다. 그것의 역할은 요동치는 것이다. 그것은 우유부단으로 그리고 다양한 면들을 갖는 것으로 나타난다. 그것의 가까운 원인은 현명하지 못한 주의이다.

아름다운 마음부수들
(sobhanacetasika) — 25

5 공통의 아름다운 마음부수들
(sobhanasādhāraṇa) — 19

Ⅳ. (1)Saddhā, (2)sati, (3)hiri, (4)ottappaṃ, (5)alobho, (6)adoso, (7)tatramajjhattatā, (8)kāyapassaddhi, (9)cittapassaddhi, (10)kāyalahutā, (11)cittalahutā, (12)kāyamudutā, (13)cittamudutā, (14)kāyakammaññatā, (15)cittakammaññatā, (16)kāyapāguññatā, (17)cittapāguññatā, (18)kāyujjukatā, (19)cittujjukatā cā ti ekūnavīsat'ime cetasikā sobhanasādhāraṇā nāma.

—

Ⅳ. (1)믿음, (2)마음챙김, (3)부끄러움, (4)잘못에 대한 두려움, (5)탐욕 없음, (6)성냄 없음, (7)중립, (8)(정신적인) 몸의 고요함, (9)마음의 고요함, (10)(정신적인) 몸의 가벼움, (11)마음의 가벼움, (12)(정신적인) 몸의 부드러움 (13)마음의 부드러움, (14)(정신적인) 몸의 적합함, (15)마음의 적합함, (16)(정신적인) 몸의 능숙함, (17)마음의 능숙함, (18)(정신적인) 몸의 올곧음, (19)마음의 올곧음. 이 19가지는 공통의 아름다운 마음부수들이라 한다.

§5 설명

◉

공통의 아름다운 마음부수들(sobhanasādhāraṇa) 아름다운 마음부수들은 네 가지 무리로 세분된다. 먼저 공통의 아름다운 마음부수들, 즉 모든 아름다운 마음에 변함없이 존재하는 19가지 마음부수가 온다. 이것 다음에 아름다운 마음에 반드시 포함되지는 않는 가변적인 마음부수들인 세 가지 무리의 아름다운 마음부수들이 온다.

(1) 믿음(saddhā) 아름다운 마음부수들 가운데 첫 번째는 믿거나 신뢰를 두는 특징을 갖는 믿음이다. 그것의 역할은 물을 깨끗하게 만드는 보석이 진흙물을 깨끗하게 만들듯이 명료하게 만들거나, 홍수를 건너기 위해서 나아가듯이 나아가는 것이다.[17] 그것은 안개 없음, 즉 마음의 불순물을 제거하는 것으로, 혹은 결의로 나타난다. 그것의 가까운 원인은 믿음을 둘 만한 어떤 것, 혹은 예류의 요소들을 구성하는 정법(the Good Dhamma) 등을 듣는 것이다.

(2) 마음챙김(sati) 사띠(sati)라는 말은 '기억하다'를 의미하는 어근에서 나왔지만, 마음부수로서의 그것은 과거에 관한 기억의 기능보다는 마음의 현존, 즉 현재에 주의를 기울이는 것을 의미한다. 그것은 흔들리지 않음, 즉 대상에서 떨어져 떠다니지 않음의 특징을 가진다.[18] 그것의 역할은 혼란의 부재 혹은 잊지 않음이다. 그것은 문지기로, 혹은 대상의 영역에 직면하는 상태로 나타난다. 그것의 가까운 원인은 강한 인식(thirasaññā) 혹은 네 가지 마음챙김의 확립[四念處](제7장 24 참조)이다.

(3,4) 부끄러움(hiri)과 잘못에 대한 두려움(ottappa) 부끄러움은 몸으로 하는 잘못된 행위와 말로 하는 잘못된 행위를 혐오하는 특징을 갖는다. 잘못에 대한 두려움은 그런 잘못된 행위에 대하여 두려워하는 특징을 갖는다. 그것들 둘 다는 사악한 행위를 하지 않는 역할을 가지며, 사악함으로부터 물러서는 것으로 나타난다. 그것들의 가까운 원인은 각각 자신에 대한 존중과 타인에 대한 존중이다. 이 두 가지 법은 세상이 만연된 부도덕 속으로 떨어지는 것을 막아 주기 때문에 붓다에 의해서 세상을 지키는 것들이라고 불린다.

(5) 탐욕 없음(alobha) 탐욕 없음은 대상에 대한 마음의 욕망 없음의 특징을 가지거나, 연꽃잎 위의 물방울처럼 대상에 집착하지 않는 특징을

갖는다. 그것의 역할은 잡고 있지 않는 것이고, 그것의 나타남은 집착 없음이다. 탐욕 없음은 단지 탐욕의 부재가 아니라 관대함과 출리(욕망에서 벗어남)와 같은 긍정적인 미덕의 현존이다.

(6) **성냄 없음**(adosa) 성냄 없음은 흉포함의 부재나 반대하지 않음의 특징을 갖는다. 그것의 역할은 짜증을 제거하거나 열을 제거하는 것이며, 그것의 나타남은 기분 좋음이다. 성냄 없음은 자애, 부드러움, 애정, 우정 등과 같은 긍정적인 미덕들로 구성된다.

성냄 없음이 자애(mettā)의 고귀한 특질로 나타날 때, 그것은 중생의 복지를 증진시키는 특징을 갖는다. 그것의 역할은 그들의 행복을 선호하는 것이다. 그것의 나타남은 악의의 제거이다. 그것의 가까운 원인은 중생을 사랑스럽게 보는 것이다. 그런 자애는 그것의 '가까운 적'인 이기적인 애정과 구별되어야 한다.

(7) **마음의 중립**(tatramajjhattatā) 이 마음부수의 빠알리어 용어는 문자 그대로는 '거기 가운데서'를 의미한다. 그것은 중립적인 느낌으로서가 아닌 균형, 집착 없음, 공평함의 정신적인 태도로서의 평정(upekkhā)과 동의어이다. 그것은 마음과 마음부수들을 고르게 나르는 특징을 가진다. 그것의 역할은 결핍과 과도함을 막는 것이거나 불균형을 막는 것이다. 그것은 중립으로 나타난다. 그것은 길을 따라서 가지런하게 나아가는 순한 말들을 평정한 마음으로 바라보는 마부처럼 마음과 마음부수들에서 평정한 마음으로 바라보는 상태로 간주된다.

마음의 중립은 중생들에 대한 고귀한 평정의 자질이 된다. 그와 같이 그것은 분별 없이, 선호와 편견 없이 중생들을 대하고 모든 중생들을 평등하게 본다. 이런 평정은 그것의 '가까운 적'인 무지에 기인하는 세속적인 마음의 무관심과 혼동되어서는 안 된다.

다음의 12가지 공통의 아름다운 마음부수는 여섯 가지 쌍으로 나오고 각각의 쌍은 '정신적인 몸'(kāya)에 연결되는 한 가지 용어와 마음에 연결되는 다른 한 가지 용어를 포함한다. 이 맥락에서 정신적인 몸은 무더기의 의미에서 '몸'이라 불리는 관련된 마음부수들의 모임이다.

(8, 9) 고요함(passaddhi) 두 가지 고요함은 정신적인 몸과 마음에서 각각 불안을 가라앉히는(daratha) 특징을 가진다. 그것의 역할은 불안을 완화하는 것이다. 그것은 평화로움과 침착함으로 나타난다. 그것의 가까운 원인은 정신적인 몸과 마음이다. 그것은 고통을 만들어 내는 들뜸과 후회와 같은 오염원들과 반대되는 것으로 간주된다.

(10, 11) 가벼움(lahutā) 두 가지 가벼움은 정신적인 몸과 마음에서 각각 무거움을 가라앉히는(garubhāva) 특징을 갖는다. 그것의 역할은 무거움을 덜어 내는 것이다. 그것은 둔하지 않음으로 나타난다. 그것의 가까운 원인은 정신적인 몸과 마음이다. 그것은 무거움을 만들어 내는 해태와 혼침과 같은 오염원들과 반대인 것으로 간주된다.

(12, 13) 부드러움(mudutā) 두 가지 부드러움은 정신적인 몸과 마음에서 각각 경직을 가라앉히는(thambha) 특징을 갖는다. 그것의 역할은 경직을 풀어주는 것이다. 그것은 저항하지 않음으로 나타나고, 그것의 가까운 원인은 정신적인 몸과 마음이다. 그것은 경직을 만들어 내는 사견과 자만과 같은 오염원들과 반대되는 것으로 간주된다.

(14, 15) 적합함(kammaññatā) 두 가지 적합함은 정신적인 몸과 마음에서 각각 부적합함을 가라앉히는(akammaññabhāva) 특징을 갖는다. 그것의 역할은 부적합함을 진압하는 것이다. 그것은 어떤 것을 대상으로 만들 때 정신적인 몸과 마음의 성공으로 나타난다. 그것의 가까운 원인은 정신적인 몸과 마음이다. 그것은 정신적인 몸과 마음의 부적합함을 만들어 내는 나머지 장애들과 반대인 것으로 간주된다.

(16, 17) 능숙함(pāguññatā) 두 가지 능숙함은 정신적인 몸과 마음 각각의 건강함을 특징으로 가진다. 그것의 역할은 정신적인 몸과 마음의 건강하지 못함을 없애는 것이다. 그것은 무능력의 부재로 나타난다. 그것의 가까운 원인은 정신적인 몸과 마음이다. 그것은 정신적인 몸과 마음의 건강하지 못함을 만들어 내는 믿음의 결핍 등과 같은 오염원들과 반대되는 것으로 간주된다.

(18, 19) 올곧음(ujjukatā) 올곧음은 반듯함이다. 두 가지 올곧음은 정신적인 몸과 마음 각각의 올곧음의 특징을 가진다. 그것의 역할은 정신적인 몸과 마음의 구부러짐을 없애는 것이고, 그것의 나타남은 구부러지지 않음이다. 그것의 가까운 원인은 정신적인 몸과 마음이다. 그것은 정신적인 몸과 마음에서 구부러짐을 만들어 내는 위선과 사기와 반대되는 것으로 간주된다.

6 절제들

(virati) — 3

V. (1) Sammāvācā, (2) sammākammanto, (3) sammā-ājīvo cā ti tisso viratiyo nāma.

—

V. (1) 바른 말, (2) 바른 행위, (3) 바른 생계. 이 세 가지는 절제들이라고 불린다.

§ 6 설명

◉

절제들 위라띠(virati)는 말·행위·생계에 의한 잘못된 행위를 의도적으로 절제하는 데 책임이 있는 세 가지 아름다운 마음부수들이다. 세간적인 마음에서, 위라띠는 기회가 생겨 발생한 잘못된 행동을 의도적으로 삼가는 경우에만 작용한다. 나쁜 행위가 일어날 기회가 없이 사악한 행위를 삼가면 이것은 위라띠의 경우가 아니라 청정한 도덕적인 행위(sīla)이다.

주석가들은 세 가지 유형의 위라띠를 구별한다: (1) 자연적인 절제, (2) 계를 수지함에 의한 절제, (3) 근절에 의한 절제.[19]

(1) 자연적인 절제(sampattavirati)는 자신의 사회적 지위, 나이, 교육수준 등을 고려하여 나쁜 행위를 할 기회가 생겼을 때 그것을 절제하는 것이다. 붙잡히면 자신의 명성이 타격을 받을 것이라는 것을 고려하여 도둑질을 삼가는 것이 하나의 예이다.

(2) 계를 수지함에 의한 절제(sāmadānavirati)는 계율, 예를 들어 살생, 도둑질, 사음, 거짓말, 중독성 물질을 삼가는 오계를 지키는 것을 시작했기 때문에 나쁜 행위를 절제하는 것이다.

(3) 근절에 의한 절제(samucchedavirati)는 악한 행위에 대한 성향을 제거하면서 일어나는 출세간의 도 마음과 결합한 절제이다. 이전의 두 가지 위라띠가 세간적인 데 반하여 이 절제는 출세간적이다.

이 위라띠는 텍스트에서 언급되는 바른 말, 바른 행위, 바른 생계의 세 가지 구별되는 마음부수들로 구성된다.

(1) 바른 말(sammāvācā) 바른 말은 거짓말, 중상모략, 욕설, 잡담과 같은 그릇된 말을 의도적으로 삼가는 것이다.

(2) 바른 행위(sammākammanta) 바른 행위는 살생, 도둑질, 삿된 음행과 같은 그릇된 몸의 행위를 의도적으로 삼가는 것이다.

(3) **바른 생계**(sammā-ājīva) 바른 생계는 독약장사, 술장사, 무기장사, 노예장사, 혹은 도살을 위한 동물장사와 같은 그릇된 생계를 의도적으로 삼가는 것이다.

이 세 가지 위라띠는 몸으로 하는 그릇된 행위, 그릇된 말, 그릇된 생계에 의해서 범하지 않음의 특징을 각각 가지고 있다. 그것들의 역할은 나쁜 행위를 회피하는 것이다. 그것들은 그러한 행위를 절제하는 것으로 나타난다. 그것들의 가까운 원인은 믿음, 부끄러움, 잘못에 대한 두려움, 바람이 적은 것 등의 특별한 자질이다. 그것들은 마음이 잘못된 행위를 혐오하는 것으로 간주된다.

7 무량들

(appamaññā) — 2

Ⅵ. (1)Karuṇā, (2)muditā pana appamaññāyo nāmā ti.

—

Ⅵ. (1) 연민, (2) 더불어 기뻐함. 이것들은 무량들이라고 불린다.

§ 7 설명

◉

무량들 모든 중생들에 대하여 계발되어야 하고, 그래서 잠재적으로 한계가 없는 범위를 가지기 때문에, 무량들(혹은 측량할 수 없는 것들)이라고 불리는 중생들에 대한 네 가지 태도가 있다. 사무량(四無量)은 자애(mettā), 연민(karunā), 더불어 기뻐함(muditā), 평정(upekkhā)이다. 이 네 가지는 또한 브라흐마위하라(brahmavihāra), 즉 신성한 머묾[梵住] 혹은 고귀한 마음이라 불린다.

비록 사무량이 중생들에 대한 이상적인 태도로 인정되지만, 단지 연민 그리고 더불어 기뻐함의 두 가지만이 무량의 표제 하에 있는 마음부수들에 포함된다. 우리가 보았듯이, 자애는 마음부수인 성냄 없음(adosa)의 유형이고, 평정은 마음부수인 마음의 중립(tatramajjhattatā)의 유형이기 때문이다. 성냄 없음이 반드시 자애로 나타나는 것은 아니다. 그것은 또한 다른 유형으로 나타날 수 있다. 그러나 자애가 실제로 마음에 나타날 때, 그것은 성냄 없음의 마음부수로 나타나는 것처럼 생긴다. 유사한 관계가 마음부수인 마음의 중립과 중생들에 대한 공평으로서의 고귀한 평정 사이에도 적용된다.

다른 마음부수들의 나타남이 아닌, 즉 다른 것에 의존하지 않고 마음부수들로 나타나는 두 가지 무량은 연민 그리고 더불어 기뻐함이다. 자애와 평정의 저변에 존재하는 요소들인 성냄 없음과 정신적인 중립은 모든 아름다운 마음에 존재하는 반면에, 이 두 가지는 그것들의 역할이 개별적으로 행해질 경우에만 존재한다.

(1) **연민** 까루나(karunā), 즉 연민은 다른 사람들의 고통을 제거하는 것을 증진시키는 특징을 갖는다. 그것의 역할은 다른 사람들의 고통을 참지 않는 것이다. 그것은 잔인하지 않음으로 나타난다. 그것의 가까운 원인은 고통에 의해서 압도된 사람들의 절망을 보는 것이다. 그것은 잔인함을 가라앉힐 때 성공하고, 슬픔을 일으킬 때 실패한다.

(2) **더불어 기뻐함** 무디따(muditā), 즉 더불어 기뻐함은 다른 사람들의 성공에 기뻐하는 특징을 갖는다. 그것의 역할은 다른 사람의 성공을 시기하지 않는 것이다. 그것은 혐오를 제거하는 것으로 나타난다. 그것의 가까운 원인은 다른 사람의 성공을 보는 것이다. 그것은 혐오를 가라앉힐 때 성공하고, 즐거움을 만들어 낼 때 실패한다.

8 미혹 없음
(amoha) — 1

Ⅶ. Sabbathā pi paññindriyena saddhiṃ pañcavīsat'ime cetasikā sobhanā ti veditabbā.

—

Ⅶ. 통찰지의 기능[慧根]과 함께 이 25가지는 모두 아름다운 마음부수들로 이해되어야 한다.

§ 8 설명

◉

통찰지의 기능[慧根] 빤냐(paññā)는 현상들을 있는 그대로 아는 통찰지이다. 여기에서 그것이 기능이라고 불리는 이유는 현상들을 있는 그대로 이해할 때, 그것이 지배력을 행사하기 때문이다. 아비담마에서 통찰지(paññā), 지혜(ñāna), 미혹 없음(amoha) – 이 세 가지 용어는 동의어로 쓰인다. 통찰지는 현상들을 그것들의 내재적인 본성에 따라 꿰뚫어 아는(yathāsabhāvapaṭivedha) 특징을 갖는다. 그것의 역할은 대상의 영역을 등불처럼 밝히는 것이다. 그것은 미혹하지 않음으로 나타난다. 그것의 가까운 원인은 현명한 주의(yoniso manasikāra)이다.

9 마음부수들의 요약

Ettāvatā ca:

Teras'aññasamānā ca cuddas'ākusalā tathā

Sobhanā pañcavīsā ti dvipaññāsa pavuccare.

—

그리하여:

13가지는 윤리적으로 가변적이고, 14가지는 해롭다. 25가지는 아름답다.

그리하여 52가지가 열거되었다.

마음부수들의 결합 (cetasikasampayoganaya) — 16

10 서시

Tesaṃ cittāviyuttānaṃ yathāyogam ito paraṃ
Cittuppādesu paccekaṃ sampayogo pavuccati.
Satta sabbattha yujjanti yathāyogaṃ pakiṇṇakā
Cuddas'ākusalesv'eva sobhanesv'eva sobhanā.

—

다음에 우리는 적절한 방법으로 이 마음부수들 각각이 다양한 마음의 상태들과 결합하는 것을 설명할 것이다.
일곱 가지는 모든 마음의 유형들과 연결된다. 때때로들은 적절한 방법으로 연결된다. 14가지는 단지 해로운 마음의 유형들과 연결되고, 아름다운 마음부수들은 단지 아름다운 마음의 유형들과 연결된다.

윤리적으로 가변적인 마음부수들 (aññasamānacetasika) — 7

11 분석

Kathaṃ?

(1) Sabbacittasādhāraṇā tāva satt'ime cetasikā sabbesu pi ekūnanavuti cittuppādesu labbhanti.

Pakiṇṇakesu pana:

(2) Vitakko tāva dvipañcaviññāṇa-vajjita-kāmāvacaracittesu c'eva ekādasasu paṭhamajjhānacittesu cā ti pañcapaññāsa cittesu uppajjati.

(3) Vicāro pana tesu c'eva ekādasasu dutiyajjhānacittesu cā ti cittesu jāyati.

(4) Adhimokkho dvipañcaviññāṇa- vicikicchāsahagata-vajjita-cittesu.

(5) Viriyaṃ pañcadvārāvajjana- dvipañcaviññāṇa- sampaṭicchana- santīraṇa-vajjita- cittesu.

(6) Pīti domanass'- upekkhāsahagata- kāyaviññāṇa- catutthajjhāna- vajjita-cittesu.

(7) Chando ahetuka-momūha-vajjita-cittesu labbhati.

—

어떻게?

(1) 우선, 일곱 가지 공통의 마음부수들은 89가지 모든 마음의 유형에서 발견된다.

특정한 마음부수들 가운데:

(2) 최초의 적용(일으킨 생각)은 55가지 마음의 유형에서 일어난다: 다섯 가지 감각식[前五識] 두 세트를 제외한 모든 욕계 마음의 유형들에서(55-10=44), 그리고 또한 11가지 초선 마음의 유형에서(44+11=55).

(3) 지속적인 적용(지속적 고찰)은 66가지 마음의 유형에서 일어난다: 55가지 마음에서, 그리고 11가지 제2선 마음의 유형에서(55+11=66).

(4) 결심은 다섯 가지 감각식[前五識] 두 세트와 의심이 함께하는 마음을 제외한 모든 마음의 유형들에서 일어난다(89-11=78).

(5) 정진은 오문전향의 마음, 다섯 가지 감각식[前五識] 두 세트, 받아들이는 마음, 조사하는 마음을 제외한 모든 마음의 유형들에서 일어난다

(89-16=73).

(6) 희열은 불만족과 평온이 함께하는 마음들, 신식(身識), 제4선의 마음을 제외한 모든 마음의 유형들에서 일어난다(121-(2+55+2+11)=51).

(7) 열의는 원인 없는 마음과 미혹이 함께하는 두 가지 마음의 유형을 제외한 모든 마음의 유형들에서 일어난다(89-20=69).

§ 11 설명

◉

최초의 적용(일으킨 생각) 다섯 가지 감각식[前五識] 두 세트는 가장 기초적인 마음의 유형이어서 일곱 가지 공통의 마음부수들보다 더 복잡한 역할을 수행하는 어떤 쩨따시까(cetasika)들도 포함하지 않는다. 위딱까(vitakka)는 그것들의 기초적인 성격 때문에 이 마음들에서 제외되고, 그것이 명상 수행에 의해서 극복되었기 때문에 초선의 수준을 넘어선 모든 고귀한 마음과 출세간 마음들에서 제외된다. 11가지 초선 마음의 유형에 대해서는 제1장 32와 설명을 참조하라.

지속적 적용(지속적 고찰) 제2선의 마음에서는 존재하지만 그보다 더 높은 자나(jhāna)의 마음에서는 제외된다.

결심 마음이 의심에 의해서 방해받는 동안에는 결심을 할 수 없기 때문에 의심하는 마음에서 제외된다.

정진 오문전향의 마음, 두 가지 종류의 받아들이는 마음, 세 가지 종류의 조사하는 마음에서 제외된다(제1장 8-10 참조). 왜냐하면 이 마음들이 여전히 비교적 약하고 수동적인 성격을 가지고 있기 때문이다.

희열 항상 기쁨의 느낌(somanassa)이 함께하지만, 제4선의 마음은 희열 없이 기쁨의 느낌을 포함한다.

[표 2.2] 마음부수들의 결합

마음부수들	마음들	합계	
윤리적으로 가변적인 것들			
공통들	모든 마음들	89	121
최초의 적용(일으킨 생각)	1-12, 18, 19, 25-54, 55, 60, 65, 82, 87, 92, 97, 102, 107, 112, 117		55
지속적 적용(지속적 고찰)	동일 + 56, 61, 66, 83, 88, 93, 98, 103, 108, 113, 118		66
결심	1-10, 12, 18, 19, 25-89 (혹은 25-121)	78	110
정진	1-12, 29-89 (혹은 29-121)	73	105
희열	1-4, 26, 30, 31-34, 39-42, 47-50, 55-57, 60-62, 65-67, 82-84, 87-89, 92-94, 97-99, 102-104, 107-109, 112-114, 117-119		51
열의	1-10, 31-89 (혹은 31-121)	69	101
해로운 마음부수들			
해로운 공통들	1-12		12
탐욕	1-8		8
사견	1, 2, 5, 6		4
자만	3, 4, 7, 8		4
성냄·질투·인색·후회	9, 10		2
해태·혼침	2, 4, 6, 8, 10		5
의심	11		1
아름다운 마음부수들			
아름다운 공통들	31-89 (혹은 31-121)	59	91
절제들	31-38, 82-89 (혹은 82-121)	16	48
무량들	31-38, 47-54, 55-58, 60-63, 65-68		28
통찰지	31, 32, 35, 36, 39, 40, 43, 44, 47, 48, 51, 52, 55-89 (혹은 55-121)	47	79

고정되지 않은 마음부수들 = 11

질투, 인색, 후회	3	따로 가끔	
절제	3	〃 〃	(세간)
절제	3	항상 함께하는	(출세간)
무량	2	따로 가끔	
자만	1	가끔	
해태, 혼침	2	함께하여 가끔	

고정된 마음부수들 = 나머지 41

열의는 여기에서 행하려고 하는 열의는 즉 목적을 성취하려는 열의이기 때문에 미혹에 뿌리박은 두 가지 마음은 너무 아둔해서 목적이 있는 행위를 배제한다.

12 요약

Te pana cittuppādā yathākkamaṃ:
Chasaṭṭhi pañcapaññāsa ekādasa ca soḷasa
Sattati vīsati c'eva pakiṇṇakavivajjitā.
Pañcappaññāsa chasaṭṭhi 'ṭṭhasattati tisattati
Ekapaññāsa c'ekūnasattati sapakiṇṇakā.

—

그 마음의 유형들은 순서대로:
때때로들을 제외한 66가지, 55가지, 11가지, 16가지, 70가지, 20가지.
때때로들과 함께한 55가지, 66가지, 78가지, 73가지, 51가지, 69가지.

§ 12 설명

◉

요약의 첫 번째 행은 여섯 가지 때때로들 각각이 제외된 마음들의 수를 열거하고, 두 번째 행은 동일한 때때로들이 있는 마음들의 수를 열거한 것이다. 두 가지 계산을 추가하여, 121가지 체계는 도와 과 마음들의 선정 수준들이 순열과 관련될 때 사용되었고, 89가지 체계는 그런 구별이 관련되지 않을 때 사용되었다는 사실을 염두에 두어야 한다. 예를 들어, 최초의 적용(일으킨 생각)은 121가지 체계에서 55가지 마음에 존재하고 66가지 마음에는 없는 반면에, 결심은 89가지 체계에서 78가지 마음에는 존재하고 11가지 마음에는 없다.

해로운 마음부수들 (akusalacestsika) — 5

13 분석

(1) Akusalesu pana moho ahirikaṃ,anottappaṃ, uddhaccañ cā ti cattāro' me cestasikā sabbākusalasādhāraṇā nāma. Sabbesu pi dvādas' ākusalesu labbhanti.

(2) Lobho aṭṭhasu lobhasahagatesv'eva labbhati.

(3) Diṭṭhi catūsu diṭṭhigatasampayuttesu.

(4) Māno catūsu diṭṭhigatavippayuttesu.

(5) Doso, issā, macchariyaṃ, kukkuccañ ca dvīsu paṭigha-sampayutta-cittesu.

(6) Thīnaṃ, middhaṃ pañcasu sasankhārikacittesu.

(7) Vicikicchā vicikicchāsahagatacitte yeva labbhatī ti.

—

(1) 해로운 마음부수들 가운데, 미혹, 부끄러움 없음, 잘못에 대한 두려움 없음, 들뜸 – 이 네 가지 마음부수는 공통의 해로운 마음부수들이다. 그것들은 12가지 해로운 마음들의 유형 모두에서 발견된다.

(2) 탐욕은 탐욕이 함께하는 여덟 가지 마음의 유형에서만 발견된다.

(3) 사견은 사견과 결합한 (탐욕에 뿌리박은) 네 가지 마음의 유형에서 발견

된다.

(4) 자만은 사견과 결합하지 않은 (탐욕에 뿌리박은) 네 가지 마음의 유형에서 발견된다.

(5) 성냄, 질투, 인색, 후회는 적의와 결합한 두 가지 마음의 유형에서 발견된다.

(6) 해태와 혼침은 자극받은 다섯 가지 마음의 유형에서 발견된다.

(7) 의심은 의심과 결합한 마음의 유형에서만 발견된다.

§ 13 설명

◉

공통의 해로운 마음부수들 이 네 가지 마음부수는 12가지 해로운 마음들 모두에서 일어난다. 왜냐하면 모든 해로운 마음은 사악함(즉 미혹)의 위험, 부끄러움과 도덕적인 두려움의 결핍, 동요(즉 들뜸)의 잠재적인 흐름에 대한 정신적인 무지를 포함하고 있기 때문이다.

사견, 자만 이 두 가지 마음부수는 탐욕에 뿌리박은 찟따(citta)들에서만 일어난다. 왜냐하면 그것들이 오온과 어느 정도의 관련을 포함하고 있기 때문이다. 그러나 그 둘은 반대의 특질들을 가지고 있어서 같은 마음에서 공존할 수 없다. 사견은 실재와 반대되는 방식으로 현상들을 잘못 파악하는 것, 즉 해석하는 방식으로 나타난다. 자만은 자기 평가, 즉 자신을 다른 사람보다 더 나은 것으로, 동등한 것으로, 혹은 더 못한 것으로 여기는 방식으로 나타난다. 사견은 사견과 함께하는 탐욕에 뿌리박은 네 가지 마음에 반드시 존재하는 반면에, 자만은 사견과 결합하지 않은 탐욕에 뿌리박은 네 가지 마음에 꼭 필요한 마음부수는 아니다. 그것은 이 마음들과 분리하여 일어나지 않지만, 이 마음들은 자만 없이 일어날 수 있다.

성냄, 질투, 인색, 후회 이 네 가지 마음부수는 적의와 결합한 마음에서만 일어난다. 적의와 동의어인 성냄은 반드시 이 두 가지 마음에서 발견된다. 나머지 다른 세 가지 마음부수는 조건에 따라서 다양하게 일어난다. 세 가지 마음 모두는 적의의 특징에 참여한다. 질투는 다른 사람의 성공에 대한 분개를 포함한다. 인색은 자신이 가지고 있는 것을 다른 사람과 공유하는 것에 대한 저항을 포함한다. 후회는 회한, 즉 자신이 한 것과 하지 않은 것에 대한 자기 비난을 의미한다.

해태와 혼침 이 두 가지 마음부수는 마음을 무디고 둔하게 만든다. 그래서 그것들은 본래 날카롭고 능동적인 자극받지 않은 마음에서 일어날 수 없고, 단지 자극받은 해로운 마음들에서만 일어난다.

14 요약

Sabbāpuññesu cattāro lobhamūle tayo gatā
Dosamūlesu cattāro sasankhāre dvayaṃ tathā
Vicikicchā vicikicchācitte cā ti catuddasa
Dvādas'ākusalesv'eva sampayujjanti pañcadhā.

–

네 가지는 해로운 모든 마음들에서 발견되고, 세 가지는 탐욕에 뿌리박은 마음들에서 [발견되고], 네 가지는 성냄에 뿌리박은 마음들에서 [발견되고], 두 가지는 자극받은 마음들에서 [발견된다].

의심은 의심이 함께한 마음에서 발견된다. 그리하여 14가지 [마음부수가] 다섯 가지 방법으로 오직 12가지 해로운 [마음의 유형과] 결합한다.

아름다운 마음부수들 (sobhanacetasika) — 4

15 분석

(1) Sobhanesu pana sobhanasādhāraṇā tāva ekūnavīsat'ime cetasikā sabbesu pi ekūnasaṭṭhi sobhanacittesu saṃvijjanti.

(2) Viratiyo pana tisso pi lokuttaracittesu sabbathā pi niyatā ekato'va labbanti. Lokiyesu pana kāmāvacarakusalesv'eva kadāci sandissanti visuṃ visuṃ.

(3) Appamaññāyo pana dvādasasu pañcamajjhānavajjita mahaggata cittesu c' eva kāmāvacarakusalesu ca sahetuka-kāmāvacarakiriya cittesu cāti—aṭṭhavīsaticittesv'eva—kadāci nānā hutvā jāyanti. Upekkhāsahagatesu pan'ettha karuṇā muditā na santī ti keci vadanti.

(4) Paññā pana dvādasasu ñāṇasampayutta-kāmāvacaracittesu c'eva sabbesu pañcatiṃsa mahaggata-lokuttaracittesu cā ti sattacattāḷīsa cittesu sampayogaṃ gacchatī ti.

—

(1) 아름다운 마음부수들 가운데 먼저 19가지 공통의 아름다운 마음부수는 59가지 아름다운 마음의 유형 모두에서 발견된다.

(2) 세 가지 절제는 반드시 모든 출세간 마음의 유형들에서 전체적으로 함께 발견된다. 그러나 세간의 욕계 마음의 유형들에서, 그것들은 단지 가끔 존재하고 (그런 다음에) 분리되어 존재한다(8+8=16).

(3) 무량들은 28가지 마음의 유형에서, 즉 제5선을 제외한 12가지 고귀한 마음의 유형에서, (여덟 가지 유형의) 욕계 유익한 마음에서, 원인 있는

(여덟 가지 유형의) 욕계 작용만 하는 마음에서 일어난다(12+8+8=28). 그러나 어떤 이들은 연민 그리고 더불어 기쁨은 평온이 함께한 마음의 유형에서는 존재하지 않는다고 말한다.

(4) 통찰지는 47가지 마음의 유형, 즉 지혜와 결합한 12가지 욕계 마음의 유형, 그리고 35가지 유형의 모든 고귀한 마음 그리고 출세간 마음과 결합한다(12+35=47).

§ 15 설명

◉

세 가지 절제 출세간의 도와 과의 마음들에서, 절제는 팔정도의 바른 말, 바른 행위, 바른 생계로 항상 함께 존재한다. 그러나 세간의 마음들에서 그것들은 전에 설명했듯이, 잘못된 행위를 의도적으로 절제하는 경우에만 존재한다. 범하는 기회를 아는 마음으로 악한 행위를 의도적으로 삼가기 때문에 세간의 절제는 오직 욕계 유익한 마음들에서만 일어나고, 그것들은 대상으로 선정의 닮은 표상을 가지는 고귀한 마음들에서는 일어날 수 없고, 절제의 역할을 행하지 않는 작용만 하는 욕계 마음들에서도 일어나지 않는다. 아라한은 [나쁜 행위를] 범하는 것에 대한 성향을 모두 극복했고, 그리하여 절제의 필요성을 갖고 있지 않기 때문에, 그것들은 아라한의 큰 작용만 하는 마음들에서도 일어나지 않는다.

출세간 마음들에서 세 가지 절제는 반드시 존재한다(niyata). 도의 마음들에서 그것들은 팔정도의 세 가지 도덕적[계율적]인 요소로 존재하고 그릇된 말, 그릇된 행위, 그릇된 생계에의 성향을 각각 끊어 내는 역할을 수행한다. 과의 마음들에서 그것들은 도의 작용에 의해서 성취된 말, 행위, 생계의 도덕적 청정을 나타내는 것으로 다시 나타난다.

말·행위·생계 각각에서의 범함은 다른 영역을 갖기 때문에, 세간의 마음에서 이 세 가지 절제는 상호 배타적이다. 만약 하나가 존재하면, 다른 두 가지는 부재하게 된다. 더욱이 일어나는 어떤 절제도 절제하는 것을 범하는 유형에 의해서 결정되기 때문에 단지 부분적으로만 일어날 수 있다. 만약 살생할 기회를 가진다면, 그때는 바른 행위가 오직 살생을 삼가는 것으로서 일어난다. 만약 훔칠 기회를 만나면, 그때 그것은 단지 훔치는 것을 삼가는 것으로만 나타난다. 그러나 절제가 출세간 마음들에서 일어나면, 그것들은 항상 함께 일어나서(ekato), 세 가지 모두는 동시에 존재하게 된다. 그리고 존재할 때, 각각은 그것의 전체성(sabbathā)으로 역할을 한다. 즉 바른 말은 모든 형태의 그릇된 말에 대한 경향성을 제거하고, 바른 행위는 모든 형태의 그릇된 행위에 대한 경향성을 제거하며, 바른 생계는 모든 형태의 그릇된 생계에 대한 경향성을 제거한다.

무량들 자애와 평온의 무량이 되기도 하는 성냄 없음과 정신적인 중립은 모든 유익한 마음들에 존재하는 반면에, 다른 두 가지 무량인 연민 그리고 더불어 기뻐함은 그 마음이 적절한 방식으로 일어날 때만 존재한다. 연민이 일어날 때는 고통을 당하는 사람들을 동정하는 것이거나, 더불어 기뻐함이 일어날 때는 다른 사람의 성공을 기뻐하는 것으로 존재한다.

여기에서 12가지 고귀한 마음의 유형은 유익한, 과보의, 작용만 하는 세 가지 측면에서의 처음 네 가지 선정이다. (자애뿐만 아니라) 이 두 가지 무량은 선정의 경지에서 반드시 기쁜 정신적 느낌(somanassa)과 연결되기 때문에, 평정한 느낌(upekkhā)으로 대체되는 제5선의 마음에서는 일어나지 않는다. 어떤 스승들은 그 무량들이 평온이 함께한 욕계 마음들에서 발견된다는 것을 부정하지만, "그러나 어떤 이들은 말한다."라는 저자의 표현으로 보면 그는 분명히 그들의 견해를 공유하지 않는다.[20]

통찰지 통찰지의 성격은 그것이 일어나는 마음의 유형에 따라서 다르지만, 지혜와 결합하지 않은 욕계 마음들을 제외한 모든 아름다운 마음들은 어느 정도의 바른 견해를 포함한다.

16 요약

Ekūnavīsati dhammā jāyant'ekūnasaṭṭhisu
Tayo soḷasacittesu aṭṭavīsatiyaṃ dvayaṃ
Paññā pakāsitā sattacattāḷīsavidhesu pi
Sampaytttā catudh'evaṃ sobhanesv'eva sobhanā.

—

19가지 법은 59가지 마음에서 일어나고, 세 가지는 16가지 마음에서 [일어나며], 두 가지는 28가지 마음의 유형에서 [일어난다].
통찰지는 47가지 마음의 유형에서 발견된다고 설해진다. 그리하여 아름다운 (마음부수들은) 아름다운 (마음의 유형들에서) 발견되고, 네 가지 방법으로 결합된다.

17 고정된, 고정되지 않은 마음부수들

(niyatāniyatabheda)

Issā-macchera-kukkucca-viratī-karuṇādayo
Nānā kadāci māno ca thīna-middhaṃ tahtā saha.
Yathāvuttānusārena sesā niyatayogino
Sangahañ ca pavakkhāmi tesaṃ dāni yathārahaṃ.

—

질투, 인색, 후회, 절제, 연민 등(즉 더불어 기뻐함)과 자만은 따로 가끔 일어난다. 해태와 혼침도 역시 그와 같지만 결합되어 일어난다.

위에서 언급된 것들 외에 나머지 마음부수들은(52-11=41) 고정된 마음부수들이다. 이제 그들의 조합을 적절하게 말하리라.

§ 17 설명

◉

52가지 마음부수 가운데 11가지는 결합되는 마음의 유형들에서 반드시 일어나는 것은 아니기 때문에 고정되지 않은 마음부수들(aniyatayogī)이라고 불린다. 나머지 41가지 마음부수는 그것들의 할당된 마음의 유형들에서 변함없이 일어나기 때문에 고정된 마음부수들(niyatagogī)이라고 불린다.

다음 섹션들에서, 아누룻다 스님은 결합한 마음부수들의 배열 측면에서 121가지 마음 각각을 분석할 것이다. 이 분석 방법은 조합 방법(sangahanaya)이라 불린다.

마음부수들의 조합 (cetasikasangahanaya) — 33

18 서시

Chattiṃs'ānuttare dhammā pañcatiṃsa mahaggate
Aṭṭhatiṃsā pi labbhanti kāmāvacara-sobhane.
Sattavīsaty'apuññamhi dvādas'āhetuke ti ca
Yathāsambhavayogena pañcadhā tattha sangaho.

—

36가지 마음부수는 출세간 (마음)에서 일어나고, 35가지는 고귀한 마음에서 [일어나며], 38가지는 욕계 아름다운 마음들에서 [일어난다].
27가지는 해로운 마음들에서 [일어나고], 12가지는 원인 있는 마음들에서 [일어난다]. 그것들이 일어나는 방법에 따라 그것들의 조합은 다섯 가지이다.

출세간 마음들 (lokuttaracittāni) — 5

19 분석

Kathaṃ?

(1) Lokuttaresu tāva aṭṭhasu paṭhamajjhānikacittesu aññasamānā terasa cetasikā appamaññāvajjitā tevīsati sobhanacestasikā cā ti chattiṃsa dhammā sangahaṃ gacchanti.

(2) Tathā dutiyajjhānikacittesu vitakkavajjā.

(3) Tatiyajjānikacittesu vitakka-vicāravajjā.

(4) Catutthajjānikacittesu vitakka-vicāra-pītivajjā.

(5) Pañcamajjhānikacittesu pi upekkhā-sahagatā te eva sangayhantī ti.

Sabbathā pi aṭṭhasu lokuttaracittesu pañcakajjhānavasena pañcadhā va sangaho hotī ti.

—

어떻게?

(1) 먼저 여덟 가지 유형의 출세간 초선의 마음에 36가지 마음부수가 조합한다. 즉 13가지 윤리적으로 가변적인 것들과 두 가지 무량을 제외한 23가지 아름다운 마음부수(13+23=36).

(2) 마찬가지로, 출세간 제2선의 마음의 유형들에 최초의 적용(일으킨 생각)을 제외하고 위에서 말한 모든 마음부수들이 포함된다(35).

(3) 제3선의 마음의 유형들에, 최초의 적용과 지속적 적용(지속적 고찰)을 제외하고 위에서 말한 모든 마음부수가 [포함된다](34).

(4) 제4선의 마음의 유형에, 최초의 적용, 지속적 적용, 희열을 제외하고 모든 마음부수가 포함된다(33).

(5) 제5선의 마음의 유형들에, (제4선과 같은 마음부수들이) (행복 대신에) 평온과 함께 포함된다(33).

그리하여 모두 여덟 가지 유형의 출세간 마음에 조합은 다섯 가지 종 류의 자나(jhāna, 禪)에 따라 다섯 가지이다.

§ 19 설명

◉

출세간 초선의 마음 출세간 선정들에 관해서는 제1장 31-32를 참조하라.

두 가지 무량을 제외하고 연민 그리고 더불어 기뻐함의 무량은 출세간 마음들에서 발견되지 않는다. 왜냐하면 그것들이 대상으로 중생이라는 개념을 가지는 반면에, 도와 과의 마음은 대상으로 열반을 가지기 때문이다.[21] (2)-(5)에서의 예외들은 출세간 선정들의 다양한 수준에서 좀 더 거친 선정의 요소들을 제거하는 방법에 의해서 이해되어야 한다.

20 요약

Chattiṃsa pañcatiṃsā ca catuttiṃsa yathākkamaṃ
Tettiṃsa dvayam icc'evaṃ pañcadh'ānuttare ṭhitā.

–

각각 36가지, 35가지, 34가지, 마지막 두 개에 33가지가 있다. 그리하여 다섯 가지 방법으로 그것들은 출세간에 존재한다.

고귀한 마음들 (mahaggatacittāni) — 5

21 분석

Mahaggatesu pana:

(1) Tīsu paṭhamajjhānikacittesu tāva aññasamānā terasa cetasikā viratittayavajjitā dvāvīsati sobhanacetasikā cā ti pañcatiṃsa dhammā sangahaṃ gacchanti. Karuṇā-muditā pan' ettha paccekam eva yojetabbā.

[표 2.3] 마음부수들의 조합

찟따(citta, 마음)	번호	쩨따시까(cetasika, 마음부수)	합계
출세간			
초선	8	1-13, 28-49, 52	36
제2선	8	1-7, 9-13, 28-49, 52	35
제3선	8	1-7, 10-13, 28-49, 52	34
제4선	8	1-7, 10, 11, 13, 28-49, 52	33
제5선	8	1-7, 10, 11, 13, 28-49, 52	33
고귀한			
초선	3	1-13, 28-46, 50-52	35
제2선	3	1-7, 9-13, 28-46, 50-52	34
제3선	3	1-7, 10-13, 28-46, 50-52	33
제4선	3	1-7, 10, 11, 13, 28-46, 50-52	32
제5선	15	1-7, 10, 11, 13, 28-46, 52	30
욕계 아름다운			
유익한	31, 32	1-13, 28-52	38
〃	33, 34	1-13, 28-51	37
〃	35, 36	1-11, 13, 28-52	37
〃	37, 38	1-11, 13, 28-51	36
과보의	39, 40	1-13, 28-46, 52	33
〃	41, 42	1-13, 28-46	32
〃	43, 44	1-11, 13, 28-46, 52	32
〃	45, 46	1-11, 13, 28-46	31
작용만 하는	47, 48	1-13, 28-46, 50-52	35
〃	49, 50	1-13, 28-46, 50, 51	34
〃	51, 52	1-11, 13, 28-46, 50-52	34
〃	53, 54	1-11, 13, 28-46, 50-51	33
해로운			
탐욕에 뿌리박은	1	1-19	19
〃	2	1-19, 25, 26	21
〃	3	1-18, 20	19
〃	4	1-18, 20, 25, 26	21
〃	5	1-11, 13, 14-19	18
〃	6	1-11, 13, 14-19, 25, 26	20
〃	7	1-11, 13, 14-18, 20	18
〃	8	1-11, 13, 14-18, 20, 25, 26	20
성냄에 뿌리박은	9	1-11, 13, 14-17, 21-24	20
〃	10	1-11, 13, 14-17, 21-24, 25, 26	22
미혹에 뿌리박은	11	1-9, 11, 14-17, 27	15
〃	12	1-11, 14-17	15
원인 없는			
감각식	13-17	1-7	7
〃	20-24	1-7	7
받아들이는	18, 25	1-10	10
조사하는	19, 27	1-10	10
조사하는	26	1-10, 12	11
오문전향	28	1-10	10
의문전향	29	1-11	11
미소짓는	30	1-12	12

(2) Tathā dutiyajjhānikacittesu vitakkavajjā.

(3) Tatiyajjānikācittesu vitakka-vicāravajjā.

(4) Catutthajjhānikacittesu vitakka-vicāra-pītivajjā.

(5) Pañcamajjhānikacittesu pana paṇṇarasasu appamaññāyo na labbhantīti.

Sabbathā pi sattavīsati mahaggatacittesu pañcakajjahānavasena pañcadhā va sangaho hotīti.

–

(1) 고귀한 마음의 유형들에서, 먼저 초선 마음의 세 가지 유형에 35가지 법들이 조합한다. 즉 13가지 윤리적으로 가변적인 마음부수와 세 가지 절제를 제외한 22가지 아름다운 마음부수(13+22=35). 그러나 여기서 연민 그리고 더불어 기뻐함은 따로 조합되어야 한다.

(2) 마찬가지로, 제2선의 마음에 최초의 적용(일으킨 생각)을 제외하고 위의 (모든 마음부수들이 포함된다)(34).

(3) 제3선의 마음에, 최초의 적용과 지속적 적용(지속적 고찰)을 제외한 모든 마음부수들이 [포함된다](33).

(4) 제4선의 마음에, 최초의 적용, 지속적 적용, 희열을 제외한 모든 마음부수들이 [포함된다](32)

(5) 15가지 제5선의 마음의 유형에서, 무량들은 얻어지지 않는다(30).

그리하여 모두 27가지 고귀한 마음의 유형에, 조합은 다섯 가지 종류의 자나(jhāna, 禪)에 따라 다섯 가지이다.

§ 21 설명

◉

초선 마음의 세 가지 유형 즉 유익한, 과보의, 작용만 하는.

세 가지 절제를 제외하고 절제들은 선정에 몰입하는 사람이 그때 어떤 유형의 잘못된 행위를 의도적으로 절제하지 않기 때문에 고귀한 마음에 포함되지 않는다.

연민 그리고 더불어 기뻐함은 따로 조합되어야 한다 연민은 대상으로 고통을 당하는 중생을 가지고, 더불어 기뻐함은 대상으로 성공과 행복을 성취한 중생을 가진다. 연민은 동정심의 형태로 나타나고, 더불어 기뻐함은 즐거움의 형태로 일어난다. 그리하여 그것들의 반대되는 대상과 일어남의 방식 때문에, 이 두 가지는 같은 마음에서 공존할 수 없다. 이 중 어느 하나가 이 마음과 결합할 수도 있지만, 이들 둘 다 부재하는 경우도 있다.

22 요약

Pañcatiṃsa catuttiṃsa teṭṭiṃsa ca yathākkamaṃ
Battiṃsa c'eva tiṃseti pañcadhā va mahaggate.

—

각각 35가지, 34가지, 33가지, 32가지, 30가지가 있다. 다섯 가지가 고귀한 마음에서의 조합이다.

욕계 아름다운 마음들
(kāmāvacara_sobhanacittāni) — 12

23 분석

(1) Kāmāvacara-sobhanesu pana kusalesu tāva paṭhamadvaye añña samānā terasa cetasikā pañcavīsati sobhanacetasikā ca ti aṭṭhatiṃsa dhammā sangahaṃ gacchanti.Appamaññā viratiyo pan'ettha pañca pi paccekam eva yojetabbā.

(2) Tathā dutiyadvaye ñānavajjitā.

(3) Tatiyadvaye ñāṇasampayuttā pītivajjitā.

(4) Catutthadvaye ñānapītivajjitā te eva sangayhanti.

Kiriyacittesu pi virativajjitā tath'eva catūsu pi dukesu catudhā va sangayhanti.

Tathā vipākesu ca appamañña-virati-vajjitā te eva sagayhantī ti.

Sabbathā pi catuvīsati kāmāvacara-sobhanacittesu dukavasena dvādasadhā va sangaho hotī ti.

—

(1) 욕계 아름다운 마음의 유형들에서, 우선 유익한 마음의 유형들에서 첫 번째 한 쌍의 마음에 38가지 마음부수, 즉 13가지 윤리적으로 가변적인 마음부수와 25가지 아름다운 마음부수(13+25=38)가 조합한다. 그러나 여기서 (두 가지) 무량과 (세 가지) 절제는 따로 조합한다.

(2) 마찬가지로 두 번째 쌍에서 지혜를 제외한 (모든 마음부수들이 포함된다) (37).

(3) 세 번째 쌍에서 지혜와 결합하고 희열을 제외한 (모든 마음부수들이 포

함된다)(37).

(4) 네 번째 쌍에서 지혜와 희열을 제외한 (모든) 마음부수들이 포함된다(36).
작용만 하는 마음의 유형들에서, 네 번째 쌍에 절제를 제외하고 그 (마음부수들이) 같은 네 가지 방법으로 포함된다(35, 34, 34, 33).
그와 같이, 과보의 마음의 유형들에, 무량들과 절제들을 제외하고 그 (마음부수들이) 포함된다(33, 32, 32, 31).

그리하여 모두 24가지 욕계 아름다운 마음들에서 조합의 쌍에 의해 12가지가 된다.

§ 23 설명

◉

첫 번째 한 쌍 이 글에서 설해진 쌍은 자극받은 마음과 자극받지 않은 마음의 쌍이다. 이 마음들은 그것들의 마음부수들의 구성이 다르지 않아서 함께 분석될 수 있다.

(세 가지) **절제는 따로 조합한다** 절제는 다른 적용의 영역들 – 말·행위·생계 – 을 갖기 때문에, 절제하려고 의도하는 그런 종류의 잘못된 행위에 의해서 결정되듯이, 단지 하나만이 어떤 주어진 마음에 나타난다. 절제들은 의도적으로 절제하는 경우에만 일어나기 때문에, 그것들은 이런 마음의 유형에는 존재할 필요가 없다.

희열을 제외하고 세 번째와 네 번째 쌍은 평온한 느낌(upekkhā)과 함께하는 마음들이다. 이 마음들은 기쁜 느낌(somanassa)과 연결되어서만 일어날 수 있는 희열(pīti)을 제외한다.

작용만 하는 마음의 유형들 작용만 하는 아름다운 마음의 유형들은 아라한들에게만 일어난다. 이 마음들은 절제들을 제외한다. 왜냐하면 모든 오염원들을 잘라버린 아라한은 해로운 행위를 의도적으로 절제할 필요가 없기 때문이다.

과보의 마음의 유형들 욕계 과보의 마음들은 그것들의 대상으로 오직 욕계 현상들만 가지기 때문에 무량들을 제외하는 반면에, 무량들은 그것들의 대상으로 중생이라는 개념을 가진다. 그것들은 욕계 과보의 마음들일 경우에는 나쁜 행위를 절제하는 것이 없기 때문에 절제들을 제외한다.

24 요약

Aṭṭhatiṃsa sattatiṃsa dvayaṃ chattiṃsakaṃ subhe
Pañcatiṃsa catuttiṃsa dvayaṃ tettiṃsakaṃ kriye.
Tettiṃsa pāke battiṃsa dvay'ekatiṃsakaṃ bhave.
Sahetukāmāvacara puñña-pāka-kriyā mane.

—

욕계 원인 있는 마음인 유익한, 과보의, 작용만 하는 마음에 관하여, 유익한 마음의 (첫 번째 쌍에서) 38가지, (두 번째와 세 번째 쌍에서) 37가지 두 번, (네 번째 쌍에서) 36가지가 일어난다. 작용만 하는 마음에서 (첫 번째 쌍에서) 35가지, (두 번째와 세 번째 쌍에서) 34가지 두 번, (네 번째 쌍에서) 33가지가 일어난다. 과보의 마음에서 (첫 번째 쌍에서) 33가지, (두 번째와 세 번째 쌍에서) 32가지가 두 번, (네 번째 쌍에서) 31가지가 있다.

25 아름다운 마음들의 구별

Na vijjant'ettha viratī kriyāsu ca mahaggate

Anuttare appamaññā kāmapāke dvayaṃ tathā.

Anuttare jhānadhammā appamaññā ca majjhime

Viratī ñāṇapīti ca parittesu visesakā.

—

여기에서 절제들은 작용만 하는 마음들이나 고귀한 마음들에서 발견되지 않고, 무량들도 출세간에서 발견되지 않으며, (무량들과 절제들) 쌍도 욕계 과보의 마음들에서는 발견되지 않는다.

최고(즉 출세간)에서는 선정의 요소들이 구별의 기초이고, 중간(즉 고귀한 마음)에서는 무량들(과 선정의 요소들이), 제한된(즉 욕계 아름다운) 마음에서는 절제들, 지혜, 희열이 구별의 기초가 된다.

§ **25 설명**

◉

『위바위니 띠까』(*Vibhāvinī-Ṭīkā*)는 '제한된', 즉 욕계 마음들에 무량들(연민 그리고 더불어 기뻐함)이 또한 구별의 기초라고 덧붙인다. 왜냐하면 그 무량들은 그것들이 발견되는 유익한 마음들과 작용만 하는 마음들을 그것들이 반드시 존재하지 않는 과보의 마음과 구별하기 때문이다.

해로운 마음들
(akusalacittāni) — 7

26 분석

(1) Akusalesu pana lobhamūlesu tāva paṭhame asankhārike aññasamānā

terasa cetasikā akusalasādhāraṇā cattāro cā ti sattarasa lobhadiṭṭhīhi saddhiṃ ekūnavīsati dhammā sangahaṃ gacchanti.

(2) Tath'eva dutiye asankhārike lobhamānena.

(3) Tatiye tath'eva pītivajjitā lobhadiṭṭhīhi saha aṭṭhārasa.

(4) Catutthe tath'eva lobhamānena.

–

(1) 해로운 마음의 유형들에서, 우선 탐욕에 뿌리박은 마음들에 있는, 첫 번째 자극받지 않은 마음에 19가지 법이 조합한다. 즉 13가지 윤리적으로 가변적인 마음부수들과 네 가지 공통의 해로운 마음부수들, 이 17가지가 탐욕 그리고 사견과 함께한다(13+4+2=19).

(2) 마찬가지로, 두 번째 자극 없는 마음에 (동일한 17가지가 탐욕 그리고 자만과) 함께 발견된다(13+4+2=19).

(3) 마찬가지로, 세 번째 자극 없는 마음에, 탐욕 그리고 사견과 함께하지만 희열을 제외한 18가지가 있다(12+4+2=18).

(4) 마찬가지로, 네 번째 [자극 없는 마음에], 탐욕 그리고 자만과 함께한 (18가지가 있다) (12+4+2=18).

(5) Pañcame pana paṭighasampayutte asankhārike doso issā macchariyaṃ kukkuccañ cā ti catūhi saddhiṃ pītivajjitā te eva vīsati dhammā sangayhanti. Issā-macchariya-kukkuccāni pan'ettha paccekam eva yojetabbāni.

(6) Sasankhārikapañcake pi tath'eva thīna-middhena visesetvā yojetabbā.

–

(5) 다섯 번째 자극받지 않은 마음에, 즉 적의와 결합한 마음에, 이 20가

지가 조합한다. 즉 희열을 제외하지만 성냄, 질투, 인색, 후회—네 가지를 포함하는 위에서 언급한 법들이다. 그러나 여기서 질투, 인색, 후회는 따로 조합되어야 한다(12+4+4=20).

(6) 자극받은 마음의 다섯 가지 유형에서 위에서 언급한 법들은 해태와 혼침이 포함되고, 이 차이점과 함께 유사하게 조합되어야 한다. (그리하여: 21; 21; 20; 20; 22.)

(7) Chanda-pīti-vajjitā pana aññasamānā ekādasa akusalasādhāraṇā cattāro cā ti paṇṇarasa dhammā uddhaccasahagate sampayujjanti.

(8) Vicikicchāsahagatacitte ca adhimokkhavirahitā vicikicchāsahagatā tath'eva paṇṇarasa dhammā samupalabbhantī ti.

Sabbathā pi dvādas'ākusalalacittuppādesu paccekaṃ yojiyamānā pi gaṇanavasena sattadhā va sangahitā bhavantī ti.

—

(7) 들뜸과 연결된 마음의 유형에 15가지 마음부수가 일어난다. 즉 열의와 희열을 제외한 11가지 윤리적으로 가변적인 마음부수들과 네 가지 공통의 해로운 마음부수들(11+4=15)이다.

(8) 의심과 연결된 마음에 15가지 법이 결심을 제외하고 의심은 함께하여 유사하게 얻어진다(10+4+1=15).

그리하여 모두, 12가지 해로운 마음의 유형에 대해, 그것들의 다양한 마음부수들에 따라서 계산하면 조합은 일곱 가지가 된다.

§ 26 설명

◉

탐욕에 뿌리박은 마음들 탐욕에 뿌리박은 첫 번째와 세 번째 자극받지 않은 찟따(citta)들은 반드시 사견을 포함하고, 세 번째는 평온이 함께하고 희열을 제외한다. 두 번째와 네 번째는 자만을 포함할 수 있지만 꼭 필요한 것을 아니다. 그리하여 자만이 없을 때 그것들은 각각 18가지와 17가지 마음부수를 포함할 것이다.

적의와 결합한 마음 이 마음의 유형은 12가지 윤리적으로 가변적인 마음부수, 네 가지 해로운 공통, 네 가지 추가적인 적의의 마음 상태인 성냄·질투·인색·후회를 포함한다. 마지막 세 가지는 상호 배타적이고 이 마음에 모두 존재하지 않을 수 있다.

들뜸과 연결된 미혹에 뿌리박은 두 가지 마음은 목적이 있는 활동을 할 수 없기 때문에 열의를 제외한다. 의심하는 마음에서, 결심은 의심으로 대체되고, 이 두 가지는 서로 양립할 수 없다.

27 요약

Ekūnavīs'aṭṭhārasa vīs'ekavīsa vīsati
Dvāvīsa paṇṇarase ti sattadh'ākusale ṭhitā.
Sādhāraṇā ca cattāro samānā ca dasā'pare
Cuddas'ete pavuccanti sabbākusalayogino.

–

19가지, 18가지, 20가지, 21가지, 20가지, 22가지, 15가지 – 그리하여 그들은 해로운 마음들에 일곱 가지 방법으로 일어난다.

이 14가지 마음부수, 즉 네 가지 해로운 공통과 10가지 가변적인 것은 모든 해로운 마음의 유형들과 결합한다고 설해진다.

원인 없는 마음들
(ahetukacittaini) — 4

28 분석

(1) Ahetukesu pana hasanacitte tāva chandavajjitā aññasamānā dvādasa dhammā sangahaṃ gacchanti.

(2) Tathā votthapane chanda-pīti-vajjitā.

(3) Sukhasantīraṇe chanda -viriya -vajjitā.

(4) Manodhātuttika-ahetukapaṭisandhiyugale chanda-pīti-viriya-vajjitā.

(5) Dvipañcaviññāṇe pakiṇṇakavajjitā te yeva sangayhantī ti.

Sabbathā pi aṭṭhārasasu ahetukesu gaṇanavasena catudhā va sangaho hotī ti.

—

(1) 원인 없는 마음의 유형들에서, 우선 미소를 일으키는 마음에, 열의를 제외하고, 12가지 윤리적으로 가변적인 마음이 조합한다(7+5=12).

(2) 마찬가지로 그 마음들은 열의와 희열을 제외하고 결정하는 마음에서 일어난다(7+4=11).

(3) 기쁨이 함께하는 조사하는 마음에, 열의와 정진을 제외한 모든 마음이 일어난다(7+4=11).

(4) 세 가지 마노[意]의 요소에 그리고 원인 없는 재생연결 마음의 유형들의 쌍에, 열의와 희열과 정진을 제외한 모든 마음들이 일어난다(7+3=10).

(5) 다섯 가지 감각식의 두 가지 유형에, 때때로들을 제외하고 모든 마음이 조합한다(7).

그리하여 모두 합하여 18가지 원인 없는 마음의 유형에, 조합은 수로 생각하면 네 가지 무리로 구성된다.

§ 28 설명

◉

결정하는 마음(votthapana) 이 마음은 의문전향의 마음과 동일하다. 그리고 이것은 오문에서 대상을 결정하는 역할을 수행한다.

기쁨이 함께하는 조사하는 마음 매우 원하는 대상에 대하여 일어난 유익한 업의 과보 마음인 이 마음은 그것과 결합한 느낌이 기쁨이기 때문에 희열을 포함한다. 이 찟따(citta)와 뒤따르는 찟따들에서, 이 원인 없는 마음의 유형들은 약하고 수동적이기 때문에 정진은 제외된다.

세 가지 마노〔意〕의 요소(**manodhātuttika**) 이것은 오문전향의 마음(pañcadvārāvajjana)과 두 가지 유형의 받아들이는 마음(sampaṭicchana)의 집합적인 용어이다.

원인 없는 재생연결(patisandhi) **마음의 유형들의 쌍** 이것들은 평온과 함께하는 두 가지 종류의 조사하는 마음이다. 재생연결에서의 이것들의 역할은 제3장 9에서 설명된다.

29 요약

Dvādas'ekādasa dasa satta cā ti catubbidho
Aṭṭhāras'āhetukesu cittuppādesu sangaho.
Ahetukesu sabbattha satta sesā yathārahaṃ
Iti vitthārato vutto tettiṃsavidhasangaho.

–

12가지, 11가지, 10가지, 일곱 가지 – 그리하여 18가지 원인 없는 마음의 유형에서의 조합은 네 가지이다.
원인 없는 모든 마음에 일곱 가지 (공통이) 일어난다. 나머지 (때때로들은) 유형에 따라 일어난다. 그리하여 상세하게 조합은 33가지로 설해진다.

30 결론

Itthaṃ cittāviyuttānaṃ sampayogañ ca sangahaṃ
Ñatvā bhedaṃ yathāyogaṃ cittena samam uddise.

–

이와 같이 마음부수들의 결합과 조합을 이해하고, 마음의 유형들과 결합하는 것에 따라서 마음의 유형들과 동일한 그것들의 분류를 설명한다.

§ 30 설명

◉

마음부수들의 결합 이것은 각각의 마음부수가 그것이 발견되는 다양한 마음들과 결합하는 것을 말한다. 그것은 10-17에서 설명되었다.
마음부수들의 조합 이것은 각각의 마음이 그것의 구성요소인 마음부수들과 조합하는 것을 분석하는 것이다. 그것은 18-19에서 설명되었다. 결합의 방법과 조합의 방법을 종합적으로 보려면 다음의 〔표 2.4〕를 참조하라.
그것들의 분류를 설명한다 저자는 공부하는 사람에게 마음부수들이 속하는 마음들에 따라서 마음부수들을 범주화하라고 충고한다. 예를 들어, 일곱 가지 공통들은 모든 마음에서 일어나기 때문에 89가지이다. 최초의 적

[표 2.4] 마음부수들에 대한 종합 표

마음들	마음부수들	조합의 방법																	
		공통 7	일으킨 생각	지속적 고찰	결심	정진	희열	열의	해로운 공통 4	탐욕	사견	자만	성냄 질투 인색 후회	해태 혼침	의심	아름다운 공통 19	절제 3	무량 2	통찰지	합계
탐욕에 뿌리박은	1	■	■	■	■	■	■	■	■	■	■									19
〃	2	■	■	■	■	■	■	■	■	■	■			■						21
〃	3	■	■	■	■	■	■	■	■	■		■								19
〃	4	■	■	■	■	■	■	■	■	■		■		■						21
〃	5	■	■	■	■	■		■	■	■	■									18
〃	6	■	■	■	■	■		■	■	■	■			■						20
〃	7	■	■	■	■	■		■	■	■		■								18
〃	8	■	■	■	■	■		■	■	■		■		■						20
성냄에 뿌리박은	1	■	■	■	■	■		■	■				■							20
〃	2	■	■	■	■	■		■	■				■	■						22
어리석음에 뿌리박은	1	■	■	■		■			■						■					15
〃	2	■	■	■	■	■			■											15
전오식	10	■																		7
받아들이는	2	■	■	■	■															10
조사하는 – 평온	1	■	■	■	■															10
조사하는 – 기쁨	1	■	■	■	■		■													11
오문전향	1	■	■	■	■															10
의문전향	1	■	■	■	■	■														11
미소 짓는	1	■	■	■	■	■	■													12
욕계 유익한	1, 2	■	■	■	■	■	■	■								■	■	■	■	38
〃	3, 4	■	■	■	■	■	■	■								■	■	■		37
〃	5, 6	■	■	■	■	■		■								■	■	■	■	37
〃	7, 8	■	■	■	■	■		■								■	■	■		36
욕계 과보의	1, 2	■	■	■	■	■	■	■								■			■	33
〃	3, 4	■	■	■	■	■	■	■								■				32
〃	5, 6	■	■	■	■	■		■								■		■	■	32
〃	7, 8	■	■	■	■	■		■								■				31
욕계 작용만 하는	1, 2	■	■	■	■	■	■	■								■		■	■	35
〃	3, 4	■	■	■	■	■	■	■								■		■		34
〃	5, 6	■	■	■	■	■		■								■		■	■	34
〃	7, 8	■	■	■	■	■		■								■		■		33
색계 초선	3	■	■	■	■	■	■	■								■		■	■	35
〃 제 2선	3	■		■	■	■	■	■								■		■	■	34
〃 제 3선	3	■			■	■	■	■								■		■	■	33
〃 제 4선	3	■			■	■		■								■		■	■	32
〃 제 5선	3	■			■	■		■								■			■	30
무색계 제 5선	12	■			■	■		■								■			■	30

결합의 방법

		마음들	마음부수들	공통7	일으킨 생각	지속적 고찰	결심	정진	희열	열의	해로운 공통4	탐욕	사견	자만	성냄 질투 인색 후회	해태 혼침	의심	아름다운 공통19	절제3	무량2	통찰지	합계
				조합의 방법																		
결합의 방법	4가지 도 마음들	초선	4																			33
		제2선	4																			35
		제3선	4																			35
		제4선	4																			33
		제5선	4																			33
	4가지 과 마음들	초선	4																			36
		제2선	4																			35
		제3선	4																			34
		제4선	4																			33
		제5선	4																			33
합계				89	55	66	78	73	51	69	12	8	4	4	2	5	1	59	16	28	47	
				121			110	105		101								91	48		78	

용(일으킨 생각)은 55가지 모든 마음에서 일어나기 때문에 55가지이다. 마음부수들은 그들의 주인인 마음에 따라서 세계, 종류, 결합 등에 의해 더 세분될 수 있다.

Iti Abhidhammatthasangahe
Cetasikasangahavibhāgo nāma
dutiyo pariccedo.

그리하여 『아비담맛타 상가하』에 있는
마음부수의 개요라는 제목의
제2장이 끝난다.

제3장

여러 가지 항목의 개요

Pakiṇṇakasangahavibhāga

1 서시

Sampayuttā yathāyogaṃ tepaṇṇāsa sabhāvato
Cittacetasikā dhammā tesaṃ dāni yathārahaṃ.
Vedanā-hetuto kicca-dvār'-ālambana-vatthuto
Cittuppādavasen'eva sangaho nāma nīyate.

–

적절하게 53가지 결합된 법인 마음과 마음부수들을 그것들의 내재적 본성에 따라 설명했다. 이제 마음만을 가지고 느낌, 원인, 역할, 문(門), 대상, 토대에 따라 그것의 분류를 간결하게 다룰 것이다.

§ 1 설명

◉

53가지 결합된 법 89가지 (혹은 121가지) 마음의 유형이 아비담마에서 인정되지만, 그것들 모두는 같은 특징, 즉 대상을 아는 것이라는 특징을 가지기 때문에, 이것들은 단 하나의 담마 혹은 실재로서 집합적으로 다루어진다. 그러나 52가지 마음부수는 모두 다른 특징을 가지고 있기 때문에 각각 다른 실재로 간주된다. 그리하여 모두 53가지 결합된 정신적인 현상이 있다.

마음만을 가지고(cittuppādavasen'eva) 찟뚭빠다(cittupāda)라는 빠알리어는 문자 그대로 마음의 일어남을 뜻한다. 다른 문맥에서 그것은 그것의 마음부수들의 모음과 함께하는 마음을 의미하지만, 여기에서 그것은 마음 자체만을 의미한다. 그럼에도 불구하고, 마음은 종종 그것의 분석과 분류의 토대를 형성하는 그것의 마음부수들과 분리되지 않고 결합하여 나타난다.

느낌의 개요
(vedanāsangaha)

2 느낌의 분석

Tattha vedanāsangahe tāva tividhā vedanā: sukhā, dukkhā, adukkham asukhā cā ti. Sukhaṃ, dukkhaṃ, somanassaṃ, domanassaṃ, upekkhā ti ca bhedena pana pañcadhā hoti.

–

느낌의 개요에 먼저 세 가지 종류의 느낌, 즉 즐거운 느낌, 괴로운 느낌, 괴롭지도 즐겁지도 않은 느낌이 있다. 느낌은 다시 다섯 가지로 분석된다: 즐거움, 괴로움, 기쁨, 불만족, 평온.

§ 2 설명

◉

느낌의 분석 우리가 보았듯이, 느낌(vedanā)은 공통의 마음부수, 즉 대상의 '맛'을 경험하는 작용을 가진 마음부수이다. 어떤 종류의 느낌이 모든 마음과 함께하기 때문에, 느낌은 마음이 분석될 수 있는 측면에서 중요한 변수로 작용한다. 이 섹션에서 저자의 주된 관심은 함께하는 느낌에 의해서 마음들 전체를 분류하는 것이다.

세 가지 종류의 느낌 느낌은 세 가지 또는 다섯 가지로 분석될 수 있다. 느낌이 완전히 그것의 정서적인 자질의 관점에서 분석되면, 느낌은 세 가지이다: 즐거운, 괴로운, 괴롭지도 즐겁지도 않은. 이 세 가지 분류에서, 즐거운 느낌은 육체적인 즐거움과 정신적인 즐거움 또는 기쁨 둘 다를 포함하고, 괴로운 느낌은 육체적인 괴로움과 정신적인 괴로움 또는 불만족을 포함한다.

느낌은 다시 다섯 가지로 분석된다 느낌이 지배하는 기능(indriya)에 의해 분석될 때 느낌은 다섯 가지가 된다. 이 다섯 가지 유형의 느낌은 대상을 경험하는 정서적인 형태에 대해서 그것과 결합한 법들을 다스리고 통제(indra)하기 때문에 기능이라 불린다.

느낌을 다섯 가지로 분석하면, 세 가지 체계에서의 즐거운 느낌은 즐거움과 기쁨으로 나누어진다. 전자는 육체적이고 후자는 정신적이다. 세 가지 체계에서의 괴로운 느낌은 고통과 불만족으로 나누어진다. 다시 전자는 육체적이고 후자는 정신적이다. 그리고 즐겁지도 괴롭지도 않은 느낌은 평온 혹은 중립적인 느낌과 동일하다.

경에서 붓다는 때때로 느낌을 두 가지, 즉 즐거움(sukha)과 괴로움(dukkha)으로 말하기도 한다. 이것은 떳떳한 중립적인 느낌을 즐거움에 합하고, 떳떳하지 못한 중립적인 느낌을 괴로움에 합해서 도달되는 대략적이고 은유적인 방법이다. 붓다는 더 나아가 느껴지는 것이면 무엇이든지 괴로움에 포함된다(yaṃ kiñci vedayitaṃ taṃ dukkhasmiṃ, S.36:11/iv, 216)고 설하였다. 이 진술에서 둑카라는 말은 고통스러운 느낌이라는 좁은 의미를 갖는 것이 아니라, 무상이라는 이유로 모든 조건 지어진 현상에 내재하는 괴로움이라는 보다 넓은 의미를 갖는다.

즐거움(sukha) 원하는 감촉 대상을 경험하는 특징을 가지고, 결합된 법들을 강화시키는 역할을 가지며, 몸의 즐거움으로 나타나고, 그것의 가까운 원인은 몸의 기능[身根]이다.

괴로움(dukkha) 원하지 않는 감촉 대상을 경험하는 특징을 가지고, 결합된 법들을 약화시키는 역할을 가지며, 몸의 괴로움으로 나타나고, 그것의 가까운 원인은 몸의 기능[身根]이다.

기쁨(somanassa) 원하는 대상을 경험하는 특징을 가지고, 대상의 원하는 측면에 가담하는 역할을 가지며, 정신적인 기쁨으로 나타나고, 그것

의 가까운 원인은 고요함이다.[1]

불만족(domanassa) 은 원하지 않는 대상을 경험하는 특징을 가지고, 대상의 원하지 않는 측면에 가담하는 역할을 가지며, 정신적인 고통으로 나타나고, 그것의 가까운 원인은 심장 토대이다.[2]

평온(upekkhā) 은 중립으로 느껴지는 특징을 가지고, 결합된 법들을 강화시키지도 약화시키지도 않는 역할을 가지며, 평화로움으로 나타나고, 그것의 가까운 원인은 희열이 없는 마음이다.[3]

3 마음에 의한 분류

Tattha sukhasahagataṃ kusalavipākaṃ kāyaviññāṇaṃ ekam eva.
Tathā dukkhasahagataṃ akusalavipākaṃ kāyaviññāṇaṃ.
Somanassasahagatacittāni pana lobhamūlāni cattāri, dvādasa kāmāvacarasobhanāni, sukhasantīraṇa-hasaṇāni ca dve ti aṭṭhārasa kāmāvacaracittāni c'eva paṭhama-dutiya-tatiya-catutthajjhāna-sankhātāni catucattāḷīsa mahaggata-lokuttaracittāni cā ti dvāsaṭṭhi-vidhāni bhavanti.
Domanassasahagatacittāni pana dve paṭighasampayuttacittān'eva.
Sesāni sabbāni pi pañcapaññāsa upekkhāsahagatacittān'evā ti.

—

그것들 가운데, 유익한 과보의 신식(身識)은 즐거움이 함께하는 유일한 하나의 마음이다.
마찬가지로 해로운 과보의 신식은 괴로움이 함께하는 유일한 하나의 마음이다.

기쁨이 함께하는 62가지 종류의 마음이 있다, 즉:

(1) 18가지 욕계 마음의 유형—네 가지 탐욕에 뿌리박은 유형, 12가지 욕계 아름다운 마음의 유형, 두 가지 (원인 없는) 유형, 즉 기쁨이 함께하는 조사하는 마음과 미소 짓는 마음(4+12+2).

(2) 초선, 제2선, 제3선, 제4선에 속하는 44가지 고귀한 마음과 출세간 마음들(12+32).

적의와 결합한 단지 두 가지 마음의 유형만이 불만족이 함께한다.

나머지 55가지 마음의 유형 모두는 평온이 함께한다.

§ 3 설명

◉

나머지 55가지 평온이 함께하는 마음들은 다음과 같다.

(1) 여섯 가지 해로운 마음, 네 가지 탐욕에 뿌리박은 마음, 두 가지 미혹에 뿌리박은 마음

(2) 14가지 원인 없는 마음

(3) 12가지 욕계 아름다운 마음(네 가지 각각의 유익한, 과보의, 작용만 하는)

(4) 세 가지 제5선의 마음

(5) 무색계 선정의 12가지 마음

(6) 여덟 가지 출세간 마음, 즉 출세간의 제5선에 속하는 도와 과의 마음들

4 요약

Sukhaṃ dukkhaṃ upekkhā ti tividhā tattha vedanā

Somanassaṃ domanassaṃ iti bhedena pañcadhā.

Sukham ekattha dukkhañ ca domanassaṃ dvaye ṭhitaṃ

Dvāsaṭṭhīsu somanassaṃ pañcapaññāsake'tarā.

—

여기에서 느낌은 세 가지, 즉 즐거움, 괴로움, 평온이다. 기쁨과 불만족과 함께 그것은 다섯 가지이다. 즐거움과 괴로움은 각각 한 가지에서, 불만족은 두 가지에서, 기쁨은 62가지에서, 나머지(즉 평온)는 55가지에서 발견된다.

§ 4 설명

◉

즐거움과 괴로움은 각각 한 가지에서 발견된다 신식(身識)을 제외한 감각식의 네 가지 쌍은 평온의 느낌이 함께하는 반면에, 신식은 즐거움이나 괴로움과 결합하여 일어난다. 『앗타살리니』(*Atthasālinī*)는 네 가지 문, 즉 눈·귀·코·혀의 경우에 파생된 물질인 감각대상이 파생된 물질인 감각기능에 부딪힌다고 설명한다. 이것이 일어날 때, 모루(쇠로 된 대)에 올려진 네 개의 솜 덩어리가 네 개의 다른 솜 덩어리로 맞는 것처럼, 그 충격은 강하지 않다. 그리하여 그 결과로 생기는 느낌은 중립적이다. 그러나 몸의 경우에, 대상은 세 가지 주된 요소인 땅·불·바람으로 구성되어 있다. 그래서 대상이 몸의 감성에 부딪힐 때, 그것의 충격은 강하고 몸의 주된 요소들에 전달된다. 이것은 망치로 맞는 네 개의 솜 덩어리에 비유된다. 망치는 솜 덩어리를 뚫고 모루를 때린다. 원하는 대상인 경우에 신식은 유익한 과보의 마음이고, 그것과 함께하는 몸의 느낌은 육체적인 즐거움이다. 원하지 않는 대상일 경우에 신식은 해로운 과보의 마음이며, 그것과 함께하는 몸의 느낌은 육체적인 괴로움이다.[4]

[표 3.1] 느낌의 개요

	과보의			욕계 아름다운			색계			무색계			도				과			
해로운	해로운 과보의	유익한 과보의	작용만 하는	유익한	과보의	작용만 하는	유익한	과보의	작용만 하는	유익한	과보의	작용만 하는	예류	일래	불환	아라한	예류	일래	불환	아라한
●				●	●	●	●	●	●				●	●	●	●	●	●	●	●
●				●	●	●	●	●	●				●	●	●	●	●	●	●	●
●				●	●	●	●	●	●				●	●	●	●	●	●	●	●
●				●	●	●	●	●	●				●	●	●	●	●	●	●	●
○	○	○	○	○	○	○	○	○	○	○	○	○	○	○	○	○	○	○	○	○
○	○	○	○	○	○	○				○	○	○								
○	○	○	●	○	○	○				○	○	○								
○	○	○		○	○	○				○	○	○								
*	□	■																		
*	○	○																		
○		●																		
○	○	○																		

● 기쁨 62 ■ 즐거움 1 * 불만족 2
○ 평온 55 □ 고통 1

비록 즐거움과 괴로움이 다른 네 가지 종류의 감각식과 함께하는 것처럼 보일지라도, 아비담마는 이 경우에 감각식의 즉각적인 순간은 반드시 중립적인 느낌과 함께한다고 주장한다. 감각식의 순간과 동일한 인식과정에 속하는 자와나(속행) 단계에서, 그리고 같은 대상을 가지는 뒤이은 의문 인식과정에서, 정신적인 즐거움(somasassa, 기쁨)은 마음에 드는 형색, 소리, 냄새, 또는 맛에 대하여 일어난다. 정신적인 괴로움(domanassa, 불만족)은 마음에 들지 않는 형색 등에 대하여 일어난다. 그리고 평온 혹은 중립적인 느낌(upekkhā)은 무관심 또는 무심함과 관련된 대상에 대하여 일어난다. 그러나 이것들은 육체적인 느낌이라기보다는 정신적인 느낌이고, 그것들은 순수 감각식과 즉시 함께하기보다는 순수 감각식에 뒤이어 일어난다. 자와나(속행)의 순간이 일어날 때, 이 느낌들은 유익하거나 해로운 마음과 결합하거나, 아라한이 경험하는 기쁨과 평온의 경우에 작용만 하는 마음과 결합한다.[5]

원인(뿌리)의 개요
(hetusangaha)

5 원인(뿌리)의 분석

Hetusangahe hetū nāma lobho doso moho alobho adoso amoho cā ti chabbidhā bhavanti.

—

원인(뿌리)의 개요에 여섯 가지 원인, 즉 탐욕, 성냄, 미혹, 탐욕 없음, 성냄 없음, 미혹 없음이 있다.

§ 5 설명

◉

원인(뿌리)의 분석 이 섹션에서는 모든 마음의 유형들이 그 유형들과 함께하는 '원인(hetu)'으로 분류된다. 경에서 헤뚜(hetu)라는 말은 원인이나 이유(kāraṇa)라는 일반적인 의미로 사용된다. 거기에서 그것은 다른 것들의 원인이나 이유로 작용하는 어떤 현상과도 종종 함께하고, 어떤 현상에도 적용되는 조건(paccaya)이란 말과 동의어이다. 그러나 아비담마에서 헤뚜는 뿌리(mūla)라는 특별한 의미로만 쓰이고, 그것은 윤리적으로 중요한 특성을 나타내는 여섯 가지 마음부수에 적용되는 것으로 제한된다.

형식적으로 정의하면, 원인(뿌리)은 그것이 결합한 마음들과 마음부수들에 굳건함과 안전성을 확립하는 정신적인 요소이다.[6] 그래서 원인(뿌리)을 갖고 있는 마음들은 나무처럼 굳건하고 안정된 반면에, 원인(뿌리) 없는 마음들은 이끼처럼 약하고 안정되지 못하다고 한다.[7]

본서에서 열거된 여섯 가지 원인(뿌리) 가운데 탐욕·성냄·미혹—세 가지는 전적으로 해로운 반면에, 탐욕 없음·성냄 없음·미혹 없음—세 가지는 유익하거나 업으로 결정할 수 없는[無記] 것일 수 있다. 그것들은 유익한 마음에서 일어날 때 유익하고, 과보의 마음과 작용만 하는 마음들에서 일어날 때는 업으로 결정할 수 없는 것이다. 어느 경우이든, 즉 유익하든 업으로 결정할 수 없는 것이든 이 세 가지 원인(뿌리)은 아름다운(sobhana) 마음부수들이다.

6 마음에 의한 분류

Tattha pañcadvārāvajjana-dvipañcaviññāṇa-sampaṭicchana-santīraṇa-votthapana-hasana-vasena aṭṭhārasa ahetukacittāni nāma. Sesāni sabbāni pi ekasattati cittāni sahetukān'eva.
Tatthā pi dve momūhacittāni ekahetukāni. Sesāni dasa akusalacittāni c'eva ñāṇavippayuttāni dvādasa kāmāvacarasobhanāni cā ti dvāvīsati dvihetukacittāni.

Dvādasa ñāṇasampayutta-kāmāvacarasobhanāni c'eva pañcatiṃsa mahaggata-lokuttaracittāni cā ti sattacattāḷīsa tihetukacittāni.

–

여기에서 18가지 마음의 유형은 원인(뿌리) 없는, 즉 오문전향의 마음, 5가지 감각식[前五識]의 두 세트, 받아들이는 마음, 조사하는 마음, 결정하는 마음, 미소 짓는 마음이다(1+5+5+2+3+1+1). 나머지 71가지 마음의 유형 모두는 원인(뿌리)이 있다.

그것들 가운데 오직 미혹과 결합하는 두 가지 마음의 유형은 단지 한 가지 원인(뿌리)을 가진다. 나머지 10가지 해로운 마음의 유형과 지혜와 결합하지 않는 12가지 욕계 아름다운 마음의 유형—그리하여 전체 22가지는 두 가지 원인(뿌리)이 있다.

지혜와 결합한 12가지 욕계 아름다운 마음의 유형과 35가지 고귀한 마음의 유형과 출세간 마음의 유형—그리하여 전체 47가지는 세 가지 원인이 있다.

§ 6 설명

◉

나머지 10가지 해로운 마음의 유형 탐욕이 함께하는 여덟 가지 마음은 원인(뿌리)으로 탐욕과 미혹을 갖는다. 적의와 함께한 두 가지 마음은 원인(뿌리)으로 성냄과 미혹을 가진다.

지혜와 결합하지 않는 12가지 욕계 아름다운 마음의 유형 이 욕계 아름다운 마음들, 즉 네 가지 각각의 유익한, 과보의, 작용만 하는 마음들은 탐욕 없음과 성냄 없음에 의해 조건 지어진다. 미혹 없음은 그것들이 지혜와 결합되지 않기 때문에 제외된다.

전체 47가지는 세 가지 원인이 있다 이 마음들은 세 가지 아름다운 원인(뿌리)에 의해서 조건 지어진다.

7 요약

Lobho doso ca moho ca hetū akusalā tayo
Alobhādosāmoho ca kusalābyākatā tathā.
Ahetuk'aṭṭhāras'ekahetukā dve dvāvīsati
Dvihetukā matā sattacattāḷīsa tihetukā.

—

탐욕, 성냄, 미혹은 세 가지 해로운 원인(뿌리)이다. 탐욕 없음, 성냄 없음, 미혹 없음은 유익하고 업으로 결정할 수 없는[無記] 세 가지 마음이다.

[표 3.2] 원인(뿌리)의 개요

마음들 / 원인[뿌리]들	8	2	2	18	12	12	27	8	
	탐욕에 뿌리박은	성냄에 뿌리박은	미혹에 뿌리박은	원인 없는	지혜 있는 욕계 아름다운	지혜 없는 욕계 아름다운	고귀한	출세간	합계
탐욕									8
성냄									2
미혹									12
탐욕 없음									59
성냄 없음									59
미혹 없음									47
	2	2	1	0	3	2	3	3	

18가지 (마음의 유형은) 원인(뿌리)이 없고, 두 가지는 한 가지 원인(뿌리)이 있고, 22가지는 두 가지 원인(뿌리)이 있고, 47가지는 세 가지 원인(뿌리)이 있다고 이해해야 한다.

역할의 개요
(kiccasangaha)

8 역할의 분석

Kiccasangahe kiccāni nāma paṭisandhi-bhavanga-āvajjana-dassana-savana-ghāyana-sāyana-phusana-sampaticchana-santīraṇa-votthapana-javana-tadārammaṇa-cutivasena cuddasavidhāni bhavanti.
Paṭisandhi-bhavanga-āvajjana-pañcaviññāṇa-ṭṭhānādivasena pana tesaṃ dasadhā ṭhānabhedo veditabbo.

—

역할의 개요에는 14가지 역할이 있다. 즉 (1) 재생연결, (2) 바왕가(생명연속심), (3) 전향, (4) 봄, (5) 들음, (6) 냄새 맡음, (7) 맛봄, (8) 닿음, (9) 받아들임, (10) 조사, (11) 결정, (12) 자와나(속행), (13) 등록, (14) 죽음.
이것들을 더 분류하면 단계에 따라 10가지(tenfold)가 있는 것으로 이해된다. 즉 (1) 재생연결, (2) 바왕가, (3) 전향, (4) 5가지 감각식[前五識] 등.

§ 8 설명

◉

역할의 분석 이 섹션에서는 89가지 마음의 유형이 역할에 따라서 분류된다. 아비담마는 다양한 종류의 마음에 의해 실행되는 14가지 역할을 모두 제시한다. 이 역할들은 인식과정 안에서(3-13) 혹은 마음이 인식과정 밖에서, 즉 인식과정을 벗어난(vīthimutta) 마음(1, 2, 14)에서 일어날 때 구별되는 단계로 실행된다.

(1) 재생연결(paṭisandhi) 입태 시에 행해지는 이 역할은 그것이 새로운 존재를 이전의 존재와 연결하기 때문에 재생연결이라 불린다. 이 역할을 실행하는 마음인 빠띠산디찟따(paṭisandhicitta), 즉 재생연결심은 재생의 순간에 어떤 개개의 존재에게도 단지 한 번 일어난다.

(2) 생명연속심(bhavanga) 바왕가(bahvanga)라는 단어는 존재(bhava)의 요소(anga), 즉 존재의 필수불가결한 조건을 의미한다. 생명연속심은 입태 시에서 죽음까지 어떤 단일한 개체의 존속을 통하여 개체의 연속성이 보존되는 마음의 역할이다. 재생연결심이 일어나서 소멸한 후에, 그것 다음에 재생연결심과 같은 유형의 과보의 마음이지만 다른 역할, 즉 개체 존재의 연속성을 유지하는 역할을 실행하는 생명연속심(bhavangacitta)이 뒤따른다. 생명연속심은 활동적인 인식과정이 일어나지 않을 때마다 삶의 과정 동안에 매순간 일어나서 소멸한다. 이 마음의 유형은 꿈이 없는 깊은 수면 동안에 가장 분명하지만, 그것은 활동적인 인식과정 사이에도 수없이 여러 번 깨어서 생활하는 동안에도 일어난다.

대상이 감각문에 부딪힐 때, 바왕가는 끊어지고 활동적인 인식과정이 대상을 인식하려는 목적으로 뒤이어 일어난다. 인식과정이 완성된 직후에, 다시 바왕가는 다음 인식과정이 일어날 때까지 잇달아 일어나서 계속된다. 이러한 수동적인 인식단계 동안 매순간 일어나서 소멸하는 바왕가는 두 가지 연속되는 순간 동안 멈추지 않고 물결처럼 흘러간다.

(3) 전향(āvajjana) 어떤 대상이 감각문들 가운데 하나에 혹은 의문(意門)에 부딪칠 때, 바왕가 마음이 단 한 순간 동안 동요하는 바왕가의 동

요(bhavanga-calana), 즉 생명연속심의 동요라 불리는 한 마음순간이 일어난다. 이 마음 다음에 바왕가의 흐름이 끊어지는 바왕가의 끊어짐(bhavanga-upaccheda), 즉 생명연속심의 끊어짐이라 불리는 또 다른 마음순간이 뒤따른다. 이 마음 바로 다음에, 한 마음이 대상, 즉 다섯 가지 육체적인 감각문 가운데 하나에 있는 대상이나 의문에 있는 대상으로 전향하면서 일어난다. 대상으로 전향하는 이 역할은 전향이라 일컬어진다.

(4-8) 봄 등 감각문들에서의 인식과정에서, 전향의 순간이 지난 다음에, 부딪치는 대상을 직접 인식하는 마음이 일어난다. 이 마음과 그것이 실행하는 구체적인 역할은 대상의 성격에 의해 결정된다. 만약 대상이 보이는 형색이면, 안식(眼識)이 그것을 보면서 일어난다. 만약 그것이 소리이면, 이식(耳識)이 그것을 들으면서 일어난다. 나머지도 마찬가지이다. 이 맥락에서, 보고 듣는 등의 역할은 보고 듣는 등의 대상을 명백하게 식별하는 인지 행위를 일컫는 것이 아니다. 그것들은 오히려 식별하는 인식작용 전에 그것의 순수 즉시성과 단순성에서 감각 자료가 경험되는 기본적인 순간의 마음의 경우들을 의미한다.

(9-11) 받아들임 등 다섯 가지 감각문 가운데 어떤 것을 통한 인식과정에서, 보는 것 등의 역할을 실행하는 마음 다음에, 연속해서 대상을 받아들이고(sampaṭicchana), 조사하고(santīraṇa), 결정하는(votthapana) 역할을 실행하는 마음들이 일어난다. 육체적인 감각들과 독립해서 의문에서 일어나는 인식과정의 경우에, 이 세 가지 역할은 일어나지 않고, 오히려 의문전향이 어떤 중간의 역할 없이 바왕가가 끊어지는 즉시에 뒤따른다.

(12) 자와나(javana, 속행) 자와나는 번역하지 않고 그냥 쓰는 아비담마 용법의 기술적인 용어이다. 그 말의 문자 그대로의 의미는 '민첩하게 달리다'이다. 마음의 역할로서의 자와나는 결정하는 단계를 바로 뒤따르는 인식과정의 단계에 적용되고[8] 그것은 대상을 파악하는 행위에서 대상

위로 '민첩하게 달리는' 일련의 마음들(보통 일곱 가지, 종류가 모두 같은)로 구성된다. 유익하거나 해로운 마음이 일어나는 것이 이 지점이기 때문에, 자와나 단계는 윤리적인 관점에서 가장 중요하다.[9]

(13) 등록(tadārammaṇa) 따다람마나(tadārammaṇa)라는 단어는 문자 그대로 '그 대상을 가지는 것'을 뜻하고, 대상으로 자와나들에 의해서 파악된 그 대상을 가지는 역할을 의미한다. 이 역할은 대상이 감각에 매우 두드러지거나 마음에 분명할 때 욕계 인식과정의 자와나 단계 직후에 두 가지 마음순간 동안 실행된다. 욕계 과정 외에 다른 유형의 인식과정에서뿐만 아니라 대상이 특별한 두드러짐이나 명료성이 부족할 때, 이 작용은 전혀 실행되지 않는다. 등록 다음에 (혹은 등록이 일어나지 않는 자와나 단계 다음에) 마음의 흐름은 다시 바왕가로 흘러간다.

(14) 죽음(cuti) 죽음 마음은 개체의 존재에서 일어나는 마지막 마음이다. 그것은 한 특별한 삶에서의 퇴장을 표시하는 마음이다. 이 마음은 재생연결심과 바왕가와 같은 유형이고, 그것들처럼 활동적인 인식과정 밖에 있는 수동적인 마음의 흐름인 존재의 인식과정에서 벗어난 쪽에 속한다. 그것은 다른 역할, 즉 죽는 역할을 수행한다는 점에서 그것들과 다르다.

단계에 따라 10가지로 '단계'(ṭhāna)라는 말은 어떤 마음이 일어날 수 있는 두 가지 다른 마음들 사이의 순간이나 때를 의미한다. 14가지 마음의 역할이 있지만, 봄 등의 다섯 가지 감각 역할 모두는 전향과 받아들임의 두 가지 단계 사이에 있는 인식과정의 동일한 단계를 점유한다. 그리하여 14가지 역할이 10단계의 마음으로 응축될 수 있다.

9 마음에 의한 분류

Tattha dve upekkhāsahagatasantīranāni c'eva aṭṭha mahāvipākāni ca nava rūpārūpavipākāni cā ti ekūnavīsati cittāni paṭisandhi-bhavanga-cutikiccāni nāma.

Āvajjanakiccāni pana dve. Tathā dassana-savana-ghāyana-sāyana-phusana-sampaṭicchanakiccāni ca.

Tīṇi santīraṇakiccāni.

Manodvārāvajjanam eva pañcadvāre votthapanakiccaṃ sādheti.

Āvajjanadvayavajjitāni kusalākusala-phala-kriyā cittāni pañcapaññāsa javanakiccāni.

Aṭṭha mahāvipākāni c'eva santīraṇattayañ cā ti ekādasa tadārammaṇa-kiccāni.

–

그것들 가운데 19가지 마음의 유형이 재생연결, 생명연속심, 죽음의 역할을 실행한다. 그것들은 평온이 함께하는 두 가지 유형의 조사하는 마음, 여덟 가지 큰 과보의 마음, 아홉 가지 색계와 무색계 과보의 마음(2+8+9=19)이다.

두 가지가 전향의 역할을 실행한다.

마찬가지로, 두 가지가 봄, 들음, 냄새 맡음, 맛봄, 닿음, 받아들임의 역할들 가운데 각각을 실행한다.

세 가지가 조사하는 역할을 실행한다.

의문전향의 마음은 오문에서 결정하는 역할을 실행한다.

두 가지 유형의 전향하는 마음을 제외하고, 55가지 유형의 해로운, 유익한, 과보의, 작용만 하는 마음은 자와나(속행)의 역할을 수행한다.

여덟 가지 큰 과보의 마음과 세 가지 조사하는 마음의 유형의 전체 11가지는 등록의 역할을 수행한다.

§ 9 설명

◉

마음에 의한 분류 이 섹션은 한 유형의 마음과 그 마음을 본떠서 일반적으로 이름 지어지는 역할 사이에 구별이 있다는 것이 인정되면 당혹감을 덜 일으킬 것이다. 비록 어떤 유형의 마음들은 그것들이 수행하는 단일한 역할을 본떠서 이름 지어지지만, 이 이름은 편리한 명칭으로 선택되고 그렇게 이름 지어진 마음의 유형이 그런 특별한 역할에 한정되는 것을 뜻하는 것은 아니다. 반대로, 어떤 유형의 마음은 그것의 이름과 관련되는 마음과는 완전히 다른 몇 개의 역할을 수행할 수 있다.

재생연결, 생명연속심, 죽음의 역할 위에서 지적되었듯이, 어떤 한 삶에서 재생연결, 생명연속심, 죽음의 역할을 수행하는 것은 동일한 유형의 마음이다. 입태 순간에 이 마음은 새로운 존재를 이전의 존재와 연결하면서 일어난다. 삶의 과정 동안에 줄곧 이 동일한 유형의 마음은 바왕가의 수동적인 흐름으로 수없이 일어나고 존재의 연속성을 유지한다. 그리고 임종 시에 이 동일한 유형의 마음은 이전 존재로부터 죽는 것으로 다시 일어난다.

이 세 가지 역할을 수행하는 19가지 마음이 있다. 해로운 과보의 조사하는 마음(santīraṇa)은 악처인 지옥, 축생계, 아귀계, 아수라의 무리로 재생하는 존재들의 경우에 그렇게 (세 가지 역할을) 한다. 평온이 함께하는 유익한 과보의 조사하는 마음은 어떤 더 낮은 부류의 신과 정령으로 태어나는 중생들에게뿐만 아니라, 선천적으로 눈멀고 귀먹고 말 못하는 등의 인간으로 재생하는 경우에 이 역할들을 수행한다. 불구 자체는 해로운 업 때문이지만, 인간으로의 재생은 상대적으로 약한 정도이긴 하지만 유익한 업의 결과이다. 재생연결의 순간이나 생명연속심 동안에 조사가 일어난다고 생각해서는 안 된다. 한 마음은 한 번에 단지 하나의 역할만을 수행할 수 있기 때문이다.

여덟 가지 큰 과보의 마음, 즉 두 개의 원인과 세 개의 원인을 가진 아름다운 욕계 과보의 마음들은 신과 선천적인 결함이 없는 인간으로 행운의 욕계 세상에 재생한 자들에게 이 세 가지 역할을 수행한다.

앞의 10가지 마음은 욕계의 재생에 속한다.

다섯 가지 색계 과보의 마음들은 색계에 재생하는 자들에게 재생연결심과 생명연속심(바왕가)과 죽음의 마음으로 작용하고, 각각의 무색계에 재생하는 자들에게는 네 가지 무색계 과보의 마음으로 작용한다.

전향의 역할 오문전향의 마음(pañcadvārāvajjana)은 감각 대상이 다섯 가지 육체적인 감각문 가운데 하나에 부딪힐 때 이 역할을 수행한다. 의문전향의 마음(manodvrārāvajjana)은 대상이 마음의 문에 일어날 때 그렇게 한다. 이 마음들은 둘 다 원인 없는 작용만 하는(ahetukakiriya) 마음들이다.

봄 등의 역할 이 다섯 가지 각각의 역할을 수행하는 두 가지 마음은 유익한 과보의 안식(眼識)과 해로운 과보의 안식 등이다.

받아들임 받아들이는 역할은 두 가지 유형의 받아들이는 마음(sampaṭi-cchanacitta)에 의해서 수행된다.

조사하는 역할 이 역할을 실행하는 세 가지 마음은 평온이 함께하는 두 가지 원인 없는 과보의 마음인 한 가지 유익한 과보의 마음과 다른 해로운 과보의 마음, 그리고 기쁨이 함께하는 원인 없는 유익한 과보의 마음이다.

결정하는 역할 결정하는 마음으로 알려진 구별되는 마음은 없다. 의문 인식과정에서 의문전향의 역할과 오문 인식과정에서 결정하는 역할을 수행하는 것은 동일한 유형의 마음, 즉 평온이 함께하는 원인 없는 작용만 하는 마음이다(제1장 10 참조).

자와나(속행)의 역할 자와나들의 역할을 하는 55가지 마음은 12가지 해로운 마음, 21가지 유익한 마음, 4가지 작용만 하는 마음(출세간의 과들), 18가지 작용만 하는 마음(두 가지 전향하는 마음은 제외)이다.

등록의 역할 이 11가지는 과보의 마음이다. 세 가지 조사하는 마음이 등록의 역할을 수행할 때, 그것들은 조사의 역할을 동시에 수행할 수 없다.

[표 3.3] 역할의 개요

역할들 \ 마음들		해로운	안식	이식	비식	설식	신식	받아들임	조사—평온	조사—기쁨	오문전향	의문전향	미소 짓는	욕계 유익한	욕계 과보의	욕계 작용만 하는	고귀한 유익한	고귀한 과보의	고귀한 작용만 하는	출세간	합계
1–3	재생, 바왕가, 죽음								■						■			■			19
4	전향										■	■									2
5	봄		■																		2
6	들음			■																	2
7	냄새 맡음				■																2
8	맛봄					■															2
9	닿음						■														2
10	받아들임							■													2
11	조사								■	■											3
12	결정											■									1
13	자와나	■											■	■		■	■		■	■	55
14	등록								■	■					■						11
역할의 수		1	1	1	1	1	1	1	5	2	1	2	1	1	4	1	1	3	1	1	
마음의 합계		12	2	2	2	2	2	2	2	1	1	1	1	8	8	8	9	9	9	8	

10 역할의 수에 의한 분류

Tesu pana dve upekkhāsahagatasantīraṇacittāni paṭisandhi-bhavanga-cuti-tadārammaṇa-santīraṇavasena pañcakiccāni nāma.
Mahāvipākāni aṭṭha paṭisandhi-bhavanga-cuti-tadārammaṇavasena catukiccāni.
Mahagatavipākāni nava paṭisandhi-bhavanga-cutivasena tikiccāni.
Somanassasahagataṃ santīraṇaṃ santīraṇa-tadārammaṇavasena dukiccaṃ.
Tathā votthapanañ ca votthapanāvajjanavasena.
Sesāni pana sabbāni pi javana-manodhātuttika-dvipañcaviññāṇāni yathāsambhavam ekakiccānīti.

—

그것들 가운데 평온이 함께하는 두 가지 유형의 조사하는 마음은 다섯 가지 역할, 즉 재생연결, 생명연속심(바왕가), 죽음, 등록, 조사의 역할을 수행한다.
여덟 가지 큰 과보의 마음은 네 가지 역할, 즉 재생연결, 생명연속심, 죽음, 등록의 역할을 수행한다.
아홉 가지 고귀한 과보의 마음은 세 가지 역할, 즉 재생연결, 생명연속심, 죽음의 역할을 수행한다.
기쁨이 함께하는 조사하는 마음은 두 가지 역할, 즉 조사하는 마음과 등록의 역할을 수행한다.
마찬가지로, 결정하는 마음은 두 가지 역할, 즉 결정과 전향의 역할을 수행한다.
나머지 마음의 유형들 모두, 즉 자와나, 세 가지 마노의 요소[意界], 두 가지 유형의 다섯 가지 감각식[前五識]은 그것들이 일어날 때 단지 하나의 역할만을 수행한다.

§ 10 설명

◉

자와나(속행) 자와나의 역할을 수행하는 55가지 마음은 자와나의 역할로만 일어나고 다른 어떤 역할도 수행하지 않는다.
세 가지 마노의 요소[意界] 오문전향의 마음과 두 가지 유형의 받아들이는 마음.

11 요약

Patīsandhādayo nāma kiccabhedena cuddasa
Dasadhā ṭhānabhedena cittuppādā pakāsitā.
Aṭṭhasaṭṭhi tathā dve ca nav'aṭṭha dve yathākkamaṃ
Eka-dvi-ti-catu-pañca kiccaṭṭhānāni niddise.

—

마음의 유형들은 재생연결 등과 같은 역할에 따라서 14가지이고 단계에 의한 분석에 따라서는 10가지라고 설해진다.
한 개의 역할을 수행하는 마음들은 68가지이고, 두 개의 역할은 두 가지이며, 세 개의 역할은 아홉 가지이고, 네 개의 역할은 여덟 가지이며, 다섯 개의 역할은 각각 두 가지라고 설해진다.

문(門)의 개요
(dvārasangaha)

12 문의 분석

Dvārasangahe dvārāni nāma cakkhudvāraṃ sotadvāraṃ ghānadvāraṃ jivhādvāraṃ kāyadvāraṃ monodvārañ cā ti chabbidhāni bhavanti. Tattha cakkhum eva cakkhudvāraṃ tathā sotādayo sotadvārādīni. Manodvāraṃ pana bhavangan ti pavuccati.

—

문의 개요에 여섯 가지 문이 있다. 즉 눈의 문[眼門], 귀의 문[耳門], 코의 문[鼻門], 혀의 문[舌門], 몸의 문[身門], 마노의 문[意門].
여기에서 눈 자체가 눈의 문이다. 그리고 귀의 문과 나머지들도 마찬가지이다. 그러나 생명연속심(바왕가)은 마노의 문[意門]이라 불린다.

§ 12 설명

◉

문의 분석 '문(dvāra)'이라는 말은 마음이 대상 세계와 상호작용하는 매체를 의미하기 위해서 아비담마에서 비유적으로 사용된다. 세 가지 행위의 문은 구체적으로 마음이 세상에 작용하는 경로인 몸[身]·말[口]·마음[意]이다. 또한 여섯 가지 인식의 문이 인정된다. 이것은 마음과 마음부수들이 대상을 만나러 나가고 대상이 마음과 마음부수들의 영역으로 들어오는 여섯 가지 감각문이다. 이 섹션에서 저자는 먼저 여섯 가지 감각문을 열거할 것이다. 그 다음에 그는 각 문을 통해서 일어나는 마음들을 식별하고 그것들이 일어나는 문의 숫자에 따라서 마음들을 분류할 것이다.

눈 자체가 눈의 문이다 문들 가운데 다섯 가지는 물질적인 현상들(rūpa), 즉 다섯 가지 감각기관의 각각에 있는 감성물질(pasādarūpa)이다. 이것들 각각은 인식과정에서 일어나는 마음과 마음부수들이 그들의 대상에 접근하고 그것에 의해서 대상이 마음과 마음부수들에 가까이 갈 수 있는 문의 역할을 한다. 눈의 감성은 안문 인식과정에 속하는 마음들을 위한 문이며, 그것들에게 눈을 통해서 보이는 형색을 인식하도록 해준다. 이것은 그것들 각각의 인식과정과 대상과 관련된 감각기관들의 다른 감성물질들에도 동일하게 해당된다.

생명연속심은 마노의 문[意門]이라 불린다 처음 다섯 가지 문과는 다르게, 마노의 문(manodvāra)은 물질이 아니라 정신(nāma), 즉 바왕가 마음이다. 한 대상이 의문 인식과정에 의해서 인지되려 할 때, 그 과정에 속하는 마음들은 마음의 문을 통해서만, 즉 어떤 물질적인 감각기능에 바로 의존하지 않고 대상에 접근한다.

다양한 주석서들은 마음의 문에 대한 정확한 의미에 대하여 반대되는 의견을 표현한다. 『위바위니 띠까』(*Vibhāvinī-Ṭīkā*)는 의문전향의 마음 바로 앞에 일어나는 생명연속심, 즉 바왕가의 끊어짐(bhavanga-upccheda)이 마음의 문이라고 말한다. 다른 아비담마 주석서들은 마노(마음)의 문을 의문전향과 함께하는 생명연속심과 동일시한다. 그러나 레디 사야도와 『위방가』(*Vibhanga*)의 주석서 둘 다는 구별 없이 전체의 바왕가를 마음의 문이라고 말한다. 아누룻다 스님은 어떤 구체적인 설명도 하지 않고 바왕가가 마음의 문[意門]이라고 불린다고만 말했다.

13 마음에 의한 분류

Tattha pañcadvārāvajjana-cakkhuviññāṇa-sampaṭicchana-santīraṇa-votthapana-kāmāvacarajavana-tadārammaṇavasena chacattāḷīsa cittāni cakkhudvāre yathārahaṃ uppajjanti. Tathā pañcadvārāvajjana-sotaviññānadivasena sotadvārādīsu pi chacattāḷīs'eva bhavantī ti. Sabbathā pi pañcadvāre catupaññāsa cittāni kāmāvacarān'evā ti veditabbāni.

Manodvāre pana manodvārāvajjana-pañcapaññāsajavana-tadārammaṇa-vasena sattasaṭṭhi cittāni bhavanti.

Ekūnavīsati paṭisandhi-bhavanga-cutivasena dvāravimuttāni.

—

여기에서 46가지 마음의 유형이 상황에 따라 눈의 문에서 일어난다: 오문전향, 안식, 받아들임, 조사, 결정, 욕계 자와나, 등록.

마찬가지로 귀의 문 등에서 오문전향, 이식 등의 46가지 마음의 유형들이 일어난다.

모두 54가지 욕계 마음의 유형이 오문에서 일어난다고 이해해야 한다.

의문에서는 67가지 마음의 유형이 일어난다: 의문전향, 55가지 자와나, 등록.

19가지 마음의 유형은 문에서 벗어난 것으로 재생연결, 생명연속심, 죽음에 의해 일어난다.

§ 13 설명

◉

46가지 마음의 유형이 눈의 문에서 일어난다 46가지 마음은 다음과 같다.

1 오문전향의 마음

2 안식

2 받아들이는 마음

3 조사하는 마음

1 결정하는 마음

29 욕계 자와나(12가지 해로운, 여덟 가지 유익한, 여덟 가지 아름다운 작용만 하는, 한 가지 미소를 일으키는 작용만 하는)

8 등록(= 욕계 아름다운 과보의 마음들, 다른 세 가지가 조사하는 마음 밑에 포함됨 —9 참조)

각각의 경우에 감각식들의 쌍(한 쌍의 전오식)이 그 감각문과 관련하여 대체될 수 있다는 사실을 제외하고, 같은 유형의 마음들은 그것들의 각각의 대상과 함께 다른 네 가지 육체적인 감각문에서 일어난다.

상황에 따라(yathāraham) 비록 전체 46가지 마음이 눈의 문에서 일어나지만, 그것들은 모두 한 인식과정에서 함께 일어나지 않고, 단지 조건에 따라 결정된다. 레디 사야도는 이 조건들을 다음과 같이 구체화시킨다: (1) 대상, (2) 존재하는 곳, (3) 개인, (4) 주의.

(1) 예를 들어, 만약 대상이 원하지 않는 것이면 안식, 받아들임, 조사, 등록은 해로운 과보의 마음인 반면에, 만약 대상이 원하는 것이면 그것들은 유익한 과보의 마음들이다. 만약 대상이 매우 원하는 것이면 조사하는 마음과 등록의 마음은 기쁨이 함께하는 반면에, 만약 대상이 단지 적당히 원하는 것이면 그것들은 평온이 함께한다.

(2) 만약 안문(眼門) 인식과정이 욕계(kāmabhūmi)에서 발생하면, 46가지 마음 전부가 일어나지만, 만약 그 인식과정이 색계(rūpabhūmi)에서 발생하면 욕계에 한정된 등록의 역할인 등록의 마음은 일어날 수 없다.

[표 3.4] 문의 개요

	오문전향	안식	이식	비식	설식	신식	받아들임	조사–평온	조사–기쁨	결정(=의문전향)	욕계 자와나	고귀한&출세간 자와나	욕계 과보	고귀한 과보	합계
안문	■	■					■	■	■	■	■		■		46
이문	■		■				■	■	■	■	■		■		46
비문	■			■			■	■	■	■	■		■		46
설문	■				■		■	■	■	■	■		■		46
신문	■					■	■	■	■	■	■		■		46
의문								■	■	■	■	■	■		67
문에서 벗어난								■					■	■	19
문의 갯수	5	1	1	1	1	1	5	6	6	6	6	1	6	0	
마음들의 합계	1	2	2	2	2	2	2	2	1	1	29	26	8	9	

(3) 만약 개인이 범부나 유학이면 자와나 마음들은 (유학의 경우에 증득의 수준에 따라) 유익하거나 해로운 것이 되는 반면에,[10] 만약 개인이 아라한이면 그 자와나들은 작용만 하는 것이 될 것이다.

(4) 만약 범부나 유학이 지혜로운 주의(yoniso manasikāra)를 기울이면, 유익한 자와나들이 일어날 것이지만, 만약 지혜롭지 못한 주의를 기울이면, 해로운 자와나들이 일어날 것이다.

마찬가지로, 자극받은 마음이 일어나는지 자극받지 않은 마음이 일어나는지는 또한 상황에 의해서 좌우된다.

54가지 욕계 마음의 유형이 오문에서 일어난다 어떤 단일한 문에서든, 모든 욕계 마음의 유형들이 다른 네 가지 감각 기능에 속하는 네 가지 감각식의 쌍을 제외하고 일어난다. 그리하여 이것들을 합계하면 모든 욕계 마음의 유형들이 오문에서 일어난다.

의문에서 55가지 자와나의 유형 전부가 의문에서 일어난다. 단지 22가지 마음만이 의문에서 일어나지 않는다: 오문전향, 다섯 가지 감각식 두 세트(한 쌍의 전오식), 두 가지 유형의 받아들이는 마음, 다섯 가지 색계 과보의 마음, 네 가지 무색계 과보의 마음.

문에서 벗어난(dvāravimutta) 앞의 9에서 열거된 이 19가지 마음은 그것들의 재생연결과 바왕가와 죽음의 특별한 역할들이 감각문에서 일어나지 않기 때문에, 그리고 그것들은 어떤 새로운 대상을 받아들이지 않고 이전 존재의 마지막 인식과정에 의해서 결정된 대상만을 파악하기 때문에, '문에서 벗어난' 것으로 알려져 있다(다음 17 참조).

14 문의 수에 의한 분류

Tesu pana dvipañcaviññāṇāni c'eva mahaggata-lokuttarajavanāni cā ti chattiṃsa yathārahaṃ ekadvārikacittāni nāma.
Manodhātuttikaṃ pana pañcadvārikaṃ.
Sukhasantīraṇa-votthapana-kāmāvacarajavanāni chadvārika-cittāni.
Upekkhāsahagatasantīraṇa-mahāvipākāni chadvārikāni c'eva dvāra-vimuttāni ca.
Mahaggatavipākāni dvāravimuttān'evā ti.

—

(몸을 통해서 일어나는) 마음들 가운데 36가지 마음의 유형, 즉 다섯 가지 감각식 두 세트(한 쌍의 전오식)와 고귀한 자와나들과 출세간 자와나들은 적

절하게 하나의 문과 함께한다.
세 가지 마노의 요소는 다섯 가지 문을 통해 나타난다.
기쁨이 함께하는 조사, 결정, 욕계 자와나들은 여섯 가지 문을 통해서 일어난다.
평온이 함께하는 조사하는 마음과 큰 과보의 마음들은 여섯 가지 문을 통해서 일어나거나 문을 벗어나서 일어난다.
고귀한 과보의 마음들은 항상 문을 벗어나서 일어난다.

§ 14 설명

◉

적절하게 다섯 가지 감각식 두 세트(한 쌍의 전오식)는 그들 각각의 감각문들에서만 일어나고, 고귀한 자와나들과 출세간의 자와나들은 의문에서만 일어난다.
기쁨이 함께하는 조사 이 마음은 다섯 가지 감각문에서는 조사와 등록의 역할을 가지고 일어나고 의문에서는 등록의 역할로만 일어난다.
결정 이 마음은 다섯 가지 감각문에서는 결정하는 역할을 수행하고 의문에서는 전향하는 역할을 수행한다.
큰 과보의 마음들 이 여덟 가지 마음은 평온이 함께하는 두 가지 유형의 조사하는 마음의 유형처럼 등록의 역할로 여섯 가지 문을 통해 일어나고, 재생연결심과 바왕가와 죽음의 마음의 역할로 문에서 벗어나 일어난다.
고귀한 과보의 마음들 이 아홉 가지 마음, 즉 다섯 가지 색계 과보의 마음들과 네 가지 무색계 과보의 마음은 재생연결심과 바왕가와 죽음의 마음으로 그것들 각각의 세계에서만 일어난다. 그리하여 그것들은 항상 문에서 벗어나 있다.

15 요약

Ekadvārikacittāni pañcachadvārikāni ca
Chadvārikavimuttāni vimuttāni ca sabbathā.
Chattiṃsati tathā tīṇi ekatiṃsa yathākkamaṃ
Dasadhā navadhā cā ti pañcadhā paridīpaye.

—

36가지 유형의 마음은 한 가지 문을 통해 일어나고, 세 가지는 다섯 가지 문을 통해 일어나며, 31가지는 여섯 가지 문을 통해 일어나고, 10가지는 여섯 가지 문을 통하거나 문에서 벗어난 것으로 일어나며, 아홉 가지는 모두 문에서 벗어나 있다. 그리하여 다섯 가지 방법으로 그것들을 보여준다.

대상의 개요
(ālambanasangaha)

16 대상의 분석

Ālambanasangahe ālambanāni nāma rūpārammaṇaṃ saddārammaṇaṃ gandhārammaṇaṃ rasārammaṇaṃ phoṭṭhabbārammaṇaṃ dhammārammaṇañ cā ti chabbidhāni bhavanti.
Tattha rūpam eva rūpārammaṇaṃ.Tathā saddādayo saddārammaṇādīni. Dhammārammaṇaṃ pana pasāda-sukhumarūpa-citta-cetasika-nibbāna-paññattivasena chadhā sangayhanti.

—

대상의 개요에 여섯 가지 종류의 대상, 즉 형색 대상, 소리 대상, 냄새 대상, 맛 대상, 감촉 대상, 정신 대상이 있다.
여기에서 보이는 형색 자체가 보이는 형색 대상이다. 마찬가지로 소리 등이 소리 대상 등이다. 그러나 정신 대상은 여섯 가지이다: 감성의 물질, 미세한 물질, 마음, 마음부수들, 열반, 개념들.

§ 16 설명

◉

대상의 분석 모든 마음은 그것과 결합하는 마음부수들과 함께 반드시 대상을 가진다. 왜냐하면 마음 자체는 필히 대상을 인식하는 행위에 있기 때문이다. 빠알리어에서 두 개의 주요 단어가 대상을 의미하기 위해서 사용된다. 하나는 '~을 기뻐하다'를 의미하는 어근에서 유래한 아람마나(ārammana)이다. 다른 하나는 '~을 꽉 붙잡다'를 의미하는 완전히 다른 어근에서 유래한 알람바나(ālambana)이다. 그리하여 대상은 마음과 마음부수들이 기뻐하는 것 혹은 꽉 붙잡는 것이다. 이 섹션에서 저자는 먼저 대상들의 종류를 구체적으로 말할 것이다. 그런 다음에 그는 어떤 종류의 대상들이 문에서 벗어난 마음에 일어나는지뿐만 아니라 여섯 가지 문의 각각을 통해 일어나는지를 결정할 것이다. 마지막으로 그는 각각의 마음이 가지는 대상의 범위를 결정할 것이다.
여섯 가지 종류의 대상 아비담마에서 여섯 가지 종류의 대상은 여섯 가지 감각에 따라 인정된다. 처음 다섯 가지는 모두 물질의 범주에 포함된다.[11] 이것들 가운데 네 가지, 즉 형색·소리·냄새·맛은 파생된 물질(upādā rūpa)의 종류, 즉 주된 물질의 요소들에 의존하는 부차적인 물질적인 현상들로 간주된다. 감촉 대상은 네 가지 주된 요소[四大] 자체 가운데 세 가지와 동일하다: 딱딱함이나 부드러움으로 경험되는 땅의 요소인 고체성[地大], 뜨거움이나 차가움으로 경험되는 불의 요소[火大], 팽창이나 압박으로 경험되는 바람의 요소[風大]. 네 번째 주된 요소인 물의 요소[水大]는 응집의 특징을 갖고 있고, 이것은 아비담마에 따르면 닿음의 자료로 경험될 수 없고 마음의 문[意門]을 통해서만 인식될 수 있다.[12]

정신 대상은 여섯 가지이다 처음 다섯 가지 대상 각각은 다음 방법들 가운데 어떤 것에 의해서도 인식될 수 있다: (1) 그것 자체의 각각의 감각문 과정을 통하여, (2) 의문 과정을 통하여, (3) 재생연결, 바왕가, 죽음의 역할에서 일어나는 과정을 벗어난 마음들에 의해서. 정신 대상들, 즉 여섯 번째 종류의 대상들은 감각문 과정을 통해서는 절대로 인식될 수 없다. 그것들은 의문 인식과정의 마음들에 의해서나 감각문들로부터 독립적으로 일어나는 과정에서 벗어난 마음들에 의해서만 인식될 수 있다.

여섯 가지 종류의 대상들은 정신 대상(dhammārammaṇa, 법 대상)의 범주에 들어간다. 감성의 물질(pasādarūpa)은 다섯 가지 감각기관에 있는 감각 수용 물질이다. 그것은 눈의 감성물질, 귀의 감성물질 등 다섯 가지이다. 미세한 물질(sukhumarūpa)은 아래에서 열거된 16가지 종류의 물질적인 현상들을 포함한다(제6장 6 참조). 그것들 가운데 물의 요소[水大]가 있다. 마음은 또한 정신 대상의 한 유형이다. 비록 마음이 대상을 경험하지만, 마음은 또한 대상이 될 수도 있다. 마음이 그것의 즉시성에서 그 자신의 대상이 될 수 없다는 사실에 주목해야 한다. 왜냐하면 인식자가 그 자신을 인식할 수 없기 때문이다. 그러나 한 마음은 개개의 정신의 연속에서 다른 존재들의 마음들뿐만 아니라 같은 연속성에 있는 이전의 마음들을 경험할 수 있다. 52가지 마음부수는 예를 들어 자신의 느낌, 의도, 감정을 알아차리게 될 때 또한 의문 인식과정의 대상이 된다. 열반은 성자들인 유학과 아라한의 정신적인 과정에서 일어나는 마음의 대상이 된다. 궁극적인 의미에서는 존재하지 않는 인습적 실재인 개념들은 또한 정신 대상의 범주에 들어간다.

17 문에 의한 분류

Tattha cakkhudvārikacittānaṃ sabbesam pi rūpam eva ārammaṇaṃ. Tañ ca paccuppannam eva. Tathā sotadvārikacittādīnam pi saddādīni. Tāni ca paccuppannāni yeva.
Manodvārikacittānaṃ pana chabbidham pi paccuppannam atītaṃ anāgataṃ kālavimuttañ ca yathāraham ālambanaṃ hoti.
Dvāvimuttānañ ca pana paṭisandhi-bhavanga-cuti-sankhātānaṃ chabbidham pi yathāsambhavaṃ yebhuyyena bhavantare chadvāragahitaṃ paccuppannam atītaṃ paññattibhūtaṃ vā kamma-kammanimmitagatinimittasammataṃ ālambanaṃ hoti.

—

모든 안문식(眼門識)의 유형들에게 보이는 형색만이 대상이고, 그것은 단지 현재에만 속한다. 마찬가지로 소리 등도 이문식(耳門識) 등의 대상이고, 그것들도 단지 현재에 속한다.
그러나 의문식(意門識)의 대상은 여섯 가지 종류이고, 그 대상은 사정에 따라 현재·과거·미래, 혹은 시간으로부터 독립적인 것일 수 있다.
더욱이 문에서 벗어난 마음들인 재생연결, 생명연속심(바왕가), 죽음 (마음)의 경우에, 대상은 여섯 가지이고 상황에 따라서 (그 대상은) 현재나 과거의 대상이나 개념으로 바로 전 존재의 여섯 가지 문 가운데 하나에서 보통 취해진다. 그것은 업, 업의 표상, 혹은 태어날 곳의 표상으로 알려져 있다.

§ 17 설명

◉

모든 안문식(眼門識)의 유형들에게 안문 인식과정에서 그 과정에 속하는 모든 마음들은 그것들의 대상으로 보이는 형색을 가진다. 그 보이는 형색은 단지 안식만의 대상이 아니다. 오문전향의 마음, 받아들이는 마음, 조사하는 마음과 결정하는 마음, 자와나(속행)들, 등록의 마음들도 그것들의 대상으로 같은 형색을 가지고 일어난다. 더욱이 안문 인식과정에서 일어나는 이 마음들은 대상으로 '보이는 형색만을'(rūpam eva) 가진다. 그 인식과정 안에서 그것들은 다른 어떤 종류의 대상도 인식할 수 없다.

그것들도 단지 현재에만 속한다 '현재'라는 말은 여기서 '순간적인 현재'(khaṇikapaccupanna), 즉 경험의 현재 순간에 실제적인 존재를 갖는다는 의미로 사용된다. 물질적인 현상들은 정신적인 현상들보다 더 느린 변화율을 갖고 있기 때문에, 단일한 보이는 형색은 안문에서 일어나는 인식과정의 모든 찟따(citta)들에 계속 존재할 수 있다. 다른 육체적인 감각기관의 대상들에 대해서도 마찬가지이다(다음 265~266쪽 참조).

의문식(意門識)의 대상 의문 인식과정에서 일어나는 마음들은 감각문 인식과정의 찟따들에 접근할 수 없는 모든 유형의 정신 대상들뿐만 아니라 다섯 가지 육체적인 감각 대상 가운데 어떤 것도 인식할 수 있다. 의문의 마음들은 과거나 현재나 미래 가운데 어느 것에 속하는 대상이나 시간으로부터 독립적인(kālavimutta) 대상도 인식할 수 있다. 이 마지막 표현은 열반과 개념들에 적용된다. 열반은 그것의 내재적인 성품(sabhāva)이 일어나서 변하고 사라지지 않기 때문에 시간으로부터 독립적이고, 개념들은 내재적인 성품이 없기 때문에 시간으로부터 독립적이다.

사정에 따라 『위바위니 띠까』(*Vibhāvinī-Ṭīkā*)는 설명한다: 마음들이 욕계의 자와나들인지, 직접적인 지혜의 자와나(속행)들인지, 나머지 고귀한 자와나들인지 등에 따라서. 욕계 자와나들은 미소를 일으키는 마음을 제외하고 삼세(과거·현재·미래)의 대상과 시간으로부터 독립적인 대상을 가진다. 미소를 일으키는 마음은 삼세의 대상들만을 가진다. 직접적인 지혜의 마음들(abhiññā, 18 설명 참조)은 시간으로부터 독립적인 대상들뿐만 아니라 삼세의 대상들을 가진다. 고귀한 자와나들은 대상으로 과거의 마음들을 가지는 두 번째와 네 번째 무색계 선정을 제외하고 시간으로부터 독립적인 대상(개념)들을 가진다. 출세간 자와나들은 시간으로부터 독립적인 대상, 즉 열반을 갖는다.

문에서 벗어난 마음 등의 경우에 문에서 벗어난 마음은 어느 한 삶에서 재생연결과 바왕가와 죽음의 세 가지 역할을 실행하는 마음이다. 그것은 앞에서 설명했듯이(9 참조) 19가지 유형이다. 이 마음의 대상은 여섯 가지 종류일 수 있다: 그것은 과거든 현재든 다섯 가지 감각 대상들 가운데 어느 하나이거나 정신 대상일 수 있다. 그것의 세 가지 역할 모두에서 이 마음은 재생 순간에서 죽음 순간까지 동일한 대상을 유지한다. 그 동일한 대상은 재생연결심에 의해서 재생의 순간에 취해지고, 삶의 과정 동안에는 그 대상이 생명연속심에 의해 취해지고, 죽음의 순간에 그것은 죽음 마음에 의해 취해진다.

어떤 존재의 문에서 벗어난 마음의 대상은 일반적으로 바로 전 존재에서의 마지막 인식과정의 대상과 일치한다. 어떤 사람이 죽음 직전에 있을 때, 활동적인 마음의 마지막 단계에서 어떤 대상이 인식과정에 나타나는데, 그것은 이전의 업과 현재의 환경에 의해서 결정된다. 이 대상은 세 가지 종류 가운데 하나일 수 있다:

(1) 업(kamma), 즉 동일한 삶에서 이전에 행한 선한 행위나 악한 행위일 수 있다.

(2) 업의 표상(kammanimitta), 즉 재생을 막 결정하는 선한 행위나 악한 행위와 결합한 대상이거나 이미지일 수 있다. 혹은 그 행위를 수행하는 데 사용되는 도구일 수 있다. 예를 들어, 신심 있는 사람은 스님이나 절의 이미지를 볼 수 있고, 의사는 환자의 이미지를 볼 수 있다. 도살자는 도살되는 소의 신음소리를 듣거나 도살자 칼의 이미지를 볼 수 있다.

(3) 태어날 곳의 표상(gatinimitta), 즉 죽어가는 사람이 막 재생하려는

세계의 상징일 수 있다. 예를 들어, 천상의 재생으로 향하는 사람은 천상의 저택을 볼 수 있고, 축생의 재생으로 향하는 사람은 숲이나 들판을 볼 수 있고, 지옥의 재생으로 향하는 사람은 지옥의 불을 볼 수 있다.

사정에 따라서(yathāsambhavaṃ) 『위바위니 띠까』는 이 말을 문에서 벗어난 마음에 인식되는 대상이 전생의 마지막 정신적인 과정이 그 대상을 취했던 문에 따라 다양하고, 그것이 현재나 과거의 대상인지 혹은 개념인지에 따라서 다양하고, 그것이 업, 업의 표상, 혹은 태어날 곳의 표상인지에 따라서 다양하다고 설명한다. 그 설명은 다음과 같다.

욕계 재생연결의 경우에, 이전 존재의 마지막 자와나 과정의 여섯 가지 문 가운데 어떤 곳에서 파악된 다섯 가지 감각 대상 가운데 어떤 것도 업의 표상으로 대상이 될 수 있다. 그런 대상은 재생연결과 처음 일련의 바왕가들의 경우에 과거이거나 현재일 수 있다. 그것은 이전 존재의 마지막 자와나 과정에 의해서 파악된 대상이 새로운 존재의 처음 몇 개의 마음 순간까지 계속 존속하기 때문에 현재일 수 있다. 그 후에 바왕가와 새로운 존재의 죽음 마음에 그 대상은 반드시 과거이다.

이전 존재의 마지막 자와나 과정 동안에 의문에서 파악된 정신 대상은 과거인 업으로서의 혹은 업의 표상으로서의 새로운 존재의 재생연결과 바왕가와 죽음 마음의 대상이 될 수 있다. 만약 그 대상이 태어날 곳의 표상이면, 그것은 보통 의문에서 파악되는 보이는 형색이고 현재이다.

색계 재생연결의 경우에 세 가지 인식과정에서 벗어난 마음의 대상은 이전 존재의 의문 인식과정에서 파악된 정신 대상이다. 그것은 개념(그래서 시간에서 독립적인)이고 업의표상으로 간주된다. 첫 번째와 세 번째 무색계 세상으로의 재생연결의 경우에도 역시 그러하다. 두 번째와 네 번째 무색계 세상으로의 재생연결의 경우에, 마음인 그 대상은 정신 대상이다. 그것은 과거이고 또한 업의 표상으로 간주되기도 한다.

보통(yebhuyyena) 이 수식어는 무상유정의 존재들(asaññasattā)의 세계, 즉 마음이 완전히 없는 색계 세상의 영역(제5장 31 참조)에 죽음 후에 재생한 자들과 관련하여 추가된다. 그런 존재들에게는 문에서 벗어난 마음들의 대상은 바로 이전의 존재에서 파악되었던 어떤 것이 될 수 없다. 왜냐하면 그 존재에서는 마음이 없었기 때문이다. 이 존재들에게 그 대상은 완전히 무상유정의 존재 전의 존재에서의 과거 업의 힘을 통하여, 업의 표상 등으로 재생연결과 바왕가와 죽음 마음에 자신을 드러낸다.

18 마음의 유형에 의한 분류

Tesu cakkhuviññāṇādīni yathākkamaṃ rūpādi-ekekālambanān'eva. Manodhātuttikaṃ pana rūpādipañcālambanaṃ. Sesāni kāmāvacara-vipākāni hasanacittañ cā ti sabbathā pi kāmāvacarālambanān'eva.
Akusalāni c'eva ñānavippayuttakāmāvacarajavanāni cā ti lokuttarava-jjita-sabbālambanāni.
Ñāṇasampayuttakāmāvacarakusalāni c'eva pañcamajjhāna-sankhātaṃ abhiññākusalañ cā ti arahattamaggaphalavajjita-sabbālambanāni.
Ñāṇasampayuttakāmāvacarakriyā c'eva kriyābhiññā-votthapanañ cā ti sabbathā pi sabbālambanāni.
Āruppesu dutiyacatutthāni mahaggatālambanāni. Sesāni mahaggatacittāni pana sabbāni pi paññattālambanāni. Lokuttaracittāni nibbānālambanāni ti.

—

이것들 가운데 안식 등 각각은 보이는 형색 등 단 하나의 대상을 가진다. 그러나 세 가지 마노의 요소[意界]는 다섯 가지 종류의 (감각) 대상 (전부를)

가진다. 나머지 욕계 과보의 마음들과 미소 짓는 마음은 항상 욕계 대상만을 가진다.

지혜와 결합하지 않은 해로운 마음들과 욕계 자와나들은 출세간의 법들을 제외하고 모든 대상을 가진다.

지혜와 결합한 욕계 유익한 마음들과 제5선에 있는 유익한 직접적인 지혜의 마음은 아라한의 도와 과를 제외하고 모든 대상을 가진다.

지혜와 결합한 욕계 작용만 하는 마음들, 작용만 하는 직접적인 지혜의 마음, 결정하는 마음 모두는 모든 종류의 대상들을 가질 수 있다.

무색계 (마음들) 가운데 두 번째와 네 번째는 고귀한 대상들을 가진다. 나머지 모든 고귀한 마음들은 대상으로 개념들을 가진다. 출세간 마음들은 대상으로 열반을 가진다.

§ 18 설명

◉

세 가지 마노의 요소[意界] 세 가지 마노의 요소라고 집합적으로 알려져 있는 오문전향의 마음과 두 가지 종류의 받아들이는 마음은 다섯 가지 모든 문에서 일어나기 때문에 다섯 가지 모든 종류의 감각 대상인 보이는 형색 등을 가진다.

나머지 욕계 과보의 마음들 세 가지 조사하는 마음과 여덟 가지 큰 과보의 마음인 이 과보의 마음들은 등록에 의해 일어날 때 여섯 가지 문에서 제시되는 모든 종류의 욕계 대상을 가진다. 또한 기쁨이 함께하는 조사하는 마음을 제외하고 이 동일한 과보의 마음들은 재생연결과 바왕가와 죽음으로 일어날 때 문에서 벗어난 여섯 가지 대상을 가진다. 아라한들의 미소 짓는 마음은 또한 여섯 가지 모든 종류의 욕계 대상을 가진다.

해로운 마음들 등 네 가지 도와 그것들의 과와 열반 — 이 아홉 가지 출세간의 법은 그것들의 극도의 청정함과 심오함 때문에 어떤 해로운 마음이나 지혜가 없는 유익한 마음과 작용만 하는 마음에 의해서 파악될 수 없다.
욕계 유익한 마음 등 범부들과 유학들은 아라한의 도와 과의 마음을 알 수 없다. 그들이 이 상태 자체를 얻지 못했기 때문에, 이 두 가지 마음은 그것들의 정신적인 과정에 일어나는 지혜와 결합한 유익한 욕계 마음들에 여전히 접근할 수 없다.

유학들의 도와 과의 마음은 범부들의 마음에 접근할 수 없다. 보다 높은 단계에 있는 유학들의 도와 과의 마음들은 보다 낮은 단계에 있는 유학들의 마음이 접근할 수 없다. 지혜와 결합한 유익한 욕계 마음들은 유학들이 그들 자신의 출세간 증득을 반조할 때 열반뿐만 아니라 도와 과의 마음들을 알 수 있다. 이 동일한 마음들은 출세간의 도가 일어나기 바로 전에 혈통의 변화(gotrabhū, 種性)라고 불리는 경우에 대상으로 열반을 가진다(제9장 34 참조).

[표 3.5] 대상의 개요

마음		대상
안식 이식 비식 설식 신식	2 2 2 2 2	현재의 보이는 형색 현재의 소리 현재의 냄새 현재의 맛 현재의 감촉
마노의 요소[意界]	3	현재의 다섯 가지 대상
조사하는 3, 미소 짓는 1, 욕계 유익한 과보의 8	12	욕계 마음 54, 마음부수 52, 물질 28
해로운 12, 욕계 아름다운 지혜와 결합하지 않은 4, 작용만 하는 4	20	세간 마음 81, 마음부수들 52, 물질 28, 개념들
욕계 아름다운 지혜와 결합한 4, 직접적인 지혜(신통지)와 함께하는 1	5	87가지 마음(아라한의 도와 과를 제외한 모든 마음), 마음부수 52, 물질 28, 열반, 개념들
욕계 아름다운 지혜와 결합한 작용만 하는 4, 작용만 하는 직접적인 지혜(신통지) 1, 의문전향	6	모든 대상들(=마음 89, 마음부수들 52, 물질 28, 열반, 개념들)
무색계 두 번째와 네 번째	6	고귀한 : 첫 번째와 세 번째 마음들 각각
색계 15, 무색계 첫 번째와 세 번째	21	개념들
출세간	8	열반

유익한 직접적인 지혜의 마음 직접적인 지혜들(abhiññā)은 다섯 가지 선정에 대한 자유자재를 얻은 자들이 얻을 수 있는 보다 높은 지혜의 유형들이다. 다섯 가지 세간적인 직접적인 지혜는 텍스트에 언급되어 있다: 비범한 힘[神足通], 비범한 귀[天耳通], 다른 사람의 마음에 대한 지혜[他心通], 과거 생들에 대한 기억[宿命通], 비범한 눈[天眼通] (다음 제9장 21 참조). 이 지혜들은 범부들과 유학들의 경우에는 유익한 마음이고 아라한들의 경우에는 작용만 하는 마음인 제5선의 찟따(citta)를 특별하게 적용시키는 것을 통해서 얻어진다. 세 번째 직접적인 지혜에 의해서 제5선의 자유자재를 갖고 있는 유학들은 그들 자신과 동등한 수준이거나 보다 낮은 수준에 있는 유학들의 도와 과의 마음들을 인식할 수 있지만, 그들은 더 높은 수준에 있는 유학들의 도와 과의 마음들은 인식할 수 없다. 아라한의 도와 과의 마음은 유익한 직접적인 지혜의 마음의 범위를 완전히 넘어서 있다.

욕계 작용만 하는 마음 등 지혜와 결합한 욕계 작용만 하는 마음에 의해서, 아라한은 그의 증득을 반조할 때 그 자신의 도와 과의 마음을 알 수 있고, 작용만 하는 직접적인 지혜 마음에 의해서 그는 다른 성스러운 제자들인 유학들과 아라한들의 도와 과의 마음들을 알 수 있다. 결정하는 마음은 감각문 과정에서 다섯 가지 감각 대상들을 파악하고 의문전향의 마음으로서의 그것의 역할로 여섯 가지 모든 대상을 파악한다.

무색계(마음들) 가운데 등 두 번째 무색계 마음은 대상으로 첫 번째 무색계 마음을 가지는 반면에, 네 번째 무색계 마음은 대상으로 세 번째 무색계 마음을 가진다. 그리하여 이 두 가지 마음은 대상으로 고귀한 것들을 가진다.

나머지 모든 고귀한 마음들 색계 선정의 마음들은 대상으로 까시나의 경우에는 닮은 표상과 같은 개념적인 것을 가지거나(제1장 18-20 설명 참조), 무량의 경우에는 중생들을 가진다. 첫 번째 무색계 마음은 대상으로 무한한 허공이라는 개념을 가지고, 세 번째 무색계 마음은 대상으로 무소유 또는 무존재의 개념을 가진다([표 3.6] 참조).

[표 3.6] 고귀한 마음들의 개념적인 대상들

마음들 \ 대상들		까시나	부정	몸	호흡	중생(자애)	중생(연민)	중생(더불어기뻐함)	중생(평정)	무한한 허공	무소유	합계
		10	10	1	1	1	1	1	1	1	1	
색계 초선	3	■	■	■	■	■	■	■				25
색계 제2선	3	■			■	■	■	■				14
색계 제3선	3	■			■	■	■	■				14
색계 제4선	3	■			■	■	■	■				14
색계 제5선	3	■			■				■			12
무색계 초선	3									■		1
무색계 제3선	3										■	1

19 요약

Pañcavīsa parittamhi cha cittāni mahaggate
Ekavīsati vohāre aṭṭha nibbāna-gocare.
Vīsānuttaramuttamhi aggamaggaphalujjhite.
Pañca sabbattha chacceti sattadhā tattha sangaho.

—

25가지 마음의 유형은 보다 낮은 대상들과 연결된다. 여섯 가지는 고귀한 것과 연결된다. 21가지는 개념들과 연결된다. 여덟 가지는 열반과 연결된다. 20가지는 출세간을 제외한 모든 대상들과 연결된다. 다섯 가지는 가장 높은 도와 과를 제외한 모든 것과 연결된다. 그리고 여섯 가지는 모든 것과 연결된다. 그리하여 일곱 가지가 그것의 모음이다.

§ 19 설명

◉

25가지 마음의 유형 23가지 욕계 과보의 마음, 오문전향, 미소를 일으키는 마음은 더 낮은, 즉 욕계의 대상들만을 가진다.

여섯 가지는 고귀한 것과 연결 이것들은 두 번째와 네 번째 무색계 선정들이며 유익한, 과보의, 작용만 하는 것으로 나타난다.

21가지는 개념들과 연결 이것들은 다섯 가지 색계 선정과 첫 번째와 세 번째 무색계 선정들이며, 이 모두는 유익한, 과보의, 작용만 하는 것으로 간주된다.

여덟 가지는 열반과 연결 이것들은 도와 과이다.

20가지는 출세간을 제외하고… 12가지 해로운 마음과, 지혜와 결합되지 않은 네 가지 유익한 마음과 네 가지 작용만 하는 마음.

다섯 가지 지혜가 있는 네 가지 욕계 유익한 마음과 유익한 직접적인 지혜 마음.

여섯 가지는 모든 것과 연결 지혜가 있는 네 가지 큰 작용만 하는 마음, 작용만 하는 제5선의 직접적인 지혜 마음, 결정하는 마음.

토대의 개요
(vatthusangaha)

20 토대의 분석

Vatthusangahe vatthūni nāma cakkhu-sota-ghāna-jivhā-kāya-hadayavatthu
cā ti chabbidhāni bhavanti.
Tāni kāmaloke sabbāni pi labbhanti. Rūpaloke pana ghānādittayaṃ natthi. Arūpaloke pana sabbāni pi na saṃvijjani.

—

토대의 요약에 여섯 가지 토대, 즉 눈 토대, 귀 토대, 코 토대, 혀 토대, 몸 토대, 심장 토대가 있다.
이 모든 것이 역시 욕계에서 발견된다. 그러나 색계에서는 세 가지 토대, 즉 코, 혀, 몸은 발견되지 않는다. 무색계에서는 어떤 토대도 존재하지 않는다.

§ 20 설명

◉

토대의 분석 물질이 얻어지는 존재계에서 마음들과 마음부수들은 토대(vatthu)라고 불리는 조건에 의존해서 일어난다. 토대는 마음이 일어나기 위한 육체적인 기반이다. 비록 처음 다섯 가지 토대가 처음 다섯 가지 문, 즉 다섯 가지 감각 기능의 감성 물질과 일치하지만, 하나의 토대는 마음이 일어나는 데 다른 역할을 하기 때문에 문과 동일하지 않다. 문은 인식과정에서 마음들과 마음부수들이 대상에 접근하는 통로이고, 토대는 마음들과 마음부수들이 일어나기 위한 육체적인 기반이다.

이런 역할의 차이는 중요한 결과를 함축한다. 안문 인식과정에서 안식 외에 많은 마음의 유형들이 그것들의 문으로 눈의 감성 물질과 함께 일어난다. 그러나 눈의 감성 물질은 오로지 안식의 토대이지 눈의 문을 이용하는 다른 마음들의 토대는 아니다. 문들과 관련하여, 재생연결과 바왕가와 죽음 마음으로 역할을 하는 다양한 찟따(citta)들은 '문에서 벗어난', 즉 어떤 문도 없이 일어나는 것으로 간주된다. 그러나 마음과 물질 둘 다를 포함하는 존재계에서는 어떤 마음들도 토대 없이는 일어나지 않는다.

이 섹션에서 저자는 토대들을 열거하고 마음들이 의존하는 토대들에 의해 마음을 분류한다.

심장 토대(hadayavatthu) 빠알리어 주석가들에 따르면, 심장은, 그것들의 토대로 그것들 각각의 감성 물질을 가지는 두 가지 세트의 다섯 가지 감각식(한 쌍의 전오식) 외에, 모든 마음들을 위한 육체적인 토대 역할을 한다. 정경 논장에서 심장 토대는 충분하게 언급되지 않는다. 아비담마의 마지막 책인 『빳타나』(*Paṭṭhāna*, 發趣論)는 "의계(意界)와 의식계(意識界)가 의지하여 일어나는 물질"이라고 단순하게 말한다(i,4). 그러나 주석서는 이어서 '그 물질'을 심장 토대, 즉 육체적인 심장 안에 있는 하나의 구멍이라고 명시한다.

욕계 등에서 욕계에서 여섯 가지 모든 토대는 나면서부터 눈멀거나 귀먹은 자들의 경우를 제외하고 발견된다. 색계에서는 상응하는 욕계 경험의 유형들을 위한 토대인 코, 혀, 몸의 세 가지 토대는 없다. 왜냐하면 이 감각 경험의 유형들은 다른 두 가지(봄과 들음)보다 자질이 더 거칠고 그리하여 이 고양된 세계에서는 제외되기 때문이다. 주석가들은 그곳의 중생들이 이 기관들의 육체적인 형태는 가지고 있지만 이 기관들은 감성 물질이 없어서 냄새 맡음, 맛봄, 닿음을 위한 토대들로 역할을 할 수 없다. 그래서 이 감각 경험들은 색계에서 일어나지 않는다. 모든 토대는 물질로 되어 있기 때문에 무색계에서는 어떤 토대도 존재하지 않는다.

21 마음에 의한 분류

Tattha pañcaviññāṇadhātuyo yathākkamaṃ ekantena pañcappasādavatthūni nissāy'eva pavattanti. Pañcadvārāvajjana-sampaṭicchanasankhātā pana manodhātu ca hadayaṃ nissitā yeva pavattanti. Avasesā pana manoviññāṇadhātusankhātā ca santīraṇa-mahāvipāka-paṭighadvaya-paṭhamamagga-hasana-rūpāvacaravasena hadayaṃ nissāy'eva pavattanti.
Avasesā kusal'-ākusala-kriyā'-nuttaravasena pana nissāya vā anissāya vā. Āruppavipākavasena hadayaṃ anissāy'evā ti.

—

여기서 감각식의 다섯 가지 요소[前五識]는 그 각각의 토대로 (감각기관의) 다섯 가지 감성 부분에 완전히 의존한다(2×5=10). 그러나 의계(意界), 즉 오문전향의 마음과 (두 가지 유형의) 받아들이는 마음은 심장에 의존하여 일어난다. 마찬가지로 나머지 마음들, 즉 조사하는 마음으로 구성된 의식계(意識界), 큰 과보의 마음들, 적의가 함께하는 두 가지, 첫 번째 도 마음, 미소 짓는 마음, 색계 마음은 심장에 의지하여 일어난다(3+3+8+2+1+1+15=33).
나머지 마음의 부류들은 유익하거나, 해롭거나, 작용만 하거나, 출세간이거나 간에 심장 토대에 의존하거나 심장 토대에서 독립적일 수 있다(12+10+13+7=42). 무색계 과보의 마음들은 심장 토대에서 독립적이다(4).

§ 21 설명

◉

감각식의 다섯 가지 요소[前五識] 아비담마에서 89가지 마음의 유형 모두는 다음과 같이 일곱 가지 식의 요소(viññānadhātu, 識界)로 구별된다.

[표 3.7] 일곱 가지 식(識)의 요소

요소	마음들	
안식계(眼識界)	안식(眼識	2
이식계(耳識界)	이식(耳識)	2
비식계(鼻識界)	비식(鼻識)	2
설식계(舌識界)	설식(舌識)	2
신식계(身識界)	신식(身識)	2
의계(意界)	오문전향, 받아들이는 마음	3
의식계(意識界)	나머지 모든 마음들	76

의계(manodhātu, 意界)라고 불리는 세 가지 마음은 대상에 대한 매우 약한 파악력을 포함한다. 오문전향의 마음은 전혀 새로운 대상과 직면하고 다른 토대를 가진 마음이 뒤따르기 때문에 (대상에 대한 매우 약한 파악력을 가진다). 두 가지 받아들이는 마음은 다른 토대를 갖고 있는 마음을 뒤따르기 때문에 (대상에 대한 매우 약한 파악력을 가진다). 감각식의 다섯 가지 요소는 대상을 직접 보고 듣고 냄새 맡고 닿기 때문에 약간 더 강하지만 그것들 자체의 것과는 다른 토대들을 갖고 있는 두 가지 마음들 사이에 오기 때문에 여전히 상대적으로 약하다. 의식계(manoviññānadhātu, 意識界) 밑에 모아진 마음들은 그것들 자체의 토대를 공유하는 찟따(citta)들이 앞

서고 뒤따르기 때문에 그것들의 대상에 대한 더 완전하고 더 명료한 인지적 파악력을 가질 수 있다.

의계는… 심장에 의존하여 일어난다 여기에 열거된 33가지 마음은 무색계에서는 일어나지 않고, 물질이 존재하는 세계에서만 일어난다. 그리하여 그것들은 심장 토대에 의해서 지지된다. 적의와 함께하는 마음들은 적의가 선정을 얻기 위한 필수조건에 의해 잘 억압되었기 때문에 색계와 무색계에서는 일어나지 않는다. 첫 번째 도 마음, 즉 예류도 마음은 귀의 기능을 전제로 하는 담마(법)를 듣는 것을 조건으로 하기 때문에 무색계에서는 일어날 수 없다. 물론, 미소 짓는 마음은 미소를 보여주는 몸을 필요로 한다.

나머지 마음들 이것들은 (적의와 함께하는 두 가지를 제외한) 10가지 해로운 마음, 여덟 가지 큰 유익한 마음, 여덟 가지 큰 작용만 하는 마음, 네 가지 무색계 유익한 마음, 네 가지 무색계 작용만 하는 마음, (첫 번째 도를 제외한) 일곱 가지 출세간 마음, 의문전향의 마음을 모두 합해서 42가지이다. 이 마음들이 물질이 존재하는 세계, 즉 욕계와 색계에서 일어날 때는 심장 토대에 의존하고, 그것들이 무색계에서 일어날 때는 심장 토대에 의존하지 않는다.

무색계 과보의 마음들은 무색계에서만 일어나서 어떤 토대에도 의존하지 않는다. 세 가지 세계에 대해서는 제5장 3-7을 참조하라.

[표 3.8] 토대의 개요

마음들	탐욕에 뿌리박은	성냄에 뿌리박은	미혹에 뿌리박은	안식	이식	비식	설식	신식	의계(意界)	조사하는	의문전향	미소짓는	욕계 유익한	욕계 과보의	욕계 작용만 하는	색계	무색계 유익한	무색계 과보의	무색계 작용만 하는	예류도	다른 출세간	합계
토대	8	2	2	2	2	2	2	2	3	3	1	1	8	8	8	15	4	4	4	1	7	
눈 토대				■																		2
귀 토대					■																	2
코 토대						■																2
혀 토대							■															2
몸 토대								■														2
심장 토대 (반드시)		■							■	■		■		■		■				■		33
심장 토대 (때때로)	■		■								■		■		■		■		■		■	42
토대 없음																		■				4

22 요약

Chavatthuṃ nissitā kāme satta rūpe catubbidhā

Tivatthuṃ nissit'āruppe dhātv'ekānissitā matā.

Tecattāḷīsa nissāya dvecattāḷīsa jāyare

Nissāya ca anissāya pāk'āruppā anissitā ti.

—

욕계에서는 일곱 가지 요소가 여섯 가지 토대에 의존하고, 색계에서는 네 가지가 세 가지 토대에 의존하고, 무색계에서는 단 하나의 요소가 어떤 것에도 의존하지 않는다고 알아야 한다.

43가지 (유형의 마음이) 하나의 토대에 의존해서 일어난다. 42가지는 하나의 토대를 가지거나 하나의 토대를 갖지 않고 일어난다. 무색계 과보의 마음들은 어떤 토대도 없이 일어난다.

§ 22 설명

◉

욕계 등에서 욕계에서 다섯 가지 식계(識界)는 각각 그것들 자신의 토대에 의존해서 일어나고, 의계(意界)와 의식계(意識界)는 심장 토대에 의존하여 일어난다. 색계에서 그것들과 상응하는 식계와 함께 코 토대, 혀 토대, 몸 토대는 존재하지 않는다. 무색계에서는 단지 의계만이 일어나고 토대 없이 일어난다.

Iti Abhidhammatthasangahe
Pakiṇṇakasangahavibhāgo nāma
tatiyo paricchedo.

이와 같이 『아비담맛타 상가하』에서
여러 가지 항목의 개요라 불리는
제3장이 끝난다.

제4장

인식 과정의 개요

Vīthisangahavibhāga

1 서시

Cittuppādānam icc'evaṃ katvā sangaham uttaraṃ
Bhūmi-puggalabhedena pubbāparaniyāmitaṃ
Pavattisangahaṃ nāma paṭisandhippavattiyaṃ
Pavakkhāmi samāsena yathāsambhavato kathaṃ.

—

마음 상태에 대한 탁월한 개요를 마치고, 세상과 개인에 따라, 어떤 (마음 상태)가 앞서고 뒤따르는가에 의해 결정된 대로 나는 적절한 순서로 재생연결 때와 삶의 과정 동안 마음의 일어남을 간략하게 설명하리라.

§ 1 설명

◉

나는 간략하게 설명하리라 등 이전 장에서 저자는 느낌, 원인, 역할 등의 관점에서 마음부수들과 함께 마음의 상태들을 분류했다. 이후 두 장에서는 삶의 과정에서 마음이 일어날 경우에 마음의 역학을 다룰 것이다. 이 장은 인식과정(cittavīthi)에서 마음의 일어남을 검토하고, 다음 장은 재생연결, 바왕가, 죽음의 경우에 인식과정을 벗어난(vīthimutta) 마음의 일어남을 다룰 것이다.

어떤 (마음 상태가) 앞서고 뒤따르는가에 의해 결정된 대로(pubbāparaniyāmitaṃ) 이 말은 앞서는 과정과 뒤따르는 과정에서뿐만 아니라, 어떤 하나의 인식과정에서의 마음들은 자연의 법칙에 따라서 적절한 순서로 일어나는 것을 의미한다.

범주의 열거

2 여섯 개조의 여섯 범주

Cha vatthūni, cha dvārāni, cha ālambanāni, cha viññāṇāni, cha vīthiyo, chadhā visayappavatti cā ti vīthisangahe cha chakkāni veditabbāni. Vīthimuttānaṃ pana kamma-kammanimitta-gatinimitta-vasena tividhā hoti visayappavatti.
Tattha vatthu-dvār'-ālambanāni pubbe vuttanayen'eva.

—

인식과정의 개요에 각각 여섯 개조를 갖고 있는 여섯 범주를 이해해야 한다.

(1) 여섯 가지 토대
(2) 여섯 가지 문
(3) 여섯 가지 대상
(4) 여섯 가지 식(識)의 유형
(5) 여섯 가지[인식] 과정
(6) 여섯 가지 대상의 나타남

인식과정에서 벗어난 마음에 대상이 나타나는 것은 세 가지, 즉 업·업의 표상·태어날 곳의 표상이다. 이 점에서의 토대, 문, 대상은 전에 설명된 대로이다.

3 여섯 가지 식(識)의 유형

Cakkhuviññāṇaṃ, sotaviññāṇaṃ, ghānaviññāṇaṃ,j ivhāviññāṇaṃ, kāyaviññāṇaṃ, manoviññāṇañ cā ti cha viññāṇāni.

—

여섯 가지 식의 유형은 안식, 이식, 비식, 설식, 신식, 의식이다.

4 여섯 가지[인식]과정

Cha vīthiyo pana cakkhudvāravīthi, sotadvāravīthi, ghānadvāravīthi, jivhādvāravīthi, kāyadvāravīthi,manodvāravīthi cā ti dvāravasena vā cakkhuviññāṇavīthi,sotaviññāṇavīthi,ghānaviññāṇavīthi,jivhāviññāṇa vīthi, kāyaviññāṇavīthi, manoviññāṇavīthi cā ti viññāṇavasena vā dvārappavattā cittappavattiyo yojetabbā.

문에 따라 여섯 가지 인식과정이 있다.

(1) 안문과 연결된 인식과정
(2) 이문과 연결된 인식과정
(3) 비문과 연결된 인식과정
(4) 설문과 연결된 인식과정
(5) 신문과 연결된 인식과정
(6) 의문과 연결된 인식과정

혹은 식에 따라 인식과정들이 있다.

(1) 안식과 연결된 인식과정
(2) 이식과 연결된 인식과정
(3) 비식과 연결된 인식과정
(4) 설식과 연결된 인식과정
(5) 신식과 연결된 인식과정
(6) 의식과 연결된 인식과정

문과 연결된 인식과정들은 (상응하는 식과) 대응되어야 한다.

§ 4 설명

◉

여섯 가지 인식과정 위티(vīthi)라는 말은 문자 그대로 거리(street)를 뜻하지만, 여기에서 그것은 과정이라는 의미로 사용된다. 마음들이 감각문들이나 의문에서 대상을 인식하면서 일어날 때, 그것들은 임의로 일어나거나 혼자서 일어나지 않고, 규칙적이고 균일한 순서로 하나를 다른 하나로 이끄는 일련의 인지적인 사건에서 단계들로 일어난다. 이 순서는 고정된 마음의 순서(cittaniyāma)라고 불린다.

인식과정이 일어나기 위해서는, 필수적인 모든 조건들이 존재해야 한다. 주석서에 따르면, 각 유형의 인식과정을 위한 필수적인 조건들은 다음과 같다.

(1) 안문 인식과정을 위해서
(a) 눈의 감성(cakkhuppasāda)

(b) 보이는 대상(rūpārammaṇa)

(c) 빛(āloka)

(d) 주의(manasikāra)

(2) 이문 인식과정을 위해서

(a) 귀의 감성(sotappasāda)

(b) 소리(saddārammaṇa)

(c) 공간(ākāsa)

(d) 주의(manasikāra)

(3) 비문 인식과정을 위해서

(a) 코의 감성(ghānappasāda)

(b) 냄새(gandhārammaṇa)

(c) 공기 요소(vayodhātu)

(d) 주의(manasikāra)

(4) 설문 인식과정을 위해서

(a) 혀의 감성(jivhāppsāda)

(b) 맛(rasārammaṇa)

(c) 물의 요소(āpodhātu)

(d) 주의(manasikāra)

(5) 신문 인식과정을 위해서

(a) 몸의 감성(kāyappasāda)

(b) 감촉 대상(phoṭṭhabārammaṇa)

(c) 땅의 요소(paṭhavīdhātu)

(d) 주의(manasikāra)

(6) 의문 인식과정을 위해서

(a) 심장 토대(hadayavatthu)

(b) 정신 대상(dhammārammaṇa)

(c) 바왕가(bhavanga)

(d) 주의(manasikāra)[1]

여섯 가지 인식과정의 유형은 편의상 두 가지 그룹, 즉 육체적인 감각문들 각각에서 일어나는 다섯 가지 인식과정을 포함하는 오문 인식과정(pañcadvāravīthi)과, 의문에서만 일어나는 모든 인식과정들로만 구성되는 의문 인식과정(manodvāravīthi)으로 나뉜다. 바왕가는 또한 오문 인식과정이 나오는 통로이기 때문에, 오문 인식과정은 의문과 육체적인 감각문을 포함하므로 때로는 잡문 인식과정(missaka-dvāravīthi)이라 불린다. 의문에서만 일어나는 인식과정들은 육체적인 감각문의 도움 없이 바왕가에서만 나오기 때문에 순수 의문 인식과정(suddha-manodvāravīthi)이라고 불린다. 앞으로 보게 되듯이, 처음 다섯 가지 [오문] 인식과정 모두는 감각기능의 차이에도 불구하고 균일한 패턴을 따르는 반면에, 여섯 번째 의문 인식과정은 다양한 인식과정들이 외부의 감각문들과는 독립적으로 일어난다는 점에서만 서로 비슷한 과정들로 구성된다.

5 여섯 가지 대상의 나타남

Atimahantaṃ mahantaṃ parittaṃ atiparittañ cā ti pañcadvāre, manodvāre pana vibhūtam avibhūtañ cā ti chadhā visayappavatti veditabbā.

—

여섯 가지 대상의 나타남은 다음과 같이 이해해야 한다.

a. 다섯 가지 감각문에서 그것은 (1) 매우 크다, (2) 크다, (3) 작다, (4) 매우 작다.

b. 의문에서 그것은 (5) 선명하다, (6) 희미하다.

§ 5 설명

◉

대상의 나타남 위사얍빠왓띠(visayappavatti)라는 빠알리어 표현은 여섯 가지 문 가운데 하나에서 식에 대상이 나타나는 것을 뜻하거나, 대상의 나타남과 동시에 마음의 상태들이 일어남을 뜻한다. 여섯 가지 대상의 나타남은 다섯 가지 감각문에서 네 가지 대안, 즉 매우 큰, 큰, 작은, 매우 작은 것으로 분석되고, 의문에서의 두 가지 대안은 선명한 것, 희미한 것이다.

이 맥락에서 '크다(mahā)'과 '작다(paritta)'라는 말은 대상의 크기나 거침에 대해서 사용된 것이 아니라, 그것이 마음에 미치는 영향력에 관한 것이다. 비록 크거나 거친 눈에 보이는 대상이 안문에 존재하더라도, 만약 눈의 감성 물질이 약하거나, 대상이 그것의 전성기를 지난 후에 눈에 부딪히거나, 빛이 희미하면, 그 대상은 독특한 인상을 만들지 못하게 되어서 작거나 매우 작은 범주에 들어가게 될 것이다. 반면에, 만약 작거나 미묘한 형색이 그것의 전성기에 있는 동안에 눈에 부딪히고, 눈의 감성 물질이 강하고, 빛이 밝으면, 그 대상은 독특한 인상을 만들어 낼 것이고 그래서 크거나 매우 큰 범주에 들어가게 될 것이다.

그럼으로써 '큰 대상'과 '작은 대상' 등의 말들은 대상의 크기를 나타내는 것이 아니라, 대상이 감각문의 영역에 들어오는 순간부터 마음에 대상이 나타나는 것이 그치는 순간까지 일어나는 인식과정의 마음(vīthivitta)들의 숫자를 나타낸다. 유사한 원리로 의문에 대상이 나타나는 것을 선명한 것과 희미한 것으로 구별한다.

오문 인식과정
(pañcadvāravīthi)

6 매우 큰 대상

Kathaṃ? Uppāda-ṭṭhiti-bhanga-vasena khaṇattayaṃ ekacittakkhaṇaṃ nāma. Tāni pana sattarasa cittakkhaṇāni rūpadhammānam āyu. Ekacittakkhaṇātītāni vā bahucittakkhaṇātītāni vā ṭhitippattān'eva pañcālambanāni pañcadvāre āpātham āgacchanti.

–

어떻게 (대상들의 나타남에서의 강도가 결정되는가)? 하나의 마음순간은 세 가지 (하위) 순간, 즉 일어남·머무름·무너짐으로 구성된다. 물질적인 현상의 지속기간은 그런 17가지 순간들로 구성된다. 하나 혹은 여러 마음순간들이 지나갔을 때, 다섯 가지 감각 대상은 머무름의 단계에서 다섯 가지 감각문의 영역에 들어온다.

Tasmā yadi ekacittakkhaṇātītakaṃ rūpārammaṇaṃ cakkhussa āpātham āgacchati, tato dvikkhattuṃ bhavange calite bhavangasotaṃ vocchinditvā tam eva rūpārammaṇaṃ āvajjantaṃ pañcadvārāvajjana-cittaṃ uppajjitvā nirujjhati. Tato tass'ānantaraṃ tam eva rūpaṃ passantaṃ cakkhuviññāṇaṃ, sampaṭicchantaṃ sampaṭicchanacittaṃ, santīrayamānaṃ santīraṇacittaṃ, vavatthapentaṃ votthapanacittañ cā ti yathākkamaṃ uppajjitvā nirujjhanti.

—

그럼으로써 만약 눈에 보이는 형색이 대상으로 한 마음순간을 지나서(1) 눈의 영역에 들어오면 생명연속심(바왕가)이 두 마음순간 동안 동요하고 끊어진다(2, 3). 그때 오문전향의 마음이 대상으로 동일한 보이는 형색으로 전향하면서 일어나서 소멸한다(4). 바로 후에 적절한 순서로:

(5) 안식이 그 형색을 보고
(6) 받아들이는 마음이 그것을 받아들이고
(7) 조사하는 마음이 그것을 조사하고
(8) 결정하는 마음이 그것을 결정한다.

Tato paraṃ ekūnatiṃsakāmāvacarajavanesu yaṃ kiñci laddha-ppaccayaṃ yebhuyyena sattakkhattuṃ javati. Javanānubandhāni ca dve tadārammaṇapākāni yathārahaṃ pavattanti. Tato paraṃ bhavangapāto.

—

그 다음에 올바른 조건을 얻은 29가지 욕계 자와나(속행) 가운데 어느 하나가 보통 일곱 가지 마음순간 동안 이 과정을 속행한다(9-15). 그 자와나(속행)들 다음에, 두 가지 등록의 과보의 마음이 적절하게 일어난다(16-

17). 그 다음에 생명연속심(바왕가)으로 들어간다.

Ettāvatā cuddasa vīthicittuppādā dve bhavangacalanāni pubb'ev'-atītakam ekacittakkhaṇan ti katvā sattarasa cittakkhaṇāni paripūrenti. Tato paraṃ nirujjhati. Ālambanam etaṃ atimahantaṃ nāma gocaraṃ.

—

이 정도로 17가지 마음순간, 즉 14가지 인식과정 마음의 행동, 두 가지 생명연속심(바왕가)의 동요, (인식과정) 전에 지나갔던 한 마음순간이 완성되었다. 그 다음에 그 대상은 소멸한다. 이 대상은 '매우 크다'라고 불린다.

§ 6 설명

◉

물질적인 현상의 지속기간 마음의 수명은 아비담마에서 마음순간(citta-kkhaṇa)이라고 불린다. 이것은 매우 짧은 기간의 시간단위여서 주석가들에 따르면 번개가 번쩍이고 눈이 깜박이는 시간에 수십 억 번의 마음순간들이 지나간다. 그럼에도 불구하고 비록 겉보기에 극미하지만 각 마음순간은 차례로 세 가지 아순간(아찰나)인 일어남(uppāda), 머무름(ṭhiti), 무너짐(banga)으로 구성된다. 한 마음순간의 범위 안에서 마음은 일어나서 그것의 순간적인 역할을 수행하고, 그런 다음에 소멸하고 바로 뒤따르는 다음 마음을 조건 짓는다. 그래서 마음순간들의 연속을 통해 마음의 흐름은 강물처럼 방해받지 않고 계속된다.

아난다(Ananda, 논장에 대한 『물라 띠까』(*Mūla-Ṭīkā*)의 저자) 스님과 같은 어떤 주석가들은 정신적인 현상에 관련하여 머무름의 아순간을 거부하고, 마음이 일어나는 순간과 소멸하는 순간만을 말하고 머무름의 순간은 말하지 않는 『야마까』(*Yamaka*, 雙論)의 「찟따 야마까」(*Citta-Yamaka*) 장에 지지를 호소한다. 그러나 아누룻다 스님은 이 입장을 지지하지 않고, 그의 주석가들도 지지하지 않는다. 『위바위니』(*Vibhāvinī*)는 머무름의 아순간이 일어남과 무너짐의 단계에서 분리된 법의 발생단계이며, 이 동안에 그 법은 그 자신의 무너짐을 마주하고 있다(bhangābhimukhāvathā)고 지적한다. 레디 사야도는 머무름의 순간을 마치 돌을 위로 던질 때 그것이 밑으로 떨어지기 전에 한 순간이 필요하듯이 일어나고 사라지는 두 단계(udaya-vaya)의 중간지점으로 간주한다. 그는 또한 머무름의 순간이 일어나는 시작점과 소멸하는 끝점 사이의 한 담마의 전체 수명을 망라하는 것으로 간주될 수 있다고도 말한다. 많은 주석가들은 머무름의 순간을 부처님께서 함축해서 말씀하신 것으로 받아들인다: "조건 지어진 것들 가운데는 세 가지 조건 지어진 특징인 일어남, 무너짐, 머무름의 변화가 있다" (A.3:47/i,152). 여기에서 머무름의 순간은 '머무름의 변화'와 동일하다(ṭhitassa aññathatta).

물질적인 현상들도 일어남, 머무름, 무너짐의 세 가지 단계를 지나가지만, 그것들에게 이 세 가지 단계가 지나가는 데 걸리는 시간은 17가지 마음이 일어나서 무너지는 데 걸리는 시간과 동일하다. 일어남과 무너짐의 단계들은 물질적인 현상들과 정신적인 현상들이 지속하는 기간이 동일하지만, 물질적인 현상의 경우에 머무름의 단계는 정신적인 현상의 49가지 아순간과 동일하다.[2]

다섯 가지 감각 대상은 머무름의 단계에서… 들어온다 눈에 보이는 형색과 같은 감각 대상들은 물질적인 현상이어서 17가지 마음순간 동안 지속된다. 감각 대상은 일어나는 아순간에는 아직 약하기 때문에, 그것은 머무름의 단계에 도달할 때에만 감각의 영역에 들어올 수 있다.

그럼으로써 만약 눈에 보이는 형색이 대상으로 등 어떤 활동적인 인식과정이 일어나지 않을 때, 바왕가는 단일한 대상, 즉 바로 앞 존재에서의 마지막 자와나 과정의 대상과 동일한 업이나 업의 표상이나 태어날 곳의 표상을 대상으로, 모든 동일한 형태의 일련의 마음들로 계속 흐른다. 감각 대상이 감각문에 들어오는 그 순간에, 지나간 생명연속심(atīta-bhavanga)으로 알려져 있는 한 개의 바왕가가 지나간다. 그 다음에 또 다른 두 개의 바왕가 찟따(citta)들이 대상의 충격 때문에 동요하고, 두 번째가 바왕가의 흐름을 중단시킨다. 복주서에서 이것들은 생명연속심의 동요(bhavanga-calana)와 생명연속심의 끊어짐(bhavang'-upaccheda)으로 구별된다. 그 후에 오문전향의 마음이 일어나면서 마음의 흐름은 '인식과정에서 벗어난' 상태에서 나와서 인식과정으로 들어가기 시작한다(vīthipāta).

29가지 욕계 자와나(속행) 즉 12가지 해로운 마음, 여덟 가지 큰 유익한 마음, 여덟 가지 큰 작용만 하는 마음, 작용만 하는 미소를 일으키는 마음. 단지 한 가지 유형의 찟따(citta)가 자와나 과정의 일곱 가지 경우 모두를 속행한다.

이 대상은 '매우 크다'라고 불린다 매우 큰 대상을 가지는 과정에서, 그 대상은 지나간 생명연속심이 일어나는 아순간과 동시에 일어난다. 감각 대상과 감각기관의 감성 물질 둘 다는 17가지 마음순간의 지속기간을 갖고 있기 때문에, 그 둘은 두 번째 등록 마음과 동시에 소멸한다. 그래서 이런 종류의 인식과정은 완전한 17가지 마음순간 동안 일어나고, 이 마음들 가운데 오문전향의 마음부터 시작해서 14가지 마음이 엄밀한 의미의 인식과정의 찟따(citta)들로 간주된다. 이 인식과정은 또한 등록으로 끝나는 인식과정(tadārammaṇavāra)으로 알려져 있다. ([표 4.1] 참조.)

본문에서 '여섯 개조의 여섯 범주'로 묘사되는 인식과정의 연결은 다음과 같이 이해될 수 있다. 보이는 형색이 눈의 감성에 부딪칠 때, 눈 토대의 지지를 받아서, 눈에 부딪쳤던 형색을 대상으로 가지는 안식이 일어난다. 안식에서는 눈의 감성이 토대와 문이고, 보이는 형색은 대상이다. 그 인식과정의 다른 마음들인 오문전향, 받아들임, 조사, 결정, 자와나들, 등

[표 4.1] 완전한 안문 인식과정

				← 인식과정 마음의 14가지 행위 →														
	1	2	3	4	5	6	7	8	9	10	11	12	13	14	15	16	17	
***	***	***	***	***	***	***	***	***	***	***	***	***	***	***	***	***	***	***
바왕가의 흐름	지나간 바왕가	바왕가의 동요	바왕가의 끊어짐	오문전향	안식	받아들임	조사	결정	←			자와나(속행)			→	등록	등록	바왕가의 흐름

• 숫자 밑에 있는 세 개의 별표는 각 마음순간의 세 가지 순간인 일어남, 머무름, 무너짐을 나타낸다.

록은 마음의 상태들이다. 이것들은 대상으로 동일한 보이는 형색을 가지고 눈의 감성을 문으로 가지지만, 이것들은 심장 토대에 의지하여 일어난다. 전체 과정이 바왕가에서 나오기 때문에 인식과정의 모든 마음들에게 바왕가는 또한 문으로 간주된다. 그리하여 모든 감각문의 인식과정은 두 가지 문, 즉 차별적인 문으로서의 물질적인 감성과 공통의 문으로서의 마음의 문인 바왕가를 갖는 것으로 간주된다. 그것이 특별히 안문에서 일어나기 때문에 이 과정은 안문 인식과정이라고 불리고, 그것이 안식에 의해 차별화되기 때문에 또한 안식 과정이라고도 불린다. 그것이 단지 한 마음순간이 지난 후에 감각 기능에 부딪칠 수 있는 매우 강한 대상과 함께 일어났기 때문에, 그것은 매우 큰 대상과 함께하는 인식과정이라 불린다. 다른 감각기관에서의 인식과정들은 적절하게 필요한 요소들을 대체하여 이해해야 한다.

아비담마의 옛 스승들은 감각문에서 일어나는 인식과정을 망고의 비유로 설명한다.[3] 어떤 사람이 머리를 가리고 열매가 열린 망고나무 밑에서 잠이 들었다. 그때 익은 망고가 줄기에서 땅으로 떨어져 그의 귀에 스쳤다. 그 소리에 깨어나 그는 눈을 뜨고 보았다. 그는 손을 뻗어서 그 과일을 잡고, 그것을 쥐어짜서 냄새를 맡았다. 그렇게 한 후에 그는 그 망고를 먹고 맛을 음미하며 삼키고 나서, 다시 잠에 들었다.

여기에서 그 남자가 망고나무 아래서 잠자는 시간은 바왕가가 일어나는 시간과 같다. 익은 망고가 줄기에서 떨어져 그의 귀에 스치는 순간은 대상이 감각기관들 가운데 하나, 예를 들어, 눈에 부딪치는 것과 같다. 소리 때문에 깨어나는 시간은 오문전향의 마음이 대상으로 전향하는 시간과 같다. 그 사람이 눈을 뜨고 보는 시간은 안식이 그것의 보는 역할을 성취하는 것과 같다. 손을 뻗어 망고를 잡는 것은 받아들이는 마음이 대상을 받아들이는 시간과 같다. 과일을 쥐어짜는 시간은 조사하는 마음이 대상을 조사하는 시간과 같다. 망고 냄새를 맡는 시간은 결정하는 마음이 대상을 결정하는 시간과 같다. 망고를 먹는 시간은 대상의 맛을 경험하는 자와나의 시간과 같다. 맛을 감상하면서 과일을 삼키는 것은 등록하는 마음이 자와나 단계와 동일한 대상을 가지는 것과 같다. 그리고 다시 잠드는 것은 바왕가에 가라앉는 것과 같다.

전체 인식과정이 지속적인 경험자나 내부의 통제자, 즉 그 과정 자체의 영역 밖에 있는 '아는 자'로서 그것의 배후에 있는 어떤 자아나 주체 없이 일어난다는 사실에 주목해야 한다. 순간적인 마음들 자체가 인식에 필요한 모든 역할을 수행하고, 인식행위의 통합은 조건적인 연결의 법칙을 통해서 그것들의 조화로부터 나온다. 인식과정 안에서의 각각의 마음은 마음의 정해진 순서(cittaniyāma)에 따라서 존재하게 된다. 그것은 이전의 마음, 대상, 문, 육체적인 토대를 포함하여 다양한 조건들에 의지하여 일어난다. 그것은 일어나서 인식과정 안에서 그것 자체의 독특한 역할을 수행하고 나서 소멸하고 뒤따르는 마음의 조건이 된다.

7　큰 대상

Yāva tadārammaṇ'uppādā pana appahontātītakam āpātham āgataṃ ālambanaṃ mahantaṃ nāma. Tattha javaṇāvasāne bhavangapāto va hoti. Natthi tadārammaṇ'uppādo.

–

대상이 (두 개 혹은 세 개의 마음순간을) 지난 후에 감각의 영역에 들어와서 등록의 마음순간들이 일어날 때까지 생존할 수 없을 때, 그 대상은 '크다'라고 불린다. 그 경우에 자와나의 끝에 생명연속심(바왕가)으로 가라앉고 등록의 마음은 일어나지 않는다.

§ 7 설명

◉

그 대상은 '크다'라고 불린다 등 이런 종류의 인식과정에서는, 대상이 일어난 후에 두 개 혹은 세 개의 지나간 바왕가(atīta-bhanga) 마음이 그 대상의 충격이 바왕가를 동요하게 만들기 전에 지나간다. 대상과 감각문은 17가지 마음순간 동안 존속할 뿐이기 때문에, 이 과정은 등록 마음들이 일어날 어떤 기회도 주지 않는다. 등록은 두 개의 마음순간 동안 일어나든지 아니면 아예 일어나지 않기 때문에, 심지어 두 가지 지나간 바왕가가 있을 때에도 등록은 일어나지 않는다.

두 가지 지나간 바왕가 마음이 있을 때, 15가지 이상의 마음들이 대상의 수명 동안에 일어날 수 있다. 그런 경우에 대상과 감각문 둘 다는 자와나 단계를 뒤따르는 첫 번째 바왕가 마음의 소멸과 동시에 소멸한다. 세 가지 지나간 바왕가 마음이 있을 때, 14가지 이상의 마음이 일어날 수 있는 영역이 남아 있게 되고, 이 경우에 감각 대상과 감각문은 마지막 자와나 마음과 함께 동시에 소멸한다. 이러한 종류의 인식과정은 또한 자와나(속행)로 끝나는 과정(javana-vāra)이라 불린다.

8 작은 대상

Yāva javan'uppādā pi appahontātītakam āpātham āgataṃ ālambanaṃ parittaṃ nāma. Tattha javanam pi anuppajjitvā dvattikkhattuṃ votthapanam eva pavattati. Tato paraṃ bhavangapāto va hoti.

—

대상이 (두 개 혹은 세 개의 마음순간을) 지난 후에 감각의 영역에 들어와서 자와나들이 일어날 때까지 생존할 수 없을 때 그 대상은 '작다'라고 불린다. 그 경우에 심지어 자와나들은 일어나지 않지만, 결정하는 마음은 두 개 혹은 세 개의 마음순간 동안 일어나고, 다음에 생명연속심(바왕가)으로 가라앉는다.

§ 8 설명

◉

그 대상은 '작다'라고 불린다 등 작은 대상을 가진 인식과정에서는, 네 개에서 아홉 개의 지나간 바왕가들이 처음에 지나가게 되고, 그래서 어떤 자와나도 일어나지 않는다. 결정하는 마음이 두 번 혹은 세 번 일어나고, 그 후에 그 인식과정은 바왕가로 가라앉는다. 지나간 바왕가들의 숫자에 따라서 작은 대상과 함께하는 여섯 가지 유형의 인식과정이 있다. 이런 종류의 인식과정은 또한 결정으로 끝나는 과정(votthapana-vāra)이라고 불린다.

9 매우 작은 대상

Yāva votthapan’uppādā ca pana appahontātītakam āpātham āgataṃ nirodhāsannam ālambanaṃ atiparittaṃ nāma. Tattha bhavangacalanam eva hoti. Natthi vīthicittuppādo.

—

대상이 소멸하려 할 때 감각의 영역에 들어와서 (두 개 혹은 세 개의 마음순간을) 지난 후에 결정하는 마음이 일어날 때까지 생존할 수 없을 때, 그 대상은 '매우 작다'라고 불린다. 그 경우에 단지 생명연속심(바왕가)의 동요만 있고, 인식과정의 일어남은 없다.

§ 9 설명

◉

그 대상은 '매우 작다'라고 불린다 등 이 인식과정에서는 인식과정의 마음들은 없고 단지 바왕가의 동요만 있다. 그 대상의 수명의 17개 순간 동안에, 지나간 바왕가 마음들이 10~15개의 순간을 점유하고, 바왕가의 동요가 두 개의 순간을 점유하며, 동요에 뒤따르는 바왕가들이 나머지를 점유한다. 여섯 가지 아형태가 있는 이 유형의 과정은 또한 효과 없는 과정(mogha-vāra)이라 불린다.

10 네 가지 대상의 나타남

Icc’evaṃ cakkudvāre tathā sotadvārādīsu cā ti sabbathā pi pañcadvāre tadārammaṇa-javana-votthapana-moghavāra-sankhātānaṃ catunnaṃ vāranaṃ yathākkamaṃ ālambanabhūtā visayappavatti catudhā veditabbā.

–

안문에서처럼 이문 등에서도 마찬가지다. 그리하여 다섯 가지 문 모두에서 적절한 순서로 다음과 같이 알려진 네 가지 방법으로 네 가지 대상의 나타남을 이해해야 한다.

(1) 등록으로 끝나는 과정
(2) 자와나로 끝나는 과정
(3) 결정으로 끝나는 과정
(4) 효과 없는 과정

§ **10 설명**

◉

그리하여 다섯 가지 문 모두에서 등 이 네 가지 과정이 그것들의 아유형들에 의해 나누어질 때, 모두 15가지 종류의 감각문(오문) 인식과정이 있게 된다. 이것들 각각이 다섯 가지 모든 감각문에서 일어날 수 있기 때문에, 이것은 총 75가지 감각문 과정을 만든다. (〔표 4.2〕 참조.)

11 요약

Vīthicittāni satt'eva cittuppādā catuddasa
Catupaññāsa vitthārā pañcadrāre yathārahaṃ.
Ayam ettha pañcadvāre

[표 4.2] 감각문[오문] 인식과정의 단계

		1	2	3	4	5	6	7	8	9	10	11	12	13	14	15	16	17	
매우 큰 대상																			
1	B	{P	V	A	F	E	Rc	I	D	J	J	J	J	J	J	J	Rg	Rg}	B
큰 대상																			
2	B	[P	P	V	A	F	E	Rc	I	D	J	J	J	J	J	J	J	B}	B
3	B	{P	P	P	V	A	F	E	Rc	I	D	J	J	J	J	J	J	J}	B
작은 대상																			
4	B	{P	P	P	P	V	A	F	E	Rc	I	D	D	D	B	B	B	B}	B
5	B	{P	P	P	P	P	V	A	F	E	Rc	I	D	D	D	B	B	B}	B
6	B	{P	P	P	P	P	P	V	A	F	E	Rc	I	D	D	D	B	B}	B
7	B	{P	P	P	P	P	P	P	V	A	F	E	Rc	I	D	D	D	B}	B
8	B	{P	P	P	P	P	P	P	P	V	A	F	E	Rc	I	D	D	D}	B
9	B	{P	P	P	P	P	P	P	P	P	V	A	F	E	Rc	I	D	D}	B
매우 작은 대상																			
10	B	{P	P	P	P	P	P	P	P	P	P	V	V	B	B	B	B	B]	B
11	B	{P	P	P	P	P	P	P	P	P	P	P	V	V	B	B	B	B}	B
12	B	{P	P	P	P	P	P	P	P	P	P	P	P	V	V	B	B	B}	B
13	B	{P	P	P	P	P	P	P	P	P	P	P	P	P	V	V	B	B}	B
14	B	{P	P	P	P	P	P	P	P	P	P	P	P	P	P	V	V	B}	B
15	B	{P	P	P	P	P	P	P	P	P	P	P	P	P	P	P	V	V}	B

- B = 바왕가의 흐름, P = 지나간 바왕가, V = 바왕가의 동요, A = 바왕가의 끊어짐, F = 오문전향, E = 안식, Rc = 받아들임, I = 조사, D = 결정, J = 자와나, Rg = 등록, { } = 대상의 수명
  안식에 이식, 비식, 설식, 혹은 신식으로 대체할 수 있다. 인식과정의 15가지 모든 유형이 오문의 각각을 통해서 일어날 수 있어서, 오문에서 일어나는 인식과정은 총 75가지가 된다.

vīthicittappavattinayo.

—

인식과정에는 일곱 가지 방식과 14가지 다른 마음의 상태가 있다. 상세히 말하면 오문에는 적절하게 54가지가 있다.

여기에서 이것이 오문에서의 인식과정의 방법이다.

§ 11 설명

◉

일곱 가지 방식이 있다 등 인식과정의 찟따(citta)들이 일어나는 일곱 가지 방식이 있다: 오문전향의 마음, 감각식(다섯 가지 가운데 한 가지), 받아들임, 조사, 결정, 자와나, 등록. 14가지 마음의 상태는 자와나를 일곱 번 그리고 등록을 두 번 가져서 얻어진다. 오문 인식과정에서 일어나는 54가지 마음은 욕계 마음들 모두로 구성된다.

의문 인식과정
(manodvāravīthi)

12 제한된 자와나(속행) 과정

Manodrāre pana yadi vibhūtam ālambanaṃ āpātham āgacchati, tato paraṃ bhavangacalana-manodvārāvajjana-javanāvasāne tadārammaṇa-pākāni pavattanti. Tato paraṃ bhavangapāto.

—

선명한 대상이 의문의 영역에 들어올 때, 생명연속심(바왕가)의 동요, 의문전향, 자와나들, 자와나들의 끝에 등록의 과보의 마음들, 모두가 일어난다. 그 다음에 생명연속심(바왕가)으로 가라앉는다.

Avibhūte pan'ālambane javanāvasāne bhavangapāto va hoti. Natthi tadārammaṇ'uppādo ti.

—

희미한 대상의 경우에 등록의 과보의 마음을 일으키지 않고 자와나들의 끝에 생명연속심(바왕가)으로 가라앉는다.

§ 12 설명

◉

의문 인식과정 인식과정이 감각문들 가운데 하나에서 일어날 때, 두 가지 문이 실제로 관련된다: 육체적인 감각문과 인식과정이 나오는 바왕가인 의문. 의문 인식과정이라고 불리는 것은 감각문들의 어떤 혼합 없이 오로지 의문을 통해서만 일어나는 인식과정이다. 이 종류의 인식과정을 분명하게 하기 위해서 순수 의문 인식과정(suddha-manodvāravīthi)이라고도 불린다.

의문 인식과정은 12-13에서 다루어지는 '제한된' 즉 욕계의 과정(paritta-vīthi)과 14-16에서 다루어지는 고귀한(mahaggata) 증득과 출세간의(lokuttara) 증득에 속하는 몰입삼매 인식과정 둘 다를 포함한다.

제한된 즉 욕계 의문 인식과정은 자체가 두 가지이다: (1) 오문전향에 뒤따르는 과정(pañcadvārānubandhakā), (2) 독립적인 과정(visuṃsiddhā).

(1) 막대기로 한 번 종을 치면 그 종이 계속적인 반향의 흐름을 내보내듯이, 감각 대상이 오문 가운데 하나에 한번 부딪치면 오문 인식과정이 끝난 후에 과거의 감각 대상이 의문의 영역에 들어와서 많은 일련의 의문 인식과정들을 생기게 한다. 이 인식과정들이 오문 인식과정의 후속으로 나오기 때문에, 그것들은 후속 과정으로 알려져 있다. 그것들은 뒤따르는 오문 인식과정에 따라 수가 다섯 가지이다.

레디 사야도는 대상에 대한 분명한 인식이 일어나는 것은 이 후속과정에서라고 설명한다. 그런 인식은 순수 오문 인식과정 자체에서는 일어나지 않는다. 예를 들어 안문 인식과정 다음에 먼저 그와 일치하는 의문 인식과정이 뒤따르고(tadanuvattikā manodvāravīthi), 의문 인식과정은 오문 인식과정에서 막 인지된 그 대상을 의문에서 재생한다. 다음에 그 대상을 전체적으로 파악하는 과정이 온다(samudāyagāhikā). 다음에 색을 인지하는 과정이 온다(vaṇṇasallakkhaṇā). 다음에 그 존재를 파악하는 과정이 온다(vatthugāhikā). 다음에 그 존재를 인지하는 과정이 온다(vatthusallakkhaṇā). 다음에 그 이름을 파악하는 과정이 온다(nāmagāhikā). 다음에 그 이름을 인지하는 과정이 온다(nāmasallakkhaṇā).

'대상을 전체적으로 파악하는 과정'은 두 가지 이전의 과정, 즉 원래의 감각문(오문) 인식과정과 그와 일치하는 의문 인식과정에서 개개의 틀들로 반복적으로 인지된 형색을 전체적으로 인지하는 의문 인식과정이다. 이 과정은 종합하는 역할을 행하고, 마치 빙빙 돌아가는 횃불을 불의 바퀴로 인식하는 경우처럼 대상에 대한 개개의 '인식들(shots)'을 통일성의 인식으로 융합시킨다. 색의 인지가 가능한 것은 이것이 일어났을 경우뿐이다. 색의 인식이 일어날 때, "나는 파란 색을 본다."라고 색을 인지한다. 존재의 인지가 일어날 때, 그 존재나 모양을 인지한다. 이름의 인지가 일어날 때, 그 이름을 인지한다. 그래서 레디 사야도는 "나는 이것 또는 저것의 구체적인 특징을 본다."고 아는 것은 하나 또는 다른 하나의 구체적인 특징을 일컫는 인식과정이 일어날 때뿐이라고 주장한다.

(2) 독립적인 의문 인식과정은 여섯 가지 대상 가운데 어느 하나가 바로 전 오문 인식과정의 후속으로가 아니라 완전히 스스로 인식의 영역으로 들어올 때 일어난다. 어떻게 대상이 가까운 감각의 부딪침과 독립하여 의문의 영역으로 들어올 수 있느냐에 대한 의문이 제기될 수 있다. 레디 사야도는 다양한 출처들을 인용한다: 이전에 직접 인식되었던 것을 통해서, 혹은 직접 인식된 것에서 추론하여, 구전적인 보고에 의해 배운 것을 통해서, 혹은 구전적인 보

고에 의해 배운 것으로부터 추론함으로써, 믿음이나 의견이나 추론이나 혹은 견해에 대한 반조적인 수용을 통해서, 업력이나 신통력이나 신체 기질의 부조화나 천신·이해·깨달음 등의 영향에 의해서. 그가 만약 한 번만이라도 대상을 선명하게 경험했다면, 다음에, 즉 심지어 100년 후에나 미래 생에 그 대상에 의존하여 바왕가의 동요를 위한 조건이 확립될 수 있다. 그러한 이전 경험의 입력으로 영양분이 공급된 마음은 그것들의 영향을 대단히 받기 쉽다. 그것이 어떤 감각 대상과 마주칠 때, 그 대상은 단 한 순간에 이전에 인지된 수천 개의 대상들에 연장되는 정신적인 파동을 촉발시킨다.

이런 우연한 영향들에 의해 끊임없이 동요되는 정신의 연속은 항상 바왕가로부터 나올 기회를 찾고 있다가 대상에 대한 분명한 인식을 얻는다. 그럼으로써 바왕가에 있는 주의라는 마음부수는 반복해서 바왕가를 동요하게 만들고, 그것은 마음을 나타날 조건을 얻은 대상으로 반복해서 전향하도록 인도한다. 레디 사야도는 비록 바왕가 마음이 그 자신의 대상을 가지고 있지만, 어떤 다른 대상을 향하여 기우는 방식으로 일어난다고 설명한다. 바왕가의 활동의 이 계속적인 '소음'의 결과로, 대상이 다른 조건을 통해 충분한 두드러짐을 얻으면, 그것은 바왕가로부터 마음의 흐름을 끌어오고, 그 다음에 그 대상은 의문에 있는 인식의 영역으로 들어온다.

독립적인 인식과정은 여섯 가지로 분석된다: 직접 인지된 것에 기초한 인식과정, 직접 인지된 것으로부터의 추론에 기초한 인식과정, 구전적인 보고에 기초한 인식과정, 구전적인 보고로부터의 추론에 기초한 인식과정, 인지된 것에 기초한 인식과정, 인지된 것으로부터의 추론에 기초한 인식과정. 여기에서 '인지된 것'은 믿음·의견·이해·깨달음을 포함하고, '인지된 것으로부터의 추론'은 귀납적인 추론이나 연역적인 추론에 의해서 도달되는 판단들을 포함한다.

선명한 대상이 들어올 때 등 욕계에 속하는 두 가지 유형의 의문 인식과정이 있는데, 이것들은 대상의 강도로 구별된다. 선명한 대상(vibhūtālambana)과 함께하는 인식과정에서 대상이 의문의 영역에 들어오면, 바왕가가 동요하고 끊어진다. 다음에 의문전향의 마음이 대상으로 전향하고, 일곱 가지 자와나의 순간과 두 가지 등록의 순간이 뒤따르고, 그 후에 이 인식과정은 바왕가로 가라앉는다. 이것은 욕계 존재의 경우이다. 그러나 색계나 무색계 존재에게는 대상이 매우 선명할 때에도 등록의 순간들은 일어나지 않는다(다음 19-20 참조).

희미한 대상의 경우에 희미한 대상(avibhūtālambana)을 가진 인식과정에서는 등록의 두 가지 순간은 어떤 상황에서도 일어나지 않는다.

레디 사야도는 자와나(속행)들의 끝에 바왕가로 가라앉는다는 것이 희미한 유형을 가진 인식과정의 최대 유형으로 이해되어야 한다고 주장한다. 그러나 그는 대상이 희미할 때 의문전향의 마음이 두 번이나 세 번 일어나는 것으로 끝나는 과정이 발견되기도 하고, 단지 바왕가의 동요만으로 끝나는 과정이 인정될 수도 있다고 주장한다. 왜냐하면 순수 의문 인식과정의 경우 수많은 경우에 대상이 인식의 범위에 들어와서 바왕가를 두 번 혹은 세 번 동요하도록 하고, 그 후에 엄격한 의미의 인식과정에 속하는 마음들이 일어나지 않은 채 그 동요는 가라앉기 때문이다. 그리하여 레디 사야도에 따르면 의문에서도 네 가지 대상의 나타남이 있다: 등록으로 끝나는 과정은 매우 선명한(ati-vibhūta) 나타남이라고 불릴 수 있고, 자와나들로 끝나는 과정은 선명한(vibhūta) 나타남이라고 불릴 수 있으며, 의문전향으로 끝나는 과정은 희미한(avibhūta) 나타남이라고 불릴 수 있고, 바왕가의 단순한 동요로 끝나는 과정은 대단히 희미한(ati-avibhūta) 나타남으로 불릴 수 있다. 나타남의 선명성은 대상의 두드러짐이나 마음의 힘에 의존한다. 왜냐하면 두드러진 대상은 마음이 약할 때에도 선명하게 나타날 수 있는 반면에, 강한 마음은 미묘하고 심원한 대상을 선명하게 인식할 수 있기 때문이다.

[표 4.3] 제한된 자와나(속행) 과정

선명한 대상													
바왕가	{ 바왕가의 동요	바왕가의 끊어짐	의문전향	자와나	자와나	자와나	자와나	자와나	자와나	자와나	등록	등록 }	바왕가
희미한 대상													
바왕가	{ 바왕가의 동요	바왕가의 끊어짐	의문전향	자와나	자와나	자와나	자와나	자와나	자와나	자와나 }	바왕가	바왕가	바왕가

• { } = 대상의 수명

13 요약

Vīthicittāni tīṇ'eva cittuppādā das'eritā
Vitthārena pan'etth'ekacattāḷīsa vibhāvaye.

Ayam ettha parittajavanavāro.

—

이 인식과정에서는 세 가지 방식과 10가지 다른 마음의 상태가 설해진다. 상세하게 말하면 여기에 41가지 종류가 있는 것으로 설명된다.

여기에서 이것이 제한된 자와나 과정이다.

§ 13 설명

◉

세 가지 방식 등 이 인식과정 마음들의 세 가지 방식은 의문전향, 자와나, 등록이다. 10가지 마음의 상태는 일곱 번의 자와나와 두 번의 등록을 가져서 일어난다. 여기에서의 41가지 마음은 한 쌍의 다섯 가지 감각식[前五識], 오문전향, 두 가지 종류의 받아들이는 마음을 제외한 모든 욕계 마음들이다. 세 가지 조사하는 마음은 여기에서 등록의 역할로 나타나고, 결정하는 마음은 의문전향의 역할로 일어난다.

의문에서의 몰입삼매 자와나 과정

(appanājavana-manodvāravīthi)

14 몰입삼매 과정

Appanājavanavāre pana vibhūtāvibhūtabhedo natthi. Tathā tad-āramman' uppādo ca. Tattha hi ñāṇasampayuttakāmāvacarajavanānam aṭṭhannaṃ aññatarasmiṃ parikamm'-opacār'-ānuloma-gotrabhū nāmena catukkhattuṃ tikkhattum eva vā yathākkamaṃ uppajjitvā niruddhe tadanantaram eva yathārahaṃ catutthaṃ pañcamaṃ vā chabbīsati mahaggata-lokuttarajavanesu yathābhinīhāravasena yaṃ kiñci javanaṃ appanāvīthim otarati. Tato paraṃ appanāvasāne bhavangapāto va hoti.

—

몰입삼매에서의 자와나들의 일어남에는 선명한 대상과 희미한 (대상) 사이의 구별이 없다. 마찬가지로 등록 마음의 일어남도 없다. 이 경우에 (즉 몰입삼매 과정에서) 지혜와 함께하는 여덟 가지 욕계 자와나 가운데 어느 하나가 네 번 혹은 세 번 준비·근접·수순·혈통의 변화[種性]의 적절한 순서로 일어나서 소멸한다. 그것들이 소멸한 직후에, 그 경우 네 번째 혹은 다섯 번째 순간에, 26가지 유형의 고귀한 자와나 또는 출세간의 자와나 가운데 어느 하나가 마음이 전달되는 방식에 따라 몰입삼매 과정으로 들어온다. 그 후 몰입삼매의 끝에 생명연속심(바왕가)으로 가라앉는다.

§ 14 설명

◉

몰입삼매(appanā) 몰입삼매는 관련된 마음부수들을 대상에 매우 깊게 밀어 넣어서 그 마음부수들이 대상에 몰입되는 최초의 적용(vitakka, 일으킨 생각)의 마음이 고도로 계발된 형태를 주로 의미한다. 비록 최초의 적용이 초선을 넘어선 선정에서는 없지만, 선정에 든 마음은 그 대상에 한곳으로 고정되기 때문에, 몰입삼매라는 말은 색계, 무색계, 출세간에 속하는 모든 명상(선정)의 증득으로 연장되게 된다.

선명한 대상과 희미한 (대상) 사이의 구별이 없다 대상이 명료하게 파악될 때, 명상(선정)의 증득이 가능하기 때문에 이런 구별은 몰입삼매와 관련해서는 발견되지 않는다.

이 경우에 … 여덟 가지 욕계 자와나 가운데 어느 하나가 … 일어난다 명상 수행자가 선정, 도, 또는 과를 성취하려고 할 때는 먼저 의문전향이 일어난다. 다음에 그 증득과 같은 인식과정에서, 그것의 바로 앞에, 일련의 욕계 자와나들이 빠르게 연속하여 그 (증득의) 과정을 속행하고, 마음을 욕계에서 몰입삼매로 인도한다. 범부와 유학의 경우에 이 자와나들은 지혜가 함께하는 네 가지 유익한 욕계 마음 가운데 하나이고, 아라한의 경우에는 지혜가 함께하는 네 가지 작용만 하는 욕계의 마음 가운데 하나이다.

준비 등의 적절한 순서로 보통의 기능을 갖고 있는 개인에게, 이 예비적인 자와나들은 네 번 일어나고, 각각의 자와나는 다른 예비적인 역할을 수행한다. 첫 번째는 증득이 따르도록 정신적인 흐름을 준비시키기 때문에 준비(parikamma)라고 불린다. 다음은 증득에 가까이 일어나기 때문에 근접(upacāra)이라고 불린다. 세 번째는 이전 순간들과 뒤따르는 몰입삼매에 수순하기 때문에 수순(anuloma)이라고 불린다. 네 번째 순간은 혈통의 변화(gotrabhū, 種性)라고 불린다. 선정 증득의 경우에 그것은 욕계 혈통을 극복하고 고귀한 마음의 혈통을 전개시키기 때문에 이 이름을 얻는다. 첫 번째 도 증득의 경우에 이 순간은 범부의 혈통에서 성자(ariya)의 혈통으로의 전이를 표시하기 때문에 혈통의 변화라고 불린다. 이 표현은 비록 때때로 이것이 '청백(vodāna)'으로 명명되기도 하지만 보다 높은 도와 과로의 전이의 순간을 나타내기 위해서 계속 비유적으로 사용된다.[4]

특별히 예리한 기능을 가지고 있는 개인에게는, 준비의 순간이 생략되어서, 단지 세 가지 예비적인 욕계 자와나가 증득 전에 일어난다.

그것들이 소멸한 직후에 등 혈통의 변화[種性] 마음 바로 다음에, 예리한 기능을 가진 사람에게는 네 번째 자와나로, 혹은 보통의 기능을 가진 자에게는 다섯 번째 자와나로, 몰입삼매 수준의 첫 번째 자와나 마음이 일어난다. 이 마음은 유익하거나 작용만 하는 다섯 가지 색계 마음이거나(10), 유익하거나 작용만 하는 네 가지 무색계 마음이거나(8), 또는 네 가지 도와 과(8) 가운데 하나일 수 있다. 그리하여 그것은 26가지 유형이다.

몰입삼매 인식과정에서는, 자와나 마음들이 다른 유형들, 심지어 다른 존재계들일 수 있지만, 욕계 인식과정 동안에는 자와나들이 모두 균일하다는 사실을 알아야 한다.

마음이 전달되는 방식에 따라(yathābhinīhāravasena) 이것은 일어나는 몰입삼매의 마음이 명상자가 그의 마음으로 정하는 방향에 따라서 조건 지어진 것을 의미한다. 만약 그가 초선을 얻기 원하면, 그는 고요한 집중(samatha)의 계발을 통해서 그 선정으로 마음을 가져간다. 그리고 더 높은 선정들의 증득을 얻기 위해서도 역시 그렇다. 만약 명상 수행자가 도와 과에 도달하는 것을 목표로 한다면, 통찰(vipassanā)의 계발을 통해서 도와 과를 향하여 그의 마음을 가져간다.

몰입삼매의 끝에 본삼매 후에 바왕가로 즉시 가라앉고, 등록의 마음들은 일어나지 않는다.

15 몰입삼매에서의 상호관계

Tattha somanassasahagatajavanānantaraṃ appanā pi somanassasahagatā va pāṭikankhitabbā. Upekkhāsahagatajavanānantaraṃ upekkhāsahagatā va. Tatthā pi kusalajavanānantaraṃ kusalajavanañ c'eva heṭṭhimañ ca phalattayam appeti. Kriyā-javanānantaraṃ kriyājavanaṃ arahattaphalañ cā ti.

—

여기에서 기쁨이 함께한 자와나 바로 후에 기쁨이 함께한 몰입삼매가 예상될 수 있다. 평정이 함께한 자와나 바로 다음에 몰입삼매는 평정과 함께 일어난다.

여기에서도 유익한 자와나 바로 다음에 몰입삼매는 유익한 자와나와 세 가지 더 낮은 과를 통해서 일어난다. 작용만 하는 자와나 바로 다음에 몰입삼매는 작용만 하는 자와나와 아라한 과를 통해서 일어난다.

[표 4.4] 몰입삼매 자와나 과정

최초의 선정의 증득												
보통	바왕가	{바왕가의 동요	바왕가의 끊어짐	의문전향	준비	근접	수순	종성	선정}	바왕가	바왕가	바왕가
예리					근접	수순	종성	선정}	바왕가	바왕가	바왕가	바왕가

도와 과의 증득												
보통	바왕가	{바왕가의 동요	바왕가의 끊어짐	의문전향	준비	근접	수순	종성	도	과	과}	바왕가
예리					근접	수순	종성	도	과	과	과}	바왕가

• { } = 대상의 수명

§ 15 설명

◉

이 글의 목적은 결과적으로 몰입삼매를 가져오는 인식과정의 예비적인 마음들과 몰입삼매 마음들 자체 사이의 상호관계를 확립하는 것이다. 뒤따르는 글들은 현재의 글에서 진술된 일반적인 원리의 상세한 적용을 제공할 것이다.

16 요약

Dvattiṃsa sukhapuññamhā dvādas’opekkhakā paraṃ

Sukhitakriyato aṭṭha cha sambhonti upekkhakā.
Puthujjanāna sekkhānaṃ kāmapuññā tihetuto
Tihetukāmakriyato vītarāgānam appanā.

Ayam ettha manodvāre vīthicittappavattinayo.

—

기쁨이 함께하는 유익한 마음 다음에, 32가지 (부류의 몰입삼매 자와나가) 일어난다. 평정이 함께하는 (유익한 마음) 다음에, 12가지 (부류의 몰입삼매 자와나가 일어난다). 기쁨이 함께하는 작용만 하는 마음들 다음에, 여덟 가지 부류가 일어나고, 평정이 함께하는 (작용만 하는 마음들) 다음에, 여섯 가지 부류가 일어난다.
범부와 유학에게, 몰입삼매는 세 가지 원인 있는 유익한 욕계 마음 다음에 일어난다. 탐욕을 여읜 자들(즉 아라한)에게, 몰입삼매는 세 가지 원인 있는 욕계 작용만 하는 마음을 뒤따른다.

여기에서 이것이 의문에서의 인식과정의 방법이다.

§ 16 설명

◉

기쁨이 함께하는 유익한 마음 다음에 등 몰입삼매 과정에서의 예비적인 역할들이 범부나 유학의 경우에 기쁨과 지혜가 함께하는 두 가지 유익한 욕계 마음 가운데 하나에 의해서 수행될 때, 32가지 마음이 몰입삼매에서 자와나로 나타날 수 있다: 처음 네 가지 선정의 고귀하고 유익한 마음들(행복이 함께한 마음들), 처음 네 가지 선정 가운데 어떤 수준에서의 네 가지 도의 마음, 그리고 동일한 네 가지 수준에서의 낮은 세 가지 과의 마음(4+16+12=32).

평정이 함께하는 (**유익한 마음**) **다음에 등** 예비적인 역할들이 또한 범부와 유학의 경우에 평정과 지혜가 함께하는 두 가지 유익한 욕계 마음 가운데 어느 하나에 의해서 수행될 때, 12가지 몰입삼매 자와나가 일어날 수 있다: 제5선과 네 가지 무색계의 고귀하고 유익한 마음, 제5선 수준에서의 고귀한 네 가지 도의 마음, 제5선 수준에서의 낮은 세 가지 과의 마음(5+4+3=12).

기쁨이 함께하는 작용만 하는 마음들 다음에 등 아라한의 경우에만 기쁨과 지혜가 함께하는 두 가지 작용만 하는 욕계 마음 다음에, 몰입삼매에서의 여덟 가지 자와나가 일어난다: 처음 네 가지 선정의 고귀한 작용만 하는 자와나와 처음 네 가지 선정 수준에서의 아라한 과가 일어난다(4+4=8).

평정이 함께하는 (**작용만 하는 마음들**) **다음에 등** 평정과 지혜가 함께하는 두 가지 작용만 하는 욕계 마음 다음에 몰입삼매에서의 여섯 가지 자와나가 일어난다: 다섯 가지 고귀한 작용만 하는 자와나와 제5선 수준에서의 아라한 과(5+1=6).

범부와 유학에게 등 세 가지 낮은 도와 과를 얻은 범부와 유학의 경우에, 지혜가 함께하는 네 가지 유익한 욕계 자와나 가운데 어느 하나 다음에, 위에서 설명된 44가지 몰입삼매 자와나 가운데 어느 하나가 일어난다(32+12=44). 지혜가 함께하는 네 가지 작용만 하는 욕계 자와나 다음에, 아라한에게 위의 14가지 몰입삼매 자와나 가운에 하나가 일어난다(8+6=14).

등록의 절차
(tadārammananiyama)

17 등록의 분석

Sabbatthā pi pan'ettha aniṭṭhe ārammaṇe akusalavipākān'eva pañcaviññāṇa-sampaṭicchana-santīraṇa-tadārammaṇāni; iṭṭhe kusala-vipākāni; ati-iṭṭhe pana somanassasahagatān'eva santīraṇa-tad-ārammaṇāni.

—

여기에서의 모든 상황 하에서 대상이 원하지 않는 것일 때, (일어나는) 다섯 가지 감각식[前五識], 받아들임, 조사, 등록은 해로운 과보의 마음들이다. 만약 (그 대상이) 원하는 것일 때, 그것들은 유익한 과보의 마음들이다. 만약 그 대상이 열렬히 원하는 것이면, 조사와 등록은 기쁨이 함께한다.

Tatthā pi somanassasahagatakriyājavanāvasāne somassassa-sahagatān' eva tadārammaṇāni bhavanti. Upekkhāsahagata-kriyājavanāvasāne ca upekkhāsahagatān'eva honti.

—

이 연결에서도 기쁨이 함께하는 작용만 하는 자와나들 끝에는 또한 기쁨이 함께하는 등록의 마음순간들이 일어난다. 평정이 함께하는 작용만 하는 자와나들 끝에는 등록의 마음순간들도 평온이 함께한다.

§ 17 설명

◉

대상이 원하지 않는 것일 때 등 감각 대상들은 세 가지 부류로 구별된다: 원하지 않는 것(aniṭṭha), 적당히 원하는 것(iṭtha 또는 iṭṭhamajjhatta, 원하는 것이 중간인), 그리고 열렬히 원하는 것(ati-iṭṭha). 원하는 대상이 두 가지로 세분되는 반면에, 모든 원하지 않는 대상들은 단순히 '원하지 않는 것'이라고 불리는 단 하나의 부류 안에 구성된다.

아비담마 철학에 따르면, 대상 자질의 이런 구별은 대상 자체의 내재적 본성에 속한다. 그것은 경험자의 개인적인 기질과 선호에 의해서 결정되는 변수가 아니다. 『위방가』(*Vibhanga*, 分析論)의 주석서인 『삼모하위노다니』(*Sammohavinodanī*)는 사람이 원하는 대상을 원하지 않는 것으로 생각하고, 원하지 않는 대상을 원하는 것으로 생각할 때, 그는 인식의 왜곡(saññāvipallāsa) 때문에 그렇게 한다고 주장한다. 그러나 대상 자체는 인지하는 사람의 선호와는 독립적으로 내재적으로 원하는 것이거나 원하지 않는 것으로 유지된다. 『삼모하위노다니』는 내재적으로 원하는 것과 원하지 않는 것 사이의 구별이 보통 사람(majjhima-satta)에 의해서 얻어진다고 말한다. 그것은 회계사들, 정부관리들, 중산층의 사람들, 땅주인이나 상인들과 같은 사람들에 의해서 어떤 때는 원하는 것에 따라서, 다른 때는 원하지 않는 것에 따라서 구별될 수 있다.[5]

어떤 경우에 원하지 않는 대상이나 적당히 원하는 대상이나 열렬히 원하는 대상인지는 과거의 업에 의해 통제된다. 그리하여 경험된 대상은 업이 과보의 마음(vipākacitta)의 형태로 익을 수 있는 기회를 제공한다. 과보의 찟따(citta)들은 고의성이 없이 거울에 비친 얼굴의 영상이 얼굴의 특징과 일치하듯이 자연스럽게 대상의 성격과 일치한다.

해로운 업의 힘을 통해 바라지 않는 대상과 마주치게 되고, 그리하여 그 대상을 인식하는 인식과정에서의 과보의 마음들은 해로운 업의 성숙에 의해 발생될 것이다. 이 경우 감각식[前五識]·받아들임·조사·등록 마음들은 반드시 해로운 과보의 마음이다(akusalavipāka). 그것과 함께하는 느낌은 고통이 함께하는 신식의 경우를 제외하고는 항상 평온(upekkhā)이다.

반대로 적당히 원하거나 열렬히 원하는 대상은 유익한 업의 힘을 통해 마주치고, 인식과정에서의 과보의 찟따(citta)들은 그 유익한 업의 성숙에 의해 발생된다. 이 경우에 동일한 네 가지 과보의 위치들이 유익한 과보의 마음들(kusalavipāka)에 의해 점유된다. 이 마음들은, 신식이 즐거움이 함께하는 것을 제외하고는 일반적으로 평온이 함께하고, 열렬히 원하는 대상을 경험할 때 조사와 등록은 기쁨이 함께한다.

대상이 원하지 않는 것일 때 등록의 역할은 오로지 해로운 과보의 조사하는 마음에 의해서 실행된다. 적당히 원하는 대상에 대한 등록은 평온이 함께하는 유익한 과보의 조사하는 마음에 의해서나 평온이 함께하는 네 가지 큰 과보의 마음 가운데 하나에 의해서 실행된다. 대상이 열렬히 원하는 것일 때 등록은 기쁨이 함께하는 조사하는 마음에 의해서나 기쁨이 함께하는 네 가지 큰 과보의 마음들 가운데 하나에 의해서 일반적으로 실행된다.

과보의 마음들이 대상의 종류에 의해서 좌우되는 반면에, 자와나들은 그렇지 않고 경험자의 기질이나 성향에 따라 다르다. 대상이 열렬히 원하는 것일 때도 자와나들은 평온이 함께하는 유익하거나 해로운 마음들로 무관심한 방식으로 일어날 수 있다. 예를 들어 부처님을 보고도 회의주의자는 의심이 함께하는 마음들을 경험할 수 있는 반면에, 아름다운 여인을 보고도 명상 수행하는 스님은 지혜와 평온이 함께하는 유익한 마음들을 경험할 수 있다. 열렬히 원하는 대상에 대해서 적의와 불만족이 함께하는 자와나들이 일어나는 것도 가능하다. 또 원하지 않는 대상에 대하여 자와나들이 원하는 대상에 보통 적합한 방식으로 일어날 수도 있다. 그리하여 피학대 음란증 환자는 육체적인 고통에 대해서 탐욕에 뿌리박은 마음과 기쁨이 함께하는 마음으로 반응하는 반면에, 명상 수행하는 스님은 썩어가는 시체를 기쁨과 지혜가 함께하는 유익한 마음으로 명상할 수도 있다.

이 연결에서도 등 이 절은 대상과 일치하는 것이 과보의 마음들뿐만 아니라 아라한의 작용만 하는 욕계 자와나들이라는 것을 보여주기 위해서 포함되었다. 아라한이 열렬히 원하는 대상을 경험할 때, 그의 자와나들은 기쁨이 함께하는 네 가지 작용만 하는 마음들 가운데 하나로 일어나고, 등록 마음들은 기쁨이 함께하는 다섯 가지 과보의 마음들 가운데 하나로 일어난다. 그가 원하지 않거나 적당히 원하는 대상을 경험할 때, 그 자와나들은 평온이 함께하여 일어나고 등록 마음들은 평온이 함께하는 여섯 가지 과보의 마음들 가운데 하나로 일어난다.

레디 사야도는 대상과 아라한의 작용만 하는 자와나들 사이의 이런 상호관련이 그들의 자와나들이 일어나는 자연스러운 방식과 관련해서만 언급된다는 사실을 지적한다. 그러나 적절한 정신적인 결심으로, 아라한은 평온이 함께하는 마음들을 일으킬 수 있고, 바라지 않는 대상에 대해서 기쁨이 함께하는 마음들을 일으킬 수 있다. 레디 사야도는 이 연결에서 「인드리야바와나 경」(*Indriyabhāvanā Sutta*, M. 152/iii, 301-302)을 인용한다:

> 여기, 아난다여, 비구가 눈으로 형색을 볼 때, 기쁜 것이 일어나고, 불만족한 것이 일어나고, 기쁘면서도 불만족한 것이 일어난다. 만약 그가 원하면, 그는 혐오스러운 것을 혐오스럽지 않은 것으로 인식하며 머물고, 만약 그가 원하면, 그는 혐오스럽지 않은 것을 혐오스러운 것으로 인식하며 머문다. 만약 그가 원하면, 그는 혐오스러운 것과 혐오스럽지 않은 것 둘 다를 피하고, 마음 챙기고 분명히 알아차리며 평온하게 머문다.

18 우연의 바왕가(생명연속심)

Domanassasahagatajavanāvasāne ca pana tadārammaṇāni c'eva bhavangāni ca upekkhāsahagatān'eva bhavanti. Tasmā yadi somanassa paṭisandhikassa domanassasahagatajavanāvasāne tadārammaṇasambhavo natthi, tadā yaṃ kiñci paricitapubbaṃ parittārammaṇam ārabbha upekkhāsahagatasantīraṇaṃ uppajjati. Tam anantaritvā bhavangapāto va hotī ti pi vadanti ācariyā.

–

그러나 불만족이 함께하는 자와나들의 끝에는 등록 마음순간들과 생명연속심(바왕가)은 둘 다 평온이 함께한다. 그럼으로써 그의 재생연결심이 기쁨이 함께하는 사람의 경우에, 만약 불만족이 함께한 자와나들 끝에 등록 마음순간들이 일어나지 않으면, 그때 어떤 익숙한 작은 대상을 파악하는 평온이 함께하는 조사하는 마음이 일어난다고 스승들은 설명한다. 그 바로 다음에 생명연속심으로 가라앉는다.

§ 18 설명

◉

그러나 불만족이 함께하는 자와나들의 끝에는 등 즐거운 느낌과 괴로운 느낌은 정반대이므로 어느 하나와 함께하는 마음들은 다른 하나와 함께하는 마음들과 바로 연속해서 일어날 수 없다. 그러나 이 반대 느낌들 가운데 어느 하나와 함께하는 마음은 중립적인 느낌과 함께하는 마음들이 앞서거나 뒤따를 수 있다. 그리하여 자와나들이 불만족(domanassa), 즉 성냄에 뿌리박은 마음이 함께할 때 만약 등록 마음들이 일어날 경우이면, 그것들은 반드시 평온이 함께한다. 만약 등록 마음의 영역이 없으면 불만족이 함께하는 자와나들은 바왕가가 중립적인 느낌과 함께하기만 하면 바로 바왕가가 뒤따른다.

그럼으로써 … 사람의 경우에 등 그의 바왕가가 기쁨이 함께하는 네 가지 큰 과보의 마음들 가운데 하나인 사람에게, 만약 불만족이 함께하는 자와나 과정을 뒤따르는 등록 마음들이 없으면, 반대의 느낌을 가지고 있는 마음들은 바로 연속해서 일어날 수 없다는 법칙 때문에 마지막 자와나 다음에 즉시 바왕가로 가라앉을 수 없다. 그런 경우에 평온이 함께하는 조사하는 마음이 단 한 순간에 일어나서 자와나의 불만족(=고통스러운 정신적인 느낌)과 바왕가의 기쁨(=즐거운 정신적인 느낌) 사이에서 완충기 역할을 한다고 고대의 아비담마 스승들은 주장한다. 그 경우에 이 마음은 조사하는 역할을 수행하지 않는다. 그것은 인식과정의 대상과는 다른 대상, 즉 이미 익숙한 욕계 대상과는 어떤 관련이 없는 것을 취하고, 뿌리 바왕가의 정신적인 흐름으로 돌아가는 길을 단순히 포장하는 역할을 한다. 이 특별한 찟따(citta)는 '우연의 바왕가(생명연속심)'(āgantuka-bhavanga)라고 불린다.

19 등록의 법칙

Tathā kāmāvacarajavanāvasāne kāmāvacarasattānaṃ kāmāvacaradhammesv'eva ārammaṇabhūtesu tadārammaṇaṃ icchantī ti.

—

마찬가지로 그들은 등록이 (오직) 욕계 자와나들의 끝에, (오직) 욕계 중생들에게, 오직 욕계 현상들이 대상이 될 때만 일어난다고 주장한다.

20 요약

Kāme javanasattārammaṇānaṃ niyame sati
Vibhūte'timahante ca tadārammaṇam īritaṃ.

Ayam ettha tadārammaṇaniyamo.

선명하고 매우 큰 대상과 연결되어 욕계 자와나들과 중생들과 대상들에 관해서 확실함이 있을 때 등록이 일어난다고 말한다.

여기서 이것이 등록의 절차이다.

자와나(속행)의 절차
(javananiyama)

21 욕계 자와나

Javanesu ca parittajavanavīthiyaṃ kāmāvacarajavanāni sattakkhattuṃ chakkhattum eva vā javanti. Mandappavattiyaṃ pana maraṇakālādīsu pañcavāram eva. Bhagavato pana yamakapāṭihāriyakālādīsu lahukappavattiyaṃ cattāri pañca vā paccavekkhaṇacittāni bhavantī ti pi vadanti.

자와나들 가운데, 제한된 자와나 과정에서 욕계 자와나들은 단지 일곱 번 혹은 여섯 번 속행한다. 그러나 임종 시 등과 같은 약한 과정의 경우에는 자와나들이 단지 다섯 번만 속행한다. 세존께서 쌍신변과 같은 것을 보이실 때, 절차가 빠르면 단지 네 가지 혹은 다섯 가지 경우의 반조하는 마음이 일어난다고 그들은 또한 설한다.

§ 21 설명

◉

제한된 자와나 과정에서 욕계 인식과정에서 대상이 매우 약하면 자와나들이 단지 여섯 번만 속행하지만, 일반적인 규칙은 자와나들이 일곱 번 속행하는 것이다. 임종 전의 마지막 자와나 과정에서는 (그리고 주석가들은 기절과 같은 때를 추가한다.) 자와나들이 심장 토대가 약하기 때문에 단지 다섯 번만 일어난다.

세존께서 등 쌍신변(yamakapāṭihāriya)은 그분의 깨달음에 대한 확신을 가지도록 다른 사람들에게 영감을 불어넣는 것이 도움이 될 때, 붓다께서 재세 시에 여러 번 행하셨던 신통력이다. 이 신통으로 붓다께서는 그분의 몸을 불과 물을 동시에 발산하는 것으로 나타내셨다(Pṭs.i,125). 붓다께서는 불의 까시나와 물의 까시나로 연속해서 각각 제5선에 들어가서, 몸에서 불과 물이 뿜어져 나오도록 결심함으로써 이 신통을 행하셨다. 각각의 선정에서 나온 후에, 붓다께서는 그것의 요소들을 반조하시고, 단지 네 가지 또는 다섯 가지 마음 동안에만 일어나는 매우 빠른 자와나 과정에 의해서 이것을 행하셨다. 쌍신변이 제5선의 직접적인 지혜[神通智]의 마음에 의해서 실행되지만, 선정의 요소들을 반조하는 것은 욕계에서 가능한 가장 빠른 욕계 과정에 의해서 실행된다.

22 증득에서의 자와나

Ādikammikassa pana paṭhamakappanāyaṃ mahaggatajavanāni abhiññā-javanāni ca sabbadā pi ekavāram eva javanti. Tato paraṃ bhavangapāto.

—

몰입삼매의 첫 번째 (인식과정) 동안 초심자에게 일어나는 고귀한 자와나들과 직접적인 지혜[神通智]의 자와나들은 항상 오직 한 번만 속행한다. 그 다음에 바왕가(생명연속심)로 들어간다.

Cattāro pana magg'uppādā ekacittakkhaṇikā. Tato paraṃ dve tīṇi phalacittāni yathārahaṃ uppajjanti. Tato paraṃ bhavangapāto.

—

네 가지 도의 일어남은 단지 한 마음순간 동안에만 계속된다. 그 후에 두 개 혹은 세 개의 과의 마음순간이 경우에 따라 일어난다. 그 다음에 바왕가로 들어간다.

Nirodhasamāpattikāle dvikkhattuṃ catutthāruppajavanaṃ javati. Tato paraṃ nirodhaṃ phusati. Vuṭṭhānakāle ca anāgāmiphalaṃ vā arahattaphalaṃ vā yathāraham ekavāraṃ uppajjitvā niruddhe bhavangapāto va hoti.

—

멸진정에 들 때, 네 번째 무색계 자와나가 두 번 속행한 다음에 멸진정에 든다. (멸진정에서) 나올 때, 불환과의 마음이나 아라한과의 마음이 단 한 순간에 적절히 일어난다. 그것이 그치면 바왕가로 들어간다.

Sabbatthā pi samāpattivīthiyaṃ pana bhavangasoto viya vīthiniyamo natthī ti katvā bahūni pi labbhantī ti.

—

바왕가의 흐름에서처럼, 증득의 인식과정에서는 과정들에 관한 고정된 절차는 없다. 아주 많은 (고귀한 그리고 출세간의) 자와나들이 (바로 뒤이어) 일어난다고 이해해야 한다.

§ 22 설명

◉

초심자에게 일어나는 고귀한 자와나들 등 어떤 선정 증득에서의 첫 번째 인식과정 동안에, 하나의 고귀한 자와나는 반복이 없기 때문에 그것이 약해서 단지 한 번만 일어난다. 직접적인 지혜(abhiññā, 神通智)의 역할을 수행하는 제5선의 자와나는 단 한 번만으로 그것의 과업을 성취하는 데 충분하기 때문에 심지어 그것을 마스터한 자들에게도 오직 한 번만 일어난다.

네 가지 도의 일어남 등 각각의 도 마음도 단지 한 마음순간 동안만 계속되고, 그 동안에 그것은 그 특별한 도에 의해서 제거되거나 엷게 되는 오염원들을 버리는 역할을 성취한다. 보통의 기능을 가진 사람에게는 도 인식과정의 예비적인 부분은 준비(parikamma)라고 불리는 순간을 포함한다. 왜냐하면 그런 사람에게는 두 가지 과의 마음이 도 다음에 일어나기 때문이다. 날카로운 기능을 가진 사람에게 준비의 순간은 지나가고 그래서 세 가지 과의 마음이 도를 따른다.

멸진정에 들 때 색계와 무색계의 선정들에 대한 자유자재를 갖고 있는 불환자나 아라한은 정신적인 계발에 의해 마음과 마음부수들이 일시적으로 끊어지는 명상의 증득에 들어간다. 멸진정(nirodhasamāpatti)으로 알려진 그런 상태에서 몸은 그것의 필수적인 열을 유지하면서 계속 살아있지만 모든 정신 활동은 소멸한다.

멸진정을 얻기 위해서 명상 수행자는 각각의 선정에 들어가서, 거기에서 나오고, 그것의 요소들을 무상·고·무아로 통찰한다. 무소유처에 들었다가 그곳에서 나온 후에, 명상 수행자는 어떤 예비적인 과업들을 수행하고 나서 증득에 들기로 결심한다. 거기서 네 번째 무색계 선정의 두 가지 마음이 일어나서 소멸하고, 그 후에 마음의 흐름이 끊어진다.

멸진정의 기간은 명상 수행자의 이전의 결심에 의해서 좌우되고, 수행에 의해 칠 일까지 연장될 수 있다. 거기서 나오자마자 먼저 불환자의 경우에는 불환과 마음이 일어나고, 아라한의 경우에는 아라한과 마음이 일어난다. 그 후에 마음은 바왕가로 들어간다. 상세하게 알려면 제9장 43-44를 참조하라.

증득의 인식과정에서 등 이것은 선정과 과의 증득에서, 수행을 통해 몰입삼매의 기간을 연장할 수 있다는 것을 보여준다고 말한다. 초심자에게 증득은 단지 한 자와나 순간 동안만 일어난다. 수행을 통해 증득이 점차적으로 두 개, 세 개, 네 개의 자와나 등으로 증가될 수 있는 반면에, 증득에 대한 자유자재를 가지고 있는 자들에게 몰입(몰입삼매)의 마음들은 긴 기간 동안 끊이지 않고 연속하여, 심지어 며칠 동안 계속하여 일어난다.

23 요약

Sattakkhattuṃ parittāni maggābhiññā sakiṃ matā
Avasesāni labbhanti javanāni bahūni pi.

Ayam ettha javananiyamo.

—

제한된 자와나들은 일곱 번 일어나고, 도와 직접적인 지혜[神通智]는 단지 한 번 일어나고, 나머지 (고귀한 자와나와 출세간 자와나)는 많이 일어난다고 알아야 한다.

여기서 이것이 자와나의 절차이다.

개인에 의한 분석
(puggalabheda)

24 원인 없는, 그리고 두 가지 원인 있는

Duhetukānam ahetukānañ ca pan'ettha kriyājavanāni c'eva appanājavanāni ca na labbhanti. Tathā ñāṇasampayuttavipākāni ca sugatiyaṃ. Duggatiyaṃ pana ñāṇavippayuttāni ca mahāvipākāni na labbhanti.

—

여기에서 두 가지 원인 있는 (재생연결심을 가진) 자들과 원인 없는 (재생연결심을 가진) 자들에게, 작용만 하는 자와나와 몰입삼매 자와나는 일어나지 않는다. 마찬가지로 선처에서는 지혜가 함께하는 과보의 마음들도 일어나지 않는다. 그러나 악처에서는 지혜와 결합하지 않는 큰 과보의 마음들은 발견되지 않는다.

§ 24 설명

◉

재생연결, 바왕가, 죽음의 역할이 평온이 함께하는 두 가지 유형의 조사하는 마음 중 하나에 의해서 실행되는 중생들은 원인 없는(ahetuka) 재생연결심을 가지고 있다. 이런 역할들이 지혜와 함께하지 않는 큰 과보의 마음들 가운데 하나에 의해서 실행되는 자들은 두 가지 원인 있는(duhetuka) 재생연결심을 가지고, 미혹 없음 또는 지혜의 원인이 없다. 그런 중생들에게는 아라한에게만 있는 작용만 하는 자와나들은 일어날 수 없고, 선정에 의해서나 도에 의해서나 몰입삼매를 얻을 수 없다. 더욱이 악처의 중생들에게 등록의 역할을 수행하는 마음들만이 세 가지 유형의 원인 없는 조사하는 마음이다.

인간계와 욕계 천상과 같은 선처에서, 지혜가 없는 재생연결심에 의해서 재생한 자들에게는 재생연결심의 열등함 때문에, 세 가지 원인 있는 큰 과보의 마음들은 등록의 역할로 일어나지 않는다. 이 중생들에게 등록 마음들은 오직 원인 없는 것이거나 두 가지 원인 있는 것이다. 재생연결심이 항상 원인 없는 곳인 악처에서는, 심지어 두 가지 원인 있는 큰 과보의 마음도 등록의 역할을 수행하지 못한다. 단지 원인 없는 과보의 마음들만이 이 역할로 일어날 수 있다.

25 세 가지 원인 있는

Tihetukesu ca khīṇāsavānaṃ kusalākusalajavanāni na labbhanti. Tathā sekkhaputhujjanānaṃ kriyājavanāni. Diṭṭhigatasampayuttavicikicchājavanāni ca sekkhānaṃ. Anāgāmipuggalānaṃ pana paṭighajavanāni ca na labbhanti. Lokuttarajavanāni ca yathārahaṃ ariyānam eva samuppajjantī ti.

—

세 가지 원인 있는 (재생연결심을) 가진 자들 가운데, 아라한들에게는 어떤 유익하거나 해로운 자와나들도 일어나지 않는다. 마찬가지로 유학들이나 범부들에게는 작용만 하는 자와나들은 일어나지 않는다. 또한 사견 그리고 의심과 결합한 자와나들도 유학들에게 일어나지 않는다. 불환자에게는 적의와 결합한 어떤 자와나들도 없다. 그러나 출세간 자와나들은 그들 각자의 능력에 따라서 성자들에 의해서만 경험된다.

§ 25 설명

◉

지혜가 함께한 재생연결심에 의해 재생한 자들은 세 가지 원인 있는 재생연결(tihetuka)을 갖는다고 말해진다. 이 개인들은 범부들, 유학들, 아라한들(물론 재생연결을 가진 후에 아라한이 된 것이지 그들의 재생연결심에 의해서 아라한이 된 것이 아님)일 수 있다.

예류도에서 사견과 의심의 오염원들은 제거된다. 그리하여 사견이나 의심과 결합한 자와나들은 유학들에게 일어나지 않는다. 불환자는 적의의 오염원을 제거했기에 더 이상 적의에 뿌리박은 마음들을 경험하지 않는다.

26 요약

Asekkhānaṃ catucattāḷīsa sekkhānam uddise
Chapaññās'āvasesānaṃ catupaññāsa sambhavā.
Ayam ettha puggalabhedo.

—

상황에 따라 유학을 넘어선 자들(무학들)은 44가지 부류의 마음을 경험하고, 유학들은 56가지를 경험하고, 나머지는 54가지를 경험한다고 설한다.

여기에서 이것이 개인에 의한 분석이다.

§ 26 설명

◉

세 가지 원인 있는 재생연결심을 가진 범부들은 최대 54가지 마음을 경험할 수 있다: 12가지 해로운 마음+17가지 유익한 마음(네 가지 도는 제외)+23가지 욕계 과보의 마음+두 가지 전향 마음. 그러나 원인 없는 재생연결심을 가지고 있는 악처에 재생한 중생들은 단지 37가지 마음만 경험한다: 12가지 해로운 마음+여덟 가지 큰 유익한 마음+15가지 원인 없는 과보의 마음+두 가지 전향 마음. 원인 없는 재생연결심이나 두 개의 원인 있는 재생연결심을 갖고 있는 행복한 세계에서 재생하는 중생들은 또한 지혜와 결합하지 않는 네 가지 큰 과보의 마음을 경험해서, 총 41가지가 된다. 세 가지 원인을 가진 중생들의 총 54가지 마음은 아홉 가지 선정 모두를 포함한다. 물론 특별한 선정이 없는 자들에게 이 전체 숫자는 줄어들어야 한다.

예류도에서 사견과 의심의 오염원들은 제거된다. 그리하여 사견과 결합한 네 가지 마음과 의심이 함께하는 한 가지 마음은 제거된다. 예류자들과 일래자들은 선정들을 포함하여 다음의 50가지 마음을 경험할 수 있다: 일곱 가지 해로운 마음+17가지 유익한 마음+23가지 욕계 과보의 마음+두 가지 전향 마음+한 가지 과 마음. 후자[果]는 그들 각자의 경지에 따라서 예류과나 일래과가 될 것이다. 불환자는 더 나아가 적의를 제거했기 때문에 더 이상 성냄과 결합한 두 가지 마음을 경험하지 않고 불환과를 경험하여 최대 48가지 마음이 된다. 유학들에 대해서 텍스트에서 언급된 56가지 마음은 세 가지 과를 함께 묶고 네 가지 도의 마음을 더해서 도달된 숫자이다.

여기에서 '유학을 넘어선 자(asekkha, 無學)'로 일컬어지는 아라한들은 모든 오염원들을 제거했기 때문에 더 이상 어떤 해로운 마음들을 경험하지 않는다. 그들이 경험할 수 있는 44가지 마음은 다음과 같다: 18가지 원인 없는 마음+여덟 가지 큰 작용만 하는 마음+여덟 가지 큰 과보의 마음+다섯 가지 색계 작용만 하는 마음+네 가지 무색계 작용만 하는 마음+한 가지 아라한과의 마음.

이 수치들은 욕계의 중생들에게 해당된다. 다음 섹션에서 보여주듯이, 그 세계에서 일어날 수 없는 마음들을 뺌으로써 색계와 무색계의 중생들에게는 그 수치들이 줄어든다.

26과 27을 결합하여 표로 보인 〔표 4.5〕를 참조하라.

세계에 의한 분석
(bhūmibheda)

27 분석

Kāmāvacarabhūmiyaṃ pan' etāni sabbāni pi vīthicittāni yathārahaṃ upalabbhanti.
Rūpāvacarabhūmiyaṃ paṭighajavana-tadārammaṇa-vajjitāni.
Arūpāvacara-bhūmiyaṃ paṭhamamagga-rūpāvacara-hasana-heṭṭhim-āruppa-vajjitāni ca labbhanti.

—

욕계에서는 앞서 말한 이 모든 인식과정들이 상황에 따라 일어난다.
색계에서는 적의와 등록 순간들과 연관된 자와나들을 제외한 (모든 마음들이 일어난다).
무색계에서는 첫 번째 도, 색계 마음, 미소 짓는 마음, 낮은 무색계 마음의 부류들을 더 제외하고 (모든 마음들이 일어난다).

[표 4.5] 개인, 세계, 마음

개인의 유형	욕계	색계	무색계
악처의 원인 없는 재생연결심	12가지 해로운, 17가지 원인 없는, 여덟 가지 유익한 (37)	…	…
선처의 원인 없는 재생연결심	위+네 가지 지혜와 결합하지 않는 아름다운 과보의 (41)	…	…
두 가지 원인 있는 마음	위와 동일 (41)	…	…
세 가지 원인 있는 범부	위+네 가지 지혜와 결합한 아름다운 과보의+9가지 고귀한 (54)	10가지 해로운, 11가지 원인 없는, 여덟 가지 욕계 유익한, 아홉 가지 고귀한 유익한, 다섯 가지 고귀한 작용만 하는 (43)	10가지 해로운, 의문전향, 여덟 가지 욕계 유익한, 네 가지 고귀한 유익한, 네 가지 고귀한 과보의 (27)
예류자	위, 다섯 가지 해로운 빼고+예류과 (50)	위, 다섯 가지 해로운 빼고+예류과 (39)	위, 다섯 가지 해로운 빼고+예류과 (23)
일래자	위, 일래과를 넣음 (50)	위, 일래과 넣음 (39)	위, 일래과 넣음 (23)
불환자	위, 두 가지 해로운 빼고, 불환과 넣음 (48)	위, 불환과 넣음 (39)	위, 불환과 넣음 (23)
아라한	18가지 원인 없는, 여덟 가지 욕계 아름다운 작용만 하는, 아홉 가지 고귀한 작용만 하는, 아라한과 (44)	12가지 원인 없는, 여덟 가지 욕계 아름다운 작용만 하는, 아홉 가지 고귀한 작용만 하는, 다섯 가지 고귀한 과보의, 아라한과 (35)	의문전향, 여덟 가지 아름다운 욕계 작용만 하는, 네 가지 고귀한 작용만 하는, 네 가지 고귀한 과보의, 아라한과 (18)

• 위 유형은 도 증득의 특징을 이루는 순간적인 도의 마음들을 고려하지 않는다.

§ 27 설명

◉

이 글에서 '세계(bhūmi)'는 존재의 세상을 일컫는 것이지 마음의 세상을 일컫는 것이 아니다. 적의와 연결된 마음들은 적의가 선정을 얻기 위한 예비적인 수행에서 잘 억압되었기 때문에 색계에서는 일어나지 않는다. 적의와 등록도 무색계에서는 없다. 미소 지음도 육체적인 몸이 없이는 일어날 수 없다. 무색계 영역에 재생한 자들은 색계 선정들이나 더 낮은 무색계 선정들을 얻을 수 없다.

28 특별한 경우들

Sabbatthā pi ca taṃtaṃ pasādarahitānaṃ taṃtaṃ dvārikavīthicittāni na labbhant'eva.
Asaññasattānaṃ pana sabbathā pi cittappavatti natth'evā ti.

—

모든 세상에서, 특별한 감각 기관이 결여된 자들에게 그것과 상응하는 문과 연관된 인식과정은 일어나지 않는다.
인식이 없는 중생들에게 인식과정은 아예 없다.

§ 28 설명

◉

특별한 감각기관이 결여된 자들에게 욕계에 있는 눈먼 자들, 귀머거리들 등과 색계에서의 취각, 미각, 촉각을 갖고 있지 않은 자들.
인식이 없는 중생들에게 이 존재들은 마음이 완전히 결여되어 있어서 인식과정을 갖고 있지 못하다. 제5장 31을 참조하라.

29 요약

Asīti vīthicittāni kāme rūpe yathārahaṃ
Catusaṭṭhi tathāruppe dvecattāḷīsa labbhare.

Ayam ettha bhūmivibhāgo.

—

욕계에서는 상황에 따라 80가지 종류의 인식과정 마음이 발견되고, 색계에서는 64가지가 있고, 무색계에서는 42가지가 있다.

여기에서 이것이 세계에 의한 분석이다.

§ 29 설명

◉

욕계에서 발견되는 80가지 인식과정의 마음은 인식과정에서 결코 일어나지 않는 아홉 가지 고귀한 과보의 마음들을 제외한 모든 마음들을 포함한다.

색계에서의 64가지 인식과정 마음은 마음과 같다: 10가지 해로운 마음(적의와 함께하는 두 가지는 제외)+아홉 가지 원인 없는 과보의 마음(한 쌍의 비식, 설식, 신식은 제외)+세 가지 원인 없는 작용만 하는 마음+16가지 큰 유익한 마음과 작용만 하는 마음+10가지 색계 유익한 마음과 작용만 하는 마음+여덟 가지 무색계 유익한 마음과 작용만 하는 마음+여덟 가지 출세간 마음.

무색계에서의 42가지 마음은 다음과 같다: 10가지 해로운 마음+한 가지 의문전향 마음+16가지 큰 유익한 마음과 작용만 하는 마음+여덟 가지 무색계 유익한 마음과 작용만 하는 마음+일곱 가지 출세간 마음(예류도 제외).

30 결론

Icc'evaṃ chadvārikacittappavatti yathāsambhavaṃ bhavangantaritā yāvatāyukam abbocchinnā pavattati.

–

그리하여 여섯 문과 연결된 인식과정이 상황에 따라서 생명연속심(바왕가)에 의해 차단되면서 생명이 계속되는 한 끊임없이 계속된다.

Iti Abhidhammatthasangahe
Vīthisangahavibhāgo nāma
catuttho paricchedo.

그리하여 『아비담맛타 상가하』에서
인식과정의 개요라는 제목의
제4장이 끝난다.

제5장

인식과정을 벗어난 마음의 개요

Vīthimuttasangahavibhāga

1 서시

Vīthicittavasen' evaṃ pavattiyam udīrito
Pavattisangaho nāma sandhiyaṃ dāni vuccati.

—

이와 같이 삶의 과정 동안의 인식과정에 의해 (마음의) 일어남의 개요가 설명되었다. 이제 재생연결 때의 (마음의) 일어남의 개요에 대해 설명한다.

§ 1 설명

◉

이전 장에서 저자는 마음 흐름의 활동적인 면, 즉 삶의 과정 동안 인식과정에서의 마음의 일어남을 설명했다. 제5장에서는 수동적인 혹은 '인식과정에서 벗어난' 마음의 일어남을 설명할 것이다. 비록 서시에서 저자는 '재생연결 때(sandhiyaṃ)'를 명시하고 있지만, 제5장에서는 또한 바왕가와 죽음의 역할에서 인식과정을 벗어난 마음을 다룰 것이다.

2 범주의 열거

Catasso bhūmiyo,catubbidhā paṭisandhi, cattāri kammāni,catudhā maraṇ' uppatti cā ti vīthimuttasangahe cattāri catukkāni veditabbāni.

—

인식과정을 벗어난 마음의 열거에서, 네 개조의 네 가지 범주는 다음과 같이 이해되어야 한다.

(1) 네 가지 세상

(2) 재생연결의 네 가지 방식

(3) 업의 네 가지 종류

(4) 네 가지 죽음

[표 5.1] 31가지 존재 영역

세계	영역				수명	
무색계 4	무색계 세계		31.	비상비비상처천	84,000	대겁
			30.	무소유처천	60,000	〃
			29.	식무변처천	40,000	〃
			28.	공무변처천	20,000	〃
색계 16	제5선 세계	정거천	27.	색구경천	16,000	대겁
			26.	선견천	8,000	〃
			25.	선현천	4,000	〃
			24.	무열천	2,000	〃
			23.	무번천	1,000	〃
			22.	무상유정천	500	대겁
			21.	광과천	500	〃
	제4선 세계		20.	변정천	64	대겁
			19.	무량정천	32	〃
			18.	소정천	16	〃
	제2선과 제3선 세계		17.	광음천	8	대겁
			16.	무량광천	4	〃
			15.	소광천	2	〃
	초선 세계		14.	대범천	1	무량겁
			13.	범보천	1/2	〃
			12.	범중천	1/3	〃
욕계 11	욕계 선처		11.	타화자재천	16,000	천상년
			10.	화락천	8,000	〃
			9.	도솔천	4,000	〃
			8.	야마천	2,000	〃
			7.	삼십삼천	1,000	〃
			6.	사대왕천	500	〃
			5.	인간	정해지지 않음	
	악처		4.	아수라	정해지지 않음	
			3.	아귀	〃	
			2.	축생	〃	
			1.	지옥	〃	

§ 2 설명

◉

인식과정을 벗어난 마음의 개요는 현상 세계 지도의 조사와 함께 시작해서 세상과 각각의 세상에 있는 다양한 영역들을 차트로 보여준다(〔표 5.1〕 참조). 아비담마에 따르면 외부의 우주는 내면의 마음의 세계가 외부로 반영되어 구체적인 명확한 형태로 마음 상태의 미묘한 단계들을 기록하는 것이기 때문에 저자는 인식과정을 벗어난 마음의 유형들을 검토하기 전에 이 조사에 착수한다. 이것은 아비담마가 외부 세계를 철학적 이상주의적 방식에 의해 정신의 차원으로 줄인다는 것을 의미하는 것은 아니다. 외부 세계는 매우 실재적이고 객관적인 존재를 가지고 있다. 그러나 외부 세계는 항상 마음에 의해 파악되는 세계이고 마음의 유형이 나타나는 세계의 성격을 결정한다. 마음과 세계는 대단히 상호의존적이고 분리할 수 없는 정도로 연결되어 있어서 존재 영역의 위계구조는 정확하게 마음의 위계구조를 복사하고 마음의 위계구조에 상응한다.

이런 상응으로 인해 존재의 객관적인 위계와 마음의 내면의 단계 각각은 서로를 이해하는 열쇠를 제공한다. 어떤 중생이 어떤 특별한 영역에 재생하는 이유는 그가 이전 삶에서 그 영역으로 재생하도록 하는 업 또는 마음의 의도적인 힘을 일으켰기 때문이며, 그리하여 최종적으로 모든 존재의 영역은 중생들의 정신적인 활동에 의해서 형성되고, 만들어지고, 유지된다. 동시에 이 영역들은 마음이 새로운 인격에서, 그러한 신선한 일련의 환경에서 그것의 진화를 계속하는 무대를 제공한다.

각 영역은 특별한 유형의 재생연결심에 맞춰지고, 그 재생연결심은 임종 시 삶의 과정이 끝날 때까지 삶의 과정 동안 줄곧 흐르는 바왕가, 즉 생명연속심이 된다. 그리하여 욕계에서 익은 업에 의존하여, 욕계 재생연결식이 일으켜지고 욕계 존재가 나타나게 된다. 색계에서 익은 업에 의지하여, 색계 재생연결심이 일으켜지고 색계 존재가 나타나게 된다. 그리고 무색계에서 익은 업에 의존하여, 무색계 재생연결심이 일으켜지고 무색계 존재가 나타나게 된다. 붓다께서는 "업은 들판이고, 마음은 씨앗이며, 갈애가 습기이다. 중생의 마음이 무명에 의해 방해받고 갈애에 의해 속박되어 저열하거나 중간이거나 수승한 새로운 세계에 자리 잡게 된다(A. 3:76/i,223)."고 말씀하셨다. 과거의 업에 의해 결정된 대로, 마음의 씨앗은 적절한 영역에 떨어져서, 뿌리를 내리고, 업이 축적한 자양분을 받아 그것의 숨겨진 잠재력에 따라 움이 튼다.

네 가지 세계
(bhūmicatukka)

3 개관

Tattha apāyabhūmi, kāmasugatibhūmi, rūpāvacarabhūmi, aūpāvacarabhūmi cā ti catasso bhūmiyo nāma.

—

이들 가운데 네 가지 세계는 다음과 같다.

(1) 악처 세계
(2) 욕계 선처 세계
(3) 색계 세계
(4) 무색계 세계

§ 3 설명

◉

네 가지 세계 비록 여기에서 악처 세계와 욕계 선처 세계를 구별하지만, 두 세계는 실제로 5번의 끝에서 지적되었듯이 욕계를 세분한 것이다.

4 악처 세계
(apāyabhūmi)

Tāsu nirayo, tiracchānayoni, pettivisayo, asurakāyo cā ti apāyabhūmi catubbidhā hoti.

—

이들 가운데 악처 세계는 네 가지이다.

(1) 지옥
(2) 축생계
(3) 아귀계
(4) 아수라 무리

§ 4 설명

◉

악처 세계 아빠야(apāya)라는 말은 문자 그대로 행복(aya)이 없는(apa) 것을 의미한다. 이것은 고통과 비참함이 행복을 크게 초과하는 존재 영역에 대한 집합적인 이름이다. 그 존재 영역은 악한 행위를 한 사람들이 그들의 악행의 결과로 재생하는 영역이다.

지옥(niraya) 불교의 우주에서 가장 낮은 존재계이며, 가장 지독한 고통의 장소이다. 이곳의 중생들은 한 순간의 휴식도 없이 삶이 시작되는 순간부터 삶이 끝날 때까지 그들의 악행의 과보를 겪어야 한다. 주석가들은 고문의 강도가 증가하는 여덟 가지 큰 지옥들이 있다고 말한다. 그것들의 이름은 등활지옥(Sañjīva), 흑승지옥(Kāḷasutta), 중합지옥(Sanghāta), 규환지옥(Roruva), 대규환지옥(Mahā Roruva), 초열지옥(Tāpana), 대초열지옥(Mahā Tāpana), 무간지옥(Avīci)이다. 이들 가운데 무간지옥이 가장 낮고 끔찍하다. 큰 지옥 각각은 다섯 개의 작은 지옥들에 의해서 그 각각의 사면이 둘러싸여 있어서 총 168개의 지옥이 된다.

축생계 불교는 축생계가 중생들이 그들의 악업의 결과로 재생하는 악처 세상이라고 주장한다. 붓다에 따르면, 악행을 저지른 인간들은 동물들로 태어날 수 있고, 동물들도 어떤 축적된 선업의 결과로 사람들이나 심지어 천상 세계의 신들로 태어날 수 있다. 비록 축생계가 지옥만큼 많은 고통을 겪지는 않지만, 그것이 악처 세계에 포함되는 이유는 그곳의 고통이 행복의 양을 크게 초과하기 때문이며, 그것이 공덕이 되는 행위를 하기 위한 적합한 조건을 제공할 수 없기 때문이다.

아귀계 뻬따(Peta)라는 말은 종종 '굶주린 귀신들'로 번역되며, 안도를 얻을 수 없는 다른 고통들뿐만 아니라 극심한 배고픔과 목마름에 의해 고통을 당하는 존재들의 무리를 일컫는다. 아귀들은 그들 자신의 세상을 갖고 있지 않다. 그들은 비록 자신을 나타내거나 천안을 가진 자들에 의해서 인지될 때를 제외하고는 인간에게 보이지 않지만 숲이나 습지나 묘지 등 인간과 동일한 세상에 산다.

아수라 무리 종종 '타이탄'으로 번역되는 아수라(asura)라는 말은 다양한 존재 부류들을 일컫기 위해 사용된다. 악처 세계 안에 있는 영역으로 주석가들은 아수라를 뻬따와 비슷한 고통 받는 정령들과 동일시한다. 이 아수라는 삼십삼천(Tāvatiṃsa)의 신들 가운데 포함되는 삼십삼천의 신들과 싸우는 아수라와는 구별되어야 한다.

5 욕계 선처 세계

(kāmasugatibhūmi)

Manussā, cātummahārājikā, tāvatiṃsā, yāmā, tusitā, nimmānarati, paranimmitavasavattī cā ti kāmasugatibhūmi sattavidhā hoti.
Sā pan'āyaṃ ekādasavidhā pi kāmāvacarabhūmicc'eva sankhaṃ gacchati.

—

욕계 선처 세계는 다음과 같이 일곱 가지이다.

(1) 인간계
(2) 사대왕천
(3) 삼십삼천
(4) 야마천
(5) 도솔천
(6) 화락천
(7) 타화자재천

이 11가지 영역들이 욕계 세계를 구성한다.

§ 5 설명

◉

인간계 마눗사(manussa)라는 말은 문자 그대로 예리하고 계발된 정신을 갖고 있는 자들을 의미한다. 인간의 정신이 매우 예리하기 때문에, 이것은 인간으로 하여금 다른 어떤 부류의 존재보다도 무거운 도덕적 행위와 비도덕적 행위를 훨씬 더 가능하게 만든다. 인간은 붓다의 경지까지 계발될 수 있고, 모친 살해와 부친 살해와 같은 매우 심각한 범죄도 저지를 수 있다. 인간계는 고통과 즐거움, 즉 괴로움과 행복으로 혼합되어 있지만, 가장 높은 행복을 얻을 수 있는 기회를 제공하기 때문에, 선처로 간주된다.

사대왕천 다음의 여섯 영역은 욕계 천상으로 신(deva)들이 거주하는 곳이다. 이 세상은 인간 세상보다 더 긴 수명을 포함하지만 불가피하게 무상한 더 풍부하고 다양한 감각적 욕망을 포함한다.

사대왕천(Cātummahārājikā)은 네 방향에 상응하는 네 구역을 가지고 있다. 각각은 그 자신의 수호신에 의해서 통치되고 다양한 부류의 신과 같은 존재들이 거주한다. 동쪽에는 다따랏타(Dhataraṭṭha, 持國天王) 천왕이 천상의 음악가인 간답바(gandhabba)를 통치한다. 남쪽에는 위룰하까(Virūḷhaka, 增長天王)가 숲과 산과 숨겨진 보물을 현명하게 관리하는 꿈반다(kumbhaṇḍa)를 통치한다. 서쪽에는 위루빡카(Virūpakkha, 廣目天王) 신이 용의 형태를 가진 신과 같은 존재인 나가(nāga)를 통치한다. 그리고 북쪽에는 웻사와나(Vessavana, 毘沙門天王)가 약카(yakkha, 정령)들을 통치한다.

삼십삼천 따와띵사(Tāvatiṃsa)라는 이 천상은 전설에 따르면 다른 사람의 행복에 그들의 삶을 헌신했던 33명의 성스러운 마음을 가진 사람들의 한 무리가 여기에서 우두머리 신과 그의 32명의 조력자 신으로 재생했기 때문에 그런 이름이 주어졌다는 것이다. 이 천상의 우두머리는 인드라(Indra)로 알려진 삭까(Sakka)이고, 그는 그 천상의 수도인 수닷사나(Sudassana)에 있는 웨자얀따(Vejayanta) 궁정에서 거주한다.

야마천 등 이 천상들 각각은 이전 천상보다 위에 위치하는 것으로서의 천상 위계로 묘사된다. 야마(Yāma) 신들의 천상은 그들의 통치자인 수야마(Suyāma), 즉 야마 천왕에 의해서 다스려지는 큰 행복의 영역이다. 도솔천(Tusita)은 보살(Bhodhisatta)이 붓다의 경지를 얻기 전에 그의 마지막 존재에서 거주하는 곳이다. 화락천(Nimmānarati)의 신들은 그들의 욕망에 따라 생각으로 감각적 즐거움의 대상들을 창조할 수 있는 힘을 가지고 있다. 타화자재천(Paranimmitavasavatti)의 신들은 그런 대상들을 창조하지 않고, 그들의 시종들에 의해서 그들이 사용하도록 창조된 즐거움의 대상들을 지배한다.

6 색계 세계
(rūpāvacarabhūmi)

Brahmapārisajjā, brahmapurohitā, mahābrahmā cā ti paṭhamajjhānabhūmi.
Parittābhā, appamāṇābhā, ābhassarā cā ti dutiyajjhānabhūmi.
Parittasubhā, appamāṇasubhā, subhakiṇhā cā ti tatiyajjhānabhūmi.
Vehapphalā, asaññasattā, suddhāvāsā cā ti catutthajjhānabhūmī ti rūpāvacarabhūmi soḷasavidhā hoti.
Avihā, atappā, sudassā, sudassī, akaniṭṭhā cā ti suddhāvāsabhūmi pañcavidhā hoti.

—

색계 세계는 다음과 같이 16가지이다.

1. 초선의 세계: (1) 범중천, (2) 범보천, (3) 대범천

2. 제2선의 세계: (4) 소광천, (5) 무량광천, (6) 광음천

3. 제3선의 세계: (7) 소정천, (8) 무량정천, (9) 변정천

4. 제4선의 세계: (10) 광과천, (11) 무상유정천, 정거천

정거천은 다섯 가지: (12) 무번천, (13) 무열천, (14) 선현천, (15) 선견천, (16) 색구경천

§ 6 설명

◉

색계 세계는 16가지이다 색계 세상은 살아있는 동안에 색계 선정들 가운데 하나 혹은 다른 하나를 계발하고 임종 시에도 여전히 그 선정에 접근할 수 있는 잠재력을 갖고 있다는 의미에서 그 선정을 가지고 있고, 태만이나 방해하는 마음에 의한 집착 때문에 그것을 잃지 않는 자들이 재생하는 영역이다. 이 세상은 경(經) 체계의 네 가지 선정에 따라서 네 가지 층으로 나누어진다. 초선에서 제2선으로 이동하는 것은 최초의 적용(vitakka, 일으킨 생각)과 지속적 적용(vicāra, 지속적인 고찰)을 동시에 버려서 일어나는 것으로 경에는 단지 네 가지 선정만이 언급되어 있다. 그리하여 제2선의 세상은 아비담마 체계의 제2선과 제3선에 상응하고, 제3선은 제4선에, 제4선은 제5선에 상응한다.

네 가지 선정의 세계 각각은 제4선에서 마지막 영역이 다섯 가지 거주처로 세분되는 것을 제외하고는 세 가지 영역으로 나누어진다. 재생이 선정의 영역들로 일어나는 원리는 다음 31에서 설명된다.

정거천(suddhāvāsa)은 불환자, 즉 성스러움의 세 번째 단계를 얻은 성스러운 제자들에게만 열려 있는 다섯 가지 재생의 영역이다. 이 거처에 재생하는 자들은 더 낮은 영역에는 되돌아오지 않고 그곳에서 마지막 해탈을 얻는다.

7 무색계 세계

(arūpāvacarabhūmi)

Ākāsānañcāyatanabhūmi, viññāṇañcāyatanabhūmi, ākiñcaññāyatanabhūmi, n'evasaññān'āsaññāyatanabhūmi cā ti arūpabhūmi catubbidhā hoti.

—

무색계 세계는 다음과 같이 네 가지이다.

(1) 공무변처
(2) 식무변처
(3) 무소유처
(4) 비상비비상처

§ 7 설명

◉

이것은 임종 시에 무색의 명상 증득을 갖고 있는 자들이 재생하는 네 가지 세계이다. 각각의 무색의 증득은 그에 상응하는 영역에 재생하도록 이끈다.

8 개인에 의해

Puthujjanā na labbhanti suddhāvāsesu sabbathā
Sotāpannā ca sakadāgāmino cā pi puggalā.
Ariyā n'opalabbhanti asaññāpāyabhūmisu

Sesaṭṭhānesu labbhanti ariyā'nariyā pi ca.

Idam ettha bhūmicatukkaṃ.

—

정거천에서는 어떤 범부도 예류자도 일래자도 절대로 발견되지 않는다. 성스러운 자들은 무상유정천과 악처 세계에서 발견되지 않는다. 다른 세계에서는 성스러운 자들과 성스럽지 않은 자들이 발견된다.

여기서 이것이 네 가지 세계이다.

네 가지 재생연결의 유형

(paṭisandhicatukka)

9 개관

Apāyapaṭisandhi, kāmasugatipaṭisandhi, rūpāvacarapaṭisandhi, arūpāvacarapaṭisandhi cā ti catubbidhā hoti paṭisandhi nāma.

—

재생연결은 다음과 같이 네 가지이다.

(1) 악처에서의 재생연결
(2) 욕계 선처에서의 재생연결
(3) 색계에서의 재생연결
(4) 무색계에서의 재생연결

10 악처에서의 재생연결

Tattha akusalavipāk'opekkhāsahagata-santīraṇaṃ apāyabhūmiyaṃ okkantikkhaṇe patīsandhi hutvā tato paraṃ bhavangaṃ pariyosāne cavanaṃ hutvā vocchijjati. Ayam ekā v'āpāyapaṭisandhi nāma.

—

여기에서 평온이 함께하는 해로운 과보의 조사하는 마음이 악처 세계에 떨어지는 순간에 재생연결(심)이 된다. 다음에 그것은 생명연속심(바왕가)으로 들어가고 결국 그것은 죽음 (마음)이 되어 끊어진다. 이것이 단 하나의 악처의 재생연결이다.

11 욕계 선처에서의 재생연결

Kusalavipāk'opekkhāsahagata-santīraṇaṃ pana kāmasugatiyaṃ manussānañ c'eva jaccandhādihīnasattānaṃ bhummassitānañ ca vinipātikāsurānaṃ paṭisandhi-bhavanga-cutivasena pavattati.

Mahāvipākāni pan'aṭṭha sabbatthā pi kāmasugatiyaṃ paṭisandhi-bhavanga-cutivasena pavattanti.

Imā nava kāmasugatipaṭisandhiyo nāma.

Sā pan'āyaṃ dasavidhā pi kāmāvacarapaṭisandhicc'eva sankhaṃ gacchati.

—

평온이 함께하는 유익한 과보의 조사하는 마음은 (어떤) 땅에 붙어사는 (신들) 그리고 (어떤) 타락한 아수라들뿐만 아니라 선천적인 맹인 등과 같은 욕계 선처의 근(根)을 구족하지 못한 자들의 재생연결, 생명연속심(바왕가), 죽음 (마음)으로 일어난다.
여덟 가지 큰 과보의 마음은 욕계 선처의 모든 곳에서 재생연결, 생명연속심(바왕가), 죽음 (마음)으로 일어난다.
이 아홉 가지 마음은 욕계 선처에서의 재생연결을 구성한다.
(앞의) 10가지 방식이 욕계 재생연결로 계산된다.

§ 10-11 설명

◉

재생연결, 생명연속심, 죽음의 역할을 하는 마음의 유형들에 대한 상세한 설명은 제3장 9를 참조하라.

선천적인 맹인 등과 같은 여기에서 '등(ādi)'은 선천적인 귀머거리, 벙어리, 저능아, 미치광이, 내시, 자웅동체, 성이 결정되지 않은 채로 태어난 자들을 포함하기 위해서 쓰였다. 주석가들은 '선천적인 맹인'이라는 표현이 그의 재생연결심이 공덕의 부족 때문에 볼 수 있는 능력을 가진 눈을 만들어 낼 수 없는 사람을 뜻한다고 설명한다. 그 표현은 자궁 속에 머무는 동안에 일어난 어떤 사고나 질병 때문에 자궁에서부터 눈먼 채로 나오는 사람에게는 적용되지 않는다. 왜냐하면 그런 상황에서 눈이 머는 것은 두 가지 또는 세 가지 원인 있는 재생연결심을 갖고 있는 사람에게도 일어날 수 있기 때문이다. 귀머거리 등으로 태어난 자들에게도 같은 원리가 적용된다. 그런 모든 경우에 재생연결심은 그 결함이 재생을 일으키는 업 속에 이미 내재되어 있을 때에만 반드시 원인 없는 것이다.

(어떤) 땅에 붙어사는 (신들) 불교 우주론은 천상의 영역에 거주하지 않고 숲과 산과 사당과 같이 어떤 지역의 땅에 붙어사는 신들의 부류를 인정한다. 이 존재들은 지신(地神, bhummadeva)이라고 불린다. 이 부류 가운데 더

힘이 강한 신들이 두 가지 또는 세 가지 원인 있는 유형의 재생연결심을 갖고 있을지라도 그들은 어렵게 근근이 삶을 살아가는 부족한 공덕의 신들을 포함하는 수행원들과 함께한다. 레디 사야도에 따르면 여기에서 원인 없는 재생연결심을 갖고 재생한 지신들이 바로 이들이다.

그리고 (어떤) 타락한 아수라들 이 존재들은 마을이나 마을의 주변에서 주민들이 버린 음식 찌꺼기를 먹고 산다고 한다. 그들은 음식을 얻을 수 없으면 계속 나타나서 사람들을 괴롭히기도 한다.

(앞의) 10가지 방식 욕계 재생연결의 10가지 방식은 욕계에서의 재생연결의 역할을 수행하는 10가지 유형의 마음에 의해서 얻어진다.

12 욕계의 수명

Tesu catunnaṃ apāyānaṃ manussānaṃ vinipātikāsurānañ ca āyuppamāṇagaṇanāya niyamo natthi.

Cātummahārājikānaṃ pana devānaṃ dibbāni pañcavassasatāni āyuppamānaṃ.

Manussagaṇanāya navutivassasatasahassappamāṇaṃ hoti.

Tato catugguṇaṃ tāvatiṃsānaṃ, tato catugguṇaṃ yāmānaṃ, tato catugguṇaṃ tusitānaṃ, tato catugguṇaṃ nimmānaratīnaṃ, tato catugguṇaṃ paranimmitavasavattīnaṃ devānaṃ āyuppamāṇaṃ.

Navasatañ c'ekavīsa vassānaṃ koṭiyo tathā
Vassasatasahassāni saṭṭhi ca vasavattisu.

—

네 가지 악처의 중생이나 인간과 타락한 아수라의 수명은 정해진 한계가 없다. 사대왕천의 신들의 수명은 500천상년, 즉 인간의 수명으로 계산하면 9,000,000년이다.
삼십삼천의 신들의 수명은 이 양의 네 배이다. 야마천의 신들의 수명은 삼십삼천의 네 배이다. 도솔천의 신들의 수명은 그 양의 네 배이다. 그들의 창조물에 기뻐하는 신들(화락천의 신들)의 수명은 그 양의 네 배이다. 다른 신들이 창조한 것들을 다스리는 신들의 세계(타화자재천)의 신들은 수명이 그 양의 네 배이다.
다른 신들의 창조물을 다스리는 신들의 세계(타화자재천)에서의 수명은 인간의 수명으로 계산하면 9,216,000,000년이다.

§ 12 설명

◉

정해진 한계가 없다 네 가지 악처에서는 수명이 그곳에 재생을 일으키는 악한 업의 잠재력에 따라서 매우 가변적이다. 그리하여 지옥에서 어떤 중생들은 단지 며칠 동안만 고통을 받고 다른 곳에 재생하는 반면에, 다른 중생들은 수백만 년 동안 고통을 견뎌야 한다. 인간 세상에서도 수명은 몇 분에서 100년 이상에 이르기까지 다양하다. 불교 우주론에 따르면, 인간의 평균 수명도 시간이 지나면서 달라져서, 최소 10년에서 최대 수천 년 사이의 범위에 있다.
천상년 『위방가』(*Vibhanga*, 分析論 §1023)는 사대왕천에서의 천상의 하루는 인간의 50년과 같고, 그런 30일이 천상의 한 달이 되며, 그런 12달이 천상의 일 년이 된다고 말한다. 삼십삼천에서의 천상의 하루는 인간의 100년과 동일하고, 야마천에서의 하루는 인간의 200년과 같고, 각각의 더 높은 천상으로 가면서 두 배가 된다. 이것에 기초하여, 여섯 개의 천상

세계(육욕천)에서의 수명은 다음 표에서처럼 계산된다.

[표 5.2] 욕계 천상에서의 수명

영역	천상일	천상년	인간년
1. 사대왕천	50 인간년	500	9백만
2. 삼십삼천	100 인간년	1,000	36백만
3. 야마천	200 인간년	2,000	144백만
4. 도솔천	400 인간년	4,000	576백만
5. 화락천	800 인간년	8,000	2,304백만
6. 타화자재천	1,600 인간년	16,000	9,216백만

13 색계에서의 재생연결

Paṭhamajjhānavipākaṃ paṭhamajjhāna bhūmiyaṃ paṭisandhi-bhavanga-cutivasena pavattati.
Tathā dutiyajjhānavipākaṃ tatiyajjhānavipākañ ca dutiyajjhāna-bhūmiyaṃ, catutthajjhānavipākaṃ tatiyajjhānabhūmiyaṃ, pañcama-jjhānavipākaṃ catutthajjhānabhūmiyaṃ. Asaññasattānaṃ pana rūpam eva paṭisandhi hoti. Tathā tato paraṃ pavattiyaṃ cavanakāle ca rūpam eva pavattitvā nirujjhati.
Imā cha rūpāvacarapaṭisandhiyo nāma.

—

초선의 과보의 마음은 초선의 세계에서 재생연결, 생명연속심(바왕가), 죽음 (마음)으로 일어난다. 마찬가지로, 제2선의 과보의 마음과 제3선의 과보의 마음은 제2선의 세계에서 그와 같이 일어난다. 제4선의 과보의 마음은 제3선의 세계에서, 제5선의 과보의 마음은 제4선의 세계에서 그와 같이 일어난다. 그러나 무상유정에게는 물질 형태 자체가 재생연결로 일어난다. 마찬가지로 그 후 삶의 과정 동안에 그리고 임종 시에 단지 물질 형태가 존재하고 소멸한다.

이것이 색계에서의 여섯 가지 재생연결의 방식이다.

14 색계에서의 수명

Tesu brahmapārisajjānaṃ devānaṃ kappassa tatiyo bhāgo āyuppamāṇaṃ. Brahmapurohitānaṃ upaḍḍhakappo, mahābrahmānaṃ eko kappo, parittābhānaṃ dve kappāni, appamāṇābhānaṃ cattāri kappāni, ābhassarānaṃ aṭṭha kappāni, parittasubhānaṃ soḷasa kappāni, appamāṇasubhānaṃ dvattiṃsa kappāni, subhakiṇhānaṃ catusaṭṭhi kappāni, vehapphalānaṃ asaññasattānañ ca pañcakappasatāni, avihānaṃ kappasahassāni, atappānaṃ dve kappasahassāni, sudassānaṃ cattāri kappasahassāni, sudassīnaṃ aṭṭha kappasahassāni, akaniṭṭhānaṃ soḷasa kappasahassāni āyuppamānaṃ.

–

이들 중에서 범중천 신들의 수명은 1/3겁이다. 범보천 신들의 수명은 1/2겁이다. 대범천 신들의 수명은 1겁이다. 소광천 신들의 수명은 2겁이다. 무량광천 신들의 수명은 4겁이다. 광음천 신들의 수명은 8겁이다. 소정천 신들의 수명은 16겁이다. 무량정천 신들의 수명은 32겁이다. 변정천 신들의 수명은 64겁이다. 광과천 신들과 무상유정천 존재들의 수명은 500겁이다. 무번천 신들의 수명은 1,000겁이다. 무열천 신들의 수명은 2,000겁이다. 선현천 신들의 수명은 4,000겁니다. 선견천 신들의 수명은 8,000겁이다. 색구경천 신들의 수명은 16,000겁이다.

§ 14 설명

◉

겁(kappa 깝빠) 불교 텍스트는 세 가지 종류의 겁, 즉 중간겁, 아승기겁, 대겁에 대해서 말한다. 중간겁(antarakappa)은 인간의 수명이 10세에서 최대 수천 세까지 증가했다가 다시 10세까지 줄어드는 데 걸리는 기간이다. 그런 20개의 중간겁은 한 아승기겁(asankheyyakappa)과 동일하고, 4개의 아승기겁이 한 대겁(mahākappa)과 동일하다. 붓다께서는 1대겁의 길이가 어떤 사람이 가로와 세로가 1요자나(yojana, 대략 7마일)가 되는 견고한 화강암으로 된 산을 100년에 한 번씩 비단옷으로 스쳐서 닳게 하는 데 걸리는 시간보다 더 길다고 말씀하셨다(S.15:5/ii,181-82).

주석가들에 따르면, 초선 세계에서의 수명에 관한 숫자에서 언급된 대겁은 아승기겁인 반면에, 소광천 이상의 천상의 세계에 대해 언급된 겁은 대겁이다.[1]

15 무색계에서의 재생연결

Paṭham'āruppādivipākāni paṭhamāruppādibhūmisu yathākkamaṃ paṭisandhi-bhavanga-cutivasena pavattanti. Imā catasso āruppa-paṭisandhiyo nāma.

—

첫 번째 무색계 과보의 마음은 첫 번째 무색계 세계에서 재생연결, 생명연속심(바왕가), 죽음 (마음)으로 일어난다. 다른 무색계 과보의 마음들도 그것들 각각의 세계에서 같은 역할로 일어난다. 이것이 무색계에서의 네 가지 재생연결의 방식이다.

16 무색계에서의 수명

Tesu pana ākāsānañcāyatanūpagānaṃ devānaṃ vīsati kappasahassāni āyuppamāṇam. Viññāṇañcāyatanūpagānaṃ devānaṃ cattāḷīsa kappasahassāni, ākiñcaññāyatanūpagānaṃ devānaṃ saṭṭhi kappasahassāni, n'evasaññānāsaññāyatanūpagānaṃ devānaṃ caturāsīti kappasahassāni āyuppamāṇaṃ.

—

그들 가운데 공무변처를 얻은 신들의 수명은 20,000대겁이다. 식무변처를 얻은 신들의 수명은 40,000대겁이다. 무소유처를 얻는 신들의 수명은 60,000대겁이다. 비상비비상처를 얻은 신들의 수명은 84,000대겁이다.

17 요약

Paṭisandhi bhavangañ ca tathā cavanamānasaṃ
Ekam eva tath'ev'ekavisayañ c'ekajātiyaṃ.

Idam ettha paṭisandhicatukkaṃ.

—

한 (특정한) 출생에서의 재생연결심, 생명연속심(바왕가), 죽음 마음은 유사하고 동일한 대상을 갖는다.

여기에서 이것이 네 가지 유형의 재생연결이다.

네 가지 업의 유형
(kammacatukkaṃ)

18 역할에 따라

Janakaṃ, upatthambakaṃ, upapīḷakaṃ, upaghātakañ cā ti kiccavasena.

—

Ⅰ. 역할과 관련하여 다음과 같은 네 가지 종류의 업이 있다.

(1) 생산하는 업
(2) 지원하는 업
(3) 방해하는 업
(4) 파괴하는 업

§ 18 설명

◉

네 가지 업(kamma)의 유형 이 섹션의 이름인 깜마짜뚝까(kammacatukka)라는 빠알리어는 업의 네 가지 구분을 뜻한다. 이 섹션에서는 네 가지 다른 분석 방법을 적용하여 얻어지는 16가지 모든 유형의 업에서, 실제로 네 개조의 네 가지 구분을 소개한다.

업이라는 말은 문자 그대로는 행위를 뜻하지만, 붓다의 가르침에서는 전적으로 의도적인 행위를 일컫는다. 기술적인 관점에서 볼 때, 업은 유익하거나 해로운 의도(cetanā), 즉 행위에 책임이 있는 요소인 의도를 의미한다. 그리하여 붓다께서는 "비구들이여, 내가 업이라고 부르는 것은 의도이다. 의도하고서 사람은 몸과 말과 마음으로 행위를 한다."라고 말씀하셨다(A.6:63/iii,415). 붓다나 아라한의 의도적인 행위를 제외하고는, 모든 의도적인 행위는 업의 구성요소가 된다. 붓다들과 아라한들은 업의 원인인 무명과 갈애를 제거했으므로 업을 축적하지 않는다. 그럼에도 불구하고, 심지어 붓다들과 아라한들도 그들의 정신·육체적인 존재가 지속되는 한, 즉 그분들이 죽을 때까지 그분들의 과거 업의 익음을 경험해야 한다.

업의 법칙(kammaniyāma)은 그것의 작용이 스스로 존재하여, 종에 따라 씨앗이 열매를 반드시 맺듯이 의도적인 행위가 그것의 윤리적인 자질에 따라 그것의 결과를 생산하도록 한다. 업의 직접적인 산물은 업이 열매를 맺을 알맞은 조건을 발견하면 일어나는 과보의(vipāka) 마음 상태들과 마음부수들이다. 업은 또한 업에서 생기는 물질(kammasamuṭṭhānarūpa, 제6장 10 참조)이라고 불리는 중생들의 유기적인 몸에 있는 독특한 유형의 물질을 생산한다.

역할에 따라 업은 다양한 역할(kicca)들을 수행한다. 이 가운데 네 가지가 여기에서 언급된다. 다양한 환경 하에서 어떤 업이든지 이 역할들 가운데 하나 혹은 여러 개를 수행할 수 있다.

생산하는(janaka) 업 재생연결의 순간과 삶의 과정 동안에 과보의 정신적인 상태와 업에서 생긴 물질을 생산하는 유익하거나 해로운 의도이다. 입태 순간에 생산하는 업은 새로운 존재의 육체적인 몸을 구성하고 재생연결심과 업에서 생긴 물질의 유형들을 일으킨다. 삶의 과정 동안에 그것은

[표 5.3] 한눈에 보는 네 가지 업

Ⅰ. 역할에 따라
1. 생산하는 업 2. 지원하는 업 3. 방해하는 업 4. 파괴하는 업
Ⅱ. 성숙의 순서에 따라
1. 무거운 업 2. 죽음에 가까운 업 3. 습관적인 업 4. 비축된 업
Ⅲ. 성숙의 시간에 따라
1. 즉시 효력이 있는 업 2. 뒤이어서 효력이 있는 업 3. 무한히 효력이 있는 업 4. 효력을 상실한 업
Ⅳ. 성숙의 장소에 따라
1. 해로운 업 2. 욕계 유익한 업 3. 색계 유익한 업 4. 무색계 유익한 업

다른 과보의 마음들과 감각 기능들, 성의 결정, 심장 토대와 같은 업에서 생긴 물질을 연속하여 생산한다. 완전한 행위 과정의 지위를 얻는 업만이 (다음 22 참조) 재생연결을 생산하는 역할을 수행하지만, 모든 유익하고 해로운 업들은 예외 없이 삶의 과정 동안에 과보를 생산한다.

지원하는(upatthambaka) 업 그것 자체의 과보를 생산하는 기회를 얻지는 않지만, 어떤 다른 업이 생산하는 역할을 수행할 때, 그것으로 하여금 긴

시간 동안 방해받지 않고 즐겁거나 괴로운 과보를 생산하도록 하거나, 다른 업에 의해서 생산된 무더기들의 연속을 강화시킴으로써 그것을 지원한다. 예를 들어 유익한 업의 생산하는 역할을 통해 인간으로 재생하면, 지원하는 업이 수명의 연장에 기여하고 건강하고 삶의 필수품이 잘 공급되도록 보강한다. 해로운 업이 고통스러운 질병을 일으켜서 그것의 생산적인 역할을 수행하면, 다른 해로운 업이 약의 효과가 없도록 그것을 지원함으로써 그 질병을 연장할 수 있다. 어떤 중생이 해로운 업의 생산하는 힘으로 동물로 재생했을 때, 지원하는 업이 고통스러운 과보를 생산하는 더 해로운 업의 성숙을 용이하게 할 수 있고, 해로운 과보의 마음들의 연속이 오래 지속되도록 수명을 연장시킬 수 있다.

방해하는(upapīḷaka) 업 그 자체의 과보를 생산할 수 없지만, 그럼에도 불구하고 어떤 다른 업을 방해하고 좌절시키는 업이고, 그것의 효력을 없게 하거나 즐겁거나 고통스런 과보의 기간을 짧게 만든다. 비록 생산하는 업이 축적될 때에는 강하지만, 그것에 정반대되는 방해하는 업이 과보를 생산할 때 그것이 손상되도록 그것을 방해할 수 있다. 예를 들어, 훌륭한 세계에 재생을 일으키는 경향이 있는 유익한 업은 더 낮은 재생을 일으키도록 방해하는 업에 의해서 방해받을 수 있다. 높은 가문에 재생을 생산하는 경향이 있는 업이 낮은 가문에 재생을 생산할 수 있고, 장수의 경향이 있는 업이 단명하는 경향을 가질 수 있고, 아름다움을 생산하는 경향이 있는 업이 평이한 외모를 생산할 수 있다는 것 등이다. 반대로 대지옥에 재생을 생산하는 경향이 있는 해로운 업은 방해하는 유익한 업에 의해 방해받아 소지옥이나 아귀에 재생을 생산할 수 있다.

삶의 과정 동안 많은 경우들이 방해하는 업의 작용에 대해서 발견될 수 있다. 예를 들어, 인간 세상에서 그런 업은 업에 의해 생산되는 무더기들의 연속을 방해하고, 고통을 초래하는 업의 성숙을 용이하게 해서 재산·

부·친구들 등에서의 실패를 일으킨다. 더 낮은 세상에서 방해하는 업은 재생을 생산하는 업을 방해해서 편안하고 행복한 경우에 이바지할 수 있다.

파괴하는(upaghātaka) 업 다른 더 약한 업을 누르고, 그것이 성숙하지 못하게 하고, 대신에 그 자신의 과보를 생산하는 유익하거나 해로운 업이다. 예를 들어, 인간으로 태어난 어떤 사람이 그의 생산하는 업을 통해서 원래 장수할 운명이었지만, 파괴하는 업이 일어나서 조숙한 죽음을 가져올 수 있다. 임종 시에 먼저 나쁜 목적지[惡處]의 표상이 악한 업의 힘에 의해 나타나서 나쁜 재생을 알리지만, 다음에 좋은 업이 나타나서 나쁜 업을 몰아내고 좋은 목적지[善處]의 표상이 나타나도록 해서 천상 세계에 재생을 생산할 수도 있다. 반면에 나쁜 업이 갑자기 일어나서, 좋은 업을 생산하는 잠재력을 잘라버리고, 악처에 재생을 일으킬 수도 있다. 레디 사야도에 따르면, 파괴하는 업은 눈이나 귀 등과 같은 감각 기능들 가운데 어떤 것을 제거하는 원인이 되어 장님이나 귀머거리 등을 생기게 하고, 성의 변화도 일으킬 수 있다.

『위바위니 띠까』(*Vibhāvinī-Ṭīkā*)에서는 생산하는 업이 어떤 다른 업의 과보를 제거하지 않고 그것의 과보를 생산하는 반면에 파괴하는 업은 먼저 다른 업의 과보를 제거한 후에 그렇게 한다는 근거로 생산하는 업과 파괴하는 업을 구별한다. 그러나 『위바위니 띠까』에서 인용하는 다른 스승들은 파괴하는 업이 그 자신의 과보를 전혀 생산하지 않고 다른 업의 과보를 완전히 제거하여 계속해서 세 번째 업에게 성숙할 수 있는 기회를 준다고 주장한다.

레디 사야도는 어떻게 한 가지 업이 네 가지 모든 역할을 수행할 수 있는가를 설명하기 위하여 의도적인 살생의 예를 든다. 어떤 사람이 다른 사람의 목숨을 빼앗을 때, 살생의 의도가 성숙할 기회를 갖지 못하는 한, 그것은 다른 세 가지 역할들 가운데 어떤 역할을 수행한다: 그것은 다른 해로운 업을 지원하거나, 유익한 업의 성숙을 방해하거나, 유익한 업의 효력을 완전히 제거할 수 있다. 그 살생의 행위가 성숙할 기회를 얻으면, 그 행위에 관련된 각각의 의도는 악처 세계에서 재생을 생산할 수 있는 힘을 가진다. 그 후 그런 의도는 재생연결을 생산하는 더 이상의 힘을 가지지 않는다. 그러나 그런 업은 삶의 과정 동안에, 심지어 10만 겁 이상의 미래에 재생을 생산하는 역할뿐만 아니라 다른 세 가지 역할을 계속 수행할 수 있다.

19 성숙의 순서에 따라

Garukaṃ, āsannaṃ, āciṇṇaṃ, kaṭattā kammañ cā ti pākadāna-pariyāyena.

—

Ⅱ. 업의 효력이 생기는 순서에 관하여 다음과 같이 네 가지 종류의 업이 있다.

(1) 무거운 업
(2) 죽음에 가까운 업
(3) 습관적인 업
(4) 비축된 업

§ 19 설명

◉

업의 효력이 발생하는 순서 이 섹션에서는 다음 존재에서의 재생연결을 일으키는 역할을 가질 때 다양한 업들 가운데서 선행(先行)의 순서에 관심을 갖는다.

무거운(garuka) 업 재생을 결정하는 요소로 어떤 다른 업도 그것을 대체할 수 없는 매우 강력한 도덕적인 무게가 있는 업이다. 유익한 측면에서 이 업은 선정들의 증득이다. 해로운 측면에서 그것은 도덕의 토대를 부정하는 고정된 사견과 함께 다섯 가지 극악한 범죄(무간업)이다. 다섯 가지 극악한 범죄(ānantariyakamma)는 부친 살해, 모친 살해, 아라한 살해, 붓다에게 상처를 입히는 것, 악의로 승가(Sangha)의 분열을 초래하는 것이다. 만약 어떤 사람이 선정들을 계발하고 그 후에 극악한 범죄들 가운데 하나를 저지르면, 그의 선한 업은 그 악한 행위로 인해 말살되고, 그 나쁜 행위가 비참한 상태에 재생을 일으킬 것이다. 예를 들어, 붓다의 야심 있는 사촌인 데와닷따(Devadatta)는 붓다께 상처를 입히고 승가를 분열시켰기 때문에 그의 정신적인 능력을 잃고 지옥에 재생했다. 그러나 만약 어떤 사람이 먼저 그 극악한 범죄 가운데 하나를 저지르면, 그 악한 업이 극복할 수 없는 방해 요소를 만들어 내기 때문에 그는 후에 고귀한 증득이나 출세간의 증득에 도달할 수 없다. 그리하여 아자따삿뚜(Ajātasattu) 왕은 붓다께서 「사문과경」(沙門果經, *Sāmaññaphala Sutta*)을 설하시는 것을 듣는 동안에 예류에 도달하기 위한 다른 모든 조건들은 갖고 있었지만, 그가 아버지인 빔비사라(Bimbisāra) 왕을 죽였기 때문에 도와 과를 얻을 수 없었다.

죽음에 가까운(āsanna) 업 죽음 직전에, 즉 마지막 자와나 과정 바로 전에 기억되고 행해지는 강력한 업이다. 만약 나쁜 성품의 어떤 사람이 그가 행했던 좋은 일을 기억하거나, 죽기 바로 전에 좋은 행위를 하면, 그는 행운의 재생을 받을 수 있고, 만약 좋은 사람이 전에 했던 나쁜 행위에 머물거나 죽기 전에 나쁜 행위를 하면 그는 불행한 재생을 겪을 수 있다. 이런 이유로 불교 국가에서는 죽어가는 사람에게 그의 좋은 행위를 기억나게 하고 그의 삶의 마지막 순간에 좋은 생각을 하도록 촉구하는 관습이 있다.

무거운 업이 없고 강력한 죽음에 가까운 업이 행해지면 이 업이 일반적으로 재생을 일으키는 역할을 가질 것이다. 이것은 삶의 과정 동안에 저질렀던 다른 좋고 나쁜 행위의 결실을 피한다는 것을 의미하지 않는다. 조건을 만나면, 이 업들도 그들이 당연히 받아야할 과보를 생산하게 된다.

습관적인(āciṇṇa) 업 좋거나 나쁜 것을 습관적으로 행하는 행위이다. 무거운 업과 강력한 죽음에 가까운 업이 없을 때, 이 유형의 업이 일반적으로 재생을 일으키는 역할을 가진다.

비축된(kaṭattā) 업 위에서 언급된 세 가지 범주에 포함되지 않은, 재생을 일으키는 역할을 가질 만큼 충분히 강력한 행위이다. 이 유형의 업은 이 역할을 수행하는 다른 세 가지 유형의 업이 없을 때 작용하게 된다.

20 성숙의 시간에 따라

Diṭṭhadhammavedanīyaṃ, upapajjavedanīyaṃ, aparāpariyavedanīyaṃ, ahosikammañ cā ti pākakālavasena cattāri kammāni nāma.

—

Ⅲ. 효력을 가지는 시간에 관련하여, 다음과 같은 네 가지 종류의 업이 있다.

(1) 즉시 효력이 있는 업
(2) 뒤이어 효력이 있는 업
(3) 무한히 효력이 있는 업
(4) 효력을 상실한 업

§ 20 설명

◉

즉시 효력이 있는(diṭṭhadhammavedanīya) 업 만약 그것이 성숙하려면 그것이 행해지는 동일한 삶에서 그것의 과보를 생산해야 하는 업이다. 그렇지 않고 동일한 존재에서 성숙할 기회를 만나지 못하면 그것은 효력을 상실한다. 아비담마에 따르면, 자와나 과정에서의 일곱 가지 자와나 가운데 첫 번째 자와나 순간은 모든 자와나들 가운데 가장 약하고 즉시 효력이 있는 업을 생산한다.

뒤이어 효력이 있는(upapajjavedanīya) 업 그것이 성숙하려면 그것이 행해지는 존재를 바로 뒤따르는 존재에서 그것의 과보를 생산해야 하는 업이다. 이 유형의 업은 그 시리즈에서 두 번째 가장 약한 자와나 과정인 마지막 자와나 순간에 의해 생겨난다.

무한히 효력이 있는(aparāpariyavedanīya) 업 그것이 과보를 생산할 기회를 얻을 때마다 두 번째 미래 존재부터 계속해서 언제든지 성숙할 수 있는 업이다. 인식과정의 다섯 가지 중간에 있는 자와나 순간들에 의해 생산되는 이 업은 재생의 순환(윤회)이 계속되는 한 결코 효력이 상실되지 않는다. 아무도, 심지어 붓다나 아라한도, 무한히 효력이 있는 업의 과보를 경험하는 것으로부터 예외가 없다.

효력을 상실한(ahosi) 업 이 말은 특별한 부류의 업을 지칭하는 것이 아니라, 현재의 존재나 다음의 존재에서 성숙하도록 되어 있었지만 그것의 성숙에 이바지하는 조건을 만나지 못했던 업에 적용된다. 아라한들의 경우에 미래생에 성숙하도록 되어 있던 과거로부터 축적된 그들의 모든 업은 그들의 마지막 죽음과 더불어 효력이 상실된다.

21　성숙의 장소에 따라

Tathā akusalaṃ, kāmāvacarakusalaṃ, rūpāvacarakusalaṃ, arūpāvacarakusalañ cā ti pākaṭṭhānavasena.

—

Ⅳ. 효력이 발생하는 장소와 관련하여 다음과 같은 네 가지 종류의 업이 있다.

(1) 해로운 업
(2) 욕계에 속하는 유익한 업
(3) 색계에 속하는 유익한 업
(4) 무색계에 속하는 유익한 업

해로운 업과 유익한 업

22　해로운 업

Tattha akusalaṃ kāyakammaṃ, vacīkammaṃ, manokammañ cā ti kammadvāravasena tividhaṃ hoti.

—

이 가운데 해로운 업은 행위의 문에 따라 세 가지, 즉 몸으로 하는 행위, 말로 하는 행위, 마음으로 하는 행위이다.

Kathaṃ? Pāṇātipāto, adinnādānaṃ, kāmesu micchācāro cā ti kāyaviññāttisankhāte kāyadvāre bāhullavuttito kāyakammaṃ nāma.

—

어떻게? 살생, 도둑질, 삿된 음행은 몸의 암시라고 알려진 몸의 문을 통해 일반적으로 일어나는 몸으로 하는 행위이다.

Musāvādo, pisuṇavācā, pharusavācā, samphappalāpo cā ti vacīviññatti-sankhāte vacīdvāre bāhullavuttito vacīkammaṃ nāma.

—

거짓말, 중상모략, 욕설, 잡담은 말의 암시라고 알려져 있는 말의 문에서 일반적으로 일어나는 말로 하는 행위이다.

Abhijjhā, vyāpādo, micchādiṭṭhi cā ti aññatrā pi viññattiyā manasmiṃ yeva bāhullavuttito manokammaṃ nāma.

—

간탐(탐욕), 악의, 잘못된 견해는 (몸의 혹은 말의) 암시 없이 마음에서만 일반적으로 일어나는 정신적인 행위들이다.

§ 22 설명

◉

위 구절은 10가지 해로운 행위의 과정(akusalakammapatha, 不善業道)을 열거한다. 보여졌듯이, 세 가지는 육체적이고 네 가지는 언어적이며 세 가지는 순전히 정신적이다. 처음의 일곱 가지 과정은 각각의 행위를 성취하려는 노력을 시작하는 의도와 일치한다. 그런 의도는 그 행위를 완성하든지 안 하든지에 상관없이 해로운 업이지만, 만약 그것이 행위의 완성에 이르러서 그것의 목표를 성취하면(예를 들어, 의도한 희생자의 죽음, 다른 이의 재산의 도용 등), 그것은 완전한 행위의 과정이 된다. 완전한 행위의 과정의 특징은 재생연결을 일으키는 역할을 하는 힘을 가진 업이 된다는 것이다.[2]

몸의 문(kāyadvāra)을 통해 일반적으로 일어나는 행위와 관련해서 볼 때, 문(dvāra)은 그것을 통해 업이 실행되는 매개체이다. 몸의 문은 몸의 매개체를 통해 마음에서 일어난 의도(제6장 4 참조)를 경험하는 마음이 생산한 물질 현상의 한 유형인 몸의 암시(kāyaviññatti)이다. '일반적으로 일어나는(bāhullavuttito)'이라는 표현은 살생과 도둑질 같은 행위가 말, 즉 명령에 의해서도 행해질 수 있지만, 그런 경우에도 이 행위는 여전히 몸으로 하는 업으로 간주되기 때문에 사용된다.

말의 문(vacīdvāra) 마찬가지로 의도가 말로 표현되는 마음에서 생긴 물질 현상인 말의 암시(vacīviññatti)를 의미한다(제6장 4 참조). 비록 거짓말 등과 같은 행위는 글쓰기나 손 신호에 의해서도 행해질 수 있지만 그것의 주된 실행의 매개체가 말의 문이기 때문에, 그들은 여전히 언어적인 업으로 간주된다.

간탐 등 마지막 세 가지 행위의 과정들은 몸이나 말을 통한 의도적인 표현에 도달하지 않고 일반적으로 마음속에서만 일어난다. 그런 행위는 마음의 문(manodvāra)을 통해 일어난다고 말해지고, 여기에서는 그것의 전체적인 의미에서의 마음을 집합적으로 지칭하는 것이다.

간탐(abhijjhā) 다른 사람의 재산을 얻으려는 소망으로 일어나는 탐욕의 정신적인 요소이다. 비록 탐욕이 다른 사람의 재산에 대해 일어나지만, 그것은 그 재산을 소유하고자 하는 소망을 일으키지 않는다면 완전한 행위의 과정이 되지 않는다.

악의(vyāpāda) 다른 존재가 해로움과 고통을 만나는 소망을 가지고 일어날 때 완전한 행위의 과정이 되는 성냄의 마음부수이다.

잘못된 견해(micchādiṭṭhi) 윤리의 타당성과 행위의 인과응보적인 결과를 부정하는 도덕적인 허무주의적 견해들 가운데 하나의 형태를 취하는 완전한 행위의 과정이다. 세 가지 견해가 경장에서 종종 언급된다:

(1) 허무주의(natthika-diṭṭhi)는 죽은 후에는 어떤 형태로든지 개인의 생존을 부정함으로써 행위의 도덕적인 중요성을 부정한다.
(2) 업의 효력이 없다는 견해(akiriya-diṭṭhi)는 행위가 과보를 생산하는 데 어떤 효력을 가지지 않는다고 주장하고, 그래서 도덕적인 구별을 무효로 만든다고 주장한다.
(3) 원인을 부정하는 견해(ahetuka-diṭṭhi)는 중생의 번뇌와 청정의 원인이나 조건이 없으며, 존재는 우연이나 운명이나 필요에 의해서 오염되기도 하고 청정해지기도 한다고 주장한다.[3]

23 원인과 마음에 의해서

Tesu pāṇātipāto pharusavācā vyāpādo ca dosamūlena jāyanti. Kāmesu micchācāro abhijjhā micchādiṭṭhi ca lobhamūlena. Sesāni cattāri pi dvīhi mūlehi sambhavanti. Cittuppādavasena pan'etaṃ akusalaṃ sabbathā pi dvādasavidhaṃ hoti.

—

이들 가운데 살생·욕설·악의는 성냄의 뿌리에서 생기고, 삿된 음행·간탐·잘못된 견해는 탐욕의 뿌리에서 생기며, 나머지 네 가지는 두 원인에서 생긴다. 마음의 부류에 따라서 이 해로운 업은 모두 12가지이다.

§ 23 설명

◉

엄격하게 말하면, 악의는 성냄이라는 원인의 한 형태이고 간탐은 탐욕이라는 원인의 한 형태이며, 잘못된 견해는 사견이라는 마음부수의 한 형태이다. 그래서 이 세 가지 행위의 과정은 그것들과 상응하는 마음부수들과 일치한다. 나머지 일곱 가지 행위의 과정은 해로운 원인과 함께 일어나는 의도(cetanā)의 마음부수와 일치한다. 예를 들어 비록 탐욕이 살생의 잠재적인 동기가 될 수 있고 성냄이 삿된 음행의 잠재적인 동기가 될 수 있지만, 아비담마는 다른 존재의 생명 기능을 끊는 행위를 일으키는 의도가 항상 성냄, 즉 그 중생의 계속적인 존재에 대한 악의에 뿌리박고 있는 반면에 삿된 음행을 일으키는 의도는 항상 탐욕, 즉 부적절한 상대와 성적인 즐거움을 즐기려는 욕망에 뿌리박고 있다고 주장한다. 다른 네 가지 행위인 도둑질, 거짓말, 중상모략, 잡담을 추진하는 의도는 탐욕이나 성냄이 함께할 수 있다. 모든 해로운 행위의 과정들은 반드시 미혹이라는 원인이 함께한다. 해로운 업은 또한 12가지 해로운 마음과 일치한다. 이 경우에 개인적인 의도의 요소라기보다는 합성된 전체로서의 그 마음 자체는 업으로 간주된다.

24 욕계의 유익한 업

Kāmāvacarakusalaṃ pi kāyadvāre pavattaṃ kāyakammaṃ, vacīdvāre pavattaṃ vacīkammaṃ, manodvāre pavattaṃ manokammañ cā ti kammadvāravasena tividhaṃ hoti.

—

욕계의 유익한 업은 세 가지 행위의 문에 따라서 세 가지이다: 즉 몸의 문에 속하는 몸의 행위, 말의 문에 속하는 말의 행위, 마음의 문에 속하는 마음의 행위.

Tathā dāna-sīla-bhāvanāvasena. Cittuppādavasena pan'etaṃ aṭṭha-vidhaṃ hoti.

—

마찬가지로, 그것은 보시, 지계, 수행(명상)으로 세 가지이다. 그러나 그것은 마음의 부류에 따라서는 여덟 가지이다.

Dāna-sīla-bhāvanā-apacāyana-veyyāvacca-pattidāna-pattānumodana-dhammasavana-dhammadesanā-diṭṭhijjukammavasena dasavidhaṃ hoti.

—

그것은 또한 (1) 보시, (2) 지계, (3) 수행, (4) 공경, (5) 시봉, (6) 덕을 타인에게 회향함, (7) 타인의 공덕을 기뻐함, (8) 담마를 들음, (9) 담마를 가르침, (10) 자신의 견해를 올곧게 하는 것으로 10가지이다.

Tam pan'etaṃ vīsatividham pi kāmāvacarakammam icc'eva sankhaṃ gacchati.

—

이 모든 20가지 (해롭고 유익한) 종류는 욕계에 속하는 업으로 알려져 있다.

§ 24 설명

◉

행위의 문에 따라서 행위의 문에 의해서, 10가지 유익한 업의 과정들이 열거된다. 몸의 세 가지는 세 가지 해로운 몸의 행위를 삼가는 것이고, 말의 네 가지는 해로운 말의 행위를 삼가는 것이며, 마음의 세 가지는 간탐 없음, 악의 없음, 바른 견해이다. 궁극적인 실재의 견지에서 볼 때 처음 일곱 가지는 절제들 가운데 두 가지, 즉 바른 행위와 바른 말의 마음부수들과 일치하고, 또한 그 절제와 함께 일어나는 의도들과 일치한다. 마지막 세 가지는 세 가지 유익한 원인인 탐욕 없음, 성냄 없음, 미혹 없음의 형태이다.

마찬가지로 그것은 세 가지이다 등 여기에서 제시된 세 가지 목록과 10가지 목록은 덕이 있는 행위의 세 가지 토대와 10가지 토대(puññakiriyavatthu)로 일반적으로 알려져 있다. 이런 유익한 업이 만들어지는 여덟 가지 부류의 마음은 여덟 가지 큰 유익한 마음이다.

이 모든 20가지 종류 12가지 해로운 마음과 여덟 가지 큰 유익한 마음에서 일어나는 업.

25 색계의 유익한 업

Rūpāvacarakusalaṃ pana manokammam eva. Tañ ca bhāvanāmayaṃ appanāppattaṃ jhānangabhedena pañcavidhaṃ hoti.

—

색계의 유익한 업은 순전히 정신적인 업이다. 그것은 몰입삼매에 이른 명상으로 구성되어 있고 선정의 요소들의 구별에 의해 다섯 가지이다.

26 무색계의 유익한 업

Tathā arūpāvacara-kusalañ ca manokammaṃ. Tam pi bhāvanāmayaṃ appanāppattaṃ ālambanabhedena catubbidhaṃ hoti.

—

그와 마찬가지로 무색계의 유익한 업도 순전히 정신적인 업이다. 그것은 몰입삼매에 이른 명상으로 구성되어 있고 대상의 구별에 의해 네 가지이다.

§ **25-26 설명**

◉

선정의 요소들의 구별에 의해 다섯 가지 다섯 가지 색계 선정.
대상의 구별에 의해 네 가지 네 가지 무색계 증득.

업의 과보

27 해로운 업의 과보

Ettha akusalakammam uddhaccarahitaṃ apāyabhūmiyaṃ paṭisandhiṃ janeti. Pavattiyaṃ pana sabbam pi dvādasavidhaṃ satt'ākusalapākāni sabbatthā pi kāmaloke rūpaloke ca yathārahaṃ vipaccati.

—

여기서 들뜸을 제외한 해로운 업은 악처에서의 재생연결을 생산한다. 그러나 삶의 과정 동안에 12가지 (해로운 마음의 부류)는 모두 상황에 따라서 욕계의 어떤 곳에서나 색계에서 일곱 가지 해로운 과보를 익게 한다.

§ 27 설명

◉

들뜸을 제외한 해로운 업 미혹에 뿌리박고 들뜸이 함께한 마음은 모든 해로운 마음들 가운데서 가장 약하다. 그리고 이 이유 때문에 그것은 재생을 일으키는 역할을 가질 수 없다. 다른 11가지 해로운 마음 가운데 어느 마음도 네 가지 악처에 재생하는 존재들에게 재생연결, 바왕가, 죽음 마음으로의 역할을 하는 해로운 과보의 조사하는 마음들을 일으킬 수 있다. 12가지 해로운 마음 모두는 삶의 과정 동안에 욕계 어디에서나 일곱 가지 해로운 마음, 즉 다섯 가지 종류의 감각식과 받아들이는 마음과 조사하는 마음을 일으킬 수 있다. 색계에서 그것들은 단지 네 가지 해로운 과보의 마음을 생산한다. 코·혀·몸의 세 가지 감각식은 제외된다. 〔표 5.4〕를 참조하라.

28 욕계 유익한 업의 과보

Kāmāvacarakusalam pi kāma-sugatiyam eva paṭisandhiṃ janeti, tathā pavattiyañ ca mahāvipākāni. Ahetukavipākāni pana aṭṭha pi sabbatthā pi kāmaloke rūpaloke ca yathārahaṃ vipaccati.

—

욕계의 유익한 업은 욕계 선처에서 재생연결을 생산하고, 그것은 또한 삶의 과정 동안에 큰 과보를 생산한다. 그러나 그것은 상황에 따라서 욕계에서나 색계 어디에서나 여덟 가지 원인 없는 과보의 마음을 익게 한다.

[표 5.4] 업과 업의 과보들 – A. 욕계

업			과보들										
욕계 의도들			재생연결 시에	삶의 과정 동안에	존재의 영역들		해로운 과보 조사 - 평온	다른 원인 없는 해로운 과보들	유익한 과보 조사 - 평온	다른 원인 없는 유익한 과보들	지혜 없는 큰 과보들	지혜 있는 큰 과보들	합계
1	11	해로운 (들뜸 제외)	*		악처	4	1						1
2	12	해로운		*	욕계 전부	11	7						7
				*	색계	15	4						4
3	4	세 가지 원인 있는 수승하고 유익한	*		욕계 선처	7						4	4
				*	욕계 전부	11			8		8		16
				*	색계	15			5		8		13
4	4 4	세 가지 원인 있는 저열한 두 가지 원인 있는 수승하고 유익한	*		욕계 선처	7					4		4
				*	욕계 전부	11			8		4		12
				*	색계	15			5		4		9
5	4	2가지 원인 있는 저열하고 유익한	*		인간, 신들	2			1				1
				*	욕계 전부	11			8				8
				*	색계	15			5				5

• 5번에서 언급되는 신들은 사대왕천에서만 온 신들이다.

[표 5.4] 업과 업의 과보들 – B. 색계·무색계

	고귀한 의도들	존재 영역들	재생연결심, 바왕가, 죽음
6	초선 – 열등 초선 – 중간 초선 – 수승	범중천 범보천 대범천	초선의 과보
7	제 2선 – 저열 제 2선 – 중간 제 2선 – 수승	소광천 무량광천 광음천	제 2선의 과보
8	제 3선 – 저열 제 3선 – 중간 제 3선 – 수승	소광천 무량광천 광음천	제 3선의 과보
9	제 4선 – 저열 제 4선 – 중간 제 4선 – 수승	소정천 무량정천 변정천	제 4선의 과보
10	제 5선 – 보통	광과천	제 5선의 과보
11	제 5선 – 인식에 대한 염오	무상유정천	없음
12	제 5선 – 불환자	정거천	제5선의 과보
13	공무변처	무한한 허공	첫 번째 무색계 과보
14	식무변처	무한한 식(識)	두 번째 무색계 과보
15	무소유처	무소유	세 번째 무색계 과보
16	비상비비상처	인식도 인식 아님도 아님	네 번째 무색계 과보

§ 28 설명

◉

29-30에서 저자는 유익한 마음의 각 유형과 그것이 생산할 수 있는 과보의 마음들 사이의 상호관련을 설명할 것이다.

큰 과보의 마음들은 네 가지 형태로 일어난다: 재생연결, 바왕가, 죽음의 세 가지 인식과정을 벗어난 역할들로, 인식과정 안에서는 등록의 역할로. 이 과보의 마음들은 오직 욕계에서만 성숙한다.

여덟 가지 원인 없는 과보의 마음들은 다섯 가지 감각식[前五識], 받아들이는 마음, 두 가지 조사하는 마음이다. 후자는 또한 등록의 역할로 인식과정 안에서 일어날 수 있는 반면에, 평온이 함께하는 마음은 결함을 가지고 태어난 자들에게 재생연결, 바왕가, 죽음 마음의 역할을 할 수 있다. 여덟 가지 원인 없는 과보의 마음 모두는 욕계에서 성숙하지만, 비식(鼻識)과 설식(舌識)과 신식(身識)의 세 가지 유형의 욕계 마음은 색계의 존재들이 필요한 감각 기능들을 갖고 있지 않기 때문에 색계에서는 성숙하지 않는다.

29　유익한 과보와 원인

Tatthā pi tihetukam ukkaṭṭhaṃ kusalaṃ tihetukaṃ paṭisandhiṃ datvā pavatte soḷasa vipākāni vipaccati.

—

여기에서 세 가지 원인이 함께하는 수승한 유익한 업은 마찬가지로 세 가지 원인이 함께하는 재생연결을 생산하고, 삶의 과정 동안에 그것은 16가지 종류의 과보의 마음을 익게 한다.

Tihetukam omakaṃ dvihetukam ukkaṭṭhañ ca kusalaṃ dvihetukaṃ paṭisandhiṃ datvā pavatte tihetukarahitāni dvādasa pi vipākāni vipaccati.

—

세 가지 원인이 함께하는 저열한 등급의 유익한 업과 두 가지 원인이 함께하는 수승한 등급의 유익한 업은 두 가지 원인 있는 재생연결을 생산하고, 삶의 과정 동안에 세 가지 원인 있는 것들을 제외하고 12가지 종류의 과보를 익게 한다.

Dvihetukam omakaṃ pana kusalam ahetukam eva paṭisandhiṃ deti. Pavatte ca ahetukavipākān'eva vipaccati.

—

그러나 두 가지 원인과 함께하는 저열한 유익한 업은 원인 없는 재생연결을 생산하고, 삶의 과정 동안에 원인 없는 과보를 익게 한다.

§ 29 설명

◉

수승한 유익한 업 유익한 업은 수승하고 저열한 두 가지 등급으로 과보를 생산할 수 있는 그것의 능력에 의해 구별된다. 유익한 업의 수승한 단계(ukkaṭṭha)는 번뇌를 잘 씻어낸 정신으로 되는 단계이고 업을 짓기 전후에 좋은 원인이 수반된다. 공양 올리기 전후에 기뻐하면서 바르게 얻은 부로 덕이 있는 자들에게 공양 올리는 것을 예로 들 수 있다. 저열한 단계(omaka)는 유익한 행위를 하기 전후에 기고만장, 남을 얕보기, 뒤이은 후회와 같은 오염된 상태에 의해서 더럽혀진 마음으로 하는 것이다.

세 가지 원인이 함께하는 재생연결 등 이것은 지혜가 함께하는 네 가지 큰 과보의 마음에 의해 일어난다. 삶의 과정 동안에 일어나는 16가지 과보는 여덟 가지 원인 없는 과보의 마음과 여덟 가지 큰 과보의 마음이다.

12가지 종류의 과보들 지혜가 함께하는 네 가지 큰 과보의 마음은 제외.

원인 없는 재생연결 평온이 함께하는 유익한 과보의 조사하는 마음.

30 대안의 견해

Asankhāraṃ sasankhāravipākāni na paccati
Sasankhāram asankhāravipākānī ti kecana.
Tesaṃ dvādasapākāni das'aṭṭha ca yathākkamaṃ
Yathāvuttānusārena yathāsambhavam uddise.

–

어떤 (스승들은) 자극받지 않은 (마음의 상태는) 자극받은 과보의 마음을 생산하지 않고, 자극받은 (마음의 상태는) 자극받지 않은 과보의 마음을 생산하지 않는다고 말한다.
그들에 따르면, 앞에서 말한 대로 과보의 일어남은 12, 10, 8과 같은 순서로 설명되어야 한다.

§ 30 설명

◉

어떤 스승들은 말한다 앞의 29에서 말한 과보에 대한 견해는 고대의 대가인 삼장법사 쭐라나가(Cūḷanāga) 스님이 발전시켰으며 아비담마 스승들 사이에서 널리 인정되는 의견이다. 이 섹션(30)에서 저자는 스리랑카의 고대 모라와삐(Moravāpi) 승원에 거했던 아비담마 대가 담마락키따(Dhammarakkhita) 스님 문파의 스승들이 가졌던 대안적인 견해를 말한다.[4]

12, 10, 8 이 견해에 따르면, 재생 시와 삶의 과정 동안에 자극받지 않은 유익한 마음들은 오직 자극받지 않은 과보들만을 생산하고, 자극받은 마음들은 오직 자극받은 유익한 과보들만을 생산한다. 이것은 살아가는 동안 수승한 세 가지 원인 있는 유익한 마음들이 오직 12가지 과보의 마음, 즉 자극받지 않거나 자극받은 것으로 그것들 자신의 성품에 따라서 여덟

가지 원인 없는 과보의 마음과 네 가지 자극받지 않거나 네 가지 자극받은 과보의 마음을 생산하는 것을 의미한다. 두 번째 단계의 유익한 마음들은 다시 자극받지 않거나 자극받은 것으로 그 자신이 본성에 따라서 10가지 과보의 마음 각각과 두 가지 자극받지 않거나 두 가지 자극받은 두 가지 원인인 과보의 마음을 생산한다. 널리 인정되는 견해에서처럼, 이 견해에서도 가장 약한 단계의 유익한 마음들은 오직 원인 없는 재생연결과 삶의 과정 동안에 오직 여덟 가지 원인 없는 과보의 마음만을 생산한다. 이 두 견해의 비교를 위해서 〔표 5.5〕를 참조하라.

[표 5.5] 욕계 유익한 업의 과보들

욕계 유익한 마음	재생 과보	삶의 과정 동안의 과보들		
		원인 없는 과보들	원인 있는: 일반적 견해	원인 있는: 대안적 견해
첫 번째 수승	세 가지 원인	모두 8	1–8	1, 3, 5, 7
첫 번째 저열	두 가지 원인	〃	3, 4, 7, 8	3, 7
두 번째 수승	세 가지 원인	〃	1–8	2, 4, 6, 8
두 번째 저열	두 가지 원인	〃	3, 4, 7, 8	4, 8
세 번째 수승	두 가지 원인	〃	3, 4, 7, 8	3, 7
세 번째 저열	원인 없는	〃	없음	없음
네 번째 수승	두 가지 원인	〃	3, 4, 7, 8	4, 8
네 번째 저열	원인 없는	〃	없음	없음
다섯 번째 수승	세 가지 원인	〃	1–8	1, 3, 5, 7
다섯 번째 저열	두 가지 원인	〃	3, 4, 7, 8	3, 7
여섯 번째 수승	세 가지 원인	〃	1–8	2, 4, 6, 8
여섯 번째 저열	두 가지 원인	〃	3, 4, 7, 8	4, 8
일곱 번째 수승	두 가지 원인	〃	3, 4, 7, 8	3, 7
일곱 번째 저열	원인 없는	〃	없음	없음
여덟 번째 수승	두 가지 원인	〃	3, 4, 7, 8	4, 8
여덟 번째 저열	원인 없는	〃	없음	없음

• 욕계 유익한 마음들과 과보의 마음들의 숫자에 대해서는, 〔표 1.4〕를 참조하라.

31　색계 유익한 업의 과보

Rūpāvacarakusalaṃ pana paṭhamajjhānaṃ parittaṃ bhāvetvā brahmapārisajjesu uppajjanti. Tad eva majjhimaṃ bhāvetvā brahmapurohitesu, paṇītaṃ bhāvetvā mahābrahmesu.

—

색계의 유익한 업에 대해 말하면, 초선을 조금 닦은 자들은 범중천에 재생한다. 초선을 중간 정도 닦으면 그들은 범보천에 재생한다. 초선을 수승하게 닦으면 그들은 대범천에 재생한다.

Tathā dutiyajjhānaṃ tatiyajjhānañ ca parittaṃ bhāvetvā parittābhesu; majjhimaṃ bhāvetvā appamāṇābhesu;paṇītaṃ bhāvetvā ābhassaresu.

—

마찬가지로 제2선과 제3선을 조금 닦으면 그들은 소광천에 재생한다. 그 선들을 중간 정도 닦으면 무량광천에 재생한다. 그 선들을 수승하게 닦으면 광음천에 재생한다.

Catutthajjhānaṃ parittaṃ bhāvetvā parittasubhesu; majjhimaṃ bhāvetvā appamāṇasubhesu;paṇītaṃ bhāvetvā subhakiṇhesu.

—

제4선을 조금 닦으면 소정천에 재생한다. 그 선(禪)을 중간 정도 닦으면 무량정천에 재생한다. 그 선(禪)을 수승하게 닦으면 변정천에 재생한다.

Pañcamajjhānaṃ bhāvetvā vehapphalesu. Tad eva saññāvirāgaṃ bhāvetvā asaññasattesu. Anāgāmino pana suddhāvāsesu uppajjanti.

제5선을 닦으면 광과천에 재생한다. 인식에 대한 탐욕의 빛바램을 닦으면 무상유정천에 재생한다. 그러나 불환자는 정거천에 재생한다.

§ 31 설명

◉

색계의 유익한 업 다섯 가지 색계 선정 각각은 그것의 업의 과보로 그 자체의 정확한 상대인 과보의 색계 마음을 생산한다. 이 마음은 유익한 선정 마음 자체에 의해서 생산되는 유일한 과보의 마음이다. 선정에서 정점에 이르는 명상의 준비단계에서 일어나는 유익한 마음들은 욕계 유익한 마음들이고, 따라서 그것들의 과보는 욕계 과보이지 색계 과보가 아니다. 색계 과보의 마음은 오직 재생연결, 바왕가, 죽음의 세 가지 역할만을 수행한다. 이것은 그 마음이 인식과정을 벗어난 마음에만 일어난다는 것을 뜻한다. 그것은 인식과정 안에서는 일어나지 않고, 유익한 선정 마음은 인식과정에서 일어나는 어떤 과보도 생산하지 않는다. 출세간 과의 마음들을 제외하고 인식과정에서 일어나는 모든 과보의 마음들은 욕계 과보의 마음들이다.

각각의 유익한 선정 마음은 그 자신의 경지와 상응하는 색계 세계에서의 재생을 생산한다. 그러나 색계 세계는 경 체계의 네 가지 선정에 따라 다섯 가지가 아닌 네 가지 넓은 층으로 구조화되어서, 아비담마의 다섯 가지 선정 분석의 제2선과 제3선은 경 체계의 제2선의 마음들에 상응하는 색계 세계로의 재생을 생산한다.

색계 세계의 낮은 세 가지 층은 각각 세 가지 구별되는 영역으로 구성되어 있다. 이 영역들은 이것들에 상응하는 선정을 세 가지 등급의 숙달로 계발하는 자들을 위한 영역이다: 조금, 중간, 수승. 선정 마음 자체는 세 가지 등급의 계발에 따라 다른 유형으로 구별되지 않는다. 그 마음은 그것의 마음부수들의 모임의 관점에서 특별한 유형의 선정 마음으로 정의되고, 어떤 특정한 선정에서 이 마음부수들은 그 선정이 조금 숙달된 단계까지든지, 중간 숙달 단계까지든지, 혹은 수승한 숙달 단계까지든지 계발되는지에 상관없이 여전히 동일한 것으로 남는다. 그러나 수행의 정도는 마음이 재생을 일으키는 능력에 영향을 미쳐서, 각 층에서 세 가지 다른 영역이 그것들의 다른 능력의 객관적인 상대물로 발견된다. 몇 개의 선정들을 계발한 명상 수행자의 경우에 그가 그의 삶의 마지막에 계속 갖고 있는 가장 높은 선정이 재생을 일으키는 역할을 가지는 선정이다. 〔표 5.4〕를 참조하라.

제 5선을 닦으면 제5선의 세계가 나누어지는 원리는 이전의 세 가지를 나누는 원리와 다르다. 이 세계에서 모든 범부들, 예류자들, 일래자들은 조금 닦은 단계이든 중간 정도 닦은 정도이든 수승하게 닦은 정도이든 정상적인 방법으로 제5선을 닦으면 광과천에 태어난다. 그러나 어떤 범부들은 마음과 인식이 모든 괴로움의 근원이라는 태도를 취하여 인식에 대한 강한 탐욕의 빛바램이 함께하는 제5선을 계발한다. 그들의 제5선의 마음이 인식을 그치기를 바라는 마음으로 스며 있기 때문에, 그들은 인식이 없는 존재의 영역[無想有情天]에 재생한다. 거기서 그들은 죽어서 다른 곳에서 재생할 때까지 단지 생명이 있는 몸, 즉 생명 기능 구원소로 존재한다(제6장 28 참조).

그러나 불환자들은 정거천에 재생한다 그들이 이 다섯 가지 영역에 재생하는 것은 그들의 우세한 정신적인 기능에 의해 결정된다. 믿음이 우세한 기능인 불환자는 무번천(Aviha)에 재생하고, 정진이 우세한 기능인 불환자는 무열천(Atappa)에 재생하고, 마음챙김이 우세한 불환자는 선현천(Sudassa)에 재생하고, 삼매가 우세한 불환자는 선견천(Sudassī)에 재생하고, 통찰지가 우세한 불환자는 색구경천(Akaniṭṭha)에 재생한다. 비록 불환자를 제외하고는 아무도 정거천에 재생할 수 없지만 모든 불환자가 그곳에 재생한다는 고정된 법칙은 없다. 아마도 정거천이 오직 제5선을 갖고 있는 불환자들에게만 열려 있는 반면에 낮은 선정의 증득을 갖고 있는 불환자들은 색계 세계의 다른 곳에 재생할 것이다. 그러나 모든 불환자는 욕계에 재생을 가져오는 족쇄인 감각적 욕망(kāmarāga)을 제거했기 때문에 반드시 색계에 재생한다.

32 무색계 유익한 업의 과보

Arūpāvacarakusalañ ca yathākkamaṃ bhāvetvā āruppesu uppajjanti.

—

무색계의 유익한 업을 닦으면, 그들은 (그들의 증득에) 상응하는 무색계 세상에 재생한다.

§ 32 설명

◉

즉 공무변처를 닦고, 임종 시에 태만함과 다른 장애 때문에 그것을 잃지 않는 사람은 공무변처에 재생한다. 마찬가지로 다른 무색계 증득과 관련하여: 임종 시에 유지된 가장 높은 증득이 그것에 상응하는 영역에 재생을 일으킬 것이다.

색계 마음들의 경우에서처럼 각각의 무색계의 유익한 마음은 그것의 과보로 단지 그것에 상응하는 과보의 마음을 생산하고, 그것이 속해 있는 무색계 세상에 재생연결, 바왕가, 죽음의 세 가지 역할만을 성취한다.

33 결론

Itthaṃ mahaggataṃ puññaṃ yathābhūmi vavatthitaṃ
Janeti sadisaṃ pākaṃ paṭisandhippavattiyaṃ.

Idam ettha kammacatukkaṃ.

–

그리하여 세상에 따라 결정된 고귀한 공덕은 재생연결과 삶의 과정에서 비슷한 과보를 생산한다.

여기서 이것이 네 가지 업이다.

죽음과 재생의 과정
(cutipaṭisandhikkama)

34 죽음의 네 가지 원인

Āyukkhayena, kammakkhayena, ubhayakkhayena, upacchedakakammunā cā ti catudhā maraṇ'uppatti nāma.

–

죽음의 도래는 네 가지이다: (1) 수명이 다함으로써, (2) (생산하는) 업력이 다함으로써, (3) 둘 다 (동시에) 다함으로써, (4) 파괴적인 업이 (끼어듦)으로써.

§ 34 설명

◉

죽음의 도래 죽음은 단 하나의 삶의 제한 안에 포함된 생명 기능(jīvitindriya)이 끊어진 것이라고 정형화하여 정의된다.

수명이 다함으로써 이것은 수명이 명확한 한계에 의해서 정해진 세계에서의 존재들에게 오는 죽음의 종류이다(12, 14, 16 참조). 인간 세상에서도 이것은 자연스러운 원인 때문에 노년기에 맞는 죽음으로 이해해야 한다. 최대의 나이에 이르러서 죽음이 일어날 때 생산하는 업이 아직 다하지 않으면, 그 업력은 같은 세계에 또는 천신(deva)들의 경우처럼 어떤 더 높은 세계에 또 다른 재생을 일으킬 수 있다.

(생산하는) 업력이 다함으로써 이것은 비록 정상적인 수명이 다하지 않고 삶을 연장하기 위한 다른 유리한 조건들이 있을지라도 재생을 일으키는 업이 그것의 힘을 써버릴 때 발생하는 죽음의 종류이다. 수명과 업력 모두 동시에 끝나면, 이것은 둘 다 다하는 것에 의한 죽음이다.

파괴적인 업이 (끼어듦)으로써 이것은 심지어 수명이 다하기 전에 강력한 파괴적인 업이 재생을 일으키는 업을 끊어낼 때 일어나는 죽음을 일컫는 용어이다(18 참조).

처음 세 가지 유형의 죽음은 제때의 죽음(kālamaraṇa)으로 알려져 있고, 마지막 죽음은 불시의 죽음(akālamaraṇa)으로 알려져 있다. 예를 들어 등불은 심지가 다하거나, 기름이 다하거나, 동시에 둘 다 다하거나, 갑작스러운 바람 같은 어떤 외부의 원인에 의해서 꺼질 수 있다.

35 임종 시의 표상

Tathā ca marantānaṃ pana maraṇakāle yathārahaṃ abhimukhībhūtaṃ bhavantare paṭisandhijanakaṃ kammaṃ vā taṃkammakaraṇakāle rūpādikam upaladdhapubbam upakaraṇabhūtañ ca kammanimittaṃ vā anantaram uppajjamānabhave upalabhitabbaṃ upabhogabhūtañ ca gatinimittaṃ vā kammabalena channaṃ dvārānaṃ aññatarasmiṃ paccupaṭṭhāti.

—

지금 죽음을 맞이할 자의 경우, 임종 시에 다음 중 하나가 상황에 따라 업의 힘에 의해 여섯 가지 (감각) 문 가운데 어느 하나에 자신을 드러낸다:

(1) 다음 생에 재생연결을 생산할 업(kamma).

(2) 이전에 그 업을 실행할 때 파악되었던 형상 등과 그 업을 실행할 때 수단이 되었던 어떤 것인 업의 표상(kamma-nimitta).

(3) 바로 다음 생에서 얻거나 경험할 (상태의 상징인) 태어날 곳의 표상(gati-nimitta).

§ 35 설명

◉

죽어가는 개인의 마음에 제시되는 세 가지 대상의 유형에 대한 설명은 제3장 13을 참조하라. 이 대상은 죽어가는 사람의 자와나(속행) 과정에 자신을 나타내는 것이지 죽음 마음 자체에 자신을 나타내는 것이 아니라는 것이 강조되어야 한다. 죽음 마음(cuticitta), 즉 한 생의 마지막 마음은 죽을 존재의 재생연결심과 바왕가(생명연속심)에 의해 파악된 동일한 대상을 파악한다. 마지막 자와나(속행) 과정의 대상은 다음 생에서 재생연결심과 바왕가의 대상의 역할을 하고 다음에는 그 생의 마지막에 죽음 마음의 대상이 된다.

36 임종 시의 정신

Tato paraṃ tam eva tath'opaṭṭhitaṃ ālambanaṃ ārabbha vipaccamānakakammānurūpaṃ parisuddham upakkiliṭṭhaṃ vā upalabhitabbabhavānurūpaṃ tatth'onataṃ va cittasantānaṃ abhiṇhaṃ pavattati bāhullena. Tam eva vā pana janakabhūtaṃ kammam abhinavakaraṇavasena dvārappattaṃ hoti.

그 후에 그렇게 제시되는 그 대상에 마음을 기울이면서, 마음의 흐름은 순수하든 더러워졌든 성숙하게 될 업에 따라, 그리고 재생하게 될 상태에 순응하여 대체로 그 상태로 기울면서 계속 흐른다. 혹은 그 재생을 생산하는 업은 새롭게 하는 방법으로 감각문에 자신을 드러낸다.

§ 36 설명

◉

새롭게 하는 방법으로(abhinavakaraṇavasena) 즉, 자신을 드러내는 그 업은 이전에 행해진 어떤 것의 기억 이미지로 나타나는 것이 아니고, 그것이 바로 그 순간에 행해지고 있는 것처럼 마음의 문[意門]에 나타난다.

37 죽음과 재생연결

Paccāsannamaraṇassa tassa vīthicittāvasāne bhavangakkhaye vā cavanavasena paccuppannabhavapariyosānabhūtaṃ cuticittam uppajjitvā nirujjhati. Tasmiṃ niruddhāvasāne tass'ānantaram eva tathāgahitaṃ ālambanam ārabbha savatthukaṃ avatthukam eva vā yathārahaṃ avijjānusayaparikkhittena taṇhānusayamūlakena sankhārena janīyamānaṃ sampayuttehi pariggayhamānaṃ sahajātānam adhiṭṭhānabhāvena pubbangamabhūtaṃ bhavantara-paṭisandhānavasena paṭisandhisankhātaṃ mānasaṃ uppajjamānam eva patiṭṭhāti bhavantare.

—

죽음에 직면한 자에게, 인식과정의 끝이나 생명연속심이 다할 때, 현재 삶의 마지막인 죽음 마음이 죽음의 방법으로 일어나고 소멸한다.
그 (죽음 마음이) 소멸한 바로 후에, 재생연결의 마음이 그렇게 얻어진 대상을 파악하며 심장 토대에 의해 지원받거나 심장 토대 없이 적합하게 일어나서 이어지는 생에서 확립된다. 그것은 잠재적인 무명에 의해 덮여지고 잠재적인 갈애에 의해 뿌리박은 의도적인 형성에 의해 생긴다. 두 가지 연속되는 생을 연결하기 때문에 그렇게 불리는 그 재생연결의 마음은 그것의 마음부수들과 함께 연결되고, 그것들의 기반으로 함께 생긴 마음부수들에게 선구자의 역할을 한다.

§ 37 설명

◉

죽음에 직면한 자에게 마지막 인식과정은 바왕가가 방해받고 한 순간 동안 동요하고, 다음에 끊어질 때 시작된다. 그 후에 대상으로 다섯 가지 감각문에 자신을 드러내는 어떤 감각의 대상을 가지는 오문 인식과정이나 대상으로 마음의 문[意門]에서 자신을 드러내는 어떤 감각 대상이나 정신 대상을 가지는 순수 의문 인식과정이 따른다. 이 마지막 과정 안에서 자와나 단계는 그것이 약하기 때문에 보통의 일곱 번이 아닌 단지 다섯 번의 마음순간 동안만 속행한다. 이 과정은 원래의 생산하는 업의 잠재력이 없고, 오히려 재생을 일으키는 작용을 떠맡았던 과거의 업을 위한 통로의 역할을 한다. 그 자와나 단계를 뒤이어 두 가지 등록의 마음(tadārammaṇa)이 뒤따르기도 하고 뒤따르지 않기도 한다. 어떤 경우에는 바왕가가 마지막 과정의 마음을 따르기도 한다. 그 다음에 맨 마지막 마음으로서의 죽음 마음이 현재의 생에서 떠나가는 역할을 수행하면서 일어난다. 죽음 마음이 소멸하면서, 생명 기능이 끊어진다. 그 다음에 몸은 온도에서 생긴 생명이 없는 물질 현상의 덩어리로 남고, 송장이 가루가 되어 없어질 때까지 그렇게 계속된다.

그 (죽음 마음이) 소멸한 바로 후에 죽음 마음이 소멸한 순간에 이어서, 새로운 생에서 전생의 마지막 자와나 과정에서 그렇게 얻어진 대상을 파악하면서 재생연결심이 일어난다. 이 마음은 물질을 포함하고 있는 세계에서는 심장 토대에 의해 지원받지만, 물질을 포함하고 있지 않은 세계에서는 심장 토대가 없다. 그것은 의도적인 형성, 즉 이전의 자와나 과정의 업에 의해 생겨나고, 차례로 윤회의 두 가지 뿌리인 잠재적인 무명과 잠재적인 갈애에 근거한다. 재생연결심은 그것의 마음부수(cetasika)들과 함께 결합하고, 마음부수들을 앞선다는 의미가 아닌, 그것이 마음부수들의 기반의 역할을 한다는 뜻에서 선구자의 역할을 한다.

38 욕계 재생연결심의 대상

Maraṇāsannavīthiyaṃ pan'ettha mandappavattāni pañc'eva javanāni pāṭikankhitabbāni. Tasmā yadā paccuppannālambanesu āpātham āgatesu dharantesv'eva maraṇaṃ hoti, tadā paṭisandhibhavangānam pi paccuppannālambanatā labbhatī ti katvā kāmāvacarapaṭisandhiyā chadvāragahitaṃ kammanimittaṃ gatinimittañ ca paccuppannam aṭītam ālambanaṃ upalabbhati. Kammaṃ pana atītam eva, tañ ca manodvāragahitaṃ. Tāni pana sabbāni pi parittadhammabhūtān'ev'ālambanāni.

—

여기, 죽음에 가까운 인식과정에서, 오직 다섯 가지 약하게 일어나는 자와나가 기대된다. 그리하여 현재의 대상들이 일어나서 감각의 영역에 들어오는 동안에 죽음이 일어나면, 그때는 (새로운 존재의) 재생연결과 생명연속심 또한 현재의 대상을 가진다. 욕계 재생연결의 경우에, 대상이 여섯 가지 문 가운데 어느 하나에서 인지되는 업의 표상이거나 태어날 곳의 표상일 때, 그 대상은 현재이거나 과거일 수 있다. 그러나 (대상으로서의) 업은 오직 과거이고, 오직 마음의 문[意門]에서 인지된다. (욕계 재생연결의) 이 모든 대상들은 오직 제한된 현상들이다.

§ 38 설명

◉

재생연결과 생명연속심은 또한 현재의 대상을 가진다 임종 시에 파악되는 현재의 대상은 재생연결과 처음 몇 개의 생명연속심 동안 줄곧 지속될 수 있다. 그래서 이것들도 현재의 대상을 가질 수 있다.

욕계 재생연결의 경우 등 만약 재생 마음의 대상이 업이면, 그것은 반드시 과거이고 마음의 문[意門]에서 파악된 정신 대상임에 틀림없다. 만약 그 대상이 업의 표상이면, 그것은 여섯 가지 문 가운데 어떤 곳에서도 파악될 수 있어서 과거이거나 현재일 수 있다. 다른 스승들은 대상으로서 태어날 곳의 표상의 경우에 상충하는 해석을 개진한다. 『위바위니 띠까』(*Vibhāvinī-Ṭīkā*)의 저자를 포함하여 어떤 주석가들은 태어날 곳의 표상이 반드시 마음의 문에서 파악되는 현재의 눈에 보이는 형상이라고 주장한다. 그들은 본서에 나오는 아누룻다 스님의 말을 '대상이 업의 표상일 때 그것은 여섯 가지 문 가운데 어떤 곳에서도 파악될 수 있고, 현재이거나 과거일 수 있다. 그것이 태어날 곳의 표상일 때 그것은 여섯 번째 문, 즉 마음의 문에서 인지되고 현재이다.'라는 의미로 해석한다. 레디 사야도를 포함하여 다른 주석가들은 이 해석을 너무 무리하고 좁은 것으로 거부한다. 그들은 아누룻다 스님이 태어날 곳의 표상은 과거나 현재이고 여섯 가지 문들 가운데 어느 곳에서도 나타날 수 있다는 보다 폭넓은 견해를 주장한 것으로 그의 말대로 받아들여야 한다고 주장한다. 레디 사야도는 아비담마 텍스트에서 일반적으로 태어날 곳의 표상을 마음의 문에서 나타나는 현재의 보이는 대상으로 말할 때, 이것은 그것의 일반적인 나타남으로 말하는 것이지 그것이 다른 방식으로, 예를 들어, 지옥에 있는 사람들의 신음소리나 천상의 음악이나 향기 등으로 나타나지 않는다는 것을 뜻하는 것이 아니라고 주장한다.

39 고귀한 재생연결심의 대상

Rūpāvacarapaṭisandhiyā pana paññattibhūtaṃ kammanimittam ev'-ālambanaṃ hoti. Tathā āruppapaṭisandhiyā ca mahaggatabhūtaṃ pañña ttibhūtañ ca kammanimittam eva yathāraham ālambanaṃ hoti.

—

색계에서의 재생연결의 경우, 대상은 개념이고 항상 업의 표상이다. 그와 마찬가지로 무색계에서의 재생연결의 경우, 어느 것이나 적합한 고귀한 마음이거나 개념인 그 대상은 항상 업의 표상이다.

[표 5.6] 죽음과 재생연결

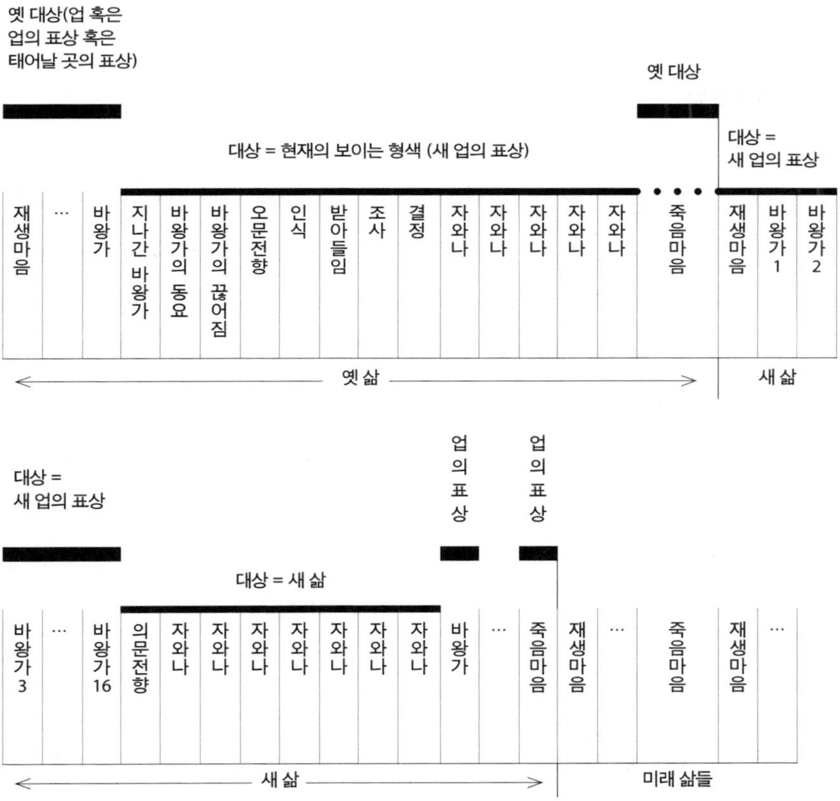

• 위 표는 업의 표상으로 일어나는 현재의 보이는 형색을 가진 재생 과정을 보여준다. 다른 대상과 함께하면 그 과정은 다르게 일어난다. 17가지 마음순간을 갖고 있는 보이는 형색은 옛 삶의 마지막 자와나 과정의 14가지 마음과 새 삶의 세 가지 마음의 대상이다. 세 번째 바왕가부터 그 형색은 과거의 대상이 된다.

Asaññasattānaṃ pana jīvitanavakam eva paṭisandhibhāvena patiṭṭhāti. Tasmā te rūpapaṭisandhikā nāma. Arūpā arūpapaṭisandhikā. Sesā rūpārūpapaṭisandhikā.

–

인식이 없는 존재들(무상유정)의 경우에, 단지 생명 기능의 구원소만이 재생연결의 방법으로 확립된다. 그러므로 그들은 물질로 재생한다고 불린다. 무색계의 존재들은 정신으로 재생한다고 불린다. 나머지는 물질과 정신으로 재생한다고 불린다.

§ **39 설명**

◉

색계 재생 마음의 대상은 재생을 일으키는 선정의 대상 역할을 하는 닮은 표상이다. 이것은 개념과 업의 표상으로 간주된다. 첫 번째와 세 번째 무색계 몰입삼매의 대상인 무한한 허공과 무소유의 개념은 그것과 상응하는 세계에서 재생 마음의 대상이 된다. 두 번째와 네 번째 무색계 몰입삼매의 대상은 첫 번째와 세 번째 무색계 몰입삼매의 마음이고, 이것들은 고귀한 마음들이다. 이 모든 경우에 대상은 업의 표상이다. 인식이 없는 존재[無想有情]들은 마음이 없어서 재생연결 시에 어떤 대상도 갖지 않는다. '생명 기능 구원소'는 생명 기능을 포함하는 물질 현상들의 무리, 즉 유기물이다. 제6장 17 참조.

40 재생의 결정

Āruppacutiyā honti heṭṭhimāruppavajjitā

Paramāruppasandhī ca tathā kāme tihetukā.
Rūpāvacaracutiyā aheturahitā siyuṃ
Sabbā kāmatihetumhā kāmesv'eva pan'etarā.

Ayam etta cutipaṭisandhikkamo.

—

무색계에서 죽으면, 더 수승한 무색계에 재생할 수는 있지만 더 낮은 무색계에는 재생하지 않고, 또한 세 가지 원인을 가진 재생 마음을 가지고 욕계에 재생할 수도 있다.
색계에서 죽으면, 원인 없이 재생하지 않는다. 욕계에서 세 가지 원인을 가진 존재로 죽으면, 어느 곳에서도 재생할 수 있다. 나머지(즉 두 가지 원인을 갖거나 원인 없는 자들)는 욕계에서만 재생한다.

여기서 이것이 죽음과 재생에 관한 절차이다.

§ 40 설명

◉

재생의 결정은 범부들과 아직 아라한에 도달하지 못한 유학들의 경우에 상당히 차이가 크다. 위 내용은 오직 범부들 경우에서의 절차를 설명한다. 여기서 우리는 먼저 범부들의 절차를 설명하고, 다음에 아직 유학의 경지에 있는 성스러운 제자들을 설명할 것이다.

무색계의 존재들은 그들의 재생 수준이나 더 높은 선정에 상응하는 무색계 선정을 계발하지만 더 낮은 선정은 계발하지 않는다. 그리하여 죽으면, 그들은 같은 세계나 더 높은 세계에 재생하지만 더 낮은 선정의 세계에는 재생하지 않는다. 그러나 만약 선정 증득에서 떨어져 버리면, 근접삼매(upacārasamādhi, 제9장 4 참조)의 힘에 의해 욕계에 재생하여 세 가지 원인을 가진 욕계 과보의 마음들 가운데 하나를 가진 재생을 갖는다.

인식이 없는 세계[無想有情天]에서 죽은 자들은 두 가지나 세 가지의 원인을 갖고 있는 욕계 과보의 마음을 가지고 욕계에서 재생한다. 색계의 다른 곳에서 죽은 자가 만약 무색계 선정을 갖고 있으면 무색계에 재생하거나, 만약 그가 색계 선정을 갖고 있으면 색계에 재생하거나, 만약 그가 욕계로 향하는 강한 선정을 생산했다면 욕계에 재생하기도 한다. 색계에서 죽은 후에 욕계에 재생하는 자는 두 가지 원인을 가지거나 세 가지 원인을 가진 재생 마음을 가지고 재생하는 것임에 틀림없다.

욕계에서 세 가지 원인을 가지고 죽는 자들은 어떤 곳에도 재생할 수 있다. 왜냐하면 세 가지 원인을 가진 욕계 존재는 어떤 업도 지을 수 있기 때문이다. 세 가지 원인이나 원인 없이 욕계에서 죽은 자들은 오직 욕계에서만 재생한다. 그들은 두 가지 원인 없는 조사하는 마음들 가운데 어느 하나를 가지고 재생하든지 두 가지나 세 가지 원인을 가지고 있는 욕계 과보의 마음들 가운데 하나를 가지고 재생한다.

성스러운 제자들의 경우에는 수승한 유형의 죽음의 마음에서 열등한 유형의 재생의 마음으로 퇴행하는 일은 있을 수 없다. 세 가지 원인이 없으면 도와 과를 증득하는 것이 불가능하기 때문에 모든 성스러운 제자들은 세 가지 원인을 가진 죽음의 마음으로 임종한다. 아직 유학의 경지에 있는 성스러운 제자들(아라한이 아닌 자들)은 같은 세계나 더 높은 세계에서 재생한다. 그들은 같은 유형의 재생의 마음이나 더 수승한 재생의 마음을 얻는다. 물론, 아라한의 도와 과에 도달한 자들은 죽은 후에 어떤 곳에도 재생하지 않는다. 다음의 〔표 5.7〕을 참조하라.

[표 5.7] 재생의 결정–A. 범부

	옛 세상	죽음 마음	새 세상	재생연결심
31	비상비비상처천	네 번째 무색계 과보	5–11, 31	네 번째 무색계 과보, 세 가지 원인 있는 욕계 과보 네 개
30	무소유처천	세 번째 무색계 과보	5–11, 30, 31	세 번째–네 번째 무색계 과보, 세 가지 원인 있는 욕계 과보 네 개
29	식무변처천	두 번째 무색계 과보	5–11, 29–31	두 번째–네 번째 무색계 과보, 세 가지 원인 있는 욕계 과보 네 개
28	공무변처천	첫 번째 무색계 과보	5–11, 28–31	첫 번째–네 번째 무색계 과보, 세 가지 원인 있는 욕계 과보 네 개
22	무상유정천	없음	5–11	큰 욕계 과보 여덟 개
21	광과천	다섯 번째 색계 과보	5–31	큰 욕계 과보 여덟 개, 색계 과보 다섯 개, 무색계 과보 네 개
20	변정천	네 번째 색계 과보	〃	〃
19	무량정천	〃	〃	〃
18	소정천	〃	〃	〃
17	광음천	두 번째–세 번째 색계 과보	〃	〃
16	무량광천	〃	〃	〃
15	소광천	〃	〃	〃
14	대범천	첫 번째 색계 과보	5–31	큰 욕계 과보 여덟 개, 색계 과보 다섯 개, 무색계 과보 네 개
13	범보천	〃	〃	〃
12	범중천	〃	〃	〃
11	타화자재천	두 가지 원인 있는 욕계 과보 네 개, 세 가지 원인 있는 욕계 과보 네 개	1–11 1–31	큰 욕계 과보 여덟 개, 조사 두 개 모두 가능
10	화락천	11과 동일	11과 동일	11과 동일
9	도솔천	〃	〃	〃
8	야마천	〃	〃	〃

7	삼십삼천	〃	〃	〃
6	사대왕천	유익한 과보의 조사 한 개 두 가지 원인 있는 욕계 과보 네 개 세 가지 원인 있는 욕계 과보 네 개	1-11 〃 1-31	큰 욕계 과보 여덟 개, 조사 두 개 〃 모두 가능
5	인간	6과 동일	6과 동일	6과 동일
4	아수라	해로운 과보의 조사 한 개	1-11	큰 욕계 과보 여덟 개, 조사 두 개
3	아귀	〃	〃	〃
2	축생	〃	〃	〃
1	지옥	〃	〃	〃

[표 5.7] 재생의 결정-B. 유학

	옛 세상	죽음의 마음	새 세상	재생연결심
31	비상비비상처천	네 번째 무색계 과보	31	네 번째 무색계 과보
30	무소유처천	세 번째 무색계 과보	30, 31	세 번째-네 번째 무색계 과보
29	식무변처천	두 번째 무색계 과보	29-31	두 번째-네 번째 무색계 과보
28	공무변처천	첫 번째 무색계 과보	28-31	첫 번째-네 번째 무색계 과보
27	색구경천	다섯 번째 색계 과보	없음	없음
26	선견천	〃	27	다섯 번째 색계 과보
25	선현천	〃	26, 27	〃
24	무열천	〃	25-27	〃
23	무번천	〃	24-27	〃
21	광과천	〃	21, 23-31	〃
20	변정천	네 번째 색계 과보	20, 21, 23-31	네 번째-다섯 번째 색계 과보, 무색계 과보 네 개
19	무량정천	〃	19-21, 23-31	〃
18	소정천	〃	18-21, 23-31	〃

17	광음천	두 번째-세 번째 색계 과보	17-21,23-31	두 번째-다섯 번째 색계 과보, 무색계 과보 네 개
16	무량광천	〃	16-21,23-31	〃
15	소광천	〃	15-21,23-31	〃
14	대범천	첫 번째 색계 과보	14-21,23-31	1-5 색계 과보, 무색계 과보 네 개
13	범보천	〃	13-21,23-31	〃
12	범중천	〃	12-21,23-31	〃
11	타화자재천	세 가지 원인 있는 욕계 과보 네 개	5-21,23-31	세 가지 원인 있는 욕계 과보 네 개, 색계 과보 다섯 개, 무색계 과보 네 개
10	화락천	11과 동일	11과 동일	11과 동일
6-9	도솔천, 등	〃	〃	〃
5	인간	〃	〃	〃

41 마음의 연속

Icc'evaṃ gahitapaṭisandhikānaṃ pana paṭisandhinirodhānantarato pabhuti tam ev'ālambanam ārabbha tad eva cittaṃ yāva cuticittuppādā asati vīthicittuppāde bhavass'angabhāvena bhavangasantatisankhātaṃ mānasaṃ abbocchinnaṃ nadīsoto viya pavattati. Pariyosāne ca cavanavasena cuticittaṃ hutvā nirujjhati. Tato parañ ca paṭisandhādayo rathacakkam iva yathākkamamaṃ eva parivattantā pavattanti.

—

그래서 이처럼 재생을 받은 자에게, 재생연결(심)의 소멸에 바로 뒤이은 순간부터, 동일한 유형의 마음이 동일한 대상을 파악하면서 강의 흐름처럼 끊임없이 흐르고, 인식과정의 일어남이 없는 한 죽음 마음이 일어날 때까지 그렇게 흐른다. 존재(혹은 생명)의 필수적인 요소인 이 마음은 생명연속심이라고 불린다. 삶의 마지막에 죽을 때 죽음 마음이 되어서 그것은 소멸한다. 그 후에 재생연결심 그리고 다른 마음들은 계속 일어나서 수레바퀴처럼 계속 회전한다.

§ 41 설명

◉

재생연결심 바로 다음에… 재생연결심 다음에는 16가지 생명연속심의 순간들이 뒤따른다. 그 후에 의문전향의 마음들이 일어나고, 취착(집착)이 새로운 존재로 발전하는 일곱 가지 자와나(bhavanikanti-javana) 과정이 뒤따른다. 새 삶에서의 첫 번째인 이 인식과정은 대상으로 재생연결심을 가진다. 그 자와나들은 탐욕에 뿌리박고 사견과 결합하지 않으며 자극받지 않은 욕계 마음들에 있다. 이 과정이 끝나면, 바왕가는 다시 일어나서 소멸하고, 인식과정의 개입이 없으면 그와 같이 계속된다. 이런 식으로 마음의 흐름은 입태부터 죽을 때까지, 그리고 죽음에서 새로운 탄생까지 '수레바퀴처럼 회전하면서' 계속해서 흐른다.

42 결론

Paṭisandhibhavangavīthiyo
Cuti c'eha tathā bhavantare
Puna sandhibhavangam icc'ayaṃ
Parivattati cittasantati.
Paṭisankhāya paṇ'etam addhuvaṃ

Adhigantvā padam accutaṃ budhā
Susamucchinnasinehabandhanā
Samam essanti cirāya subbatā.

–

여기에서처럼, 다음 생에서도 그렇게 다시, 재생연결심, 생명연속심, 인식과정들, 죽음 마음이 일어난다. 다시 재생과 생명연속심과 함께 이 마음의 흐름은 회전한다.

현자들은 오랫동안 자신을 훈련하여 (삶의) 무상을 이해하고, 죽음이 없는 상태를 깨닫고, 집착의 족쇄들을 완전히 근절하여, 평화(고요함)를 얻는다.

Iti Abhidhammatthasangahe
Vīthimuttasangahavibhāgo nāma
pañcamo paricchedo.
이와 같이 『아비담맛타 상가하』에서
인식과정을 벗어난 마음의 개요라는 제목의
제5장이 끝난다.

제6장

물질의 개요

Rūpasangahavibhāga

1 서시

Ettāvatā vibhattā hi sappabhedappavattikā
Cittacetasikā dhammā rūpaṃ dāni pavuccati.
Samuddesā vibhāgā ca samuṭṭhānā kalāpato
Pavattikkamato cā ti pañcadhā tattha sangaho.

–

지금까지 그것들의 부류와 발생의 방식에 따라서 마음과 마음부수들을 분석했고, 이제 물질이 다루어진다.
물질의 개요는 다섯 가지이다: 열거, 분류, 일어남, 무리, 일어나는 방식.

§ 1 설명

◉

『아비담맛타 상가하』(*Abhidhammattha Sangaha*, 아비담마 주제 개요)의 처음 다섯 장은 어떤 면에서 의식 경험의 다양한 양상들, 즉 89가지 혹은 121가지 마음의 유형, 52가지 마음부수와 그것들의 순열, 인식과정과 재생에서의 마음의 일어남, 세계, 업과 업의 과보의 분류를 다루는 완전한 개요를 구성한다.

이 처음 다섯 장은 처음 두 가지 궁극적인 실재, 즉 마음(citta)과 마음부수(cetasika)들에 대한 상세한 분석으로 간주될 수 있다. 제6장에서 아누룻다 스님은 세 번째 궁극적인 실재인 물질(rūpa)을 상세하게 다룬다. 그는 먼저 물질 현상들의 종류를 열거하고 다음에 그것들이 분류되는 원리, 그것들이 일어나는 원인이나 수단, 무리로 조직되는 것, 그것들이 일어나는 방식을 설명한다. 마지막으로 그는 네 번째 궁극적인 실재, 즉 조건 지어지지 않는 요소인 열반(Nibbāna)을 간단하게 살펴보고 이 장의 결론을 맺는다.

물질에 해당하는 빠알리어는 '변형되다, 방해받다, 두들겨 맞다, 압제받다, 부서지다'를 의미하는 동사인 룹빠띠(ruppati)에서 유래된 것으로 설명된다.[1] "물질이 그렇게 불리는 이유는 그것이 추위와 열 등과 같은 해로운 물리적인 조건 때문에 변형을 겪고 변형을 강요하기 때문이다."라고 주석가들은 주장한다.[2] 붓다 자신은 '물질' 혹은 '물질 형태'에 대한 설명에서, "그리고 비구들이여 왜 물질의 형태(rūpa)라고 말하는가? 그것은 변형된다(ruppati). 그래서 그것은 물질 형태라고 불린다. 무엇에 의해 변형되는가? 추위에 의해서, 더위에 의해서, 배고픔에 의해서, 갈증에 의해서, 파리 · 모기 · 바람 · 햇빛 · 파충류에 의해서 변형된다."라고 설명하신다(상윳따 니까야. 22:79/iii, 86).

물질 현상의 열거
(rūpasamuddesa)

2 간단하게: 사대와 파생 물질

Cattāri mahābhūtāni, catunnañ ca mahābhūtānaṃ upādāya rūpan ti duvidham p'etaṃ rūpaṃ ekādasavidhena sangahaṃ gacchati.

–

물질은 두 가지이다: 사대와 사대에서 파생된 물질 현상. 이 두 가지는 11가지 범주로 구성된다.

§ 2 설명

◉

물질은 두 가지이다 아비담마는 28가지 물질 현상을 열거하고, 이것들은 간략하게 두 가지 일반적인 범주들로 구성되어 있다: 사대(四大)와 사대에서 파생된 물질 현상들. 사대(mahābhūta)는 주된 물질 요소들인 땅, 물, 불, 바람이다. 이것들은 분리될 수 없고 그것들의 다양한 결합으로 가장 작은 미립자에서 가장 큰 산에 이르기까지 모든 물질을 구성하는 물질의 근본적인 구성성분들이다. 파생된 물질 현상(upādāya rūpa)들은 사대에서 파생되거나 사대에 의존하는 물질 현상들이다. 이것들은 수가 24가지이다. 사대는 땅에 비유되고, 파생된 현상들은 땅에 의지하여 자라는 나무와 관목에 비유된다.

이 모든 28가지 유형의 물질 현상은 11가지 일반적인 부류로 나누어진다. 이것들 가운데 일곱 가지는 구체적으로 생성되는 물질(nipphanna-rūpa, 구체적인 물질)이다. 왜냐하면 그것들은 내재적 본성을 가지고 있고 그래서 통찰에 의해 명상하고 이해하기에 적합하기 때문이다. 성격상 보다 추상적인 나머지 네 가지 부류는 구체적으로 생성되지 않는 물질(anipphannarūpa, 추상적인 물질)이다(〔표 6.1〕 참조).

3 상세하게: 구체적으로 생성되는 물질

Kathaṃ?

(1) Paṭhavīdhātu, āpodhātu, tejodhātu, vāyodhātu bhūtarūpaṃ nāma.

(2) Cakkhu, sotaṃ, ghānaṃ, jivhā, kāyo pasādarūpaṃ nāma.

(3) Rūpaṃ, saddo, gandho, raso, āpodhātuvajjitaṃ bhūtattayasankhātaṃ

phoṭṭhabbaṃ gocararūpaṃ nāma.

(4) Itthattaṃ purisattaṃ bhāvarūpaṃ nāma.

(5) Hadayavatthu hadayarūpaṃ nāma.

(6) Jīvitindriyaṃ jīvitarūpaṃ nāma.

(7) Kabaḷīkāro āhāro āhārarūpaṃ nāma.

—

어떻게?

(1) 필수적인 물질 현상[四大]: 땅 요소, 물 요소, 불 요소, 바람 요소.

(2) 감성의 물질 현상: 눈, 귀, 코, 혀, 몸.

(3) 대상의 물질 현상: 형색, 소리, 냄새, 맛, 감촉. 감촉은 물 요소를 제외한 세 가지 필수적인 요소들로 구성된다.

(4) 성의 물질 현상: 여성과 남성.

(5) 심장의 물질 현상: 심장 토대.

(6) 생명의 물질 현상: 생명 기능.

(7) 음식의 물질 현상: 먹을 수 있는 음식.

Iti ca aṭṭhārasavidham p'etaṃ sabhāvarūpaṃ, salakkhaṇarūpaṃ, nipphannarūpaṃ, rūparūpaṃ, sammasanarūpan ti ca sangahaṃ gacchati.

—

그리하여 이 18가지 종류의 물질 현상은 다음과 같이 함께 묶인다: 내재적인 본성을 가진 물질, 진정한 특성을 가진 물질, 구체적으로 생성되는 물질, 유형의 물질, 통찰로 이해할 수 있는 물질.

[표 6.1] 한눈에 보는 28가지 물질 현상

구체적인 물질 (18)	추상적인 물질 (10)
Ⅰ. 근본 물질 1. 땅 요소 2. 물 요소 3. 불 요소 4. 바람 요소 Ⅱ. 감성의 현상 5. 눈 감성 6. 귀 감성 7. 코 감성 8. 혀 감성 9. 몸 감성 Ⅲ. 대상의 현상 10. 형색 11. 소리 12. 냄새 13. 맛 ● 감촉 (= 3가지 요소들: 땅, 불, 바람) Ⅳ. 성의 현상 14. 여성 15. 남성 Ⅴ. 심장의 현상 16. 심장 토대 Ⅵ. 생명의 현상 17. 생명 기능 Ⅶ. 음식의 현상 18. 음식	Ⅷ. 제한하는 현상 19. 허공 요소 Ⅸ. 전달하는 현상 20. 몸의 암시 21. 말의 암시 Ⅹ. 변화하는 현상 22. 가벼움 23. 부드러움 24. 적합함 (+ 2가지 암시) Ⅺ. 물질의 특성 25. 생성 26. 상속 27. 쇠퇴 28. 무상

§ 3 설명

◉

(1) 땅 요소(paṭhavīdhātu) 사대는 그것들 자신의 내재적인 본성(attano sabhāvaṃ dhārenti)을 지니고 있다는 의미에서 요소(dhātu)라 불린다. 땅 요소는 땅처럼 공존하는 물질 현상을 위한 지원이나 기초의 역할을 하기 때문에 그렇게 불린다. '빠타위'라는 말은 '커지다' 혹은 '퍼져 나가다'를 뜻

하는 어근에서 유래되었고, 그래서 땅 요소는 연장의 원리를 나타낸다. 땅 요소는 딱딱함의 특징을 가지며, (나머지 주된 요소들과 파생된 물질을 위한) 기초 역할을 하며, 받아들이는 것으로 나타난다.[3] 그것의 가까운 원인은 나머지 세 가지 요소[三大]이다. 딱딱함과 부드러움은 땅 요소가 감촉에 의해서 경험되는 방식이다.

물 요소(āpodhātu) 물 요소, 즉 유동성은 다양한 물질의 입자들을 응집하도록 만들어서 그 입자들이 흩어지지 않도록 하는 물질 요소이다. 이것의 특징은 졸졸 흐르는 것이거나 새는 것이다. 이것의 역할은 공존하는 물질 현상을 강화시키는 것이다. 그리고 그것은 물질 현상을 결합하거나 응집하는 것으로 나타난다. 그것의 가까운 원인은 다른 세 가지 큰 요소[三大]이다. 아비담마는 다른 세 가지 큰 요소와는 다르게 물 요소는 물리적으로 감지되지 않고 관찰된 물질의 응집에서 추론하여 알아야 한다고 주장한다.

불 요소(tejodhātu) 열의 특징을 가지고 있고, 그것의 역할은 다른 물질 현상을 성숙하게 하거나 익게 하는 것이며, 그것은 계속적인 부드러움의 공급으로 나타난다. 열과 차가움 둘 다는 불의 요소가 경험되는 방식이다.

바람 요소(vāyodhātu) 움직임과 압력의 원리이다. 그것의 특징은 팽창(vitthambana)이고, 그것의 역할은 다른 물질 현상에 움직임을 일으키는 것이며, 그것은 다른 장소로 운반하는 것으로 나타난다. 그것의 가까운 원인은 다른 세 가지 큰 요소[三大]이다. 그것은 감촉의 압력으로 경험된다.

종합해 보면, 사대는 땅 요소 위에 기초를 두고, 물 요소에 의해 응집되며, 불 요소에 의해 유지되고, 바람 요소에 의해 팽창된다.

(2) **감성의 물질 현상(pasādarūpa)** 다섯 가지 감각기관 각각에 위치한 다섯 가지 유형의 물질이다.[4] 감성은 그것의 기반 역할을 하는 거친 감각기관과는 구별되어야 한다. 관습적으로 눈이라고 불리는 것은 아비담마에서 복

합적인 눈(sasambhāra-cakkhu), 즉 다양한 물질 현상들의 복합체이다. 이들 가운데 눈 감성(cakkhu pasāda), 즉 빛과 색을 등록하고 안식(眼識)을 위한 육체적인 토대와 문의 역할을 하는 망막 안에 있는 감성의 물질이 있다. 귀 감성(sota-pasāda)은 귓구멍 안, 즉 골무와 같은 모양의, 고운 갈색 털로 둘러싸인 장소에서 발견될 수 있다. 그것은 소리를 등록하고 이식(耳識)을 위한 육체적인 토대와 문의 역할을 하는 감성의 물질이다. 코 감성(ghāna-pasāda)은 콧구멍 안에서 냄새를 등록하는 물질로 발견될 수 있다. 혀 감성(jivhā-pasāda)은 혀 위에 퍼져 있는 것으로 발견될 수 있고, 맛을 등록하는 역할을 한다. 그리고 몸 감성(kāya-pasāda)은 '한 층의 목화에 스며드는 액체처럼' 유기적인 몸 전체에 퍼지고, 감촉 감각을 등록하는 역할을 한다.

눈의 특징은 보이는 자료의 충격에 준비된 주된 요소들[四大]의 감성이거나, 보고자 하는 열망에서 생기는 주된 요소들의 감성이다. 그것의 역할은 대상으로서의 눈에 보이는 자료를 얻는 것이다. 그것은 안식(眼識)의 기반으로 나타난다. 그것의 가까운 원인은 보고자 하는 열망에서 생기는 업에서 생긴 주된 요소들이다. 나머지 감성 물질 현상인 귀·코·혀·몸 각각은 적절히 대체하여 유사하게 이해해야 한다.

(3) **대상의 물질 현상**(gocararūpa) 상응하는 유형의 감각식[前五識]을 위한 대상의 기반 역할을 하는 다섯 가지 감각 영역이다. 감촉 대상은 큰 필수요소들[四大] 가운데 세 가지, 즉 딱딱함과 부드러움으로 경험되는 땅 요소, 열이나 차가움으로 경험되는 불 요소, 압력으로 경험되는 공기 요소로 구성되어 있다. 응집의 원리인 물 요소는 아비담마에 따르면 감촉 자료에 포함되지 않는다. 눈에 보이는 형색 등 나머지 네 가지 감각 대상은 파생된 물질의 유형이다.

종합해 보면, 대상의 물질 현상들은 감각 토대에 부딪히는 특징을 갖는다. 그것들의 역할은 감각식[前五識]의 대상이 되는 것이다. 그것들은 각각의 감각식의 의지처로 나타난다. 그것들의 가까운 원인은 네 가지 큰 필수요소이다.

(4) **성의 물질 현상**(**bhāvarūpa**) 여성과 남성의 두 가지 기능이다. 이 기능들은 각각 남성과 여성의 특징을 갖는다. 그것들의 역할은 여성과 남성을 보여주는 것이다. 그것들은 여성과 남성의 특징·표시·일·방법에 대한, 즉 몸의 성적인 구조에 대한, 그것의 여성이나 남성의 특징에 대한, 전형적인 여성이나 남성의 직업에 대한, 전형적인 여성이나 남성의 행동에 대한 이유로 나타난다.

(5) **심장의 물질 현상**(**hadayarūpa**) 심장 토대에 관해서는, 제3장 20을 참조하라. 심장 토대는 마노의 요소[意界]와 의식의 요소[意識界]를 위한 육체적인 기반이 되는 특징을 갖는다(제3장 21 참조). 그것의 역할은 이것들을 지지하는 것이다. 그것은 이 요소들을 나르는 것으로 나타난다. 그것은 심장 안에 있는 피에 의존하는 것으로 발견될 수 있고, 네 가지 큰 필수요소에 의해 도움을 받고 생명 기능에 의해 유지된다.

(6) **생명 기능**(**jīvitindriya**) 일곱 가지 공통적인 마음부수들 가운데 하나인 정신적인 생명 기능의 물질적인 상대물이다. 생명은 그것의 부속물들에게 지배적인 영향을 미치기 때문에 기능이라 불린다. 생명 기능은 그것들이 존재하는 순간에 함께 존재하는 물질을 유지하는 특징을 갖는다. 그것의 역할은 그 물질을 일어나게 하는 것이다. 그것은 그것들의 존재를 확립하는 것으로 나타난다. 그것의 가까운 원인은 유지되어야 하는 네 가지 큰 필수요소이다.

(7) **먹을 수 있는 음식**(**kabaḷīkārāhāra**) 거친 먹을 수 있는 음식에 포함되어 있는 영양 물질인 영양소(ojā)의 특징을 갖는다. 그것의 역할은 육체를 유지하는 것이다. 그것은 몸의 강화로 나타난다. 그것의 가까운 원인은 영

양소의 토대인 거친 먹을 수 있는 음식이다.

이 18가지 종류의 물질 현상 막 열거되었던 18가지 물질 현상은 각각의 유형이 땅 요소의 경우에 딱딱함 등과 같은 독특한 대상의 성품을 갖고 있기 때문에 내재적인 본성을 가진 물질(sabhāvarūpa)로 분류되고, 그것들이 무상·고·무아의 세 가지 보편적인 특성을 갖고 있기 때문에 진정한 특성을 가진 물질(salakkhaṇarūpa)로 분류되며, 그것들이 업 등과 같은 조건들에 의해 직접 생성되기 때문에 구체적으로 생산되는 물질(nipphannarūpa, 구체적인 물질)로 분류되고, 그것들이 변형을 겪는 물질의 필수적인 특성을 갖고 있기 때문에 유형의 물질(rūparūpa)로 분류되며, 그것들이 세 가지 특성에 의해 통찰 명상의 대상이 될 수 있기 때문에 통찰에 의해 명상될 수 있는 물질(sammasanarūpa)로 분류된다.

4 상세하게: 구체적이지 않은 물질

(8) Ākāsadhātu paricchedarūpaṃ nāma.

(9) Kāyaviññatti vacīviññatti viññattirūpaṃ nāma.

(10) Rūpassa lahutā, mudutā, kammaññatā, viññattidvayaṃ vikārarūpaṃ nāma.

(11) Rūpassa upacayo, santati, jaratā, aniccatā lakkhaṇarūpaṃ nāma. Jātirūpam eva pan'ettha upacayasantatināmena pavuccati.

—

(8) 제한하는 물질 현상: 허공의 요소.

(9) 암시하는 물질 현상: 몸의 암시와 말의 암시.

(10) 변화의 물질 현상: 물질의 가벼움, 부드러움, 적합함, 두 가지 형태의 암시.

(11) 물질 현상의 특성: 물질의 생성, 상속, 쇠퇴, 무상. 여기에서의 생성과 상속은 태어남의 물질 현상을 의미한다.

§ 4 설명

◉

구체적이지 않은 물질(추상적인 물질) (8)-(11)의 부류에 있는 물질의 유형은 그것들이 물질의 네 가지 주요 원인(9 참조)에서 직접 일어나지 않고 구체적으로 생성되는 물질(구체적인 물질)의 양상이나 속성으로 존재하기 때문에 구체적이지 않은 물질(anipphannarūpa, 추상적인 물질)이라 불린다. 그리하여 그것들은 궁극적인 실재(paramattha dhamma, 究竟法)들에 포함되지 않는다.

(8) 허공 요소(ākāsadhātu) 아비담마에서 이해하는 것으로서의 허공은 순수 기하학적인 연장이 아니라 대상들과 물질 현상들의 모임을 제한하고 분리하여 그것들을 구별하여 인식하게 하는 빈 지역이다. 허공 요소는 제한하는 특징을 갖는다. 그것의 역할은 물질의 경계를 보여주는 것이다. 그것은 물질의 경계나, 틈과 구멍의 상태로 나타난다. 그것의 가까운 원인은 제한된 물질이다.

(9) 암시하는 물질 현상(viññattirūpa) 윈냣띠(viññatti, 암시)는 그것에 의해 자신의 생각, 느낌, 태도를 다른 사람에게 전달하는 것이다. 몸의 암시와 말의 암시인 두 가지 암시 수단이 있다. 전자는 몸을 자신의 의도를 드러내는 방법으로 움직이게 하는 마음에서 생긴 공기 요소에 있는 특별한 변화 물질이다. 후자는 자신의 의도를 드러내는 말을 하는 마음에서 생긴 땅 요소에 있는 특별한 변형 물질이다. 이 둘은 의도를 드러내는 역할을 한다. 그것들은 각각 몸의 움직임과 말의 표현을 원인으로 나타난다. 그것들의 가까운 원인은 각각 마음에서 생긴 공기 요소와 땅 요소이다.

(10) 변화의 물질 현상(vikārarūpa) 이 범주는 구체적으로 생산되는 물질(구체적인 물질)의 특별한 방식이나 나타남으로 구성된다. 그것은 두 가지 유형의 암시와 세 가지 다른 물질 현상인 가벼움, 부드러움, 적합함을 포함한다.

이것들 가운데, 가벼움(lahutā)은 굼뜨지 않음의 특징을 갖는다. 그것의 역할은 물질에서 무거움을 몰아내는 것이다. 그것은 가벼운 변형으로 나타난다. 그것의 가까운 원인은 가벼운 물질이다.

부드러움(mudutā)은 경직되지 않음의 특징을 갖는다. 그것의 역할은 물질에서 경직성을 몰아내는 것이다. 그것은 어떤 종류의 행동도 반대하지 않는 것으로 나타난다. 그것의 가까운 원인은 부드러운 물질이다.

적합함(kammaññatā)은 몸의 행동에 유리한 적합함의 특징을 갖는다. 그것의 역할은 적합하지 않은 것을 몰아내는 것이다. 그것은 약하지 않은 것으로 나타난다. 그것의 가까운 원인은 적합한 물질이다.

(11) 물질 현상의 특성(lakkhaṇarūpa) 이 범주는 네 가지 유형의 물질 현상을 포함한다. 이것들 가운데 생성(upacaya)과 상속(santati)은 둘 다 물질의 발생, 일어남 혹은 태어남(jāti)을 뜻하는 용어이다. 그것들은 생성이 물질 과정의 첫 번째 일어남, 즉 그 과정의 처음 시작인 반면에, 상속은 동일한 물질 과정에서 물질 현상들이 반복해서 일어나는 것이라는 점에서 다르다. 예를 들어, 입태 시에 몸·성·심장 부류가 일어나는 것은 생성인 반면에, 그 동일한 물질이 평생 동안 계속해서 일어나는 것은 상속이다.

물질의 생성은 시작의 특징을 갖는다. 그것의 역할은 물질이 처음으로 출현하도록 만드는 것이다. 그것은 시작이나 완전한 상태로 나타난다. 그것의 가까운 원인은 생성된 물질이다.

물질의 상속은 발생의 특징을 갖는다. 그것의 역할은 붙들어 매는 것이다. 그것은 방해 없음으로 나타난다. 그것의 가까운 원인은 붙들어 매진 물질이다.

쇠퇴(jaratā)는 물질 현상들의 성숙과 노화의 특징을 갖는다. 그것의 역할은 그들의 종말로 계속 인도하는 것이다. 그것은 존재를 잃지 않고 신선함을 잃은 것으로 나타난다. 그것의 가까운 원인은 쇠퇴하는 물질이다.

무상(aniccatā)은 물질 현상들이 완전히 부서지는 특징을 갖는다. 그것의 역할은 그것들을 가라앉게 만드는 것이다. 그것은 파괴와 사라짐으로 나타난다. 그것의 가까운 원인은 완전히 부서지는 물질이다.

5 28가지 종류의 물질

Iti ekādasavidham p'etaṃ rūpaṃ aṭṭhavīsatividhaṃ hoti sarūpavasena.
Kathaṃ?
Bhūtappasādavisayā bhāvo hadayam icc'api
Jīvitāhārarūpehi aṭṭhārasavidhaṃ tathā
Paricchedo ca viññatti vikāro lakkhaṇan ti ca
Anipphannā dasa cā ti aṭṭhavīsavidhaṃ bhave.

Ayam ettha rūpasamuddeso.

–

그리하여 11가지 종류의 물질 현상이 그것들 특유의 속성에 따라 28가지 물질로 다루어진다. 어떻게 (28가지)?
필수요소들[四大], 감각기관들, 대상들, 성, 심장, 생명, 음식—그리하여 구체적인 물질은 18가지이다.
제한 (허공), 암시, 변화, 특성—그리하여 구체적으로 생산되지 않은[추상적인] 10가지가 있다. 모두 합해서 28가지이다.

여기에서 이것이 물질의 열거이다.

물질의 분류
(rūpavibhāga)

6 한 가지로

Sabbañ ca pan'etaṃ rūpaṃ ahetukaṃ sappaccayaṃ, sāsavaṃ, sankhataṃ, lokiyaṃ, kāmāvacaraṃ, anārammaṇaṃ, appahātabbam evā ti ekavidham pi ajjhattikabāhirādivasena bahudhā bhedaṃ gacchati.

—

이제 이 모든 물질은 다음과 같은 모든 면에서 하나이다: 원인 없고, 조건과 함께하며, 번뇌에 종속되며, 조건 지어져 있고, 세간적이며, 욕계에 속하고, 대상이 없으며, 버려질 수 없다. 그러나 안의 [물질]과 밖의 [물질] 등으로 고려하면, 물질은 여러 가지가 된다.

§ 6 설명

◉

이 모든 물질은 하나이다 모든 물질은 그것이 유익한[善] 원인, 해로운[不善] 원인, 혹은 결정할 수 없는[無記] 원인과 관련이 없기 때문에 원인이 없다. 원인과의 연관은 정신적인 현상에 제한되어 있다. 모든 물질은 그것이 네 가지 이유에 의존하여 일어나기 때문에 조건과 함께한다(다음 9 참조). 그것은 네 가지 번뇌의 대상이 되기 때문에 번뇌(sāsava)에 종속된다(제7장 3 참조).[5] 오취온의 세계를 초월하는 물질은 없기 때문에 물질은 조건 지어져 있고 세간적이다. 모든 물질은 욕계에 속한다. 비록 물질이 색계에도 존재하지만, 그것은 그것의 성격상 감각적인 갈애의 대상이기 때문에 욕계에 속한다. 물질은 정신적인 현상과는 다르게 대상을 알 수 없기 때문에 대상이 없다. 그리고 그것은 번뇌처럼 네 가지 출세간의 도에 의해 버려질 수 없기 때문에 버려질 수 없다.

7 여러 가지로

Kathaṃ?
Pasādasankhātaṃ pañcavidham pi ajjhattikarūpaṃ nāma;itaraṃ bāhirarūpaṃ.
Pasāda-hadayasankhātaṃ chabbidham pi vatthurūpaṃ nāma;itaraṃ avatthurūpaṃ.
Pasāda-viññattisankhātaṃ sattavidham pi dvārarūpaṃ nāma;itaraṃ advārarūpaṃ.
Pasāda-bhāva-jīvitasankhātaṃ aṭṭhavidham pi indriyarūpaṃ nāma; itaraṃ anindriyarūpaṃ.

—

어떻게?
다섯 가지 감성 물질 현상은 안의 [물질]이고, 나머지는 밖의 [물질]이다.
감성 기관들과 심장으로 구성되는 여섯 가지 종류는 토대가 되는 물질 현상들이고 나머지는 토대가 아니다.

감성 기관들과 (두 가지) 암시의 매개체로 구성되는 일곱 가지 종류는 문이 되는 물질 현상들이고, 나머지는 문이 아니다.
감성 기관들과 성과 생명으로 구성되는 여덟 가지 종류는 기능이 되는 물질 현상들이고, 나머지는 기능이 아니다.

Pasāda-visayasankhātaṃ dvādasavidham pi oḷārikarūpaṃ, sankite rūpaṃ, sappaṭigharūpañ ca; itaraṃ sukhumarūpaṃ, dūre, rūpaṃ, appaṭigharūpañ ca.

Kammajaṃ upādinnarūpaṃ; itaraṃ anupādinnarūpaṃ.
Rūpāyatanaṃ sanidassanarūpaṃ; itaraṃ anidassanarūpaṃ.

—

다섯 가지 감성 기관과 (일곱 가지) 감각 대상으로 구성되는 12가지 종류는 거친·가까운·부딪히는 물질 현상들이고, 나머지는 미세한·먼·부딪히지 않는 것이다.
업에서 생긴 물질 현상들은 '취착되는 것'이고, 나머지는 '취착되지 않은 것'이다.
보이는 형색 토대는 보이는 것이고, 나머지는 보이지 않는 것이다.

Cakkhādidvayaṃ asampattavasena, ghānādittayaṃ sampattavasenā ti pañcavidham pi gocaraggāhikarūpaṃ; itaraṃ agocaraggāhikarūpaṃ.
Vaṇṇo, gandho, raso, ojā, bhūtacatukkañ cā ti atthavidham pi avinibbhogarūpaṃ; itaraṃ vinibbhogarūpaṃ.

—

눈과 귀는 (그것들의 대상에) 도달하지 않는 것으로서, 코와 혀와 몸은 (그것들의 대상에) 도달하는 것으로서 대상을 가지는 다섯 가지 종류의 물질 현상이고, 나머지는 대상을 가지지 않는 물질 현상들이다.
색, 냄새, 맛, 영양소, 네 가지 필수요소[四大]는 분리할 수 없는 여덟 가지 종류의 물질 현상들이고, 나머지는 분리할 수 있다.

§ 7 설명

◉

안의(ajjhattika) 여기에서 '안의'라는 말은 기술적인 의미에서 정신 현상을 위한 문의 역할을 하는 다섯 가지 유형의 감성 물질에만 적용되는 물질에 관련하여 사용된다. 비록 다른 유형의 물질 현상이 육체 안에서 일어나지만, 오직 이 다섯 가지 감성의 요소만이 안의 물질이라고 일컬어진다.
토대(vatthu) 제3장 20을 참조하라.
문(dvāra) 다섯 가지 감성 물질 현상은 인식의 문, 즉 마음과 마음부수들이 그것들의 대상과 만나는 매개체이다. 몸의 암시와 말의 암시는 행위의 문, 즉 몸의 행위와 말의 행위를 위한 통로이다.
기능(indriya) 감성들은 그것들의 각 영역에서 제어하는 힘(indriya)을 행사하기 때문에 그와 같이 불린다. 그것들 각각은 보기, 듣기 등과 같은 특정한 역할을 수행할 때 공존하는 물질 현상들을 제어한다. 성 기능은 남성이나 여성의 특징이 나타나는 것을 제어한다. 생명 기능은 선장이 배를 제어하듯이, 공존하는 물질의 유형들을 제어한다.
거친·가까운·부딪히는 물질 현상들 이 세 가지 용어는 여기에서 그것들의 일반적인 의미와 혼동되어서는 안 되는 기술적인 의미로 사용된다. 이 말들은 감각식[前五識]이 일어나는 데 도움이 되는 물질 현상에만 제한되고, 대상의 상대적인 크기나 가까움을 의미하지 않는다. 이 현상들은 12가지, 즉 다섯 가지 감성 기관과 일곱 가지 대상의 자료이고, 감각 접촉 토대는 그것이 세 가지 큰 필수적인 요소[三大]로 구성되어 있기 때문에 세 가지로 계산된다.

감각식이 일어나는 데 직접 기여하지 않는 물질 현상은 또한 그것들의 크기와 거리에 상관없이 미세한·먼·부딪히지 않는 것이다.

취착된 것(upādinna) 업에서 생긴 18가지 종류의 물질은 갈애와 사견에 의해 동기화되고 업의 과보로 얻어지기 때문에 '취착된 것'으로 알려져 있다. 업 이외의 원인에 의해 생성된 물질은 '취착되지 않는 것'으로 알려져 있다. 그러나 일반적으로 덜 기술적인 의미에서 몸에 있는 모든 유기물질은 '취착된 것'으로 불리는 반면에, 무기물질은 '취착되지 않는 것'으로 말해진다. 분류의 목적으로 사용된 다른 쌍의 용어와는 다르게 '취착된 것'과 '취착되지 않은 것'의 쌍은 상호 배제적인 이분법을 확립시키지 않는다. 왜냐하면 업에서 생긴 아홉 가지 종류의 물질 현상은 또한 다른 원인에서도 생기기 때문이다(다음 17 참조).

(그것들의 대상에) 도달하지 않는 것으로서의 눈과 귀 아비담마에 따르면, 눈과 귀는 그것들 각각의 대상에 도달하거나 닿지 않는(asampatta) 감각기관들로 여겨진다. 눈이나 귀가 마음을 위한 토대의 역할을 하기 위해서는, 그것의 대상은 접촉하는 것이 아니어야 한다. 대조적으로, 나머지 세 가지 기관은 그것들의 대상에 직접 닿는다(sampatta)고 주장된다.

대상을 가지는 물질 현상 고짜락가히까(gocaraggāhika)라는 빠알리어 표현은 다섯 가지 감각기관이 그것들의 지원으로 일어나는 마음들을 위한 토대의 역할을 한다는 것을 비유적으로 보여주기 위해서 사용된다. 그러나 감각기관들은 물질이어서 문자 그대로는 대상을 파악할 수 없다. 오히려 실제로 대상을 인지하는 것은 그것들에 기초한 감각식들[前五識]이다.

분리할 수 없는 물질 현상들 네 가지 큰 필수요소[四大]와 네 가지 파생물질인 형색, 냄새, 맛, 영양소는 가장 단순한 것에서부터 가장 복잡한 것에 이르기까지 모든 물질 대상에 결합되어 존재하기 때문에 분리할 수 없는 물질(avinibbhogarūpa)이라고 알려져 있다. 다른 유형의 물질 현상들은 존재하거나 존재하지 않을 수 있고, 그래서 분리할 수 있는 것으로 간주된다. 단순히 이 여덟 가지 요소로 구성되어 있는 물질의 무리(kalāpa)는 순수 팔원소(suddhaṭṭhaka) 혹은 영양소를 여덟 번째로 한 무리(ojaṭṭhamaka)로 알려져 있다.

8 요약

Icc'evam aṭṭhavīsati vidham pi ca vicakkhaṇā
Ajjhattikādibhedena vibhajanti yathārahaṃ.

Ayam ettha rūpavibhāgo.

–

그리하여 현자는 적합한 방법으로 안의 물질 등으로 분류하여 28가지 종류의 물질을 분석한다.

여기서 이것이 물질의 분류이다.

§ 8 설명

◉

물질 현상의 분류를 체계적으로 나타내기 위해서, 또한 그것들이 무리로 일어나고 형성되는 방식들에 관해서는 이 장의 끝에 있는 〔표 6.3〕을 참조하라.

물질이 생겨나는 원인
(rūpasamuṭṭhāna)

9 네 가지 생김의 방식

Kammaṃ, cittaṃ, utu, āhāro cā ti cattāri rūpasamuṭṭhānāni nāma.

–

물질 현상은 네 가지 방법인 업, 마음, 온도, 음식으로부터 생긴다.

10 생김의 방식으로서의 업

Tattha kāmāvacaraṃ rūpāvacarañ cā ti pañcavīsatividham pi kusalākusala-kammam abhisankhataṃ ajjhattikasantāne kammasamuṭṭhānarūpaṃ paṭisandhim upādāya khaṇe khaṇe samuṭṭhāpeti.

–

여기에서, 욕계와 색계에 속하는 25가지 종류의 유익한 업과 해로운 업은 자기의 내적인 연속성에서 재생연결부터 시작하여 순간마다 업에서 생기는 의도적으로 조건 지어진 물질 현상들을 생산한다.

§ 10 설명

◉

업에서 생기는 물질 현상들(kammasamuṭṭhānarūpa) 여기에서의 업은 과거의 유익한 마음과 해로운 마음에 있는 의도(cetanā)를 말한다. 물질 현상들을 생산하는 25가지 종류의 업은 12가지 해로운 마음, 여덟 가지 큰 유익한 마음, 다섯 가지 색계 유익한 마음의 의도이다. 유익한 무색계 마음의 의도는 무색계에서의 재생을 일으키고, 그래서 업에서 생기는 물질 현상들을 생산할 수 없다.

업은 재생연결심이 일어나는 아순간부터 시작하여 세 가지 마음의 아순간인 일어남, 머무름, 무너짐의 각 아순간에 물질 현상을 생산한다. 그것은 죽음 마음에 선행하는 열일곱 번째 마음순간까지 삶의 과정 동안 줄곧 그것을 계속한다. 18가지 종류의 물질 현상이 업에 의해 생산된다: 업에 의해 생산되는 아홉 가지 무리에 있는 여덟 가지 분리할 수 없는 것(17 참조), 다섯 가지 감성, 두 가지 성 기능, 생명 기능, 심장 토대, 허공. 이것들 가운데 아홉 가지 종류인 여덟 가지 기능과 심장 토대는 전적으로 업에서 생긴다. 나머지 아홉 가지 종류는 그것들이 업에서 생긴 무리에서 생길 때에만 업에서 생긴다. 그렇지 않으면 그것들은 다른 원인들로부터 생긴다.

11 생김의 방식으로서의 마음

Arūpavipāka-dvipañcaviññāṇa-vajjitaṃ pañcasattatividham pi cittaṃ cittasamuṭṭhānarūpaṃ paṭhamabhavangam upādāya jāyantam eva samuṭṭhāpeti.

—

무색계 과보의 마음들과 한 쌍의 다섯 가지 감각식[前五識]을 제외한 75가지 유형의 마음은 생명연속심의 첫 순간부터 시작하여 마음에서 생기는 물질 현상을 생산하지만, 그것들은 일어나는 순간에만 그렇게 한다.

Tattha appanājavanaṃ iriyāpatham pi sannāmeti. Votthapanakāmāvacarajavan' -ābhiññā pana viññattim pi samuṭṭhāpenti. Soma nassajavanāni pan'ettha terasa hasanam pi janenti.

–

여기서 몰입삼매 자와나(속행)들은 또한 몸의 자세를 지탱한다. 그러나 결정하는 마음, 욕계의 자와나들, 직접적인 지혜[神通智]의 마음은 또한 (몸과 말의) 암시를 생산한다. 여기에서 기쁨이 함께하는 13가지 자와나는 또한 미소를 일으킨다.

§ 11 설명

◉

마음에서 생기는 물질 현상(cittasamuṭṭhāna-rūpa) 마음에 의해 생산되는 물질 현상은 재생 마음 바로 후에 첫 번째 바왕가 마음이 일어나는 순간부터 시작하여 일어난다. 재생의 순간에 일어나는 물질은 업에서 생긴 것이기 때문에, 그리고 이 마음은 새로운 세상에 처음 온 것이기 때문에, 재생 마음은 마음에서 생긴 물질을 생산하지 않는다. 10가지 감각식[前五識]은 물질을 생산할 수 있는 힘이 없고, 네 가지 무색계 과보의 마음은 무색계에서만 일어나기 때문에 그렇게 할 수 없다. 주석가들에 따르면, 정신 현상은 일어나는 순간에 가장 강하고, 물질 현상은 머무는 순간에 가장 강하다. 그러므로 마음은 그것이 머물거나 사라지는 순간이 아니라, 가장 강할 때인 일어나는 순간에만 물질을 생산한다.

몰입삼매 자와나들 등 몸의 자세를 유지하고 지탱하는 것은 마음 상태들의 역할이다. 26가지 몰입삼매 자와나는 앉거나 서거나 눕는 몸의 자세에서 몸을 유지시킴으로써 이 역할을 최소한으로 수행한다. 언급된 나머지 32가지 마음인 결정하는 마음, 욕계 자와나들, 직접적인 지혜[神通智]의 마음이 자세를 지탱할 뿐만 아니라 몸의 암시와 말의 암시를 활성화시킨다.

13가지가…또한 미소를 일으킨다 일반 범부는 탐욕에 뿌리박고 기쁨이 함께하는 네 가지 마음 가운데 어떤 마음으로도, 혹은 기쁨이 함께한 네 가지 유익한 마음 가운데 어느 마음으로도 미소 짓거나 웃을 수 있다. 유학들은 사견과 결합한 두 가지를 제외하고 이 마음들 가운데 여섯 가지로 미소 짓는다. 아라한은 다섯 가지 마음인 네 가지 기쁜 큰 작용만 하는 마음과 원인 없는 미소를 일으키는 마음들 중 하나로 미소 지을 수 있다.

어떻게 다양한 마음의 유형들이 다양한 물질 현상을 생산하는지에 대해서는 〔표 6.2〕를 참조하라.

12 생김의 방식으로서의 온도

Sītuṇhotu-samaññātā tejodhātu ṭhitipattā va utusamuṭṭhānarūpaṃ ajjhattañ ca bahiddhā ca yathārahaṃ samuṭṭhāpeti.

–

차가움과 열기로 구성되어 있는 불 요소는 그것이 머무는 단계에 이르자마자 상황에 따라서 온도에서 생기는 안의 물질 현상과 밖의 물질 현상을 생산한다.

§ 12 설명

◉

온도에서 생기는 물질 현상(utusamuṭṭhānarūpa) 재생연결의 순간에 머무는 단계에서 시작하여, 업에서 생긴 물질 무리 안에서 발견되는 안의 불 요소는 밖의 불 요소와 결합하여 온도에서 생기는 유기 물질 현상들을 생산하기 시작한다. 그 후에 네 가지 모든 원인에서 생기는 물질의 무리들에

[표 6.2] 물질 현상의 원인으로서의 마음

마음들	마음들의 수	마음에서 생긴 물질	자세	암시	미소 짓기
탐욕에 뿌리박은 – 기쁨	4	+	+	+	+
" " – 평온	4	+	+	+	–
성냄에 뿌리박은	2	+	+	+	–
미혹에 뿌리박은	2	+	+	+	–
감각식	10	–	–	–	–
받아들이는	2	+	–	–	–
조사하는	3	+	–	–	–
오문전향의	1	+	–	–	–
의문전향의	1	+	+	+	–
미소를 일으키는	1	+	+	+	+
욕계 유익한 – 기쁨	4	+	+	+	+
욕계 유익한 – 평온	4	+	+	+	–
욕계 과보의	8	+	–	–	–
욕계 작용만 하는 – 기쁨	4	+	+	+	+
" " – 평온	4	+	+	+	–
색계 유익한	5	+	+	–	–
" 과보의	5	+	–	–	–
" 작용만 하는	5	+	+	–	–
무색계 유익한	4	+	+	–	–
" 과보의	4	–	–	–	–
" 작용만 하는	4	+	+	–	–
출세간	8	+	+	–	–
직접적인 지혜[신통지]	2	+	+	+	–

있는 불 요소는 삶의 과정 동안에 줄곧 온도에서 생기는 유기물질 현상들을 생산한다. 밖에서 온도와 불 요소는 또한 기후 변화나 지리 변화와 같은 무기 물질 현상을 생산한다.

13 생김의 방식으로서의 음식

Ojāsankhāto āhāro āhārasamuṭṭhānarūpaṃ ajjhoharaṇakāle ṭhānappatto va samuṭṭhāpeti.

–

영양소로 알려진 음식은 그것이 머무는 단계에 이르자마자 그것이 삼켜질 때 음식에서 생기는 물질 현상을 생산한다.

§ 13 설명

◉

음식에서 생기는 물질 현상(āhārasamuṭṭhānarūpa) 밖의 영양소에 의해 지원되는 안의 영양소는 그것이 삼켜지는 순간부터 시작하여 머무는 순간에 물질 현상들을 생산한다. 음식에서 생기는 물질 무리에서 머무는 단계에 도달한 영양소는 더욱 순수한 팔원소(octad)를 생산하고, 팔원소에 있는 영양소는 더 많은 팔원소를 일으킨다. 그리하여 팔원소의 일어남은 열 번 내지 열두 번 계속된다. 임산부가 섭취한 물질은 태아의 몸에 스며들면서 아이에게서 물질을 생기게 한다. 몸에 바른 음식조차도 물질을 생기게 한다고 말해진다. 다른 세 가지 원인으로 생긴 안의 무리에 있는 영양소는 또한 연속적으로 순수한 팔원소가 여러 번 일어나게 한다. 하루에 섭취한 음식은 칠 일까지 몸을 지탱할 수 있다.

14 생김에 의한 분석

Tattha hadaya-indriyarūpāni kammajān'eva, viññattidvayaṃ citta-jam eva, saddo cittotujo, lahutādittayaṃ utucittāhārehi sambhoti. Avinibbhoga-rūpāni c'eva ākāsadhātu ca catūhi sambhūtāni. Lakkhaṇarūpāni na kutoci jāyanti.

–

여기에서, 심장과 (여덟 가지) 기능의 물질 현상은 업에서 생긴다. 암시의 두 가지 매개체는 오직 마음에서만 생긴다. 소리는 마음과 온도에서 생긴다. 가벼움, (부드러움, 적합함)의 세 가지 특성은 온도, 마음, 음식에서 생긴다. 분리할 수 없는 물질 현상과 허공의 요소는 네 가지 원인에서 생긴다. 물질의 특징은 어떤 원인에서도 생기지 않는다.

§ 14 설명

◉

의미가 분명한 소리(말)는 마음에 의해 생기고, 의미가 분명하지 않은 소리는 온도에 의해 생긴다. 가벼움, 부드러움, 적합함의 세 가지 특성은 유리한 기후 조건, 기운찬 마음, 유익한 음식에서 생기는 반면에 불리한 기후, 우울한 마음, 해로운 음식은 육체의 무거움, 경직, 부적합함을 일으킨다. 허공 요소는 네 가지 원인에서 생긴 물질 무리 사이의 틈으로 일어난다. 그리하여 그것은 네 가지 원인에서 파생적으로 생기는 것으로 간주된다. 특징들이 어떤 원인으로부터도 생기지 않는 이유는 다음 섹션에서 설명된다.

15 요약

Aṭṭhārasa paṇṇarasa terasa dvādasā ti ca
Kammacittotukāhārājani honti yathākkamaṃ.

Jāyamānādirūpānaṃ sabhāvattā hi kevalaṃ
Lakkhaṇāni na jāyanti kehicī ti pakāsitaṃ.

Ayam ettha rūpasamuṭṭhānanayo.

–

18가지, 15가지, 13가지, 12가지는 각각 업, 마음, 온도, 음식에서 생긴다. (물질 현상들의) 특징들은 그것들의 내재적인 본성이 오직 생성되는 것 등의 특성으로 구성되어 있기 때문에 어떤 (생김의 방식)에 의해서도 생산될 수 없다고 설명한다.

여기에서 이것이 물질이 생겨나는 원인이다.

§ 15 설명

◉

업에서 생기는 18가지: 여덟 가지 분리할 수 없는 것+여덟 가지 기능+심장 토대+허공.
마음에서 생기는 15가지: 여덟 가지 분리할 수 없는 것+다섯 가지 변화하는 것+소리+허공.
온도에서 생기는 13가지: 여덟 가지 분리할 수 없는 것+가벼움 등 세 가지+소리+허공.
음식에서 생기는 12가지: 여덟 가지 분리할 수 없는 것+가벼움 등 세 가지+허공.
28가지 물질 현상은 다음과 같이 그것들의 원인의 숫자에 따라서 더 분리될 수 있다.

한 가지 원인: 여덟 가지 기능+심장 토대+두 가지 암시=11
두 가지 원인: 소리=1

세 가지 원인: 가벼움 등 세 가지=3

네 가지 원인: 여덟 가지 분리할 수 없는 것+허공=9

원인 없음: 특징들=4

물질 현상들의 무리

(kalāpayojana)

16 간단하게

Ekuppādā ekanirodhā ekanissayā sahavuttino ekavīsati rūpakalāpā nāma.

—

그것들이 함께 일어나고, 함께 소멸하며, 같은 토대를 가지고, 같이 존재한다는 것을 고려하여 21가지 물질의 무리(깔라빠)가 있다.

§ 16 설명

◉

물질 현상들은 혼자 일어나지 않고, 루빠깔라빠(rūpakalāpa)로 알려져 있는 조합이나 무리로 일어나고, 이것들 가운데 21가지가 열거된다. 모든 마음부수(cetasika)들이 네 가지 특징을 갖고 있듯이(제2장 1 참조), 무리로 존재하는 물질 현상들도 역시 그러하다. 무리로 존재하는 모든 물질 현상은 함께 일어나고 함께 소멸한다. 그것들은 서로에 대해서뿐만 아니라 파생된 현상에 대해서 가까운 원인이 되는 공통의 토대, 즉 함께 생긴 큰 필수요소들[四大]을 가진다. 그리고 그것들 모두는 그것들의 생김에서부터 그것들의 소멸에 이르기까지 함께 일어난다.

17 업에서 생기는 무리

Tattha jīvitaṃ avinibbhogarūpañ ca cakkhunā saha cakkhudasakan ti pavuccati. Tathā sotādīhi saddhiṃ sotadasakaṃ, ghāna-dasakaṃ, jivhādasakaṃ, kāyadasakaṃ, itthibhāvadasakaṃ, pumbhā-vadasakaṃ, vatthudasakañ cā ti yathākkamamaṃ yojetabbaṃ. Avinibbhogarūpam eva jīvitena saha jīvitanavakan ti pavuccati. Ime nava kammasamuṭṭhāna-kalāpā.

—

여기에서 생명 기능과 (여덟 가지) 분리할 수 없는 물질 현상은 눈과 함께 눈의 십원소(decad)라고 불린다. 마찬가지로 (이전의 아홉 가지와 함께함으로써) 귀 등과 함께 귀의 십원소, 코의 십원소, 혀의 십원소, 몸의 십원소, 여성의 십원소, 남성의 십원소, (심장) 토대의 십원소 각각이 형성되어야 한다. 분리할 수 없는 물질 현상들은 생명과 함께 생명 기능의 구원소라고 불린다. 이 아홉 가지 무리(깔라빠)는 업에서 생긴다.

18 마음에서 생기는 무리

Avinibbhogarūpaṃ pana suddhaṭṭhakaṃ. Tad eva kāyaviññattiyā saha kāyaviññattinavakaṃ; vacīviññatti saddehi saha vacīviññattidasakaṃ; lahutādīhi saddhiṃ lahutādi-ekādasakaṃ, kāyaviññatti-lahutādidvādasakaṃ, vacīviññatti-saddalahutādi-terasakañ cā ti cha citta-samuṭṭhānakalāpā.

—

분리할 수 없는 물질 현상들은 '순수 팔원소'로 구성된다. 그것들은 몸의 암시와 함께 몸의 암시 구원소로 구성된다. 말의 암시와 소리와 함께 말의 암시 십원소로 구성된다. 가벼움 등 삼개조의 물질 현상들과 함께 가벼움 등 삼개조의 십일원소로 구성된다. 몸의 암시와 가벼움 등 삼개조의 십이원소, 그리고 말의 암시, 소리, 가벼움 등 삼개조의 십삼원소. 이 여섯 가지 물질 무리들은 마음에서 생긴다.

19 온도에서 생기는 무리(깔라빠)

Suddhaṭṭhakaṃ, saddanavakaṃ, lahutādi-ekādasakaṃ, sadda-lahutādi-dvādasakañ cā ti cattāro utusamuṭṭhānakalāpā.

—

순수한 팔원소, 소리의 구원소, 가벼움 등 삼개조의 십일원소, 소리와 가벼움 등 삼개조의 십이원소—이 네 가지는 온도에서 생긴다.

20 음식에서 생기는 무리

Suddhaṭṭhakaṃ lahutādi-ekādasakañ cā ti dve āhārasamuṭṭhānakalāpā.

—

순수한 팔원소와 가벼움 등 삼개조의 십일원소는 음식에서 생기는 두 가지 물질 무리이다.

21 안과 밖의 물질

Tattha suddhaṭṭhakaṃ saddanavakañ cā ti dve utusamuṭṭhāna-kalāpā bahiddhā pi labbhanti. Avasesā pana sabbe pi ajjhattikam eva.

—

이중에서 온도에 의해 생산되는 두 가지 물질 무리인 순수한 팔원소와 소리의 구원소는 밖에서도 발견된다. 나머지 모두는 엄격하게 안의 물질이다.

22 요약

Kammacittotukāhārasamuṭṭhānā yathākkamaṃ
Nava cha caturo dve ti kalāpā ekavīsati.
Kalāpānaṃ paricchedalakkhaṇattā vicakkhaṇā
Na kalāpangam icc'āhu ākāsaṃ lakkhaṇāni ca.
Ayam ettha kalāpayojanā.

—

적절한 순서로 업, 마음, 온도, 음식에서 생산되는 아홉 가지, 여섯 가지, 네 가지, 두 가지인 21가지 물질의 무리가 있다.
허공은 한계를 정하고, 특징은 단지 드러나는 것이므로, 그것들은 물질의 무리가 아니라고 현자는 말한다.
여기에서 이것이 물질 현상을 무리로 나눈 것이다.

§ 22 설명

◉

업에 의해 생산되는 아홉 가지 무리: (1) 눈의 십원소, (2) 귀의 십원소, (3) 코의 십원소, (4) 혀의 십원소, (5) 몸의 십원소, (6) 여성의 십원소, (7) 남성의 십원소, (8) 심장 토대의 십원소, (9) 생명 기능의 구원소.

마음에 의해 생산되는 여섯 가지 무리: (1) 순수한 팔원소, (2) 몸의 암시 십원소, (3) 말의 암시 십원소, (4) 가벼움 등 삼개조의 십일원소, (5) 몸의 암시와 가벼움 등 삼개조의 십이원소, (6) 말의 암시, 소리, 가벼움 등 삼개조의 십삼원소.

온도에 의해 생기는 네 가지 무리: (1) 순수한 팔원소, (2) 소리의 구원소, (3) 가벼움 등 삼개조의 십일원소, (4) 소리와 가벼움 등 삼개조의 십이원소.

음식에 의해 생기는 두 가지 무리: (1) 순수한 팔원소, (2) 가벼움 등 삼개조의 십일원소.

물질 현상의 일어남
(rūpappavattikkama)

23 욕계에서

Sabbāni pan'etāni rūpāni kāmaloke yathārahaṃ anūnāni pavattiyaṃ upalabbhanti. Paṭisandhiyaṃ pana saṃsedajānañ c'eva opapātikānañ ca cakkhu-sota-ghāna-jivhā-kāya-bhāva-vatthu-dasaka-sankhātāni satta dasakāni pātubhavanti ukkaṭṭhavasena. Omakavasena pana cakkhu-sota-ghāna-bhāva-dasakāni kadāci pi na labbhanti. Tasmā tesaṃ vasena kalāpahāni veditabbā.

이 모든 물질 현상들은 욕계에서 삶의 과정 동안 상황에 따라 결핍함이 없이 얻어진다. 그러나 재생연결 시에 습기에서 태어난 존재[濕生]에게, 그리고 자연스럽게 태어난 존재[化生]에게는 기껏해야 일곱 가지 십원소, 즉 눈·귀·코·혀·몸·성·심장 토대의 십원소가 일어난다. 최저치로는 때때로 눈·귀·코·성의 십원소는 얻어지지 않는다. 이것이 물질 무리의 결핍을 이해해야 하는 방법이다.

Gabbhaseyyakasattānam pana kāya-bhāva-vatthu-dasaka-sankhātāni tīni dasakāni pātubhavanti. Tatthā pi bhāvadasakaṃ kadāci na labbhati. Tato paraṃ pavattikāle kamena cakkhudasakādīni ca pātubhavanti.

–

자궁에서 태어난 중생[胎生]에게, (재생 시에) 세 가지 십원소, 즉 몸·성·심장 토대의 십원소가 일어난다. 그러나 때때로 성의 십원소는 얻어지지 않는다. 그 후에 삶의 과정 동안 점차로 눈의 십원소 등이 일어난다.

§ **23 설명**

◉

이 섹션은 이 물질 무리가 입태 시, 삶의 과정 동안, 다양한 영역에서 존재하게 되는 방법을 다룬다. 불교에 따르면 네 가지 종류의 태어남, 즉 알에서 생긴 존재(aṇḍaja, 卵生), 자궁에서 생긴 존재(jalābuja, 胎生), 습기에서 생긴 존재(saṃsedaja, 濕生), 자연스러운 태어남을 가지는 존재(opapātika, 化生)가 있다. 습기에서 생긴 존재는 어떤 낮은 형태의 동물의 삶을 포함한다. 자연스러운 태어남을 가지는 존재들은 일반적으로 육체적인 눈으로는 보이지 않는다. 아귀와 신들이 보통 이 부류에 속한다. 본서에서 '자궁에서 태어난 중생들'을 언급함으로써 알에서 생긴 존재들이 또한 암암리에 포함된다.

24 일어남의 흐름

Icc'evaṃ paṭisandhim upādāya kammasamuṭṭhānā, dutiyacittam upādāya cittasamuṭṭhānā, thītikālam upādāya utusamuṭṭhānā, ojāpharaṇam upādāya āhārasamuṭṭhānā cā ti catusamuṭṭhānarūpakalāpasantati kāmaloke dīpajālā viya nadīsoto viya ca yāvatayukaṃ abbocchinnaṃ pavattati.

—

그리하여 네 가지 방법—즉 재생연결 시부터 업에서 생긴 물질, 마음의 두 번째 순간부터 마음에서 생긴 물질, 머묾의 단계에서부터 온도에서 생긴 물질, 영양소가 보급되는 때부터 음식에서 생긴 물질—으로 생산되는 물질 무리들의 흐름은 등불이나 강의 흐름처럼 욕계에서 수명이 다할 때까지 끊임없이 흐른다.

25 임종 시에

Maraṇakāle pana cuticitt'opari sattarasamacittassa ṭhitikālam upādāya kammajarūpāni na uppajjanti. Puretaraṃ uppannāni ca kammajarūpāni cuticittasamakālam eva pavattitvā nirujjhanti. Tato paraṃ cittajāhārajarūpañ ca vocchijjati. Tato paraṃ utusamuṭṭhānarūpaparamparā yāva matakalebarasankhātā pavattanti.

—

그러나 임종 시에 업에서 생긴 물질 현상들은 죽음 마음에 앞서는 열일곱 번째 마음의 머무름의 단계에서 시작하여 더 이상 일어나지 않는다. 전에 일어났던 업에서 생긴 물질 현상들은 죽음 순간까지 일어나고 나서 소멸한다. 그 다음에 마음에서 생긴 물질 현상과 음식에서 생긴 물질 현상은 소멸하게 된다. 그 후에 온도에 의해 생산된 물질의 특성의 흐름은 송장의 형태로 계속된다.

26 게송

Icc'evaṃ matasattānaṃ punad eva bhavantare
Paṭisandhim upādāya tathā rūpaṃ pavattati.

–

이와 같이 죽은 존재들에게, 연속된 삶에서 다시 똑같은 방법으로 재생연결부터 시작하여, 물질 현상들이 일어난다.

27 색계에서

Rūpaloke pana ghāna-jivhā-kāya-bhāva-dasakāni ca āhāraja-kalāpāni ca na labbhanti. Tasmā tesaṃ paṭisandhikāle cakkhu-sota-vatthuva-sena tīṇi dasakāni jīvitanavakañ cā ti cattāro kammasamuṭṭhānakalāpā, pavattiyaṃ cittotusamuṭṭhānā ca labbhanti.

–

색계에서 코·혀·몸·성·음식에서 생긴 물질 무리의 십원소는 발견되지 않는다. 그러므로 그 중생들에게 재생연결 시에 업에 의해 생긴 네 가지 물질적인 무리인 눈·귀·심장 토대의 세 가지 십원소와 생명 기능의 구원소가 일어난다. 삶의 과정에서 마음과 온도에서 생긴 물질 현상들이 발견된다.

§ **27 설명**

◉

색계 존재들은 성이 없으므로 두 가지 성의 십원소가 없고, 비록 코·혀·몸의 육체적인 형태들을 가지고 있지만, 이 기관들은 감각 수용기가 없다.

28 인식이 없는 중생들 가운데

Asaññasattānaṃ pana cakkhu-sota-vatthu-saddāni pi na labbhanti. Tathā sabbāni pi cittajarūpāni. Tasmā tesaṃ paṭisandhikāle jīvitanavakam eva pavattiyañ ca saddavajjitaṃ utusamuṭṭhānarūpaṃ atiriccati.

—

인식이 없는 중생[無想有情]들에게서는 눈, 귀, 심장 토대, 소리도 발견되지 않는다. 마찬가지로 어떤 마음에서 생긴 물질 현상들도 발견되지 않는다. 그러므로 그들의 재생연결의 순간에 단지 생명 기능의 구원소만 일어난다. 소리를 제외하고 삶의 과정 동안에 온도에 의해 생기는 물질 현상들은 계속된다.

29 요약

Icc'evaṃ kāma-rūp'-āsaññisankhātesu tīsu ṭhānesu paṭisandhipavatti-vasena duvidhā rūpappavatti veditabbā.

그리하여 욕계, 색계, 인식이 없는 중생[無想有情]의 세 가지 경우 물질 현상의 일어남은 재생연결과 삶의 과정인 두 가지 방법으로 이해해야 한다.

Aṭṭhavīsati kāmesu honti tevīsa rūpisu
Sattaras'ev'asaññīnaṃ arūpe natthi kiñci pi.
Saddo vikāro jaratā maraṇañ c'opapattiyaṃ
Na labbhanti pavatte tu na kiñci pi na labbhati.
Ayam ettha rūpappavattikkamo.

–

욕계에는 28가지 물질 현상이 발견되고, 색계에는 23가지 (물질 현상이 발견되며), 무상유정에게는 17가지 (물질 현상이 발견되지만), 무색계에는 어떤 물질도 발견되지 않는다.
입태 시에 소리, 변화, 늙음과 죽음이 발견되지 않는다. 삶의 과정 동안에는 얻어지지 않는 것이 없다.
여기에서 이것이 물질 현상들이 일어나는 방법에 대한 절차이다.

닙바나
(Nibbāna, 涅槃)

30 정의

Nibbānaṃ pana lokuttarasankhātaṃ catumaggañāṇena sacchikātabbaṃ magga-phalānam ālambanabhūtaṃ vānasankhātāya taṇhāya nikkhantattā nibbānan ti pavuccati.

—

닙바나(Nibbāna, 涅槃)는 출세간이라 불리고, 네 가지 도의 지혜로 실현되어야 한다. 그것은 도(道)와 과(果)의 대상이 되고, 얽힘인 갈애로부터 벗어나는 것이기 때문에 닙바나라고 불린다.

§ 30 설명

◉

닙바나는 출세간이라 불린다 이 장의 결론 부분은 네 번째 궁극적 실재인 닙바나를 간략하게 다룬다. 어원적으로 더 잘 알려진 니르바나(nirvāṇa)라는 산스크리트어의 빠알리어 형태인 닙바나(nibbāna)라는 말은 '불어 꺼지다' 혹은 '소멸되다'를 의미하는 동사인 닙바띠(nibbāti)에서 파생되었다. 그리하여 그것은 탐·진·치의 세속적인 '불'을 끄는 것을 의미한다. 그러나 빠알리어 주석가들은 그것을 여기에서 나온 파생어인 갈애의 얽힘(vāna)의 부정, 혹은 (갈애의 얽힘)으로부터의 '벗어남(nikkhantatta)'으로 다루는 것을 선호한다. 왜냐하면 갈애로 얽혀 있는 한, 태어남과 죽음의 회전인 삼사라(saṃsāra, 윤회)에 계속 묶이지만, 모든 갈애가 근절되면, 태어남과 죽음의 회전으로부터의 해탈인 닙바나를 얻기 때문이다.

31 분석

Tad etaṃ sabhāvato ekavidham pi saupādisesa-nibbānadhātu anupādisesa-nibbānadhātu cā ti duvidhaṃ hoti kāraṇapariyāyena. Tathā suññataṃ animittaṃ appaṇihitañ cā ti tividhaṃ hoti ākāra-bhedena.

—

비록 닙바나가 그것의 내재적인 본성에 따라서는 하나이지만, 구별의 기반을 참고해서는 두 가지, 즉 찌꺼기[五蘊]가 남아 있는 열반[有餘涅槃]의 요소와 찌꺼기가 남아 있지 않은 열반[無餘涅槃]의 요소이다. 그것은 그것의 다양한 양상에 따라 세 가지, 즉 공함, 표상 없음, 원함 없음이다.

§ 31 설명

◉

비록 닙바나가 그것의 내재적인 본성에 따라서는 하나이지만 등 닙바나는 단 하나의 분별되지 않은 궁극적 실재이다. 그것은 전적으로 출세간이고, 조건 지어진 세계를 완전히 초월하는 조건 지어지지 않은 불사(不死)의 요소라는 하나의 내재적 본성(sabhāva)을 가진다. 그럼에도 불구하고, 구별을 위한 기반을 참고하면, 닙바나는 두 가지로 설해진다. 구별의 기반은 오온(五蘊)의 존재나 부재이다. 아라한에 의해 경험된 것으로서의 닙바나의 요소는 비록 오염원이 모두 제거되었어도, 과거의 취착에 의해 얻어진 오온의 '찌꺼기'는 아라한의 삶의 기간 동안 남아 있기 때문에 '찌꺼기가 남아 있는(sa-upādisesa)'이라고 불린다. 아라한의 죽음과 함께 얻어진 닙바나의 요소는 오온이 버려져서 다시는 얻어지지 않기 때문에 '찌꺼기가 남아 있지 않은(anupādisesa)'이라고 불린다. 이 닙바나의 두 가지 요소는 주석서에서 오염원의 소멸(kilesa-parinibbāna, 오염원 반열반)과 오온의 소멸(khandha-parinibbāna, 무더기 반열반)이라고도 불린다.

그것은 그것의 다양한 양상에 따라 세 가지이다 닙바나는 탐·진·치가 없기 때문에, 그리고 조건 지어진 모든 것이 없기 때문에, 공함(suññata)이라고 불린다, 그것은 탐·진·치의 표상이 없고 모든 조건 지어진 것들의 표상이 없기 때문에 표상 없음(animitta)이라 불린다. 그것은 탐·진·치에 대한 갈망이 없고 갈애에 의해 바라는 것이 아니기 때문에 원함 없음

(appaṇihita)이라 불린다.

32 요약

Padam accutam accantam asankhatam anuttaraṃ
Nibbānam iti bhāsanti vānamuttā mahesayo.
Iti cittaṃ cetasikaṃ rūpaṃ nibbānam icc'api
Paramattaṃ pakāsenti catudhā va tathāgatā.

—

갈애에서 벗어난 대선인들은 닙바나가 불사요, 다함이 없고, 조건 지어지지 않은 것이며, 위없는 대상의 상태라고 설한다.
그리하여 여래께서는 네 가지로 궁극적 실재인 마음, 마음부수, 물질, 닙바나를 드러내셨다.

Iti Abhidhammatthasangahe
Rūpasangahavibhāgo nāma
chaṭṭho paricchedo.

그리하여 『아비담맛타 상가하』에 있는
물질의 개요라는 제목의
제6장이 끝난다.

[표 6.3] 물질에 관한 종합 분류표

28가지 물질 현상 (§§ 2-5)				16가지 분류(§§ 7-8)															
		근본물질들	파생된	안의	밖의	토대	토대 아님	문	문 아님	기능	기능 아님	거침 등	미세 등	취착	취착 않음	대상 가짐	대상 없음	분리할 수 없는	분리할 수 있는
1	땅																		
2	물																		
3	불																		
4	바람																		
5	눈																		
6	귀																		
7	코																		
8	혀																		
9	몸																		
10	형색																		
11	소리																		
12	냄새																		
13	맛																		
*	감촉	(= 삼대 – 땅, 불, 바람)																	
14	여성																		
15	남성																		
16	심장 토대																		
17	생명 기능																		
18	영양소																		
19	허공																		
20	몸의 암시																		
21	말의 암시																		
22	가벼움																		
23	부드러움																		
24	적합함																		
25	생성																		
26	상속																		
27	쇠퇴																		
28	무상																		
		4	24	5	23	6	22	7	21	8	20	12	16	18	19	5	23	8	20

네 가지 원인 (§§ 9-15)				21가지 무리 (§§ 16-22)																			두 가지 음식에서 생긴	
				아홉 가지 업에서 생긴									여섯 가지 마음에서 생긴						네 가지 온도에서 생긴					
업에서 생긴	마음에서 생긴	온도에서 생긴	음식에서 생긴	눈 십원소	귀 십원소	코 십원소	혀 십원소	몸 십원소	여성 십원소	남성 십원소	토대 십원소	생명기능 구원소	순수 팔원소	몸의 암시 구원소	말의 암시 십원소	십일원소	십이원소	십삼원소	순수 팔원소	소리 구원소	십일원소	십이원소	순수 팔원소	십일원소
(= 삼대 – 땅, 불, 바람)																								
18	15	13	12	10	10	10	10	10	10	10	10	9	8	9	10	11	12	13	8	9	11	12	8	11

제7장

범주의 개요

Samuccayasangahavibhāga

1 서시

Dvāsattatividhā vuttā vatthudhammā salakkhaṇā
Tesaṃ dāni yathāyogaṃ pavakkhāmi samuccayaṃ.

—

72가지 토대가 되는 법이 (이미) 그것들의 특징과 함께 설명되었다. 이제 적용될 수 있는 방법으로 그것들의 범주를 말하겠다.

§ 1 설명

◉

72가지 토대가 되는 법 앞의 여섯 개 장에서 설명된 네 가지 궁극적 실재는 72가지 구별되는 토대가 되는 법(vatthudhammā), 즉 내재적 본성(sabhāva, 제1장 2 참조)을 가지고 존재하는 현상[法]들로 분석될 수 있다.

1. 마음은 비록 89가지 유형으로 나누어지지만 모든 마음은 동일한 내재적 본성, 즉 대상을 인식하는 것을 가지고 있기 때문에 하나의 법으로 간주된다.
2. 52가지 마음부수(cetasika)들은 각각 그 자체의 내재적 본성을 가지고 있기 때문에 구별되는 궁극적인 실재로 간주된다.
3. 18가지 구체적인 물질 현상은 같은 이유로 각각 개별적인 법으로 따로 계산된다.
4. 열반(Nibbāna)은 본질적으로 하나이며 하나의 법으로 계산된다.

비록 10가지 종류의 추상적인 물질이 궁극적 실재라는 표제어 하에서 설명되지만, 그것들은 내재적인 본성을 가지고 있지 않고, 통찰 명상의 범위에도 들어가지 않기 때문에 구체적인 법으로 간주되지 않는다.

그것들의 범주를 말하겠다 72가지 구성요소를 가진 네 가지 궁극적 실재를 설명한 후에, 저자는 이제 그것들이 어떻게 논장(Abhidhamma Piṭaka)에서의 분류를 위해 사용되는 다양한 범주로 분류되는지를 보여줄 것이다.

2 범주의 열거

Akusalasangaho, missakasangaho, bodhipakkhiyasangaho, sabbasangaho cā ti samuccayasangaho catubbidho veditabbo.

–

범주의 개요는 네 가지라고 이해되어야 한다.

(1) 해로운 범주의 개요
(2) 혼합된 범주의 개요
(3) 깨달음의 필수요소들의 개요
(4) 일체의 개요

해로운 범주의 개요
(akusalasangaha)

3 번뇌

Kathaṃ? Akusalasangahe tāva cattāro āsavā: kāmāsavo, bhavāsavo, diṭṭhāsavo,avijjāsavo.

—

어떻게? 먼저 해로운 범주의 개요에 네 가지 번뇌가 있다: (1) 감각적 욕망의 번뇌, (2) 존재[에 대한 집착]의 번뇌, (3) 사견의 번뇌, (4) 무명의 번뇌.

§ 3 설명

◉

아사와(āsava)라는 단어는 문자 그대로 흘러나가는 것을 의미한다. 빠알리어에서 이 단어는 종기에서 흘러나오는 고름과 오랫동안 발효된 술을 뜻한다. 번뇌들로 분류된 오염원들은 흐르는 고름과 발효된 술과 비슷하기 때문에 아사와(āsava)들이라고 불린다. 주석서들은 아사와들이 바로 존재의 가장 높은 세계까지 흘러가거나 혈통의 변화(gotrabhū, 종성, 제4장 34 참조)까지 흘러가기 때문에 그렇게 불린다고 말한다.

네 가지 번뇌 가운데 감각적 욕망에 대한 번뇌와 존재[에 대한 집착]의 번뇌는 둘 다 마음부수인 탐욕(lobha)의 형태들이며, 한 경우는 감각적 즐거움으로 향하고, 다른 한 경우는 계속되는 존재로 향한다. 사견의 번뇌는 마음부수인 사견(diṭṭhi)과 동일하고 무명의 번뇌는 마음부수인 미혹(moha)과 동일하다.

4 폭류

Cattāro oghā: kāmogho, bhavogho, diṭṭhogho, avijjogho.

—

네 가지 폭류: (1) 감각적 욕망의 폭류, (2) 존재[에 대한 집착]의 폭류, (3) 사견의 폭류,

(4) 무명의 폭류.

5 속박

Cattāro yogā: kāmayogo, bhavayogo, diṭṭhiyogo, avijjāyogo.

—

네 가지 속박: (1) 감각적 욕망의 속박, (2) 존재[에 대한 집착의] 속박, (3) 사견의 속박, (4) 무명의 속박.

§ 4-5 설명

◉

오염원들이라고 불리는 동일한 번뇌들이 중생을 존재의 대양으로 휩쓸어 가기 때문에, 건너기 어렵기 때문에, 폭류(ogha)라고 불린다. 더욱이 그것들은 중생을 괴로움에 묶고 중생을 도망치지 못하도록 하기 때문에 속박(yoga)이라고 불린다.

6 몸의 매듭

Cattāro ganthā: abhijjhā kāyagantho, vyāpādo kāyagantho, sīlabbataparāmāso kāyagantho, idaṃsaccābhiniveso kāyagantho.

—

네 가지 몸의 매듭: (1) 간탐의 몸의 매듭, (2) 악의의 몸의 매듭, (3) 계율과 의식에 대한 집착의 몸의 매듭, (4) '이것만이 진리'라는 독단적인 신조의 몸의 매듭.

§ 6 설명

◉

몸의 매듭은 마음을 몸에 묶거나 현재의 몸을 미래 존재에 묶기 때문에 그렇게 불린다. 여기에서 '몸(kāya)'이라는 단어는 무더기라는 의미에서 정신적인 몸과 육체적인 몸 둘 다에 적용된다. 네 가지 매듭 가운데 간탐은 갈애와 탐욕을 의미하고, 그것은 중생을 욕망의 대상으로 끌어간다. 악의는 마음부수인 성냄과 동일하고, 바라지 않는 대상에 대한 혐오로 나타난다. '계율과 의식에 대한 집착'은 의식을 행하는 것이 해탈의 수단을 구성한다는 믿음이다. 독단적인 신조는 자신의 견해가 유일한 진리이고 모든 다른 견해는 잘못된 것이라는 확신이다. 이 마지막 두 가지 몸의 매듭은 마음부수인 사견의 두 가지 측면이다.

7 취착

Cattāro upādānā: kāmupādānaṃ, diṭṭhupādānaṃ, sīlabbatupādānaṃ, attavādupādānaṃ.

–

네 가지 취착: (1) 감각적 욕망에 대한 취착, (2) 사견에 대한 취착, (3) 계율과 의식에 대한 취착, (4) 자아의 교리에 대한 취착.

§ 7 설명

◉

네 가지 종류의 취착 중에서, 비록 주석가들이 이런 종류의 취착은 또한 세속적인 것들에 대한 어떤 갈애로 보다 폭넓게 이해될 수 있다고 지적하더라도, 첫 번째는 감각 즐거움에 대한 강화된 갈애로 이해될 수 있다. 사견에 대한 취착은 허무주의, 운명주의 등과 같은 도덕적으로 해로운 견해들 가운데 어떤 것을 취하거나 세상의 영원한 존재나 영원하지 않은 존재에 대한 사색적인 견해들 가운데 어떤 것을 취하는 것이다.[1] 계율과 의식에 대한 취착은 계율과 의식을 수행하는 것이나 고행이나 그것에 관련된 계율과 의식을 지키는 것이 해탈에 이를 수 있다는 사견이다. 자아의 교리에 대한 취착은 유신견(有身見, sakkāyadiṭṭhi)을 가지는 것, 즉 오온 가운데 하나를 자아나 자아의 부속물과 동일시하는 것이다. 경들은 20가지 유형의 유신견을 설한다. 이 유신견들은 네 가지 방법으로 오온 각각을 생각하여 얻어진다: "물질을 자아로 여기거나, 자아가 물질을 소유하는 것으로 여기거나, 물질[色]이 자아 안에 있다고 여기거나, 자아가 물질 안에 있다고 여긴다." 동일한 것이 느낌[受], 인식[想], 정신적 형성들[行], 마음[識]에 대해서도 반복된다. (예를 들어 M. 44/i,300 참조) 감각적 욕망에 대한 취착은 탐욕의 나타남이고, 나머지 세 가지 취착은 마음부수인 사견의 형태이다.

8 장애

Cha nīvaraṇāni: kāmacchandanīvaraṇaṃ, vyāpādanīvaraṇaṃ, thīnamiddhanīvaraṇaṃ, uddhaccakukkuccanīvaraṇaṃ, vicikicchānīvaraṇaṃ, avijjānīvaraṇaṃ.

—

여섯 가지 장애: (1) 감각적 욕망의 장애, (2) 악의의 장애, (3) 해태와 혼침의 장애, (4) 들뜸과 후회의 장애, (5) 의심의 장애, (6) 무명의 장애.

§ 8 설명

◉

장애는 천상으로의 태어남의 길을 방해하고 열반의 증득에 이르는 길을 방해하기 때문에 그렇게 불린다. 주석서에 따르면 장애는 일어나지 않은 유익한 상태들을 일어나지 못하게 하고, 일어난 유익한 상태들을 지속하지 못하게 하는 마음부수들이다. 처음 다섯 가지 장애는 선정 증득의 주된 장애이며, 여섯 번째 장애는 통찰지가 일어나는 것을 막는 주된 장애이다.

모두 여덟 가지 마음부수가 장애에 포함된다. 그러나 두 가지 경우에 한 쌍의 마음부수가 하나의 장애로 계산된다. 아비담마 주석서는 해태와 혼침, 들뜸과 후회가 그것들 각각의 역할·조건·대처 방법에서 유사하기 때문에 결합하여 합성되었다고 설명한다. 해태와 혼침 둘 다는 정신적인 둔함을 일으키는 역할을 가지고, 게으름과 나른함에 의해 조건 지어지며, 정진을 일으켜 그것들에 대처한다. 들뜸과 후회는 동요를 일으키는 역할을 공유하고, 혼란스러운 생각에 의해 조건 지어지고, 고요함을 닦아서 그것들에 대처한다.

9 잠재성향

Satt'ānusayā: kāmarāgānusayo, bhavarāgānusayo, paṭighānusayo, mānānusayo, diṭṭhānusayo, vicikicchānusayo, avijjānusayo.

–

일곱 가지 잠재성향: (1) 감각적 욕망의 잠재성향, (2) 존재에 대한 집착의 잠재성향, (3) 적의의 잠재성향, (4) 자만의 잠재성향, (5) 사견의 잠재성향, (6) 의심의 잠재성향, (7) 무명의 잠재성향.

§ 9 설명

◉

잠재성향(anusaya)은 그것이 속해 있는 정신 과정과 함께 놓여 있는(anusenti), 적당한 조건을 만나면 집착으로 표면에 올라오는 오염원이다. '잠재성향'이라는 말은 그것이 출세간 도에 의해 제거되지 않는 한 오염원이 일어나기 쉽다는 사실을 강조한다. 비록 모든 오염원들이 어떤 의미에서는 잠재성향들이지만, 여기에서 언급된 일곱 가지는 가장 두드러진다. 감각적 욕망과 존재에 대한 집착은 탐욕의 방식이고, 나머지는 각각 별개의 마음부수이다. 그리하여 모두 여섯 가지 마음부수가 잠재성향의 역할을 한다.

10 족쇄(경의 방법)

Dasa saṃyojanāni: kāmarāgasaṃyojanaṃ, rūparāgasaṃyojanaṃ, arūparāgasaṃyojanaṃ, paṭighasaṃyojanaṃ, mānasaṃyojanaṃ, diṭṭhisaṃyojanaṃ, sīlabbataparāmāsasaṃyojanaṃ, vicikicchāsaṃyojanaṃ, uddhaccasaṃyojanaṃ, avijjāsaṃyojanaṃ, suttante.

—

경의 방법에 따른 10가지 족쇄: (1) 감각적 욕망의 족쇄, (2) 색계의 존재에 대한 집착의 족쇄, (3) 무색계의 존재에 대한 집착의 족쇄, (4) 적의의 족쇄, (5) 자만의 족쇄, (6) 사견의 족쇄, (7) 계율과 의식에 대한 집착의 족쇄, (8) 의심의 족쇄, (9) 들뜸의 족쇄, (10) 무명의 족쇄.

11 족쇄(아비담마의 방법)

Aparāni dasa saṃyojanāni: kāmarāgasaṃyojanaṃ,bhavarāgasaṃyojanaṃ, paṭighasaṃyojanaṃ, mānasaṃyojanaṃ,diṭṭhisaṃyojanaṃ, sīlabbataparāmāsasaṃyojanaṃ,vicikicchāsaṃyojanaṃ, issāsaṃyojanaṃ, macchariyasaṃyojanaṃ,avijjāsaṃyojanaṃ, abhidhamme.

—

아비담마의 방법에 따른 또 다른 10가지 족쇄: (1) 감각적 욕망의 족쇄, (2) 존재에 대한 집착의 족쇄, (3) 적의의 족쇄, (4) 자만의 족쇄, (5) 사견의 족쇄, (6) 계율과 의식에 대한 집착의 족쇄, (7) 의심의 족쇄, (8) 질투의 족쇄, (9) 인색의 족쇄, (10) 무명.

§ 10-11 설명

◉

족쇄들은 중생을 존재의 회전에 묶는 해로운 마음부수들이다. 첫 번째 세트의 10가지 족쇄는 경장(經藏, Sutta Piṭaka)과 논장(論藏, Abhidhamma Piṭaka) 둘 다에서 언급되고, 두 번째 세트는 논장에서만 언급된다. 첫 번째 세트의 (1)-(3)은 탐욕의 양상이고, (6)-(7)은 사견의 양상이며, 나머지는 별개의 마음부수들이다. 두 번째 세트의 (1)-(2)는 탐욕의 양상이고, (5)-(6)은 사견의 양상이며, 나머지는 별개의 마음부수들이다.

12 오염원

Dasa kilesā: lobho, doso, moho, māno, diṭṭhi, vicikicchā, thīnaṃ, uddhaccaṃ, ahirikaṃ, anottappaṃ.

–

10가지 오염원: (1) 탐욕, (2) 성냄, (3) 미혹, (4) 자만, (5) 사견, (6) 의심, (7) 해태, (8) 들뜸, (9) 부끄러움 없음, (10) 잘못에 대한 두려움 없음.

§ 12 설명

◉

오염원(kilesa)들은 마음을 괴롭히고(kilissanti) 들볶기 때문에, 혹은 중생들을 정신적으로 더럽혀지고 타락한 상태로 끌어가서 오염시키기 때문에 그렇게 불린다.

13 설명

Āsavādīsu pan'ettha kāmabhavanāmena tabbatthukā taṇhā adhippetā. Sīlabbataparāmāso idaṃsaccābhiniveso attavādupādānañ ca tathāpavattaṃ diṭṭhigatam eva pavuccati.

–

여기 번뇌 등에서 '감각적 욕망'과 '존재에 대한 집착'이 의도하는 것은 갈애이다. 왜냐하면 갈애가 그것의 토대로 그것들(즉 감각적 욕망과 존재)을 가지기 때문이다. '계율과 의식에 대한 집착'과 '이것만이 진리라는 독단적인 신조'와 '자아의 교리에 대한 취착'으로 설해지는 것은 사견이다. 왜냐하면 사견이 그런 방식으로 일어나기 때문이다.

14 요약

Āsavoghā ca yogā ca tayo ganthā ca vatthuto
Upādānā duve vuttā aṭṭha nīvaraṇā siyuṃ.
Chaḷevānusayā honti nava saṃyojanā matā
Kilesā dasa vutto'yaṃ navadhā pāpasangaho.

–

토대로서 번뇌, 폭류, 속박, 매듭은 세 가지이다. 두 가지 종류의 취착이 설해지고 여덟 가지 장애가 설해진다.
잠재성향들은 오직 여섯 가지이고, 족쇄들은 아홉 가지로 이해할 수 있다.
오염원들은 10가지이다. 이와 같이 해로운 것들의 개요는 아홉 가지로 설해진다.

§ 14 설명

◉

이 섹션은 오염원의 다양한 범주가 어떻게 14가지 해로운 마음부수로 단축될 수 있는지를 보여주려 한다. 이 단축의 결과는 〔표 7.1〕에서 볼 수 있다.

[표 7.1] 마음부수로서의 오염원들

	마음부수들	오염원들	번뇌	폭류	속박	매듭	취착	장애	잠재성향	족쇄	오염원	합계
1	탐욕											9
2	사견											8
3	미혹											7
4	성냄											5
5	의심											4
6	자만											3
7	들뜸											3
8	해태											2
9	후회											1
10	혼침											1
11	부끄러움 없음											1
12	잘못에 대한 두려움 없음											1
13	질투											1
14	인색											1
	마음부수 숫자		3	3	3	3	2	8	6	9	10	

혼합된 범주의 개요
(missakasangaha)

15 원인(뿌리)

Missakasangahe cha hetū: lobho, doso, moho, alobho, adoso, amoho.

–

혼합된 범주의 개요에 여섯 가지 원인(뿌리)이 있다: (1) 탐욕, (2) 성냄, (3) 미혹, (4) 탐욕 없음, (5) 성냄 없음, (6) 미혹 없음.

§ 15 설명

◉

혼합된 범주의 개요는 유익한, 해로운, 도덕적으로 결정할 수 없는 요소들을 함께 포함하는 분류 도식을 나타내기 때문에 그렇게 불린다. 원인(뿌리)에 관해서는 제3장 5를 참조하라.

16 선정의 요소들

Satta jhānaṇgāni: vitakko, vicāro, pīti, ekaggatā, somanassaṃ, domanassaṃ, upekkhā.

–

일곱 가지 선정의 요소: (1) 최초의 적용(일으킨 생각), (2) 지속적 적용(지속적 고찰), (3) 희열, (4) 한곳 집중, (5) 즐거움, (6) 불만족, (7) 평정.

§ 16 설명

◉

여기에서 자나(jhāna, 禪定)라는 단어는 명상적인 몰입의 일반적인 의미로 사용되지 않고, 대상에 대한 긴밀한 명상(upanijjhāyana)이라는 보다 넓은 의미로 사용되었다. 그러므로 여기에서 열거된 상태들은 심지어 그것들이 명상의 뼈대 밖에서 일어날 때에도 자나의 요소들로 간주된다. 이 일곱 가지 마음부수는 마음이 그것의 대상을 긴밀히 명상하도록 하기 때문에 자나의 요소라고 불린다. 이 가운데 불만족은 전적으로 해로운 것이고 적의와 연관된 두 가지 마음에서만 일어난다. 나머지 여섯 가지는 그것이 일어나는 마음에 따라서 유익하거나, 해롭거나, 결정할 수 없는 것[無記]이 될 수 있다.

17 도의 요소들

Dvādasa maggangāni: sammādiṭṭhi, sammāsankappo, sammāvācā, sammākammanto, sammāājivo, sammāvāyāmo, sammāsati, sammāsamādhi, micchādiṭṭhi, micchāsankappo, micchāvāyāmo, micchāsamādhi.

—

12가지 도의 요소: (1) 바른 견해, (2) 바른 사유, (3) 바른 말, (4) 바른 행위, (5) 바른 생계, (6) 바른 정진, (7) 바른 마음챙김, (8) 바른 삼매, (9) 그릇된 견해, (10) 그릇된 사유, (11) 그릇된 정진, (12) 그릇된 삼매.

§ 17 설명

◉

여기에서 '도'라는 단어는 특별한 목적지, 즉 존재의 지복의 상태, 비참한 상태, 열반으로 인도하는 것이라는 의미로 사용되었다. 12가지 요소 가운데, 처음 여덟 가지는 지복의 상태와 열반으로 인도하고, 마지막 네 가지는 비참한 상태로 인도한다.

이 12가지 도의 요소는 아홉 가지 마음부수로 줄일 수 있다. 바른 견해는 통찰지의 마음부수이다. 바른 사유, 바른 정진, 바른 마음챙김, 바른 삼매는 각각 원인 있는 유익한 마음들과 결정할 수 없는 마음에서 발견되는 일으킨 생각·정진·마음챙김·한곳 집중의 마음부수들이다. 바른 말, 바른 행위, 바른 생계는 출세간의 마음에서 함께 발견되고 세간의 유익한 마음에서는 특별한 경우에만 따로 발견되는 세 가지 절제(virati)이다.

네 가지 그릇된 도의 요소 가운데, 그릇된 견해는 사견의 마음부수이고, 도의 요소들 가운데 유일하게 전적으로 해로운 마음부수이다. 나머지 세 가지 요소는 순서대로 해로운 마음에 있는 일으킨 생각·정진·한곳 집중의 마음부수들이다. 그릇된 말, 그릇된 행위, 그릇된 생계의 구별되는 도의 요소들은 없다. 왜냐하면 그것들은 오염원에 의해 동기화되는 단순히 해로운 행위의 방식이기 때문이다. 마음챙김은 해로운 마음에는 없는 전적으로 아름다운 마음부수이기 때문에 그릇된 마음챙김의 요소는 없다.

18 기능들

Bāvīsat'indriyāni: cakkhundriyaṃ, sotindriyaṃ, ghānindriyaṃ, jivhindriyaṃ, kāyindriyaṃ, itthindriyaṃ, purisindriyaṃ, jīvitindriyaṃ, manindriyaṃ, sukhindriyaṃ, dukkhindriyaṃ, somanassindriyaṃ, domanassindriyaṃ, upekkhindriyaṃ, saddhindriyaṃ, viriyindriyaṃ, satindriyaṃ, samādhindriyaṃ, paññindriyaṃ, anaññātaññassāmītindriyaṃ, aññindriyaṃ, aññātāvindriyaṃ.

—

22가지 기능이 있다: (1) 눈의 기능, (2) 귀의 기능, (3) 코의 기능, (4) 혀의 기능, (5) 몸의 기능, (6) 여성의 기능, (7) 남성의 기능, (8) 생명의 기능, (9) 마노의 기능[意根], (10) 즐거움의 기능, (11) 괴로움의 기능, (12) 기쁨의 기능, (13) 불만족의 기능, (14) 평온의 기능, (15) 믿음의 기능, (16) 정진의 기능, (17) 마음챙김의 기능, (18) 삼매의 기능, (19) 통찰지의 기능, (20) 구경의 지혜를 가지려는 기능("알려지지 않은 것을 알 것이다"), (21) 구경의 지혜의 기능, (22) 구경의 지혜를 구족한 기능.

§ 18 설명

◉

기능은 그것과 관련된 법들에 대한 그것들 각각의 지배에서 통제력을 행사하는 현상이다. 첫 번째 다섯 가지 기능은 다섯 가지 육체적인 감성과 일치하고, 두 가지 성의 기능(6-7)은 성의 두 가지 물질 현상과 일치하며, 생명의 기능(8)은 정신적 생명 기능과 육체적 생명 기능으로 두 가지이다. 마노의 기능(9)은 그것의 전체, 즉 89가지 마음에 있는 마음이다. 다섯 가지 느낌의 기능은 앞에서 토론되었다(제3장 2). 다섯 가지 정신적인 기능(15-19)은 다음 27에 다시 나오고, 마지막 세 가지 기능은 22에서 설명된다.

19 힘들

Nava balāni: saddhābalaṃ, viriyabalaṃ, satibalaṃ, samādhibalaṃ, paññābalaṃ, hiribalaṃ, ottappabalaṃ, ahirikabalaṃ, anottappabalaṃ.

–

아홉 가지 힘: (1) 믿음의 힘, (2) 정진의 힘, (3) 마음챙김의 힘, (4) 삼매의 힘, (5) 통찰지의 힘, (6) 부끄러움의 힘, (7) 두려움의 힘, (8) 부끄러움 없음의 힘, (9) 잘못에 대한 두려움 없음의 힘.

§ 19 설명

◉

이 아홉 가지 힘은 그것들과 반대되는 것에 의해 흔들리지 않기 때문에, 그것들과 함께하는 법들을 강화시키기 때문에 그렇게 불린다. (1), (3), (5), (6), (7)의 힘들은 유익하거나 결정할 수 없는 것[無記]일 수 있고, (8)과 (9)의 힘들은 전적으로 해로우며, (2)와 (4)의 힘들은 세 가지 모든 자질(해로운, 유익한, 결정할 수 없는)을 갖는다.

20 지배들

Cattāro adhipatī: chandādhipati, viriyādhipati, cittādhipati, vīmaṃsādhipati.

—

네 가지 지배: (1) 열의의 지배, (2) 정진의 지배, (3) 마음의 지배, (4) 검증의 지배.

§ 20 설명

◉

지배들은 어렵거나 중요한 과업을 착수하여 성취할 때 그것들과 함께하는 법을 지배하는 요소들이다. 지배들과 기능들의 차이는 그것들의 통제력의 정도와 범위에 있다. 하나의 지배는 전체 마음에 대한 최고의 통제력을 행사하는 반면에, 하나의 기능은 그것의 각각의 영역에서만 통제력을 행사한다. 그리하여 몇 개의 기능들이 단 하나의 마음에 존재할 수 있는 반면에, 오직 하나의 지배만이 어떤 일정한 시간에 존재할 수 있다. 이런 면에서 하나의 지배는 국가의 유일한 군주로서 그의 모든 영주들을 다스리는 왕에 비유되는 반면에, 기능들은 자신들의 영토를 다스릴 수는 있지만 다른 영토들은 간섭할 수 없는 영주들에 비유될 수 있다.

네 가지 지배는 마음부수인 열의(탐욕으로서의 욕망인 로바lobha와 혼동하지 말아야 하는 '하려고 하는 것'), 마음부수인 정진, 마음, 여기에서는 검증이라고 불리는 마음부수인 통찰지이다. 열의, 정진, 마음은 미혹에 뿌리박은 두 가지와 아라한의 미소 짓는 마음을 제외하고 오직 52가지 자와나 마음(javana citta)에서 지배가 된다. 검증은 34가지의 세 가지 원인 있는 자와나 마음에서 지배가 된다. 단지 하나가 한 번에, 그리고 오직 그것이 함께 생긴 법들을 지배할 때만 지배가 된다. 검증의 지배는 유익하거나 결정할 수 없는 것[無記]일 수 있고, 나머지 지배들은 세 가지 모든 윤리적인 자질을 가질 수 있다.

21 음식들

Cattāro āhārā: kabaḷīkāro āhāro, phasso dutiyo, manosañcetanā tatiyā, viññāṇaṃ catutthaṃ.

—

네 가지 음식: (1) 먹을 수 있는 음식[段食], (2) 감각접촉[觸食], (3) 정신적인 의도[意思食], (4) 식[識食].

§ 21 설명

◉

음식(āhāra)이란 단어는 '강한 의지조건'으로 작용하여 지탱하는 것을 의미한다. 경의 설명 방법에 따르면, 먹을 수 있는 음식은 육체적인 몸을 지탱하고, 감각 접촉은 느낌을 지탱한다. 의도가 업이고 업이 재생을 일으키기 때문에 마음의 의도는 삼계에서의 재생을 지탱하고, 식(識)은 정신과 물질(몸)의 합성체를 지탱한다. 아비담마 방법에 따르면, 먹을 수 있는 음식은 몸에서 네 가지 원인으로 생기는 물질적인 현상들을 지탱하고, 나머지 세 가지 음식은 그것들과 함께 생긴 정신적인 현상들과 물질적인 현상들을 지탱한다. 물질로서의 먹을 수 있는 음식이 [선·악으로] 결정할 수 없는 것인 반면에, 세 가지 정신적인 음식은 세 가지 모두 윤리적인 자질이 될 수 있다.

22 해명

Indriyesu pan'ettha sotāpattimaggañāṇaṃ anaññātaññassāmītindriyaṃ; arahattaphalañāṇaṃ aññātāvindriyaṃ; majjhe cha ñāṇāni aññindriyānī ti pavuccanti. Jīvitindriyañ ca rūpārūpavasena duvidhaṃ hoti.

—

여기에서 기능들 가운데 구경의 지혜를 가지려는("나는 알려지지 않은 것을 알 것이다") 기능은 예류도의 지혜이다. 구경의 지혜를 구족한 기능은 아라한과의 지혜이다. 구경의 지혜의 기능은 여섯 가지 중간의 [출세간의] 지혜의 종류들이다. 생명 기능은 두 가지, 즉 신체적인 것과 정신적인 것이다.

Pañcaviññāṇesu jhānangāni, aviriyesu balāni, ahetukesu maggangāni na labbhanti. Tathā vicikicchācitte ekaggatā maggindriyabalabhāvaṃ na gacchati. Dvihetuka-tihetukajavanesv'eva yathāsambhavaṃ adhipati eko'va labbhati.

—

선정의 요소들은 다섯 가지 감각식[前五識]에서 발견되지 않고, 정진이 없는 마음들에서는 힘들이 (발견되지 않고), 또한 원인 없는 마음들에서는 도의 요소들이 (발견되지 않는다). 그와 마찬가지로 의심이 함께하는 마음에서 한곳 집중은 도의 요소, 기능, 또는 힘의 위상을 얻지 못한다. 오직 하나의 지배가 상황에 따라 한 번, 그리고 두 가지 원인이나 세 가지 원인을 가진 자와나(속행)에서만 얻어진다.

§ 22 설명

◉

다섯 가지 형태의 감각식[前五識]은 단지 그것들 각각의 대상과 마주하는 것이다. 그것들의 역할과 육체적인 토대가 약하고, 그것들은 인식과정에서 초보적인 위치를 차지하고 있기 때문에, 그것들은 대상에 대한 면밀한 숙고에 참여하지 못해서 그것들과 함께 일어나는 느낌과 한곳 집중은 선정의 요소의 위상을 얻지 못한다. 더욱이 최초의 적용(vitakka, 일으킨 생각)은 선정 요소의 기초인데도 다섯 가지 형태의 감각식[前五識]에는 최초의 적용이 없는데, 최초의 적용이 (더 높은 선정들에서처럼) 초월되었기 때문이 아니라 역할이 너무 원시적이어서 그것을 포함할 수 없기 때문이다.

마찬가지로 정진(viriya)은 마음의 구성성분들이 힘(bala)의 위상을 얻기 위해서 마음에서 필요하다. 그리하여 정진이 없는 16가지 마음에서는 한곳 집중의 마음부수가 집중의 힘의 역할을 성취할 수 없다.

원인 없는 마음들은 특별한 목적지로 인도하는 길로서의 역할을 하지 못한다. 그래서 도의 요소들은 18가지 원인 없는 마음들에서는 발견되지 않는다.

의심이 함께하는 마음에서는 집중이 결심(adhimokkha)에 의한 강화가 부족해서 흔들리는 성질을 가진 의심에 의해 압도당한다. 그래서 집중은 도의 요소나 기능이나 힘의 위상을 얻을 수 없다.

지배들은 한 번에 단지 하나씩만 일어날 수 있다. 그 이유는 어떤 마음에서든지, 그리고 두 가지 원인이나 세 가지 원인을 가진 자와나(속행)에서만 '적절하게' 다시 말해서 네 가지 지배의 요소 가운데 하나가 지배의 역할을 할 때에만 단지 하나의 상태가 하나의 지배로서 역할을 할 수 있는 것은 지배의 본성에 원래부터 내재되어 있기 때문이다.

23 요약

Cha hetū pañca jhānangā maggangā nava vatthuto
Soḷas'indriyadhammā ca baladhammā nav'eritā.
Cattāro'dhipatī vuttā tathāhārā ti sattadhā
Kusalādisamākiṇṇo vutto missakasangaho.

—

토대에 의해 여섯 가지 원인, 다섯 가지 선정의 요소, 아홉 가지 도의 요소, 16가지 기능, 아홉 가지 힘이 묘사되었다.
마찬가지로 네 가지 지배와 네 가지 음식이 설해졌다. 그리하여 유익한 법들과 나머지의 결합으로 구성되어 있는 혼합된 범주의 개요가 일곱 가지 방법으로 설해졌다.

§ 23 설명

◉

토대에 의해, 선정의 요소들은 기쁨, 불만족, 평온이 모두 느낌들이고, 느낌은 단 하나의 마음부수이기 때문에 다섯 가지이다. 도의 요소들이 아홉 가지로 줄어드는 것은 위에서 설명되었다. 기능들은 (10)-(14)의 기능들이 모두 하나의 마음부수인 느낌에 의해 나타내어지고, 반면에 (19)-(22)의 기능들은 모두 마음부수인 통찰지의 모든 측면들이기 때문에 16가지가 된다. 생명 기능은 28가지 종류의 물질 현상 가운데서 계산되는 하나의 물질과, 52가지 마음부수 가운데서 계산되는 다른 한 가지 정신인 두 가지 법이 된다.

다양한 윤리적인 부류들에 속하는 혼합된 범주들의 분포는 〔표 7.2〕에서 보인다.

[표 7.2] 혼합된 범주

	해로운 것만	유익한 것만	결정할 수 없는 것 만	유익한 & 결정할 수 없는	세 가지 모든 자질
원인 6	탐욕, 성냄, 미혹			탐욕 없음, 성냄 없음, 미혹 없음	
선정 요소 7	불만족				최초의 적용, 지속적 적용, 희열, 한곳 집중, 기쁨, 평정
도 요소 12	네 가지 그릇된 요소			여덟 가지 바른 요소들	
기능 22	불만족	구경의 지혜를 가지려는 기능	다섯 가지 감각, 두 가지 성, 물질적인 생명 기능, 즐거움, 고통, 구경의 지혜의 기능	믿음, 마음챙김, 통찰지, 구경의 지혜	정신적인 생명 기능, 정신, 기쁨, 평온, 정진, 집중
힘 9	부끄러움 없음, 잘못에 대한 두려움 없음			믿음, 마음챙김, 통찰지, 부끄러움, 두려움	정진, 집중
지배 4				검증	열의, 정진, 마음
음식 4			먹을 수 있는 음식		감각접촉, 의도, 마음

깨달음의 필수요소들[菩提分法]의 개요
(bodhipakkhiyasangaha)

24　　네 가지 마음챙김의 확립[四念處]

Bodhipakkhiyasangahe cattāro satipaṭṭhānā: kāyānupassanā-satipaṭṭhānaṃ, vedanānupassanā- satipaṭṭhānaṃ, cittānupassanā-satipaṭṭhānaṃ,dhammānupassanā-satipaṭṭhānaṃ.

—

깨달음의 필수요소들의 개요에 네 가지 마음챙김의 확립이 있다: (1) 몸을 관찰하는 마음챙김의 확립, (2) 느낌을 관찰하는 마음챙김의 확립, (3) 마음을 관찰하는 마음챙김의 확립, (4) 정신의 대상들[法]을 관찰하는 마음챙김의 확립.

§ 24 설명

◉

깨달음의 필수요소들　보디빡키야 담마(bodhipakkhiyadhammā)라는 빠알리어 표현은 문자 그대로는 '깨달음의 편에 있는 법'을 의미한다. 비록 그 표현이 경에서는 거의 나타나지 않지만, 붓다께서 그분의 가르침(D.16/ii,120, M. 77/ii,11-12)을 요약한 37가지 요소를 위한 일반적인 용어로 후기 문헌에서 그 표현이 사용되게 되었다. 이 요소들은 네 가지 출세간의 도에 대한 지혜인 깨달음을 얻는 데 도움이 되기 때문에 깨달음의 필수요소라고 불린다. 37가지 깨달음의 필수요소는 알려진 바와 같이 일곱 가지 그룹으로 나뉜다.[2]

네 가지 마음챙김의 확립(satipaṭṭhānā, 四念處)　여기에 나오는 빳타나(paṭṭhāna)라는 단어는 사띠(sati), 즉 마음챙김의 '확립'(적용=upaṭṭhāna)과

'기반'이라는 이중의 의미를 갖는다. 네 가지 마음챙김의 확립은 마음챙김과 통찰지의 계발을 위한 완전한 명상 수행 체계를 형성한다. 이 방법은 『디가 니까야』 22번 경(D.22)과 『맛지마 니까야』 10번 경(M.10)에서 설해졌고, 짧은 경들의 모음에는 사띠빳타나 상윳따(Satipaṭṭhāna Saṃyutta, S.47)가 있다.[3]

네 가지 마음챙김의 확립은 단 하나의 본질을 가지는데 그것은 현상들을 마음챙겨 명상하는 것으로 구성된다. 이 마음챙김 명상이 몸·느낌·마음·법이라는 네 가지 대상에 적용될 때만 달라진다. 후자[法念處]는 다섯 가지 장애[五蓋], 오온·육처·칠각지·사성제로 구성되어 있다. 사념처 수행은 팔정도의 일곱 번째 요소인 바른 마음챙김[正念]과 일치한다.

25 네 가지 최상의 노력[四正勤]

Cattāro sammappadhānā: uppannānaṃ pāpakānaṃ dhammānaṃ pahānāya vāyāmo,anuppannānaṃ pāpakānaṃ dhammānaṃ anuppādāya vāyāmo, anuppannānaṃ kusalānaṃ dhammānaṃ uppādāya vāyāmo, uppannānaṃ kusalānaṃ dhammānaṃ bhiyyobhāvāya vāyāmo.

—

네 가지 최상의 노력이 있다: (1) 일어난 사악한 법들을 버리려는 노력, (2) 일어나지 않은 사악한 법들이 일어나는 것을 예방하려는 노력, (3) 일어나지 않은 유익한 법들을 개발하려는 노력, (4) 일어난 유익한 법들을 증장시키려는 노력.

§ 25 설명

◉

네 가지 최상의 노력(sammappadhānā, 四正勤) 여기서 정진이라는 하나의 마음부수가 네 가지 별개의 기능들을 수행한다. 이 네 가지 정진은 팔정도의 여섯 번째 요소인 바른 정진과 일치한다.

26 네 가지 성취수단[四如意足]

Cattāro iddhipādā: chandiddhipādo, viriyiddhipādo, cittiddhipādo, vīmaṃsiddhipādo.

–

네 가지 성취수단이 있다: (1) 열의의 성취수단, (2) 정진의 성취수단, (3) 마음의 성취수단, (4) 검증의 성취수단.

§ 26 설명

◉

네 가지 성취수단(iddhipāda, 四如意足) 여기서 잇디(iddhi, 성취)라는 단어는 붓다의 가르침에 대한 수행에 정진을 적용시켜서 성취되는 모든 고귀한 상태들과 출세간 상태들을 의미한다. 이것들을 성취하는 주된 방법이 성취의 수단들이라고 불린다. 이것들은 네 가지 지배(20 참조)와 일치한다. 그러나 이것들이 어떤 목표를 성취하는 데 도움이 될 때만 지배(adhipati)가 되지만, 그것들이 붓다의 가르침의 목표를 성취하기 위해서 적용될 때에만 잇디빠다(iddhipāda, 성취수단)가 된다. 성취수단이란 표현은 세간법과 출세간법 둘 다에 적용된다.[4]

27 다섯 가지 기능[五根]

Pañc'indriyāni: saddhindriyaṃ,viriyindriyaṃ, satindriyaṃ,samādhindriyaṃ, paññindriyaṃ.

–

다섯 가지 기능이 있다: (1) 믿음[信]의 기능, (2) 정진(精進)의 기능, (3) 마음챙김[念]의 기능, (4) 삼매[定]의 기능, (5) 통찰지[慧]의 기능.

28 다섯 가지 힘[五力]

Pañca balāni: saddhābalaṃ, viriyabalaṃ, satibalaṃ, samādhibalaṃ, paññābalaṃ.

–

다섯 가지 힘이 있다: (1) 믿음의 힘, (2) 정진의 힘, (3) 마음챙김의 힘, (4) 삼매의 힘, (5) 통찰지의 힘.

§ 27-28 설명

◉

기능과 힘은 똑같은 다섯 가지 요소로 구성되어 있지만, 다른 역할들이 이 두 범주에 연결된다. 기능은 그것들 각각의 영역에서 지배하는 요소들인 반면에, 힘은 그것들과 반대되는 것에 의해서 흔들리지 않는 것으로 간주되는 요소들이다. 그래서 다섯 가지 기능은 결심(adhimokkha), 분발(paggaha), 알아차림(upaṭṭhāna), 산만하지 않음(avikkhepa), 식별(dassana)의 각 영역에서 지배한다. 그렇게 할 때 기능은 그것들과 반대되는 것들, 즉 우유부단함, 게으름, 부주의, 동요, 미혹을 극복하는 데 도움이 된다. 다섯 가지 힘은 흔들리지 않고 그것들과 반대되는 것들에 의해 압도될 수 없는 것으로 간주되는 동일한 상태들이다. 기능을 계발할 때 믿음과 통찰지는 맹목적인 믿음과 지적인 교활함의 극단을 피하기 위해서 균형이 잡혀야 한다. 정진과 삼매는 마음의 들뜬 동요와 마음의 게으른 둔함을 피하기 위해서 균형이 잡혀야 한다. 그러나 마음챙김은 다른 기능들의 계발을 감독하고 그것들이 계속 균형 잡히도록 하기 때문에 강한 마음챙김이 항상 필요하다.

29 일곱 가지 깨달음의 요소[七覺支]

Satta bojjhangā: satisambojjhango, dhammavicayasambojjhango, viriyasambojjhango, pītisambojjhango, passaddhisambojjhango, samādhisambojjhango, upekkhāsambojjhango.

—

일곱 가지 깨달음의 요소가 있다: (1) 마음챙김의 깨달음의 요소, (2) 법의 조사의 깨달음의 요소, (3) 정진의 깨달음의 요소, (4) 희열의 깨달음의 요소, (5) 고요함(편안함)의 깨달음의 요소, (6) 삼매의 깨달음의 요소, (7) 평정의 깨달음의 요소.

§ 29 설명

◉

일곱 가지 깨달음의 요소 가운데 법의 조사(dhammavicaya)는 통찰지(paññā), 즉 정신적인 현상과 물질적인 현상을 있는 그대로 통찰하는 것을 말한다. 고요함(passaddhi, 편안함)은 마음과 정신적인 몸(제2장 5 참조)의 고요함(편안함)을 뜻한다. 여기서 평정(upekkhā)은 중립적인 느낌이 아니라 보편적인 아름다운 마음부수들 가운데 하나인 정신적인 중립(tatramajjhattatā)을 뜻한다(제2장 5 참조). 법의 조사·정진·희열의 세 가지 요소는 정신적인 나태함과 반대이고, 고요함·한곳 집중·평정의 세 가지 요소는 정신적인 흥분을 약화시킨다. 마음챙김은 이 두 부류가 균형을 유지하여 일어나게 하고 서로 넘어서지 않도록 한다.

30 여덟 가지 도의 요소[八正道]

Aṭṭha maggangāni: sammādiṭṭhi, sammāsankappo, sammāvācā, sammākammanto, sammā-ājīvo, sammāvāyāmo, sammāsati, sammāsamādhi.

–

여덟 가지 도의 요소가 있다: (1) 바른 견해, (2) 바른 사유, (3) 바른 말, (4) 바른 행위, (5) 바른 생계, (6) 바른 정진, (7) 바른 마음챙김, (8) 바른 삼매.

§ 30 설명

◉

팔정도의 여덟 가지 요소 가운데 바른 견해(sammādiṭṭhi)는 사성제를 통찰할 때 작용하는 통찰지의 마음부수이다. 바른 사유(sammāsankappa)는 출리, 선의, 해코지 하지 않음으로 향하는 일으킨 생각(vitakka)이다. (3)-(5)의 도의 요소들은 세 가지 절제(제2장 6 참조)와 동일하다. 바른 정진은 네 가지 최상의 노력[四正勤](25)과 동일하다. 바른 마음챙김은 네 가지 마음챙김의 확립(24)과 동일하다. 바른 삼매는 경의 네 가지 선정(D.22/ii,313 참조)의 관점에서 정의된다.

31 설명

Ettha pana cattāro satipaṭṭhānā ti sammāsati ekā va pavuccati. Tathā cattāro sammappadhānā ti ca sammāvāyāmo.

—

여기서 사념처는 오직 하나의 바른 마음챙김[正念]을 뜻한다. 그와 마찬가지로 사정근은 바른 정진[正精進]을 뜻한다.

32 법에 따라

Chando cittam upekkhā ca saddhā-passaddhi-pītiyo
Sammādiṭṭhi ca sankappo vāyāmo viratittayaṃ
Sammāsati samādhī ti cuddas'ete sabhāvato
Sattatiṃsappabhedena sattadhā tattha sangaho.

—

37가지 요소의 일곱 가지 개요는 그것들의 내재적 본성에 따라 이 14가지 법들로 구성된다: 열의, 마음, 평온, 믿음, 고요함(편안함), 희열, 바른 견해, 바른 사유, 바른 정진, 세 가지 절제, 바른 마음챙김, 집중.

33 일어남에 따라

Sankappa-passaddhi ca pīt'upekkhā
Chando ca cittaṃ viratittayañ ca

Nav'ekaṭṭhānā viriyaṃ nav'aṭṭha
Satī samādhī catu pañca paññā
Saddhā duṭṭhān'uttamasattatiṃsa
Dhammānam eso pavaro vibhāgo.
Sabbe lokuttare honti na vā saṃkappapītiyo
Lokiye pi yathāyogaṃ chabbisuddhippavattiyaṃ.

—

이 37가지 수승한 요소의 분석은 다음과 같다: 아홉 가지—사유, 고요, 희열, 평정, 열의, 마음, 세 가지 절제—각각은 오직 한 번 일어난다. 정진은 아홉 번 일어난다. 마음챙김은 여덟 번, 한곳 집중은 네 번, 통찰지는 다섯 번, 믿음은 두 번 일어난다.

이 모든 것들은 때때로 사유와 희열을 제외하고 출세간에서 일어난다. 세간에서도 그것들은 상황에 따라 여섯 가지 청정의 과정에서 일어난다.

§ 32-33 설명

◉

앞의 32에서 37가지 깨달음의 필수요소는 한 가지 마음과 나머지 13가지 마음부수의 14가지 법으로 줄어든다. 33에서 필수요소들 가운데 이 법들이 나타나는 것을 동의어들을 대조하여 보여주었다. 이것을 표로 만든 결과들은 〔표 7.3〕에 보인다.

정진은 사정근, 사여의족, 오근, 오력, 칠각지, 팔정도에서 아홉 번 나온다.

마음챙김은 사념처, 오근, 오력, 칠각지, 팔정도에서 여덟 번 나온다.

삼매는 오근, 오력, 칠각지, 팔정도에서 네 번 나온다.

통찰지는 사여의족, 오근, 오력, 칠각지, 팔정도에서 다섯 번 나온다.

믿음은 오근과 오력에서 두 번 나온다. 나머지 법들은 한 번만 나온다.

사유는 제2선의 수준에서와 그 위의 수준에서 일어나는 출세간의 마음에서는 발견되지 않는다. 왜냐하면 바른 사유(sammāsankappa)는 위딱까(vitakka), 즉 최초의 적용(일으킨 생각)의 마음부수이고 제2선과 그 위의 선정과 함께하는 출세간의 도와 과는 위딱까가 없기 때문이다. 마찬가지로 희열(pīti)은 제4선과 제5선의 수준에서 일어나는 출세간 마음에서는 발견되지 않는다.

[표 7.3] 마음부수로서의 깨달음의 필수요소들

마음부수들		필수요소들	4 마음챙김의 확립	4 최상의 노력	4 성취수단	5 기능	5 힘	7 깨달음의 요소	8 도 요소	합계
1	정진			4						9
2	마음챙김		4							8
3	통찰지									5
4	집중									4
5	믿음									2
6	최초의 적용									1
7	고요함[편안함]									1
8	희열									1
9	평정									1
10	열의									1
11	마음									1
12	바른 말									1
13	바른 행위									1
14	바른 생계									1

여섯 가지 청정(chabbisuddhi) 이것들은 일곱 번째 출세간적인 청정(제9장 22 참조) 앞에 있고 거기에서 절정에 달하는 여섯 가지 세간적인 청정의 단계들이다. 이 여섯 가지 단계는 예비적인 도를 계(戒)·정(定)·혜(慧)라는 보다 일반적인 세 가지 부분으로 나눠서 확대시킨 것이다. 일곱 번째 단계는 출세간 도의 증득이다. 여섯 가지 세간적인 청정의 단계에서 37가지 깨달음의 필수요소는 상황에 따라 다양한 조합으로 나타난다.

일체의 개요
(sabbasangaha)

34 다섯 가지 무더기[五蘊]

Sabbasangahe pañcakkhandhā: rūpakkhandho, vedanākkhandho, saññākkhandho, sankhārakkhandho, viññāṇakkhandho.

—

일체의 개요에, 다섯 가지 무더기[五蘊]가 있다: (1) 물질의 무더기[色蘊], (2) 느낌의 무더기[受蘊], (3) 인식의 무더기[想蘊], (4) 정신적 형성(상카라)들의 무더기[行蘊], (5) 식의 무더기[識蘊].

§ 34 설명

◉

일체의 개요 이 부분에서 저자의 목적은 구체적인 법의 전체를 통합하는 아비담마 철학의 체계들을 모으는 것이다. 이 체계들은 추상적인 존재론을 발전시킬 목적으로 조직된 것이 아니라, 통찰로 이해될 수 있는 현상들의 범위를 보여주기 위한 것이다. 이것은 "일체를 직접 알지 못하고, 일체를 완전히 이해하지 못하고서는 고통을 소멸할 수 없다."(S.35:26/iv,17)는 붓다의 말씀과 일치한다.

오온 칸다(khandha)라는 단어는 무리, 덩어리, 무더기(rāsi)의 의미로 이해된다. 붓다는 살아있는 존재를 이 다섯 무더기로 분석하셨다. 경에서 붓다께서는 "어떠한 물질이든, 그것이 과거의 것이든 미래의 것이든 현재의 것이든, 안의 것이든 밖의 것이든, 거친 것이든 미세한 것이든, 저열한 것이든 수승한 것이든, 먼 것이든 가까운 것이든 그것을 물질의 무더기라 부른다."라고 말씀하셨다. 같은 방법이 나머지 네 가지 무더기에도 적용된다(S.22:48/iii,47). 오온과 네 가지 궁극적 실재 사이의 관계는 앞(제1장 2 참조)에서 설명되었다.

35 취착의 다섯 가지 무더기[五取蘊]

Pañc'upādānakkhandhā: rūpupādānakkhandho, vedanupādānakkhandho, saññupādānakkhandho, sankhārupādānakkhandho, viññāṇupādānakkhandho.

–

다섯 가지 취착의 무더기[五取蘊]: (1) 취착하는 물질의 무더기[色取蘊], (2) 취착하는 느낌의 무더기[受取蘊], (3) 취착하는 인식의 무더기[想取蘊], (4) 취착하는 정신적 형성들[行取蘊]의 무더기[行取蘊], (5) 취착하는 식의 무더기[識取蘊].

§ 35 설명

◉

취착하는 다섯 가지 무더기〔五取蘊〕 이것들은 취착의 무더기(upādānakkhandha)라고 불린다. 왜냐하면 그것들이 취착하는 대상들을 구성하기 때문이다. 붓다께서는 "어떠한 물질이든, 그것이 과거나 미래나 현재의 것이든, …번뇌와 함께하고 집착하기 마련인 것을 취착하는 물질의 무더기라고 부른다."고 말씀하셨다. 또한 같은 정의(定義) 방법이 나머지 네 가지 무더기에 적용된다(S.22:48/iii,48). 여기서 네 가지 취착(7 참조)의 영역에 들어오는 오온의 모든 요소들은 취착의 무더기라고 불린다. 이것은 전체 물질의 무더기와 세간의 네 가지 정신의 무더기를 포함한다. 출세간의 네 가지 정신의 무더기는 취착의 무더기가 아니다. 왜냐하면 그것들은 취착의 영역을 완전히 초월하기 때문이다. 즉 그것들은 탐욕이나 사견의 대상이 될 수 없다.[5]

36 12가지 감각장소[十二處]

Dvādas'āyatanāni: cakkhāyatanaṃ, sotāyatanaṃ, ghānāyatanaṃ, jivhāyatanaṃ, kāyāyatanaṃ, manāyatanaṃ, rūpāyatanaṃ, saddāyatanaṃ, gandhāyatanaṃ, rasāyatanaṃ, phoṭṭhabbāyatanaṃ, dhammāyatanaṃ.

12가지 감각장소[十二處]: (1) 눈의 감각장소, (2) 귀의 감각장소, (3) 코의 감각장소, (4) 혀의 감각장소, (5) 몸의 감각장소, (6) 마노[意]의 감각장소, (7) 형색의 감각장소, (8) 소리의 감각장소, (9) 냄새의 감각장소, (10) 맛의 감각장소, (11) 감촉의 감각장소, (12) 정신 대상[法]의 감각장소.

§ 36 설명

◉

12가지 감각장소는 일체에 대한 또 다른 관점을 제공한다. 이 관점에서는 구체적인 법 전체가 문(dvāra)과 마음의 대상(ārammana)에 의해 조망된다. (1)-(5)의 감각장소는 다섯 가지 감성의 물질 현상과 일치하고, (7)-(11)의 감각장소는 다섯 가지 대상의 물질 현상과 일치한다. 그러나 (6)의 마노의 감각장소는 마음 문[意門]보다 더 넓은 범위를 가진다. 그것은 그것의 전체성에서 볼 때 식(識)의 무더기와 일치하고, 모든 89가지 형태의 마음을 포함한다. 정신 대상[法]의 감각장소는 정신 대상(dhammārammaṇa, 법 대상)과 완전히 일치하지는 않지만, 그것은 다른 감각장소들 가운데서 발견되지 않는 법들만을 포함한다. 그래서 그것은 처음 다섯 가지 대상의 감각장소, 다섯 가지 형태의 감성적인 물질, 마노의 감각장소와 일치하는 마음을 제외한다. 그것은 또한 개념(paññatti)들을 제외한다. 왜냐하면 감각장소(āyatana)의 개념은 궁극적 실재, 즉 본성(sabhāva)을 가지고 존재하는 것들에만 적용되지만 그것들의 존재가 개념적인 구성에 의존하는 것들에는 적용되지 않기 때문이다. 정신 대상[法]의 감각장소는 52가지 마음부수, 16가지 미세한 물질, 열반(Nibbāna, 아래 39 참조)으로 구성된다.[6]

37 18가지 요소[十八界]

Aṭṭhārasa dhātuyo: cakkhudhātu, sotadhātu, ghānadhātu, jivhādhātu, kāyadhātu, rūpadhātu, saddadhātu, gandhadhātu, rasadhātu, phoṭṭhabbadhātu, cakkhuviññāṇadhātu, sotaviññāṇadhātu, ghānaviññāṇadhātu, jivhāviññāṇadhātu, kāyaviññāṇadhātu, manodhātu, dhammadhātu, manoviññāṇadhātu.

—

18가지 요소[十八界]: (1) 눈의 요소[眼界], (2) 귀의 요소[耳界], (3) 코의 요소[鼻界], (4) 혀의 요소[舌界], (5) 몸의 요소[身界], (6) 형색의 요소[色界], (7) 소리의 요소[聲界], (8) 냄새의 요소[香界], (9) 맛의 요소[味界], (10) 감촉의 요소[觸界], (11) 안식의 요소[眼識界], (12) 이식의 요소[耳識界], (13) 비식의 요소[鼻識界], (14) 설식의 요소[舌識界], (15) 신식의 요소[身識界], (16) 마노의 요소[意界], (17) 법의 요소[法界], (18) 의식의 요소[意識界].

§ 37 설명

◉

요소들은 그 자신의 본성을 지니기(dhārenti) 때문에 다뚜(dhātu)라고 불린다. 18가지 요소는 마노의 감각장소를 일곱 가지 식(識)의 요소들로 나누는 것에 의해서 12가지 감각장소에서 얻어진다. 다른 모든 면에서 감각장소들과 요소들은 일치한다. 네 가지 궁극적인 실재와 무더기, 감각장소, 요소의 상호관련을 보기 위해서는 〔표 7.4〕를 참조하라.

38 네 가지 성스러운 진리[四聖諦]

Cattāri ariyasaccāni: dukkhaṃ ariyasaccaṃ, dukkhasamudayaṃ ariyasaccaṃ, dukkhanirodhaṃ ariyasaccaṃ,dukkhanirodhagāminīpaṭipadā ariyasaccaṃ.

—

네 가지 성스러운 진리: (1) 괴로움의 성스러운 진리[苦聖諦], (2) 괴로움의 일어남의 성스러운 진리[苦集聖諦], (3) 괴로움의 소멸의 성스러운 진리[苦滅聖諦], (4) 괴로움의 소멸로 인도하는 도 닦음의 성스러운 진리[苦滅道聖諦].

§ 38 설명

◉

네 가지 성스러운 진리 붓다께서 깨달으신 밤에 그분에 의해서 발견되고, 그분의 재세 시에 반복적으로 설해진 붓다의 근본적인 가르침이다. 이 네 가지 성스러운 진리는 성스러운 분들에 의해서 통찰되기 때문에, 가장 성스러운 분이신 붓다에 의해서 가르쳐진 진리이기 때문에, 이 사성제의 발견이 성스러운 자의 상태로 인도하기 때문에, 사성제가 존재에 대한 진실하고 바꿀 수 없고 속일 수 없는 진리이기 때문에 성스럽다(ariya)고 불린다.

괴로움의 성스러운 진리 12가지로 설해졌다: 태어남, 늙음, 죽음, 슬픔(근심), 탄식, 고통, 불만족, 좌절, 싫어하는 것과 만나는 것, 좋아하는 것과 헤어지는 것, 원하는 것을 얻지 못하는 것, 취착하는 다섯 가지 무더기. 요컨대, 괴로움의 성스러운 진리는 갈애를 제외하고 세 가지 세속적인 존재계[三界]의 모든 현상들로 구성된다.

괴로움의 일어남의 성스러운 진리 갈애(taṇhā)라는 하나의 요소이다. 이것은 탐욕(lobha)의 마음부수와 일치한다. 그런데 갈애는 세 가지 측면을 갖는다: 감각적 욕망에 대한 갈애(kāmataṇhā), 계속되는 존재에 대한 갈애(bhavataṇhā), 존재하지 않음에 대한 갈애(vibhavataṇhā).

괴로움의 소멸의 성스러운 진리 역시 한 가지이다. 그것은 열반(Nibbāna)으로서 갈애의 제거에 의해 실현될 수 있다.

괴로움의 소멸로 인도하는 도 닦음의 성스러운 진리 팔정도이다. 사성제의 가르침에서, 이것은 네 가지 출세간의 도의 마음에서 일어나는 여덟 가지 도의 요소에 상응하는 여덟 가지 마음부수의 모음이다. 깨달음의 필수요소들에 관한 섹션에서는 여덟 가지 도의 요소가 세간적이거나 출세간적이 될 수 있는 반면에, 사성제의 가르침에서 여덟 가지 도의 요소는 전적

[표 7.4] 무더기, 감각장소, 요소로서의 궁극적 실재

<table>
<tr><th>궁극적 실재
4</th><th colspan="10">물질
28</th><th colspan="3">마음부수
52</th><th>닙바나</th><th colspan="7">마음
89</th></tr>
<tr><td>무더기
5</td><td colspan="10">물질의 무더기[色蘊]</td><td>느낌의 무더기[受蘊]</td><td>인식의 무더기[想蘊]</td><td>상카라의 무더기[行蘊]</td><td>없음</td><td colspan="7">식의 무더기[識蘊]</td></tr>
<tr><td>감각장소
12</td><td>눈의 감각장소[眼處]</td><td>귀의 감각장소[耳處]</td><td>코의 감각장소[鼻處]</td><td>혀의 감각장소[舌處]</td><td>몸의 감각장소[身處]</td><td>형색의 감각장소[色處]</td><td>소리의 감각장소[聲處]</td><td>냄새의 감각장소[香處]</td><td>맛의 감각장소[味處]</td><td>감촉의 감각장소[觸處]</td><td colspan="4">정신 대상의 감각장소
[法處]
(미세한 물질,
마음부수들, 닙바나)</td><td colspan="7">마노의 감각장소[意處]</td></tr>
<tr><td>요소
18</td><td>눈의 요소[眼界]</td><td>귀의 요소[耳界]</td><td>코의 요소[鼻界]</td><td>혀의 요소[舌界]</td><td>몸의 요소[身界]</td><td>형색의 요소[色界]</td><td>소리의 요소[聲界]</td><td>냄새의 요소[香界]</td><td>맛의 요소[味界]</td><td>감촉의 요소[觸界]</td><td colspan="4">정신 대상의 요소
[法界](위와 동일)</td><td>안식계(眼識界)</td><td>이식계(耳識界)</td><td>비식계(鼻識界)</td><td>설식계(舌識界)</td><td>신식계(身識界)</td><td>의계(意界)</td><td>의식계(意識界)</td></tr>
</table>

으로 출세간적이다.[7]

39 설명

Ettha pana cetasika-sukhumarūpa-nibbānavasena ekūnasattati dhammā dhammāyatanaṃ dhammadhātū ti sankhaṃ gacchanti. Manāyatanam eva sattaviññāṇadhātuvasena bhijjati.

–

여기서 (52가지) 마음부수와 (16가지) 미세한 물질과 열반으로 구성되는 69가지 법들은 정신 대상의 장소[法處]와 정신 대상의 요소[法界]로 간주된다. 마노의 감각장소[意處] 자체는 일곱 가지 식의 요소[識界]로 나뉜다.

40 요약

Rūpañ ca vedanā saññā sesā cetasikā tathā
Viññāṇam iti pañc'ete pañcakkhandhā ti bhāsitā.
Pañc'upādānakkhandhā ti tathā tebhūmakā matā
Bhedābhāvena nibbānaṃ khandhasangahanissaṭaṃ.
Dvārālambanabhedena bhavant'āyatanāni ca
Dvārālambataduppannapariyāyena dhātuyo.
Dukkhaṃ tebhūmakaṃ vaṭṭaṃ taṇhāsamudayo bhave
Nirodho nāma nibbānaṃ maggo lokuttaro mato.
Maggayuttā phalā c'eva catusaccavinissaṭā

Iti pañcappabhedena pavutto sabbasangaho.

—

물질[色], 느낌[受], 인식[想], 나머지 마음부수들[行], 마음[識]—이 다섯은 오온이라 불린다.
세 가지 (세간의) 세계에 속하는 이 동일한 법들은 오취온으로 간주된다.
열반은 (과거, 현재, 미래 같은) 분별을 갖고 있지 않기 때문에, 그것은 무더기의 범주에서 제외된다.
문과 대상 사이의 차이 때문에 (12가지) 감각장소[處]가 있다. 문, 대상, 그것들과 상응하는 식(識)에 따라 (18가지) 요소[界]가 생긴다.
삼계에서의 윤회는 고통이다. 갈애가 그것의 원인이다. 소멸은 열반이다. 도는 출세간으로 간주된다.
도·과와 연결된 정신적인 상태들은 사성제에서 제외된다.

그리하여 일체의 개요가 다섯 가지로 설명되었다.

§ 40 설명

◉

도와 연결된 마음부수들 팔정도에 상응하는 여덟 가지 마음부수를 제외하고, 나머지 출세간 도의 마음을 구성하는 마음 자체와 마음부수들은 팔정도의 부분이 아니다. 그래서 사성제에 포괄되지 않는다. 네 가지 과도 또한 사성제의 구조에서 제외된다.

Iti Abhidhammatthasangahe
Samuccayasangahavibhāgo nāma
sattamo paricchedo.

이와 같이 『아비담맛타 상가하』에서
범주의 개요라 불리는
제7장이 끝난다.

제8장

조건의 개요

Paccayasangahavibhāga

1 서시

Yesaṃ sankhatadhammānaṃ ye dhammā paccayā yathā
Taṃ vibhāgam ih'edāni pavakkhāmi yathārahaṃ.

—

이제 여기에서는 조건 지어진 법들과 그것들의 조건이 되는 법들과 또어떻게 (그것들이 관련되는지에) 대한 상세한 분석을 적절하게 설명하리라.

§ 1 설명

◉

이제 여기에서는 설명하리라 지금까지 네 가지 궁극적인 실재와 그것들의 범주를 설명한 후에, 아누룻다 스님은 이제 조건의 개요에서 그것들의 관계를 조건 짓는 법(paccayadhammā)과 조건 짓는 힘(paccayasatti)에 의해 연결되는 조건 지어져 일어나는 법(paccayuppannadhammā)으로 설명해 나간다.

조건 지어진 법들 (yesaṃ sankhata-dhammānaṃ) 조건 지어진 법들은 조건에 의지해서 일어나는 현상들(dhammā)인 모든 마음들, 마음부수들, 물질적인 현상들이다(네 가지 물질의 특징은 제외, 제6장 15 참조).

그것들의 조건이 되는 법들 (ye dhammā paccayā) 하나의 조건이 다른 법들의 일어남과 유지에 효력이 있는(upakāraka) 법이다. 이것은 하나의 조건이 작용할 때 다른 법들이 이미 일어나지 않았다면 그 조건과 연결된 다른 법들을 일어나게 하고, 다른 법들이 이미 일어났다면 그 법들을 존재하도록 유지하는 것을 의미한다. 열반과 개념뿐만 아니라 모든 조건 지어진 법들은 조건 짓는 법의 범주에 포함된다.

또 어떻게 (그것들이 관련되는지) (yathā) 이것은 조건 짓는 법들과 조건 지어진 법들 사이에 작용하는 24가지 조건 짓는 힘을 일컫는다. 이것들도 분석될 것이다.

2 간단하게: 두 가지 방법

Paṭiccasamuppādanayo paṭṭhānanayo cā ti paccayasangaho duvidho veditabbo.
Tattha tabbhāvabhāvībhāvākāramattopalakkhito paṭiccasamuppāda-nayo. Paṭṭhānanayo pana āhaccapaccayaṭṭhitim ārabbha pavuccati. Ubhayaṃ pana vomissitvā papañcenti ācariyā.

–

조건의 개요는 두 가지이다:

(1) [조건에] 의지하여 일어남[緣起]의 방법
(2) 조건관계의 방법

그 중에서 [조건에] 의지하여 일어남[緣起]의 방법은 하나의 상태가 어떤 다른 상태에 의지하여 단순히 일어나는 것이 특징이다. 조건관계의 방법은 특별한 인과적 효력에 관련하여 논의된다. 스승들은 두 가지 방법을 섞어서 그것들을 설명한다.

§ 2 설명

◉

[조건에] 의지하여 일어남[緣起]의 방법 [조건에] 의지하여 일어남[緣起]이라

는 말은 의지하여(paṭicca)와 일어남(samuppāda)의 합성어이다. 이 표현은 경에 흔히 나오는 3에서 설해진 12가지 용어로 된 정형구에 일반적으로 적용된다.

추상적으로 말해서 [조건에] 의지하여 일어남[緣起]의 원리는 자주 나오는 정형구에 의해서 표현된다: "이것이 있으면 저것이 있게 되고, 이것이 일어나면 저것이 일어나게 된다(imasmiṃ sati idaṃ hoti, imass' uppādā idaṃ uppajjati)." 이 현재의 텍스트에서 [조건에] 의지하여 일어남[緣起]의 같은 원리는 '하나의 상태가 어떤 다른 상태에 의지하여 단순히 일어나는 것(tabbhāvabhāvībhāvākāramatta)'으로 특징지어진다. 여기서 '어떤 다른 상태(tabbhāva)'는 조건의 발생을 말하는데, 바위(bhāvī)는 조건 지어진 상태를 뜻하고, '단지 일어나는 것(bhāvākaramatta)'은 조건 지어진 상태가 단지 일어나는 것을 뜻한다.

경에 나오는 정형구의 12가지 용어들에 적용될 때, 이 원리는 무명 등과 같은 조건들 중에서 어느 하나가 존재하면, 그 조건들에 의존해서 업형성들과 같은, 조건 지어져 일어난 법들이 있게 된다.

조건관계의 방법 이것은 논장의 일곱 번째이자 마지막 부분인 조건관계의 책인 『빳타나』(*Paṭṭhāna*, 發趣論)에 언급되어 있다. 조건 짓는 법들과 조건 지어진 법들과 그것들의 일어남의 구조만을 다루는 [조건에] 의지하여 일어남[緣起]의 방법과는 대조적으로, 『빳타나』의 방법은 조건 짓는 힘(paccayasatti)을 또한 다룬다. 힘(satti)은 결과를 가져오거나 결과를 성취할 수 있는 힘을 갖는 것이다. 말린 고추의 매움이 말린 고추에 내재되어 있고 말린 고추가 없이는 매움이 존재할 수 없듯이, 또한 조건 짓는 힘도 조건 짓는 법들에 내재되어 있고 조건 짓는 법들이 없이는 존재할 수 없다. 모든 조건 짓는 법들은 그것들의 특별한 힘을 갖고 있어서 이 힘 때문에 그 법들은 조건 지어진 법들이 일어나도록 할 수 있다.

조건의 특별한 인과적 효력 이것은 아핫짜 빳짜얏티띠(āhacca paccayaṭṭhiti)라는 비밀스러운 빠알리어 표현을 자유롭게 표현한 것이다. 레디 사야도는 "조건의 특별한 힘, 즉 다양한 면에서의 그것들의 효력"을 의미한다고 그 어구를 설명하고, 단순히 조건 짓는 법을 보여주는 [조건에] 의지하여 일어남[緣起]의 방법과는 다르게 조건관계의 방법은 조건의 특별한 힘을 보여줌으로써 완전하게 설해진다고 말한다.

스승들은 두 가지 방법을 섞어서 그것들을 설명한다 그 방법들을 섞어서 다루는 것이 『청정도론』(*Visuddhimagga*)의 제17장에서 발견된다. 그곳에서는 24가지 조건관계가 [조건에] 의지하여 일어남[緣起]의 12가지 정형구에 있는 각 요소 쌍 사이의 관계를 밝히기 위해서 사용되었다.

[조건에] 의지하여 일어남[緣起]의 방법 (paticcasamuppādanaya)

3 기본 정형구

Tattha (1) avijjāpaccayā sankhāra, (2) sankhārapaccayā viññāṇaṃ, (3) viññāṇapaccayā nāmarūpaṃ, (4) nāmarūpapaccayā saḷāyatanaṃ, (5) saḷāyatanapaccayā phasso, (6) phassapaccayā vedanā, (7) vedanāpaccayā taṇhā, (8) taṇhāpaccayā upādānaṃ, (9) upādānapaccayā bhavo, (10) bhavapaccayā jāti, (11) jātipaccayā jarāmaraṇa-soka-parideva-dukkha-domanass'-upāyāsā sambhavanti. Evam etassa kevalassa dukkhakkhandhassa samudayo hotī ti. Ayam ettha paṭiccasamuppādanayo.

—

여기서:

(1) 무명(無明)에 의지하여 업 형성들이 일어난다.
(2) 업 형성들[行]에 의지하여 식(識)이 일어난다.
(3) 식(識)에 의지하여 정신·물질이 일어난다.
(4) 정신·물질[名色]에 의지하여 여섯 감각장소가 일어난다.
(5) 여섯 감각장소[六入]에 의지하여 감각접촉이 일어난다.
(6) 감각접촉[觸]에 의지하여 느낌이 일어난다.
(7) 느낌[受]에 의지하여 갈애가 일어난다.
(8) 갈애[愛]에 의지하여 취착이 일어난다.
(9) 취착[取]에 의지하여 존재가 일어난다.
(10) 존재[有]에 의지하여 태어남이 일어난다.
(11) 태어남[生]에 의지하여 늙음·죽음[老死], 근심, 탄식, (육체적) 고통, (정신적) 불만족, 절망이 일어난다.

그리하여 괴로움의 전체 무더기가 일어난다.
여기에서 이것이 [조건에] 의지하여 일어남[緣起]의 방법이다.

§ 3 설명

◉

[조건에] 의지하여 일어남[緣起]의 방법 [조건에] 의지하여 일어남[緣起]은 본질적으로 윤회(vaṭṭa)의 인과적 구조를 설명하며, 태어남과 죽음의 바퀴를 유지하고 한 존재에서 다른 존재로 굴러가게 만드는 조건들을 드러내는 것이다. 주석서에서는 [조건에] 의지하여 일어남[緣起]을 조건들의 결합에 의지하여 결과가 균등하게 일어나는 것(paccaya-sāmaggiṃ paṭicca samaṃ phalānaṃ uppādo)으로 정의한다. 이것은 어떤 한 가지 원인이 한 가

지 결과를 만들어 낼 수 없고, 단지 하나의 결과가 하나의 원인에서 일어날 수 없다는 것을 뜻한다. 오히려 결과들의 집합을 일으키는 원인들의 집합이 항상 있다. 친숙한 정형구에서 하나의 법이 또 다른 법의 조건이 된다고 말할 때, 이것은 조건들의 집합 중에서 주된 조건을 골라내서 그것을 결과들의 집합 중에서 가장 중요한 결과와 관련시키기 위해서 말해진다.[1]

(1) **무명에 의지하여 업 형성들이 일어난다** 무명(avijjā)은 미혹의 마음부수이다. 그것은 백내장이 볼 수 있는 대상의 인식을 가리듯이 사물의 본성에 대한 인식을 가린다. 경의 설명 방법에 따르면, 무명은 사성제를 모르는 것이다. 아비담마의 방법에 따르면, 무명은 사성제, 태어나기 이전, 죽은 후의 미래, 과거와 미래, 그리고 [조건에] 의지하여 일어남[緣起] 이들 여덟 가지를 모르는 것이다.

업 형성들(sankhārā)은 세간적인 유익한 마음들 그리고 해로운 마음들과 연관된 29가지 의도이다. 여덟 가지 큰 유익한 마음과 다섯 가지 유익한 색계 선정(jhāna)의 마음들에 있는 의도는 덕스러운[유익한] 업 형성들(puññābhisankhāra)이라고 불린다. 12가지 해로운 마음에 있는 의도들은 덕스럽지 않은 업 형성들(apaññābhisankhāra)이라고 불린다. 그리고 네 가지 유익한 무색계 선정의 마음들에 있는 의도들은 동요하지 않는 업 형성들(āneñjābhisankhāra)이라고 불린다.

중생의 정신적인 흐름이 무명으로 채워지면, 그의 의도적인 행위는 미래의 결과를 생산하는 힘을 가진 업을 만들어 낸다. 그리하여 무명이 업 형성들의 주된 조건이라 불린다. 무명은 해로운 행위에서는 현저하게 드러나는 반면에, 세간적인 유익한 행위에서는 잠복해 있다. 그리하여 세간적인 유익하고 해로운 업 형성들이 무명에 의해 조건 지어진다고 말해진다.

(2) **업 형성들[行]에 의지하여 식(識)이 일어난다** 즉 29가지 유익하고 해로운 의도인 업 형성들은 32가지 과보의 마음이 일어나는 조건이 된다.

입태 시에 전생의 임종을 맞은 존재의 정신적인 흐름에 축적된 하나의 특별히 강력한 업 형성이 그 업이 성숙하기에 적합한 영역에서 19가지 재생연결식 가운데 하나를 일으킨다. 그 후 삶의 과정 동안에 다른 축적된 업들이 제5장 27-33에서 설명되었듯이 상황에 따라서 다른 과보의 마음들을 만들어 낸다.

(3) **식(識)에 의지하여 정신·물질이 일어난다** (2)의 단계의 식(viññāna)이 전적으로 과보의 식(識)을 일컫는 반면에, 여기에서 그것은 과보의 마음과 전생의 업의 마음 둘 다를 의미한다. '정신(nāma)'이라는 용어는 과보의 식(識)과 연결된 마음부수들을 의미한다. '물질(rūpa)'이라는 용어는 업에 의해 생산되는 물질적인 현상들을 의미한다. 다섯 가지 성분을 가진 존재(pañcavokārabhava), 즉 오온 모두가 발견되는 영역에서의 식(識)은 정신과 물질 둘 다를 조건 짓는다. 그러나 네 가지 성분을 가진 존재(catuvokārabhava), 즉 무색계에서 그것은 정신만을 조건 짓는다. 그리고 한 가지 성분을 가진 존재(ekavokārabhava), 즉 무상유정의 세계[無想有情天]에서 그것은 단지 물질만을 조건 짓는다. 다섯 가지 성분을 가진 재생연결의 경우에, 재생연결심이 재생연결의 순간에 일어날 때, 동시에 나머지 세 가지 정신의 무더기인 느낌·인식·정신적 형성들[行]이 인간의 경우에 몸·성·심장 토대의 물질 십원소인 물질 현상들의 특별한 덩어리와 함께 일어난다. 식(識)은 함께 존재하는 정신과 물질의 요소들 가운데서 으뜸이기 때문에 식(識)이 정신·물질을 조건 짓는다고 말한다.

(4) **정신·물질[名色]에 의지하여 여섯 감각장소가 일어난다** 여기에서 '정신·물질'은 (3)의 단계와 같은 의미이다. 여섯 감각장소 가운데 처음 다섯 감각장소는 눈·귀·코·혀·몸의 감성의 물질인 반면에, 마노의 감각장소[意入]는 32가지의 과보의 마음을 뜻한다. 업에서 생긴 물질 현상들이 일어날 때, 그것들은 역시 업에서 생긴 물질인 다섯 가지 감각기관이 일어

나도록 조건 짓는다. 그것들과 연결된 마음부수들이 일어날 때, 그것들은 여기에서 마노의 감각장소라 불리는 과보의 마음이 일어나도록 조건 짓는다. 다시 말해서, 과보의 식(識)이 정신(nāma)을 조건 짓고 정신은 과보의 식(識)을 조건 짓는다. 그것들은 '상호 조건(aññamaññapaccaya)'으로 서로 관련된다. 욕계에서 정신·물질은 여섯 가지 감각장소 모두를 조건 짓는다. 색계에서는 눈의 감각장소, 귀의 감각장소, 마노의 감각장소—이 세 가지만 일어난다. 무색계에서는 다섯 가지 물질적인 감각장소가 없기 때문에, 정신만이 그 세계에서의 유일한 감각장소인 마노의 감각장소가 일어나도록 조건 짓는다.

(5) **여섯 감각장소[六入]에 의지하여 감각접촉이 일어난다** 여기에서의 감각접촉(phassa, 觸)은 과보의 마음과 연관된 감각접촉을 의미한다. 감각접촉은 마음과 마음부수들이 여섯 감각장소 가운데 한 곳에서 대상과 '함께 만나는 것(sangati)'을 의미한다. 눈의 감성의 감각장소에서 일어나는 감각접촉은 눈의 감각접촉이라 불린다. 그것은 눈, 보이는 형색, 안식(眼識)이 함께 만나는 것을 특징으로 한다. 나머지 귀의 감각접촉 등의 다른 종류들도 마찬가지로 그 각각의 감각장소에 의지하여 일어난다. 마노의 감각접촉은 한 쌍의 다섯 가지 감각식[前五識]를 제외한 22가지 과보의 마음과 연관된 감각접촉이다. 감각접촉은 감각장소가 있을 때에만 일어날 수 있으므로 감각접촉은 여섯 감각장소에 의지한다고 말해진다.

(6) **감각접촉[觸]에 의지해서 느낌이 일어난다** 감각접촉이 일어날 때마다 느낌(vedanā, 受)이 같은 감각접촉에 의해서 조건 지어져 동시에 일어난다. 감각접촉은 식(識)이 대상과 만나는 것이고, 그 만남은 반드시 감각접촉에 의해서 생기는 느낌인 특별한 정서적인 색조를 수반한다. 눈의 감각접촉에 의해 생긴 느낌, 귀의 감각접촉에 의해 생긴 느낌 등에서 마노[意]의 감각접촉에서 생긴 느낌까지 여섯 가지 느낌이 있다. 그것의 정서

적인 자질의 관점에서 볼 때, 느낌은 감각장소와 대상에 따라서 즐겁거나 괴롭거나 중립적인 것이 될 수 있다.

(7) 느낌〔受〕에 의지하여 갈애가 일어난다 느낌은 갈애(taṇhā 愛)가 일어나는 것을 조건 짓는다. 여섯 가지 종류의 갈애가 있다: 형색에 대한·소리에 대한·냄새에 대한·맛에 대한·감촉에 대한·정신 대상에 대한 갈애. 이것들 각각은 다시 그것이 단순히 감각적 욕망에 대한 갈애, 상견(常見, sassataditthi)과 결합된 갈애, 혹은 단견(斷見, ucchedadiṭṭhi)과 결합된 갈애인 존재하지 않음에 대한 갈애인지에 따라서 세 가지가 된다. 갈애는 다양하지만 궁극적으로는 탐욕(lobha)의 마음부수로 줄어든다. 제7장 38을 참조하라.

비록 갈애가 그것의 대상에 의해 구별되지만, 갈애 자체는 실제로 그 대상과의 접촉을 통해서 일어나는 느낌에 의지한다. 사람이 즐거운 느낌을 경험하면 그 즐거운 느낌을 즐기고 그것이 즐거운 느낌을 일어나게 하는 한 그 대상을 바란다. 반면에 사람이 고통스런 느낌을 경험하면 그 고통에서 벗어나려는 갈애를 가지며 그것을 대신할 수 있는 즐거운 느낌을 갈망한다. 중립적인 느낌은 평화로운 성질을 가지고, 이것 또한 갈애의 대상이 된다. 그리하여 세 가지 느낌은 다양한 형태의 갈애들이 일어나도록 조건 짓는다.

(8) 갈애〔愛〕에 의지하여 취착이 일어난다 여기서 취착(upādāna 取)은 앞(제7장 7)에서 설명된 네 가지 종류이다. 감각적 욕망에 대한 취착은 강화된 갈애, 즉 탐욕의 마음부수의 한 형태이다. 나머지 세 가지 취착은 사견의 마음부수의 형태들이다. 이 각각의 취착은 갈애에 의해 조건 지어진다. 첫 번째 경우에 대상에 대한 약하거나 최초의 탐욕을 갈애라고 부르는 반면에 강화된 탐욕은 취착이라 부른다. 나머지 세 가지 경우에 사견을 조건 짓는 탐욕은 갈애라고 부르는 반면에 그 탐욕의 영향 하에 받아들여진 사견은 취착이라 부른다.

(9) 취착[取]에 의지하여 존재가 일어난다 두 종류의 존재, 즉 업에 능동적인 존재의 과정(kammabhava, 業有, 업의 존재)과 수동적이거나 과보의 존재의 과정(upapattibhava, 生有, 재생의 존재)이 그것이다. 능동적인 존재는 29가지 유익하거나 해로운 의도, 즉 새로운 존재로 인도하는 모든 유익하고 해로운 업을 의미한다. 과보의 존재는 32가지의 과보의 마음, 그것들과 결합한 마음부수들, 업에서 생긴 물질적인 현상들이다.

취착이 능동적인 존재의 조건이 되는 이유는 취착의 영향 하에서 사람은 업으로 축적되는 행위를 하기 때문이다. 취착이 과보의 존재에 대한 조건이 되는 이유는 그 동일한 취착이 그의 업에 의해서 결정된 상태로 재생의 순환 속에 그를 들어가게 하기 때문이다.

(10) 존재[有]에 의지하여 태어남이 일어난다 여기서 태어남(jāti, 生)은 같은 존재계나 다른 존재계에서의 새로운 삶에서 세간적인 과보의 마음들과 그것의 마음부수들과 업에서 생긴 물질이 일어나는 것을 뜻한다. 미래의 태어남을 일어나게 하기 위한 본질적인 조건은 유익하고 해로운 업, 즉 현재 업에 능동적인 존재에 달려 있다.

(11) 태어남[生]에 의지하여 늙음·죽음[老死] 등이 일어난다 일단 태어남이 일어나면 반드시 늙음·죽음[老死], 그리고 늙음·죽음과 그 사이에 다른 모든 종류의 근심, 탄식, (육체적) 고통, (정신적) 불만족, 그리고 절망이 뒤따른다. 이 모든 괴로움은 태어남에 뿌리하고 있어서 그것들의 주된 조건으로 태어남을 골라낸 것이다.

그리하여 괴로움의 전체 무더기가 일어난다 (11)의 단계에서 언급된 괴로움의 전체 무더기는 정형구에서 묘사된 상호 의존하는 조건 짓는 법들과 조건 지어진 법들의 연관을 통해서 일어난다.

4 분석의 범주

Tattha tayo addhā, dvādas'angāni, vīsat'ākārā, tisandhi, catusankhepā, tīṇi vaṭṭāni, dve mūlāni ca veditabbāni.

—

세 가지 시기[三世], 12가지 요소, 20가지 형태, 세 가지 연결, 네 가지 무리, 세 가지 회전, 두 가지 뿌리가 있다고 이해해야 한다.

5 세 가지 시기[三世]

Kathaṃ? Avijjā, sankhārā atīto addhā; jāti, jarāmaraṇaṃ anāgato addhā; majjhe aṭṭha paccuppanno addhā ti tayo addhā.

—

어떻게? 무명(無明)과 업 형성들[行]은 과거에 속한다. 태어남[生]과 늙음·죽음[老死]은 미래에 속한다. 중간의 여덟 가지 요소는 현재에 속한다. 그리하여 세 가지 시기[三世]가 있다.

§ 5 설명

◉

12가지 요소가 세 가지 시기[三世]로 나누어질 때, 이것은 윤회의 인과적 구조를 보여주기 위하여 단지 설명하는 장치로만 간주되어야 한다. 특정한 일시적인 시기에 할당된 요소들은 단지 그 시기에만 작용하고 다른 경우에는 작용하지 않는 것으로 받아들여서는 안 된다. 사실 12가지 요소들은 7에서 보여주듯이 서로 관련되고 서로 스며들면서 어느 한 삶에서도 항상 함께 존재한다.

6 12가지 요소

Avijjā, sankhārā, viññāṇaṃ, nāmarūpaṃ, saḷāyatanaṃ, phasso, vedanā, taṇhā, upādānaṃ, bhavo, jāti, jarāmaraṇan ti dvādas'angāni. Sokādivacanam pan'ettha nissandaphalanidassanaṃ.

—

(1) 무명[無明], (2) 업 형성들[行], (3) 식(識), (4) 정신·물질[名色], (5) 여섯 감각장소[六入], (6) 감각접촉[觸], (7) 느낌[受], (8) 갈애[愛], (9) 취착[取], (10) 존재[有], (11) 태어남[生], (12) 늙음·죽음[老死]이 12가지 요소이다. 근심 등의 용어는 (태어남의) 부수적인 결과들로 보여졌다.

7 네 가지 모임

Avijjā-sankhāraggahaṇena pan'ettha taṇh'-ūpādāna-bhavā pi gahitā bhavanti. Tathā taṇh'-ūpādāna-bhavaggahaṇena ca avijjā-sankhārā; jāti-jarāmaraṇaggahaṇena ca viññāṇadiphalapañcakam eva gahitan ti katvā:

Atīte hetavo pañca idāni phalapañcakaṃ
Idāni hetavo pañca āyatiṃ phalapañcakan ti.

Vīsat'ākārā, tisandhi, catusankhepā ca bhavanti.

—

여기에서 무명과 업 형성들을 취함으로써 갈애, 취착, 존재가 또한 취해진다. 마찬가지로 갈애, 취착, 존재를 취함으로써 무명과 업 형성들이 또한 취해진다. 태어남과 늙음·죽음을 취함으로써 식 등 다섯 가지 과보가 또한 취해진다. 그러므로

(1) 과거에 속하는 다섯 가지 원인이 있고,
(2) 현재에 속하는 다섯 가지 결과가 있다.
(3) 현재에 속하는 다섯 가지 원인이 있고,
(4) 미래에 속하는 다섯 가지 결과가 있다.

그리하여 20가지 형태, 세 가지 연결, 네 가지 모임이 있다.

§ 7 설명

◉

무명이 마음에서 버려지지 않고 남아 있으면, 갈애와 취착이 일어나기 마련이다. 그리고 갈애와 취착이 일어날 때마다 그것들은 무명에 뿌리하고 무명과 함께 일어난다. 더욱이 '업 형성들'과 '존재' 이 둘은 같은 실재인 업의 능동적인 의도를 말한다. 그러므로 그 용어들 중 어느 하나가 언급되면 나머지 하나도 언급된다. 태어남과 늙음·죽음은 그것들이 궁극적 실재가 아닌 마음과 물질의 특징들이기 때문에 20가지 형태 속에 따로 열거되지 않는다. 그것들이 한정하는 구경법들은 식에서 느낌까지(③-⑦) 다섯 가지 요소이다.

세 가지 연결은 과거의 원인과 현재의 과보(②-③) 사이에서, 현재의 과보와 현재의 원인(⑦-⑧) 사이에서, 현재의 원인과 미래의 과보(⑩-⑪)

사이에서 얻어진다. 이 구절에서 제안된 분류는 〔표 8.1〕에서 체계적으로 보여준다.

8 세 가지 회전

Avijjā-taṇh'ūpādānā ca kilesavaṭṭaṃ; kammabhavasankhāto bhav' ekadeso sankhārā ca kammavaṭṭaṃ; upapattibhavasankhāto bhav' ekadeso avasesā ca vipākavaṭṭan ti tīṇi vaṭṭāni.

–

세 가지 회전:

(1) 무명, 갈애, 취착은 오염원의 회전에 속한다.
(2) 업의 존재[業有]로 알려져 있는 존재의 일부와 업 형성들은 업의 회전에 속한다.
(3) 재생의 존재[生有]로 알려져 있는 존재의 일부와 나머지는 과보의 회전에 속한다.

§ 8 설명

◉

세 가지 회전은 삼사라(saṃsāra)에서 윤회하는 존재들이 돌아가는 방식을 보여준다. 가장 근본적인 회전은 오염원의 회전이다. 무명에 의해 눈멀고 갈애로 인해 내몰려서 사람은 다양한 해로운 행위와 세간의 유익한 행위를 하게 된다. 그리하여 오염원의 회전은 업의 회전을 일으킨다. 이 업이 성숙하면 그것은 과보로 익게 되어 업의 회전은 과보의 회전을 일으킨다. 자기 자신의 행위의 즐겁고 괴로운 결과인 이 과보에 반응하여 여전히 무명에 빠져 있는 사람은 더 즐거운 경험을 즐기기 위한 갈애에 압도되고 자기가 이미 갖고 있는 즐거운 경험에 집착하고 괴로운 경험은 피하려고 한다. 그리하여 과보의 회전은 또 다른 오염원의 회전을 일으킨다. 이런 식으로 세 가지 업의 회전은 그것의 토대가 되는 무명이 위빳사나의 지혜와 출세간적인 도에 의해서 제거될 때까지 끊임없이 돌아간다.

[표 8.1] [조건에] 의지하여 일어남[緣起]

삼세	12가지 요소		20가지 형태와 네 가지 모임
과거	1 2	무명[無明] 업 형성들[行]	과거 원인 다섯 가지:1, 2, 8, 9, 10
현재	3 4 5 6 7	식(識) 정신·물질[名色] 여섯 감각장소[六入] 감각접촉[觸] 느낌[受]	현재 과보 다섯 가지:3 –7
	8 9 10	갈애[愛] 취착[取] 존재[有]	현재 원인 다섯 가지:8, 9, 10, 1, 2
미래	11 12	태어남[生] 늙음·죽음[老死]	미래 과보 다섯 가지:3 –7

세 가지 연결
1. 현재 과보가 있는 과거 원인 (2와 3 사이)
2. 현재 원인이 있는 현재 과보 (7과 8 사이)
3. 미래 과보가 있는 현재 원인 (10과 11 사이)

세 가지 회전
1. 오염원의 회전: 1, 8, 9
2. 업의 회전: 2, 10 (부분)
3. 과보의 회전: 3–7, 10 (부분), 11, 12

두 가지 원인(뿌리)
1. 무명: 과거에서 현재까지
2. 갈애: 현재에서 미래까지

9 두 가지 원인(뿌리)

Avijjātaṇhāvasena dve mūlāni ca veditabbāni.

–

무명과 갈애가 두 가지 원인(뿌리)으로 이해되어야 한다.

§ 9 설명

◉

무명은 현재로 연장되는 과거로부터의 원인(뿌리)이라고 불리고, 그것은 느낌에서 정점에 이른다. 갈애는 미래로 연장되는 현재로부터의 원인(뿌리)이고, 그것은 늙음·죽음에서 정점에 이른다.

10 요약

Tesam eva ca mūlānaṃ nirodhena nirujjhati
Jarāmaraṇamucchāya pīḷitānam abhiṇhaso
Āsavānaṃ samuppādā avijjā ca pavattati.
Vaṭṭam abandham icc'evaṃ tebhūmakam anādikaṃ
Paṭiccasamuppādo ti paṭṭhapesi mahāmuni.

–

이 원인(뿌리)을 파괴함으로써 회전은 멈춘다. 늙음·죽음과 더불어 혼미함에 의해서 끊임없이 압박받는 자들에게 번뇌가 일어남으로써 무명이 다시 일어난다.

대성인께서는 그리하여 이 뒤얽혀 있고 시작이 없는 삼계와 함께하는 회전을 "[조건에] 의지하여 일어남[緣起]"이라고 천명하셨다.

§ 10 설명

◉

「정견 경」(Sammādiṭṭhi Sutta) (M. 9/i,54-55)에서 사리뿟따 존자는 무명의 원인을 설명해 달라는 요청을 받고 무명은 번뇌에서 일어난다(āsava-samudayā avijjāsamudayo)고 대답했다. 그 존자께서 번뇌의 원인을 말해달라는 요청을 받았을 때 번뇌는 무명에서 일어난다(avijjāsamudayā āsavasamudayo)고 대답했다. 번뇌들 가운데 가장 근본적인 것이 무명의 번뇌(avijjāsava)이기 때문에, 사리뿟따 존자의 말씀은 어떤 존재에서든지 무명은 이전 존재의 무명에서 일어난다는 것을 의미하고 있다. 이것은 사실 어떤 무명의 경우이든 무명이 존재했던 이전의 삶에 의지하여 끊임없는 거슬러 올라감을 수반하기 때문에 시작이 없는(anādikaṃ) 회전을 확립한다. 번뇌에 대해서는 제7장 3을 참조하라.

조건관계의 방법
(paṭṭhānanaya)

11 24가지 조건

(1)Hetupaccayo, (2)ārammaṇapaccayo, (3)adhipatipaccayo, (4)anantara-paccayo, (5)samanantarapaccayo, (6)sahajātapaccayo, (7)aññamaññapac-cayo, (8)nissayapaccayo, (9)upanissayapaccayo, (10)purejātapaccayo, (11)pacchājātapaccayo, (12)āsevanapaccayo, (13)kammapaccayo, (14) vipākapaccayo, (15) āhārapaccayo, (16) indriyapaccayo, (17) jhānapaccayo, (18) maggapaccayo, (19) sampayuttapaccayo, (20) vippayuttapaccayo, (21) atthipaccayo, (22) natthipaccayo, (23) vigatapaccayo, (24) avigatapaccayo ti ayam ettha paṭṭhānanayo.

—

다음은 조건관계의 방법이다: (1) 원인 조건, (2) 대상 조건, (3) 지배 조건, (4) 틈 없는 조건, (5) 빈 틈 없는 조건, (6) 함께 생긴 조건, (7) 상호 조건, (8) 의지 조건, (9) 강한 의지 조건, (10) 앞에 생긴 조건, (11) 뒤에 생긴 조건, (12) 반복 조건, (13) 업 조건, (14) 과보 조건, (15) 음식 조건, (16) 기능 조건, (17) 선(禪) 조건, (18) 도 조건, (19) 관련 조건, (20) 비관련 조건, (21) 존재 조건, (22) 비존재 조건, (23) 떠난 조건, (24) 떠나지 않은 조건.

§ 11 설명

◉

위에 열거된 24가지 조건은 논장(Abhidhamma Piṭaka)의 첫 번째 책인 『담마상가니』(*Dhammasanganī*, 法集論)에 열거된 정신과 물질 현상들을 서로 관련시키는 다양한 방법에 대한 상세한 설명을 제시하는 『빳타나』(*Paṭṭhāna*, 發趣論)의 주제이다. 조건관계들에 대한 아비담마의 가르침을 적절하게 이해하기 위해서는 어떤 특정한 조건에 관련된 세 가지 요소들을 이해하는 것이 필요하다: (1) 다른 현상들을 생산하는 것에 의해서든, 그것들을 지원하는 것에 의해서든, 혹은 그것들을 유지하는 것에 의해서든, 다른 현상들을 위한 조건으로 작용하는 현상인 조건 짓는 법(paccayadhammā), (2) 조건 짓는 법에 의해서 조건 지어진 법, 즉 조건 짓는 법에 의해서 제공되는 도움을 통해서 일어나거나 존속하는 현상들인 조건에 따라 생긴 법(paccayuppannadhammā), (3) 조건 짓는 법이 조건 지어진 법을 위한 조건으로 작용하는 특별한 방식인 조건의 조건 짓는 힘(paccayasatti).

[표 8.2] 24가지 조건과 그것들의 다양성들

1	원인 조건	14	과보 조건
2	대상 조건	15	음식 조건
3	지배 조건		(1) 물질적인 음식
	(1) 대상 지배		(2) 정신적인 음식
	(2) 함께 생긴 지배	16	기능 조건
4	틈 없는 조건		(1) 앞에 생긴 기능
5	빈 틈 없는 조건		(2) 물질 생명 기능
6	함께 생긴 조건		(3) 함께 생긴 기능
7	상호 조건	17	선(禪) 조건
8	의지 조건	18	도 조건
	(1) 함께 생긴 의지	19	관련 조건
	(2) 앞에 생긴 의지	20	비관련 조건
	(a) 토대-앞에 생긴 의지		(1) 함께 생긴 비관련
	(b) 토대-대상-앞에 생긴 의지		(2) 앞에 생긴 비관련
9	강한 의지 조건		(3) 뒤에 생긴 비관련
	(1) 대상 강한 의지	21	존재 조건
	(2) 틈 없는 강한 의지		(1) 함께 생긴 존재
	(3) 자연적인 강한 의지		(2) 앞에 생긴 존재
10	앞에 생긴 조건		(3) 뒤에 생긴 존재
	(1) 토대 앞에 생긴		(4) 음식 존재
	(2) 대상 앞에 생긴		(5) 기능 존재
11	뒤에 생긴 조건	22	비존재 조건
12	반복 조건	23	떠난 조건
13	업 조건	24	떠나지 않은 조건
	(1) 함께 생긴 업		
	(2) 함께 생기지 않은 업		

다음 섹션들에서(13-27) 저자인 아누룻다 스님은 24가지 조건이 다양한 현상들 사이의 관계를 어떻게 구조화하는가를 설명할 것이다. 원래의 순서대로 각각의 조건을 설명해 나아가는 것 대신에, 저자는 조건 짓는 법과 조건 지어진 법을 정신, 물질, 정신·물질의 복합체로 분류하고 나서 여섯 가지 순열로 이것들 사이의 관계에 적합한 조건들을 소개한다. 이 부분들을 자세하게 다루면서 우리는 텍스트에서 명료하지 않을 때 각 조건에 관련된 세 가지 요소에 주의를 기울일 것이다.[2] 뒤의 〔표 8.3〕에는 각 조건에 대한 조건 짓는 법과 조건 지어진 법이 전통적인 순서에 따라 열거되어 있다.

12 간략한 적용

Chadhā nāman tu nāmassa pañcadhā nāmarūpinaṃ
Ekadhā puna rūpassa rūpaṃ nāmassa c'ekadhā.
Paññattināmarūpāni nāmassa duvidhā dvayaṃ
Dvayassa navadhā cā ti chabbidhā paccayā—kathaṃ?

–

여섯 가지 방식으로 정신은 정신에게 조건이 된다. 다섯 가지 방식으로 정신은 정신·물질에게 조건이 된다. 다시 정신은 한 가지 방식으로 물질에게 조건이 되고, 물질은 한 가지 방식으로 정신에게 조건이 된다. 두 가지 방식으로 개념과 정신·물질은 정신에게 조건이 된다. 아홉 가지 방식으로 정신·물질의 쌍은 정신·물질에게 조건이 된다. 그리하여 관계들은 여섯 가지이다. 어떻게?

13 정신이 정신에게

Anantaraniruddhā cittacetasikā dhammā paccuppannānaṃ citta-cetasikānaṃ dhammānaṃ anantara-samanantara-natthi-vigatavasena; purimāni javanāni pacchimānaṃ javanānaṃ āsevanavasena; sahajātā cittacetasikā dhammā aññamaññaṃ sampayuttavasenā ti chadhā nāmaṃ nāmassa paccayo hoti.

—

여섯 가지 방식으로 정신은 정신에게 조건이 된다. 곧바로 멸한 마음과 마음부수들은 현재의 마음과 마음부수들에게 '틈 없는 조건', '빈 틈 없는 조건', '비존재 조건', '떠난 조건'으로 조건이 된다.
앞에 오는 자와나(속행)들은 뒤따르는 자와나들에게 '반복 조건'으로 조건이 된다.
함께 생긴 마음과 마음부수들은 서로에게 '관련 조건'으로 조건이 된다.

§ 13 설명

◉

틈 없는 조건(4), 빈 틈 없는 조건(5) 이 두 조건은 뜻으로는 동일하다. 그것들은 문자만 다르고 같은 관계를 조금 다른 각도에서 비춰본 것이다. 형식적으로 정의하면, '틈 없는 조건'은 조건 짓는 법인 하나의 정신이 조건 지어진 법인 또 다른 정신에게 자신이 멸한 바로 후에 일어나게 하여 다른 정신이 그것들 사이에 끼어들지 못하게 하는 조건이다. '빈 틈 없는 조건'은 조건 짓는 법이 조건 지어진 법을 자신이 멸한 바로 다음에 정해진 정신 과정에 따라 일어나게 하는 조건이다. 이 두 조건은 어떤 일정 순간에 멸하는 마음과 마음부수들 사이의 관계와 바로 다음 순간에 일어나는 마음과 마음부수들 사이의 관계에 적용된다. 막 멸한 마음과 마음부수들은 조건 짓는 법이고 바로 후에 일어나는 마음과 마음부수들은 조건 지어진 법이다. 하지만 아라한의 죽음 마음은 그것 다음에 뒤따르는 어떤 다른 마음이 없기 때문에 '틈 없는 조건'과 '빈 틈 없는 조건'으로 작용하지 않는다.

비존재 조건(22), 떠난 조건(23) 이 두 조건은 본질적으로는 동일하지만 문자만 상이한 또 다른 쌍이다. '비존재 조건'은 멸하는 정신이 또 다른 정신에게 자신의 바로 다음에 일어날 기회를 주는 조건이다. '떠난 조건'은 어떤 정신이 자신이 사라짐으로 해서 다음의 정신에게 일어날 기회를 주는 조건이다. 이 두 관계의 조건 짓는 법과 조건 지어진 법은 '틈 없는 조건'과 '빈 틈 없는 조건'에서의 법들과 동일하다.

반복 조건(12) 조건 짓는 법이 자신과 비슷한 정신 현상인 조건 지어진 법을 자신이 멸한 후에 더욱 힘차고 효과적으로 일어나게 하는 조건이다. 학생이 반복해서 공부하여 그의 학과목에서 더욱 능숙해지는 것처럼 조건 짓는 법이 자신과 비슷한 법들을 연속적으로 일어나게 함으로써 그것들에게 능숙함과 힘을 부여한다. 이 관계에서 조건 짓는 법은 그것들이 다음의 자와나(속행) 순간에 같은 업의 자질(유익한, 해로운, 혹은 작용만 하는)을 갖고 있는 정신 현상들에게 조건의 역할을 할 때에만 마지막 자와나(속행)를 제외하고 자와나 과정에서 어떤 주어진 순간에 있는 전적으로 세간적인 유익한, 해로운, 작용만 하는 현상들이다. 후자는 이 관계에서 조건 지어진 법이다.

비록 네 가지 출세간 도(道)의 마음이 유익한 자와나(속행)들이지만, 그것들 다음에 과보인 과(果) 마음들이 뒤따르고, 그래서 이 관계에 필수적인 반복이 없기 때문에 그것들은 '반복 조건'의 조건 짓는 법이 되지 못한다. 그리고 비록 과 마음들이 자와나 과정에서 연속해서 일어날 수 있지만, 과 마음들은 과보이기 때문에 '반복 조건'에서의 조건 짓는 법의 완전한 정의에 부합되지 않는다. 그러나 도 마음들 바로 앞에 일어나는 세 가지 원인 있는 욕계의 유익한 마음은 조건 짓는 법이고 후자는 '반복 조건'에서 조건 지어진 법이다.

관련 조건(19) 조건 짓는 어떤 정신이 조건 지어진 법들인 다른 정신들을 일어나게 해서 그 구성요소들이 같이 일어나고 같이 멸하고, 같은 대상을 가지고, 같은 물질적인 토대(제2장 1 참조)를 갖는 것을 특징으로 하는, 분리할 수 없는 무리로 서로 관련되도록 하는 조건이다. 이 조건은 조건 짓는 법으로서의 어떤 마음이나 마음부수와 조건 지어진 법으로서의 같은 마음 단위에 있는 다른 모든 정신 현상들 사이에서 얻어진다.

14 정신이 정신·물질에게

Hetu-jhānanga-maggangāni sahajātānaṃ nāmarūpānaṃ hetādivasena; sahajātā cetanā sahajātānaṃ nāmarūpānaṃ; nānākkhaṇikā cetanā kammābhinibbattānaṃ nāmarūpānaṃ kammavasena; vipākakkhandhā aññamaññaṃ sahajātānaṃ rūpānaṃ vipākavasenā ti ca pañcadhā nāmaṃ nāmārūpānaṃ paccayo hoti.

—

다섯 가지 방식으로 정신은 정신·물질에게 조건이 된다.

원인, 선(禪)의 요소, 도의 요소는 '원인 조건' 등으로 함께 생긴 정신·물질에게 조건이 된다.

함께 생긴 의도는 함께 생긴 정신·물질에게, 다른 순간에 생긴 의도는 업에서 생긴 정신·물질에게 '업 조건'으로 조건이 된다.

(정신적인) 과보의 무더기들은 서로에게, 함께 생긴 물질에게 '과보 조건'

으로 조건이 된다.

§ 14 설명

◉

원인 조건(1) 조건 짓는 법이 조건 지어진 법에게 굳건함과 고정됨을 나누어 줌으로써 뿌리와 같은 역할을 하는 조건이다. 이 관계에서 조건 짓는 법은 원인(제3장 5 참조)으로 알려져 있는 여섯 가지 마음부수들이다: 세 가지 해로운 원인—탐욕, 성냄, 미혹 그리고 세 가지 아름다운 원인—유익하거나[善] 결정할 수 없는[無記] 탐욕 없음, 성냄 없음, 미혹 없음. 조건 지어진 법은 각각의 원인과 연결된 마음부수들 그리고 함께 일어난 물질 현상들이다. 함께 일어난 물질 현상들은 재생 연결의 순간에 업에서 생긴 것들과 삶의 과정 동안에 마음에서 생긴 것들이다. 나무의 뿌리가 나무의 존재, 성장, 안정을 위한 기초가 되듯이 이 뿌리(원인)들도 조건 지어진 법들을 일으키고 그것들을 굳건하고 안전하게 만든다.

선(禪) 조건(17) 조건 짓는 법이 조건 지어진 법으로 하여금 대상에 대한 긴밀한 명상에 참여하도록 하는 조건이다. 조건 짓는 법들은 일곱 가지 선(jhāna)의 요소들이고 이것들은 다섯 가지 마음부수로 줄어든다(제7장 16, 23 참조). 조건 지어진 법들은 선의 요소들과 결합된 마음과 마음부수들, 즉 10가지 감각식(한 쌍의 전오식)을 제외한 모든 마음들과 함께 생긴 물질 현상들이다. 비록 함께 생긴 물질 현상들은 대상 자체를 명상할 수 없지만 그것들이 선의 요소들에 의해서 성취되는 긴밀한 명상에 의해서 만들어지기 때문에 조건 지어진 법들에 포함된다.

도(道) 조건(18) 조건 짓는 법이 조건 지어진 법들로 하여금 특별한 목적지에 도달하기 위한 수단의 역할을 하도록 함으로써 조건 지어진 법들과 관련되는 조건이다. 이 관계에서 조건 짓는 법들은 12가지 도의 요소들이고 이것들은 아홉 가지 마음부수로 줄어든다(제7장 17·23 참조). 네 가지 그릇된 도의 요소들은 악처에 떨어지기 위한 수단이고, 여덟 가지 바른 도의 요소는 선처와 열반에 도달하기 위한 수단이다. 조건 지어진 법들은 18가지 원인 없는 마음을 제외한 모든 마음들, 그 마음들과 연결된 마음부수들, 함께 생긴 물질 현상들이다. 과보의 마음들과 작용만 하는 마음들에 있는 도의 요소들은 어떤 목적지로 이끌지는 못하지만, 그것들이 여전히 도의 요소로 분류되는 이유는 그 성질 자체에서 추상적으로 고려해 볼 때 다양한 목적지로 인도할 수 있는 법들과 동일하기 때문이다.

업 조건(13) 이 조건은 두 종류이다: (1) 함께 생긴 업 조건(sahajātakamma-paccaya)과 (2) 함께 생기지 않은 업 조건(nānākkhaṇika-kammapaccaya).

(1) '함께 생긴 업 조건'에서, 조건 짓는 법들은 89가지 마음에 있는 의도들(cetanā)이다. 조건 지어진 법들은 그 의도들과 결합한 마음, 마음부수들, 함께 생긴 물질 현상들이다. 여기에서의 의도는 그것의 마음부수들로 하여금 그것들 각자의 과업을 실행하도록 하고 그 자신이 일어남과 동시에 적절한 종류의 물질 현상들을 일어나게 함으로써 '함께 생긴 업 조건'으로 작용한다.

(2) '함께 생기지 않은 업 조건'에서는 조건 짓는 법들과 조건 지어진 법들 사이에 시간차가 있다. 이 관계에서 조건 짓는 법은 과거의 유익하거나 해로운 의도이다. 조건 지어진 법들은 과보의 마음들, 그것들의 마음부수들, 재생연결 때와 삶의 과정에서의 업에서 생긴 물질 현상들이다. 여기에서의 조건 짓는 힘은 적절한 과보의 정신적인 법들과 업에서 생긴 물질을 생기게 할 수 있는 의도의 능력이다. 이 조건관계는 도의 마음과 과의 마음에서도 얻어진다.

과보 조건(14) 조건 짓는 법이 그것과 함께 일어나는 조건 지어진 법들을

[표 8.3] 24가지 조건의 조건 짓는 법과 조건 지어진 법

조건	조건 짓는 법들	조건 지어진 법들
1. 원인	여섯 가지 원인	71가지 원인 있는 마음들, 두 가지 미혹에 뿌리박은 마음과 함께 생긴 미혹을 제외한 52가지 마음부수, 원인 있는 마음에서 생긴 물질, 원인 있는 재생연결에서의 업에서 생긴 물질
2. 대상	89가지 마음, 52가지 마음부수, 28가지 물질, 열반, 개념들	89가지 마음, 52가지 마음부수
3. 지배 (1) 대상 지배 (2) 함께 생긴 지배	18가지 구체적인 물질, 84가지 마음(두 가지 성냄에 뿌리박은, 두 가지 미혹에 뿌리박은, 고통이 함께하는 신식身識 제외), 47가지 마음부수(성냄, 질투, 인색, 후회, 의심 제외), 열반 52가지 지배의 자와나(속행)와 함께 생긴 세 가지 지배 요소(열의, 정진, 지혜) 가운데 하나, 이 52가지 자와나의 마음	여덟 가지 탐욕에 뿌리박은 마음, 여덟 가지 큰 유익한 마음, 지혜와 함께하는 네 가지 큰 작용만 하는 마음, 여덟 가지 출세간 마음, 45가지 마음부수(성냄 등, 두 가지 무량 제외), 52가지 지배의 자와나(속행), 지배 요소, 지배 요소 외에 (의심 제외) 51가지 마음부수, 지배 마음에서 생긴 물질
4. 틈 없는	앞에 생긴 89가지 마음(아라한의 죽음 마음 제외), 52가지 마음부수	뒤따르는 89가지 마음, 52가지 마음부수
5. 빈 틈 없는	4와 동일	4와 동일
6. 함께 생긴	(a) 재생연결과 삶의 과정 때: 89가지 마음, 서로를 지원하는 52가지 마음부수와 함께 생긴 물질 (b) 서로를 지원하는 사대(四大)와 파생된 물질 (c) 오온계에서 재생연결 때: 네 가지 정신의 무더기와 심장 토대	89가지 마음, 서로 지원하는 52가지 마음부수, 함께 생긴 물질 서로 지원하는 사대, 파생된 함께 생긴 물질 정신의 무더기에 의해서 지탱되는 심장 토대, 심장 토대에 의해서 지탱되는 정신의 무더기들
7. 상호	(a) 재생연결 때와 삶의 과정 동안 둘 다: 89가지 마음, 52가지 마음부수 (b) 사대 (c) 6(c)와 동일	89가지 마음, 52가지 마음부수 (상호) 사대 (상호) 6(c)와 동일

8. 의지 (1)함께 생긴 의지 (2)앞에 생긴 의지 (a) 토대-앞에 생긴 의지 (b) 토대-대상-앞에 생긴 의지	6과 동일 삶의 과정 동안에: 여섯 가지 물질 토대 그것이 토대로 의지하는 같은 마음과 마음부수들의 대상으로 취해진 심장 토대	6과 동일 오온계에: 85가지 마음(네 가지 무색계 작용만 하는 마음 제외), 52가지 마음부수 의문전향, 29가지 욕계 자와나(속행), 11가지 등록, 그것들의 심장 토대를 대상으로 가지는 44가지 마음부수 (질투, 인색, 후회, 세 가지 절제, 두 가지 무량 제외)
9. 강한 의지 (1)대상 강한 의지 (2)틈이 없는 강한 의지 (3)자연스런 강한 의지	3(1)과 동일 4와 동일 강한 과거의 89가지 마음, 52가지 마음부수, 28가지 물질, 몇 개의 개념들	3(1)과 동일 4와 동일 이후에 89가지 마음, 52가지 마음부수
10. 앞에 생긴 (1)토대 앞에 생긴 (2)대상 앞에 생긴	8(2)(a)와 동일 현재의 18가지 구체적인 물질	8(2)(a)와 동일 54가지 욕계 마음, 두 가지 직접적인 지혜[神通智], 50가지 마음부수(두 가지 무량 제외)
11. 뒤에 생긴	오온계에서: 후에 첫 번째 바왕가로부터 시작하여 85가지 마음, 52가지 마음부수	오온계에서: 재생연결부터 계속, 존재의 단계에서 앞에 생긴 마음과 함께 일어난 몸의 물질
12. 반복	같은 종류의 마지막 자와나(속행)를 제외한 47가지 세간 자와나(속행), 52가지 마음부수	첫 번째 자와나(속행)와 과의 자와나를 제외한 뒤따르는 51가지 자와나
13. 업 (1)함께 생긴 업 (2)함께 생기지 않은 업	89가지 마음에서의 의도 33가지 과거의 유익한 의도와 해로운 의도	89가지 마음, 51가지 마음부수(의도 제외), 함께 생긴 물질 36가지 과보의 마음, 38가지 마음부수, 업에서 생긴 물질
14. 과보	재생연결 때와 삶의 과정 둘 다: 36가지 과보의 마음, 서로를 그리고 함께 생긴 물질을 지원하는 38가지 마음부수	36가지 과보의 마음, 38가지 마음부수 (서로), 두 가지 암시를 제외한 함께 생긴 물질

조건	조건 짓는 법들	조건 지어진 법들
15. 음식 (1)물질적인 음식 (2)정신적인 음식	(a) 음식에 있는 영양 필수물질 (b) 네 가지 원인으로 생긴 무리(깔라빠) 속에 있는 내적인 영양 필수물질 접촉, 의도, 마음	음식에서 생긴 물질 같은 무리(깔라빠)의 물질(영양 필수물질 제외), 다른 무리(깔라빠)들의 모든 물질 89가지 마음, 52가지 마음부수, 각 음식과 함께 생긴 물질
16. 기능 (1)앞에 생긴 기능 (2)물질적인생명 기능 (3)함께 생긴	다섯 가지 물질의 감성 재생연결 때와 삶의 과정 동안의 물질적인 생명 기능 여덟 가지 정신적인 기능: 생명, 마음, 느낌, 믿음, 정진, 마음챙김, 삼매, 통찰지	10가지 욕계 마음, 일곱 가지 공통의 마음부수 생명기능과 함께 생긴 아홉 가지 업에서 생긴 물질 89가지 마음, 52가지 마음부수, 기능들과 함께 생긴 물질
17. 선정	79가지 마음과 함께 생긴 최초의 적용(일으킨 생각), 지속적 적용(지속적 고찰), 희열, 느낌(행복), 집중 마음들(10가지 욕계 마음 제외)	79가지 마음(10가지 욕계 마음 제외), 52가지 마음부수, 함께 생긴 물질
18. 도	71가지 원인 있는 마음과 함께 생긴 아홉 가지 마음부수, 통찰지, 최초의 적용(일으킨 생각), 세 가지 절제, 정진, 마음챙김, 집중, 견(見)	71가지 원인 있는 마음, 52가지 마음부수, 원인 있는 마음들과 함께 생긴 물질
19. 관련	7(a)와 동일	7(a)와 동일
20. 비관련 (1)함께 생긴 비관련 (2)앞에 생긴 비관련 (3)뒤에 생긴 비관련	(a)오온계에서: 재생연결 때와 삶의 과정에서, 75가지 마음(세 가지 무색계 작용만 하는 마음, 10가지 감각 마음, 아라한의 죽음 마음 제외), 52가지 마음부수 (b) 6(c)와 동일 8(2)(a)와 (b)와 동일 11과 동일	함께 생긴 물질 6(c)와 동일 8(2)(a)와 (b)와 동일 11과 동일

21. 존재 (1)함께 생긴 존재 (2)앞에 생긴 존재 (3)뒤에 생긴 존재 (4)음식 존재 (5)기능 존재	 6과 동일 10과 동일 11과 동일 15(1)과 동일 16(2)와 동일	 6과 동일 10과 동일 11과 동일 15(1)과 동일 16(2)와 동일
22. 비존재	4와 동일	4와 동일
23. 떠난	4와 동일	4와 동일
24. 떠나지 않은	21과 동일	21과 동일

자신만큼 수동적이고 노력하지 않고 그 자체로는 활동하지 못하게 만드는 조건이다. 이 관계에서 조건 짓는 법들은 과보의 마음과 마음부수들이다. 조건 지어진 법들은 서로에게 관련된 같은 과보로 나타난 것들과 함께 생긴 물질 현상들이다. 과보로 나타난 것들은 업이 익어서 생산되므로, 능동적이지 않고 수동적이며 조용하다. 그래서 깊이 잠든 사람의 마음에는, 과보의 바왕가 마음이 끊임없이 일어나고 사라진다. 그러나 이 기간 동안에는 몸과 말과 마음으로 행위하려는 어떤 노력도 하지 않고 대상에 대한 뚜렷한 인식도 없다. 마찬가지로 오문 인식과정에서 과보의 마음들은 그것들의 대상을 알기 위한 어떤 노력도 하지 않는다. 대상을 분명하게 인식하기 위한 노력을 하는 것은 단지 자와나(속행) 단계에서이며 행위를 하는 것도 단지 자와나 단계에서이다.

15 정신이 물질에게

Pacchājātā cittacetasikā dhammā purejātassa imassa kāyassa pacchājātavasenā ti ekadhā va nāmaṃ rūpassa paccayo hoti.

—

단지 한 가지 방식으로 정신은 물질에게 조건이 된다: 뒤에 생긴 마음과 마음부수들이 앞에 생긴 이 (물질적인) 몸에게 '뒤에 생긴 조건'으로 조건이 된다.

§ 15 설명

◉

뒤에 생긴 조건(11) 조건 짓는 법이 자신보다 앞에 일어난 조건 지어진 법들을 지원하고 강화시킴으로써 도와주는 조건이다. 이 관계에서의 조건 짓는 법들은 뒤에 일어난 마음과 마음부수들이고, 조건 지어진 법들은 모든 원인에서 생긴 앞의 마음들과 함께 일어났던 몸의 물질적인 현상들이다. 이 조건은 재생연결의 순간에 업에서 생긴 물질적인 현상들과 관련하여 첫 번째 바왕가와 더불어 시작된다. 후에 떨어지는 빗물이 이미 존재하는 초목을 자라게 하고 발전하도록 하듯이, 뒤에 일어난 정신적인 법들이 앞에 일어난 물질적인 현상들을 지원하여 그것들이 유사한 물질적인 현상들을 계속 생산하도록 한다.

16 물질이 정신에게

Cha vatthūni pavattiyaṃ sattannaṃ viññāṇadhātūnaṃ;pañc'ālambanāni ca pañcaviññāṇavīthiyā purejātavasenā ti ekadhā va rūpaṃ nāmassa paccayo hoti.

—

단지 한 가지 방식으로 물질은 정신에게 조건이 된다: 삶의 과정에서 여섯 가지 토대는 일곱 가지 식(識)의 요소들에게, 다섯 가지 대상은 감각식[前五識]의 다섯 가지 인식과정에게 '앞에 생긴 조건'으로 조건이 된다.

§ 16 설명

◉

앞에 생긴 조건(10) 조건 짓는 법, 즉 이미 일어나서 머무름(ṭhiti)의 단계에 도달한 물질의 법이 정신적인 법들, 즉 조건 지어진 법들을 그것 뒤에 일어나게 하는 조건이다. 이것은 먼저 떠오르는 태양이 그것이 뜨고 나서 나타나는 사람들에게 빛을 주는 것과 비슷하다. 두 가지 주된 '앞에 생긴 조건'의 형태들이 있다. (1) 토대 앞에 생긴 조건(vatthu-purejāta)과 (2) 대상 앞에 생긴 조건(ārammaṇa-prejāta).

(1) 삶의 과정 동안에 여섯 가지 육체적인 토대 각각은 그것을 자신들이 일어나기 위한 물질적인 의지처로 가지는 마음과 마음부수들, 즉 조건 지어진 법들을 위한 '토대 앞에 생긴 조건'에 의해서 조건 짓는 법이다(제3장 20-22 참조). 심장 토대는 재생연결의 순간에 정신적인 법들을 위한 조건이 되지 못한다. 왜냐하면 그 순간에 심장 토대와 정신적인 법들은 '함께 생긴 조건'과 '상호 조건'으로 동시에 일어나기 때문이다. 그러나 재생연결의 순간에 일어나는 심장 토대는 재생연결심 바로 다음에 뒤따르는 첫 번째 바왕가 마음에게 '앞에 생긴 조건'이 된다. 그 후에 그것은 삶의 과정 동안에 모든 의계(意界)와 의식계(意識界)에게 '앞에 생긴 조건'으로 조건이 된다.

(2) 다섯 가지 감각 대상 각각은 그것을 대상으로 가지는 오문 인식과정에서 마음과 마음부수들에게 '대상 앞에 생긴 조건'에 의해 조건 짓는 법이다. 게다가 머무름의 단계에 도달한 18가지 모든 구체적인 물질은(제6장 2 참조) 의문 인식과정에서 마음과 마음부수들에게 '대상 앞에 생긴 조건'이 될 수 있다.

17 개념과 정신·물질이 정신에게

Ārammaṇavasena upanissayavasenā ti ca duvidhā paññatti nāmarūpāni nāmass'eva paccayā honti.
Tattha rūpādivasena chabbidhaṃ hoti ārammaṇaṃ.
Upanissayo pana tividho hoti: ārammaṇūpanissayo, anantarūpanissayo,

pakatūpanissayo cā ti. Tatth'ālambanam eva garukataṃ ārammaṇ-ūpanissayo. Anantaraniruddhā cittacetasikā dhammā anantar-ūpanissayo. Rāgādayo pana dhammā saddhādayo ca sukhaṃ dukkhaṃ puggalo bhojanaṃ utu senāsanañ ca yathārahaṃ ajjhattañ ca bahiddhā ca kusalādidhammānaṃ kammaṃ vipākānan ti ca bahudhā hoti pakat-ūpanissayo.

—

두 가지 방식으로 개념과 정신·물질은 정신에게 '대상 조건'과 '강한 의지 조건'으로 조건이 된다.

여기에서 대상은 형색 등 여섯 가지이다. 그러나 '강한 의지 조건'은 세 가지, 즉 '대상 강한 의지 조건', '틈 없는 강한 의지 조건', '자연적인 강한 의지 조건'이다.

그것들 가운데 대상이 선명할 때, 그것 자체는 '대상 강한 의지 조건'의 역할을 한다. 곧바로 소멸하는 마음과 마음부수들은 '틈 없는 강한 의지 조건'의 역할을 한다. '자연적인 강한 의지 조건'은 종류가 많다: 탐욕 등의 법, 믿음 등의 법, 즐거움, 고통, 개인, 음식, 계절, 주거지 등 안과 밖의 (모든 그러한 것들은) 유익한 법 등에게 '자연적인 강한 의지 조건'이 된다. 업도 역시 마찬가지로 그것의 과보들에게 하나의 조건이 된다.

§ 17 설명

◉

대상 조건(2) 대상으로 조건 짓는 법이 다른 법들인 조건 지어진 법들로 하여금 그것을 대상으로 취하여 일어나게 하는 법이다. 여섯 가지 종류의 대상(제3장 16 참조)이 이 관계에서 조건 짓는 법들이고, 그것에 상응하는 마음과 마음부수들이 조건 지어진 법들이다.

강한 의지 조건(9) 이 조건의 세 가지 유형 가운데:

(1) 대상 강한 의지 조건(ārammaṇūpanissaya)은 조건 짓는 법이 그것을 취하는 정신 현상들인 조건 지어진 법들로 하여금 그것에 강하게 의지하여 일어나도록 하는 특별히 바람직하거나 중요한 대상인 조건이다.

(2) 틈 없는 강한 의지 조건(anantarūpanissaya)은 조건 짓는 법들과 조건 지어진 법들의 관점에서 보면 '틈 없는 조건'과 동일하지만, 조건의 힘에서는 약간 다르다. '틈 없는 강한 의지 조건'은 뒤따르는 정신적인 법들로 하여금 앞의 법들이 소멸한 직후에 일어나도록 하는 힘이다. '틈 없는 강한 의지 조건'은 뒤따르는 법들이 앞의 법들의 사라짐에 강하게 의존하기 때문에 뒤따르는 법들을 일어나게 하는 힘이다.

(3) 자연적인 강한 의지 조건(pakatūpanissaya)은 뒤에 일어나는 마음과 마음부수들인 조건 지어진 법들을 차후에 일어나게 하기 위해 강한 효력이 있는 과거의 모든 정신적이거나 물질적인 현상들을 조건 짓는 법들로 포함하는 넓은 관계이다. 예를 들어 이전의 갈망은 살생, 투도, 사음 등의 의도에 '자연적인 강한 의지 조건'이 될 수 있다. 이전의 믿음은 보시하고 계를 지키고 명상 수행하려는 의도에, 건강의 획득은 행복과 정진에게, 발병은 슬픔과 무기력함 등에 '자연적인 강한 의지 조건'이 될 수 있다.

18 정신·물질이 정신·물질에게

Adhipati-sahajāta-aññamañña-nissaya-āhāra-indriya-vippayutta-atthi-avigatavasenā ti yathārahaṃ navadhā nāmarūpāni nāmarūpānaṃ paccayā bhavanti.

—

정신·물질이 정신·물질에게 아홉 가지 방법으로 환경에 따라, 즉 '지배 조건', '함께 생긴 조건', '상호 조건', '의지 조건', '음식 조건', '기능 조건', '비관련 조건', '존재 조건', '떠나지 않은 조건'으로 조건이 된다.

§ 18 설명

◉

이 조건들은 다음 섹션들에서 상세하게 설명될 것이다.

19 지배 조건

Tattha garukataṃ ālambanaṃ ālambanādhipativasena nāmānaṃ sahajātādhipati catubbidho pi sahajātavasena sahajātānaṃ nāmarūpānan ti ca duvidho hoti adhipatipaccayo.

—

여기에서 '지배 조건'은 두 가지이다:

(1) 선명한 대상은 '대상 지배 조건'으로 정신의 법들에게 조건이 된다.
(2) 네 가지 함께 생긴 지배는 '함께 생긴 지배 조건'으로 함께 생긴 정신·물질에게 조건이 된다.

§ 19 설명

◉

지배 조건(3) 이 조건의 두 가지 유형 가운데:

(1) 대상 지배 조건(ārammaṇādhipati)은 대상으로 조건 짓는 법이 그

것을 대상으로 가지는 정신적인 법들을 지배하는 조건이다. 단지 존중되거나 소중히 간직되거나 강하게 원하는 대상들만이 이 관계에서 조건 짓는 법들이 될 수 있다. 이 조건은 '대상 강한 의지 조건'과 사실상 동일하며 조건 짓는 힘에서만 약간 다르다: 후자는 마음과 마음부수들이 일어나기 위한 강한 효력을 가진 원인의 힘인 반면에 전자는 그 법들을 강하게 끌어당기고 지배하는 힘을 가진다.

(2) 함께 생긴 지배 조건(sahajātādhipati)은 조건 짓는 법이 자신과 함께 생긴 조건 지어진 법들을 지배하는 조건이다. 이 관계에서 조건 짓는 법은 네 가지 지배인 열의, 정진, 마음, 검증이다(제7장 20 참조). 이것들 가운데서 오직 하나만이 주어진 상황에서 '지배 조건'의 역할을 가지며, 두 가지 또는 세 가지 원인을 가진 자와나 마음(javana citta)들에서만 [지배할 수 있다]. 함께 생긴 마음과 마음부수들이 조건 지어진 법들이다.

20 함께 생긴 조건

Cittacetasikā dhammā aññamaññaṃ sahajātarūpānañ ca, mahābhūtā aññamaññaṃ upādārūpānañ ca, paṭisandhikkhaṇe vatthu-vipākā aññamaññan ti ca tividho hoti sahajātapaccayo.

—

'함께 생긴 조건'은 세 가지이다: 마음과 마음부수들은 서로에게 그리고 함께 생긴 물질적인 현상들에게, 사대(四大)는 서로에게 그리고 그것에서 파생된 물질적인 현상들에게, 심장 토대와 과보의 정신의 무더기들은 재생연결의 순간에 서로에게 ['함께 생긴 조건'이 된다].

§ **20 설명**

◉

함께 생긴 조건(6) 조건 짓는 법이 일어나면서 조건 지어진 법들을 그 자신과 동시에 일어나게 하는 조건이다. 이것은 일어나면서 자신과 함께 빛, 색, 열을 일어나게 만드는 램프 불꽃에 비유된다. 이 조건은 위에서 했던 것처럼 세 가지 유형으로 나뉘거나 다섯 가지 유형으로 세분될 수 있다: (1) 각각의 정신적인 법은 마음이든 마음부수이든 간에 결합된 정신적인 법들에게, (2) 각각의 정신적인 법은 함께 생긴 물질적인 현상들에게, (3) 사대(四大) 각각은 나머지 삼대(三大)에게, (4) 사대 각각은 그것에서 파생된 물질적인 현상들에게, (5) 재생연결의 순간에 심장 토대는 과보의 정신적인 법들에게 그리고 차례로 후자가 전자에게 ['함께 생긴 조건'이 된다].

21 상호 조건

Cittacetasikā dhammā aññamaññaṃ, mahābhūtā aññamaññaṃ paṭisandhikkhaṇe vatthu-vipākā aññamaññan ti ca tividho hoti aññamaññapaccayo.

—

'상호 조건'은 세 가지이다: 마음과 마음부수들은 서로에게 조건이 되고, 사대는 서로에게 [조건이 된다]. 재생연결의 순간에 심장 토대와 과보의 (정신의 무더기들은) 서로에게 [조건이 된다].

§ 21 설명

◉

상호 조건(7) 실제로 '함께 생긴 조건'의 종속적인 유형이다. 일반적인 '함께 생긴 조건'에서 조건 짓는 법은 단순히 조건 지어진 법을 그것과 함께 일어나게 하지만, 조건 짓는 힘에 있어서 어떤 상호의존도 요구하지 않는다. 그러나 '상호 조건'에서 조건 짓는 법들 각각은 같은 순간에 같은 방법으로 그것이 조건 짓는 바로 그 법들과 관련된 조건 지어진 법이다. 그러므로 '상호 조건' 관계에서 조건 짓는 법은 조건 지어진 법들에게 그것의 힘을 주고 또한 자신에게 상대적인 조건 짓는 법인 조건 지어진 법의 힘을 받는다. 이것은 각각의 다리가 바로 설 수 있도록 하는 데 도움을 주는 삼발이에 비유된다.

22 의지 조건

Cittacetasikā dhammā aññamaññaṃ sahajātarūpānañ ca mahābhūtā aññamaññaṃ upādārūpānañ ca cha vatthūni sattannaṃ viññāṇadhātūnan ti ca tividho hoti nissayapaccayo.

–

'의지 조건'은 세 가지이다: 마음과 마음부수들은 서로에게 그리고 함께 생긴 물질 현상들에게, 사대는 서로에게 그리고 파생된 물질 현상들에게, 여섯 감각 토대는 일곱 가지 식의 요소[識界]에게 ['의지 조건'이 된다].

§ 22 설명

◉

의지 조건(8) 조건 짓는 법이 조건 지어진 법들을 그들이 의지하는 의지처나 기초로서 이바지하여 일어나게 만드는 조건이다. 조건 짓는 법은 땅이 나무와 초목을 지탱하거나 화폭이 그림을 지탱하는 방식과 비슷한 방법으로 조건 지어진 법과 관련된다고 말해진다.

'의지조건'의 두 가지 주된 범주가 인정된다: (1) 함께 생긴 의지 조건(sahajāta-nissaya)과 (2) 앞에 생긴 의지 조건(purejāta-nissaya). '함께 생긴 의지 조건'은 '함께 생긴 조건'과 모든 면에서 동일하다. '앞에 생긴 의지 조건'은 두 가지 부수적인 유형을 포함한다. 하나는 '앞에 생긴 조건' 하에서 논해지는 '토대 앞에 생긴 조건'과 동일한 단순한 '토대 앞에 생긴 조건(vatthu-prejāta-nissaya)'이다. 나머지 하나는 '토대-대상 앞에 생긴 의지 조건(vatthārammaṇa-purejāta-nissaya)'이라 불린다. 이것은 마음이 심장 토대를 의지하여 일어나고 동시에 심장 토대를 자신의 대상으로 만들 때의 특별한 경우를 말한다. 그러므로 그런 경우에 심장 토대는 하나의 마음에게 동시에 의지처와 대상이 된다. 이 조건에 관해서 『빳타나』(*Paṭṭhāna*, 發趣論)에서는 "어떤 이는 안의 토대가 무상하고 괴로움이며 무아라고 위빳사나로 명상한다. 어떤 이는 그것을 즐기고 그것에 기뻐한다. 그것을 대상으로 갈망이 일어나고, 사견이 일어나고, 의심이 일어나고, 들뜸이 일어나고, 불만족이 일어난다."고 말한다.[3]

23 음식 조건

Kabaḷīkāro āhāro imassa kāyassa, arūpino āhārā sahajātānaṃ nāmarūpānan ti ca duvidho hoti āhārapaccayo.

—

'음식 조건'은 두 가지이다: 먹을 수 있는 음식은 이 몸에게, 그리고 비물질적인(정신적인) 음식은 함께 생긴 정신·물질에게 ['음식 조건'이 된다].

§ 23 설명

◉

음식 조건(15) 조건 짓는 법이 조건 지어진 법들을 생기게 하고 그것들을 존재할 수 있게 유지시키고 그것들의 성장과 발전을 지원함으로써 조건 지어진 법들과 관련되는 법이다. 이것은 오래된 집을 지탱하여 붕괴되지 않도록 막아주는 버팀목에 비유된다. 그러므로 음식의 필수적인 역할은 지탱하거나 강화하는 것(upatthambana)이다.

'음식 조건'은 두 가지이다: (1) 물질적인 음식(rūpāhāra)과 (2) 정신적인 음식(nāmāhāra).

(1) 물질적인 음식은 이 육체적인 몸에게 조건 짓는 법인 먹을 수 있는 음식에서 발견되는 영양소이다. 음식이 섭취되면 그것의 영양소는 음식에서 생긴 새로운 물질을 만들어 내고 그것은 또한 네 가지 모든 원인에서 생긴 물질의 무리(깔라빠)들을 강화시키며 그것들이 계속해서 일어나도록 그것들을 강하고 신선하게 유지시킨다. 네 가지 원인 모두에서 생긴 물질의 무리(깔라빠)들 속에 포함된 안의 음식도 그 자신의 무리 안에서 그것과 함께 존재하는 안의 물질 현상들과 몸 안에 있는 다른 무리들 속에 있는 물질 현상들을 강화시킴으로써 조건으로 이바지한다.

(2) 정신적인 음식은 세 가지이다: 접촉의 음식[觸食], 정신적 의도의 음식[意思食], 식의 음식[識食]. 이것들은 함께 생긴 정신적인 현상들과 물질적인 현상들에게 조건이 된다.

24 기능 조건

Pañcapasādā pañcannaṃ viññāṇānaṃ, rūpajīvitindriyaṃ upādinnarūpānaṃ, arūpino indriyā sahajātānaṃ nāmarūpānan ti ca tividho hoti indriyapaccayo.

—

'기능 조건'은 세 가지이다: 다섯 가지 감성 기관은 다섯 가지 종류의 식(識)에게 조건이 된다. 물질적인 생명 기능은 업에서 생긴 물질 현상들에게 (조건이 된다). 비물질적인(정신의) 기능들은 함께 생긴 정신·물질에게 (조건이 된다).

§ 24 설명

◉

기능 조건(16) 조건 짓는 법이 특별한 부분이나 기능에서 제어력을 행사함으로써 조건 지어진 법들과 관련되는 조건이다. 이 조건은 각자가 나라의 특별한 지역을 다스릴 때 통제의 자유를 가지지만 다른 지역을 다스리려는 시도를 하지 않는 수령들에 비유된다. 텍스트에서 언급되듯이, '기능 조건'에는 세 가지 유형들이 있다: (1) 앞에 생긴 기능 조건, (2) 물질적인 생명 기능 조건, (3) 함께 생긴 기능 조건.

(1) '앞에 생긴 기능 조건'에서, (과거의 바왕가 마음의 정적인 단계에서 일어난) 다섯 가지 감성 각각은 마음부수들과 함께 그 각각의 감각식에게 '기능 조건'이 된다. 이것이 그렇게 되는 이유는 감성의 감각기관은 그것을 토대로 가지는 식(識)의 효율성을 통제하기 때문이다. 예를 들어, 좋은 눈은 예리한 시력을 생기게 하는 반면에 약한 눈은 나쁜 시력을 결과적으로 가져온다.

(2) 업에서 생긴 물질의 무리들에 있는 물질적인 생명 기능은 같은 무

리들에 있는 다른 아홉 가지 물질 현상에게 '기능 조건'이 되는데, 그 이유는 그것들의 생명력을 유지함으로써 그것들을 제어하기 때문이다.

(3) 15가지 비물질적인(정신적인) 기능(제7장 18 참조) 각각은 그것과 관련된 정신들과 함께 생긴 물질적인 현상들에게 함께 생긴 '기능 조건'이 된다.

기능들 가운데 여성과 남성의 두 가지 성의 기능은 '기능 조건'에서 조건 짓는 법이 되지 못한다. 그것이 배제되는 이유는 그것이 조건의 기능을 갖고 있지 못하기 때문이다. 조건은 세 가지 기능, 즉 생산하고 지탱하고 유지하는 기능을 가지지만, 성의 기능들은 이 기능들 가운데 어떤 것도 행사하지 않는다. 그럼에도 불구하고 그것들이 여전히 기능으로 분류되는 이유는 그것들이 몸의 성적인 구조, 외모, 성격, 기질을 제어하고 그래서 전체적인 인간성이 여성이나 남성으로 향하게 하기 때문이다.[4]

25 비관련 조건

Okkantikkhaṇe vatthu vipākānaṃ, cittacetasikā dhammā sahajāta-rūpānaṃ sahajātavasena, pacchājātā cittacetasikā dhammā purejātassa imassa kāyassa pacchājātavasena, cha vatthūni pavattiyaṃ sattannaṃ viññāṇadhātūnaṃ purejātavasenā ti ca tividho hoti vippayuttapaccayo.

—

'비관련 조건'은 세 가지이다: 재생연결의 순간에 심장 토대는 '함께 생긴 조건'으로 과보의 (정신적인 무더기들에게) 조건이 되고 마음과 마음부수들은 함께 생긴 물질에게 [조건이 된다]. 뒤에 생긴 마음과 마음부수들은 먼저 생긴 물질적인 몸에게 '뒤에 생긴 조건'으로 [조건이 된다]. 여섯 가지 토대는 삶의 과정에서 일곱 가지 식의 요소[識界]에게 '앞에 생긴 조건'으로 [조건이 된다].

§ 25 설명

◉

비관련 조건(20) 조건 짓는 법이 현재의 물질적인 현상들을 돕는 정신적인 현상이거나, 현재의 정신적인 현상들을 돕는 물질적인 현상이 되는 조건이다. 이 관계에서 두 가지 구성성분인 조건 짓는 법과 조건 지어진 법들은 반드시 다른 유형이어야 한다: 하나가 물질이면 다른 하나는 정신이어야 하고, 하나가 정신이면 다른 하나는 물질이어야 한다. 이것은 함께 놓여도 분리되어 남아 있는 물과 기름의 혼합과 비슷하다.

그러므로 재생연결의 순간에 심장 토대와 정신의 무더기들은 동시에 일어나지만 그것들을 물질적인 현상들과 정신적인 현상들로 구별하는 특별한 특징들 때문에 각각은 서로에게 '비관련 조건'이 된다. 재생연결의 순간에 다시 정신의 무더기들은 다른 종류의 업에서 생긴 물질에게 조건이 되고, 삶의 과정 동안에는 마음에서 생긴 물질에게 '비관련 조건'으로 [조건이 된다]. '비관련 조건'은 또한 앞에 생긴[先行] 유형과 뒤에 생긴[後行] 유형들로 구성된다: 전자는 조건 짓는 법으로서의 물질과 조건 지어진 법으로서의 정신 사이에서 얻어지고, 후자는 조건 짓는 법인 정신과 조건 지어진 법인 물질 사이에서 얻어진다. 이것들은 각각 '앞에 생긴 의지 조건'과 '뒤에 생긴 조건'과 동일하다.

26 존재 조건과 떠나지 않은 조건

Sahajātaṃ purejātaṃ pacchājātaṃ ca sabbathā

Kabaḷīkāro āhāro rūpajīvitam icc'ayan ti.

Pañcavidho hoti atthipaccayo avigatapaccayo ca.

—

'존재 조건'과 '떠나지 않은 조건'은 모두 다섯 가지이다: 함께 생긴 것, 앞에 생긴 것, 뒤에 생긴 것, 먹을 수 있는 음식, 물질적인 생명.

§ 26 설명

◉

존재 조건(21), 떠나지 않은 조건(24) 이것들은 뜻으로는 동일하고 문자만 다른 두 가지 조건이다. 이 관계에서 조건 짓는 법은 조건 지어진 법들을 도와서 일어나게 하거나 그것이 조건 지어진 법들과 함께 존재하는 일정한 시간 동안에 존속하도록 한다. 그러나 조건 짓는 법과 조건 지어진 법이 함께 생길 필요는 없다. 필요한 모든 것은 그 두 가지가 일시적으로 겹쳐서 조건 짓는 법이 그것들이 겹쳐 있는 동안에 어떤 방식으로 조건 지어진 법을 도와주는 것이다. 그러므로 '존재 조건'은 '함께 생긴 조건'뿐만 아니라 '앞에 생긴 조건'과 '뒤에 생긴 조건'을 포함한다. 본서가 단지 다섯 가지 유형의 '존재 조건'을 말하지만 이 다섯 가지는 차례대로 추가적인 부가적 유형들을 포함하기 때문에 '존재 조건'은 매우 다양한 다른 조건들로 구성된다. 이것은 네 가지 주된 조건 하에서 모든 조건관계의 포섭 관계를 다루는 다음 섹션에서 분명하게 될 것이다.

27 조건들의 통합

Ārammaṇ'-ūpanissaya-kamma-atthipaccayesu ca sabbe pi paccayā

samodhānaṃ gacchanti.
Sahajātarūpan ti pan'ettha sabbatthā pi pavatte cittasamuṭṭhānānaṃ paṭisandhiyaṃ kaṭattā rūpānañ ca vasena duvidho hoti veditabbaṃ.

—

모든 조건들은 '대상 조건', '강한 의지 조건', '업 조건', '존재 조건'에 포함된다.
여기에서 모든 경우에 함께 생긴 물질적인 현상들은 두 가지로 이해해야 한다: 삶의 전 과정 동안에 그것들은 마음에서 생긴 것으로 이해해야 하고, 재생연결의 순간에는 업에 의해 생긴 것이라고 [이해해야 한다].

§ 27 설명

◉

모든 조건들이 이 네 가지 조건에 포함되는 방법을 레디 사야도는 그의 주석서에서 다음과 같이 설명한다:

'지배 조건'은 두 가지이므로 '대상 지배 조건'은 '대상 조건'과 '강한 의지 조건'에 의해서 구성되고 때로는 '존재 조건'에 의해서도 [구성된다]. 반면에 '함께 생긴 지배 조건'은 '존재 조건'에 의해서 구성된다.

주된 '의지 조건'의 유형들인 '함께 생긴 의지 조건'과 '토대 앞에 생긴 의지 조건'은 둘 다 '존재 조건'의 영역 안에 들어온다. 심장 토대가 토대로서 지탱하는, 같은 의문(意門)의 마음들의 대상이 되는 토대 대상 '앞에 생긴 조건'의 특별한 경우는 '대상 조건'과 '존재 조건' 둘 다에 포함되고, 만일 심장 토대가 대상으로서 특별한 중요성을 얻게 되면 '강한 의지 조건'에도 포함된다.

'앞에 생긴 조건'의 두 가지 주된 유형들 가운데 '토대 앞에 생긴 조건'은 '존재 조건'에 포함되는 반면에 '대상 앞에 생긴 조건'은 '대상 조건'과

'존재 조건' 둘 다에 포함되며 '강한 의지 조건'에도 포함될 가능성이 있다.

'업 조건'의 두 가지 유형 가운데 '함께 생긴 업 조건'은 '존재 조건'에 포함되는 반면에 함께 생기지 않은 업은 '업 조건'에 포함되고 만일 강하면 '강한 의지 조건'에 포함된다.

'비관련 조건'은 '존재 조건'에 포함되지만, 만일 심장 토대가 동시에 토대와 대상이 되면 그것은 '존재 조건', '대상 조건', 아마도 '강한 의지 조건'에 포함된다.

나머지 조건들 가운데, 다음의 11가지는 '존재 조건'에 항상 포함된다: '원인 조건', '함께 생긴 조건', '상호 조건', '과보 조건', '음식 조건', '기능 조건', '선(禪) 조건', '도 조건', '관련 조건', '떠나지 않은 조건', '뒤에 생긴 조건'. 다음의 다섯 가지는 항상 '강한 의지 조건'에 포함된다: '틈 없는 조건', '빈 틈 없는 조건', '반복 조건', '비존재 조건', '떠난 조건'.

다양한 조건들이 주된 유형의 조건들 밑에 포함되는 방식은 〔표 8.4〕에서 도식으로 보여준다.

28 요약

Iti tekālikā dhammā kālamuttā ca sambhavā
Ajjhattañ ca bahiddhā ca sankhatāsankhatā tathā.
Paññattināmarūpānaṃ vasena tividhā ṭhitā
Paccayā nāma paṭṭhāne catuvīsati sabbathā ti.

그러므로 삼세에 속하는 것들과 시간과 관련이 없는 것들과 안과 밖의 것들, 조건 지어지고 조건 지어지지 않은 것들은 개념, 정신, 그리고 물질에 의해서 세 가지가 된다. 모두 조건관계들의 체계에서 조건들은 24가지이다.

[표 8.4] 조건의 통합

대상	강한 의지	업	존재
대상 지배 토대-대상-앞에 생긴 의지 대상 앞에 생긴 비관련•	대상 지배 토대-대상-앞에 생긴 의지• 대상 앞에 생긴• 함께 생기지 않은 업• 비관련• 틈이 없는 빈 틈 없는 반복 비존재 떠난	함께 생기지 않은 업	대상-지배• 함께 생긴 지배• 함께 생긴 의지 토대-앞에 생긴 의지 토대-대상-앞에 생긴 의지 토대 앞에 생긴 대상 앞에 생긴 함께 생긴 업 비관련 원인 함께 생긴 상호 과보 음식 기능 선(禪) 도 관련 떠나지 않은 뒤에 생긴

• = 때때로만

개념의 분석
(paññattibheda)

29 간단하게

Tattha rūpadhammā rūpakkhandho va; cittacetasikasankhātā cattāro arūpino khandhā nibbānañ cā ti pañcavidham pi arūpan ti ca nāman ti ca pavuccati.

Tato avasesā paññatti pana paññāpiyattā paññatti,paññāpanato paññattī ti ca duvidhā hoti.

—

여기에서 물질적인 현상들은 단지 물질의 무더기이다. 네 가지 비물질적인 무더기로 구성되어 있는 마음과 마음부수들과 열반은 비물질적인 다섯 가지 종류이다. 그것들은 또한 '이름[名]'이라 불린다.

나머지는 두 가지 개념이다: 알려진 (것으로서의) 개념과 알게 하는 [것으로서의] 개념.

§ 29 설명

◉

이 시점에서 아누룻다 스님은 네 가지 궁극적 실재, 다양한 체계에서의 그것들의 분류, 조건의 원리에 따른 그것들의 처리에 대한 설명을 끝냈다. 그러나 그는 개념(paññatti)들은 아직 논하지 않았다. 비록 개념들이 관습적인 실재에 속하고 궁극적인 실재에는 속하지 않지만, 그들은 여전히 『뿍갈라빤냣띠』(*Puggalapaññatti*, 人施設論)에 의해서 아비담마에 포함되어 있다. 그리하여 제8장의 마지막 부분에서 그는 개념을 간략히 논할 것이다.

그것들은 또한 '이름[名]'이라 불린다 네 가지 비물질적인 무더기는 대상을 인지하는 행위를 할 때 대상을 향하여 굽기 때문에 굽는 것(namana)이라는 의미에서 나마(nāma), 즉 '이름[名]'이라고 불린다. 그것들은 서로를 대상에 계속 굽도록 하기 때문에 굽게 하는 것(nāmana)이라는 의미에서 나마라고도 불린다. 열반은 굽게 하는 것이라는 의미에서만 나마라고 불린다. 열반은 흠 없는 법들, 즉 출세간의 마음과 마음부수들을 '대상 지배 조건'의 역할을 함으로써 자신에게로 굽게 하기 때문이다.[5]

나머지는 개념들이다 두 가지 종류의 개념, 즉 뜻으로서의 개념(atthapa-ññatti)과 이름으로서의 개념(nāmapaññatti)이 있다. 전자는 개념들에 의해서 전달되는 뜻이고, 후자는 그 뜻을 전달하는 이름이나 명칭이다. 예를 들어 어떤 신체적인 생김새나 특징으로 네 발과 부드러운 털을 가진 가정의 동물의 개념이 '개'라는 말의 뜻으로서의 개념이다: '개'라는 명칭과 아이디어는 그것에 상응하는 이름으로서의 개념이다. 뜻으로서의 개념은 알려진 것으로서의 개념이고 이름으로서의 개념은 알게 하는 것으로서의 개념이다.

30 알려진 것으로서의 개념

Kathaṃ? Taṃtaṃ bhūtapariṇāmākāram upādāya tathā tathā paññattā bhūmipabbatādikā, sasambhārasannivesākāram upādāya geharathasakaṭādikā, khandhapañcakam upādāya purisapuggalādikā, candāvattanādikam upādāya disākālādikā, asamphuṭṭhākāram upādāya kūpaguhādikā, taṃtaṃ bhūtanimittaṃ bhāvanāvisesañ ca upādāya kasiṇanimittādikā cā ti evam ādippabhedā pana paramatthato avijjamānā pi atthacchāyākārena cittuppādānam ālambanabhūtā taṃtaṃ upādāya upanidhāya kāraṇaṃ katvā tathā tathā parikappiyamānā sankhāyati, samaññāyati, voharīyati, paññāpīyatī ti paññattī ti pavuccati. Ayaṃ paññatti paññāpiyattā paññatti nāma.

—

어떻게? 각각의 요소들의 변화 방식 때문에 그렇게 명명되는 '땅'과 '산' 등의 용어들이 있다. 물질의 형성 방식 때문에 그렇게 이름 지어진 '집'과 '수레'와 '짐마차' 등의 용어가 있다. 오온 때문에 그렇게 이름 지어진 '사람'과 '개인' 등과 같은 용어들이 있다. 달 등의 운행에 따라서 이름 지어진 '방향'과 '시간' 등의 용어가 있다. 부딪힘 없음 등의 방식 때문에 그렇게 이름 지어진 '우물'과 '동굴' 등의 용어가 있다. 각각의 요소 그리고 구별되는 정신적인 계발 때문에 그렇게 이름 지어진 까시나 표상 등과 같은 그런 용어들이 있다.

그런 다양한 모든 것들은 비록 궁극적인 의미에서는 존재하지 않지만 (궁극적인) 것들의 그림자의 형태로 마음의 대상이 된다.

그것들이 개념이라고 불리는 이유는 이런 저런 방식 때문에, [이런 저런 방식을] 고려하여, [이런 저런 방식에] 관하여 그것들이 생각되고, 계산되고, 이해되고, 표현되고, 알려지기 때문이다. 이런 종류의 개념은 그것이 알려지기 때문에 그렇게 불린다.

§ 30 설명

◉

'알려진 것으로서의 개념'은 뜻으로서의 개념(atthapaññatti)과 같다. 여기에서 저자는 다양한 유형의 뜻으로서의 개념들을 열거한다.

땅, 산 등은 사물들의 형태나 윤곽에 상응하는 것이기 때문에 빠알리어로 산타나빤냣띠(saṇthānapaññatti), 즉 형태의 개념이라 불린다.

집, 수레, 마을 등은 사물의 집단이나 무리와 상응하기 때문에 사무하빤냣띠(samūhapaññatti), 즉 집단적인 개념이라 불린다.

동, 서 등은 지역이나 방향에 상응하기 때문에 디사빤냣띠(disā-paññatti), 즉 장소의 개념이라 불린다.

아침, 정오, 주, 달 등은 기간이나 시간의 단위에 상응하기 때문에 깔라빤냣띠(kālapaññatti), 즉 시간의 개념이라 불린다.

우물, 동굴 등은 인지할 수 있는 물질이 없는 공간 지역에 상응하기 때문에 아까사빤냣띠(ākāsapaññatti), 즉 공간의 개념이라 불린다.

까시나 표상은 명상의 계발에 의해서 얻어지는 정신적인 표상이기 때문에 니밋따빤냣띠(nimittapaññatti), 즉 표상의 개념이라 불린다.

31 알게 하는 것으로서의 개념

Paññāpanato paññatti pana nāma-nāmakammādināmena paridīpitā. Sā vijjamānapaññatti, avijjamānapaññatti, vijjamānena avijjamānapaññatti, avijjamānena vijjamānapaññati, vijjamānena vijjamānapaññatti, avijjamānena avijjamānapaññatti cā ti chabbidhā hoti. Tattha yadā pana paramatthato vijjamānaṃ rūpavedanādiṃ etāya paññāpenti tadā'yaṃ vijjamānapaññatti. Yadā pana paramatthato avijjamānaṃ bhūmipabbatādiṃ etāya paññāpenti, tadā'yaṃ avijjamānapaññattī ti pavuccati. Ubhinnaṃ pana vomissakavasena sesā yathākkamaṃ chaḷabhiñño, itthisaddo, cakkhuviññāṇaṃ, rājaputto ti ca veditabbā.

—

다음, 그것은 알게 하기 때문에 개념이라 불린다. 그것은 이름, 명명법 등으로 묘사된다.

그것은 여섯 가지이다: (1) 진실한 것들에 대한 (직접적인) 개념, (2) 진실하지 않은 것들에 대한 (직접적인) 개념, (3) 진실한 것에 의한 진실하지 않은 것에 대한 (직접적인) 개념, (4) 진실하지 않은 것에 의한 진실한 것에 대한 개념, (5) 진실한 것에 의한 진실한 것에 대한 개념, (6) 진실하지 않은 것에 의한 진실하지 않은 것에 대한 개념.

예를 들어, '물질'과 '느낌' 등과 같은 용어에 의해서 궁극적인 의미에서 진정으로 존재하는 것을 알게 할 때, 그것은 진실한 것에 대한 (직접적인) 개념이라 불린다.

'땅'과 '산' 등과 같은 용어에 의해서 궁극적인 의미에서 진정으로 존재하지 않은 것을 알게 할 때, 그것은 진실하지 않은 것에 대한 (직접적인) 개념이라 불린다.

나머지는 둘을 혼합함으로써, 예를 들어, '육신통을 가진 자', '여자의 목소리', '안식(眼識)', '왕의 아들'로 각각 이해되어야 한다.

§ 31 설명

◉

'알게 하는 것으로서의 개념'은 이름으로서의 개념(nāmapaññatti)과 같다. 다시 저자는 예들을 열거한다.

진실한 것들에 대한 (직접적인) 개념 물질, 느낌 등은 궁극적인 실재들이므로 그것들을 지칭하는 개념들은 진실한 것에 대한 직접적인 개념이다.

진실하지 않은 것들에 대한 (직접적인) 개념 '땅'과 '산' 등은 궁극적인 실재들이 아니라 정신적인 구성을 통해서 개념적으로 확립된 관습적인 존재들이다. 비록 이 개념들이 궁극적인 실재들에 기초해 있지만 그것들이 전달하는 의미는 그 자체의 본성(sabhāvato)에 의해서 존재하는 것들에 상응하지 않기 때문에 그것 자체는 궁극적인 실재인 사물들이 아니다.

나머지는 각각 이해되어야 한다 여기에서 '육신통을 가진 자'는 진실한 것을 통한 진실하지 않은 것에 대한 개념이다. 육신통은 궁극적으로 실재하는 것이지만 '가진 자'는 정신적인 구성물이다. '여인의 목소리'는 진실하지 않은 것에 의한 진실한 것에 대한 개념이다. 목소리는 궁극적으로 실재하지만 여인은 아니다. '안식(眼識)'은 진실한 것에 의한 진실한 것에 대한 개념이다. 눈의 감성과 그것에 의지하는 식(識)은 궁극적인 의미에서 실재하기 때문이다. '왕의 아들'은 진실하지 않은 것에 의한 진실하지 않은 것에 대한 개념이다. 왕도 아들도 궁극적으로 실재하지 않기 때문이다.

32 요약

Vacīghosānusārena sotaviññāṇavīthiyā
Pavattānantaruppannā manodvārassa gocarā
Atthā yassānusārena viññāyanti tato paraṃ
Sāyaṃ paññatti viññeyyā lokasanketanimmitā ti.

—

이식(耳識)의 인식과정을 통하여 말의 소리를 따름으로써 다음에 뒤이어 일어나는 의문(意門)에서의 인식과정에 의해 착상된 개념에 의해서, 의미들은 이해된다. 이 개념들은 세상의 관습에 의해서 만들어진 것으로 이해되어야 한다.

Iti Abhidhammatthasangahe
Paccayasangahavibhāgo nāma
aṭṭhamo paricchedo.

이와 같이 『아비담맛타 상가하』에서
조건의 개요라는 제목의
제8장이 끝난다.

제 9 장

명상주제의 개요

Kammaṭṭhānasaṅgahavibhāga

1 서시

Samathavipassanānaṃ bhāvanānam ito paraṃ
Kammaṭṭhānaṃ pavakkhāmi duvidham pi yathākkamaṃ.

—

지금부터 고요(사마타)와 통찰(위빳사나) 각각의 수행을 위해 두 가지 유형의 명상주제를 순서대로 설하리라.

§ 1 설명

◉

두 가지 유형의 명상주제 깜맛타나(kammaṭṭhāna)라는 빠알리어는 문자 그대로 '행위의 장' 또는 '작업장'을 의미한다. 이 용어는 명상의 장에서 특별한 증득을 계발하기 위한 명상주제, 즉 명상자의 작업장을 지칭한다. 불교에서는 명상의 계발에 고요와 통찰의 두 가지 접근방법이 인정된다. 이 두 가지 가운데 통찰의 계발은 독특하게 불교적인 명상의 형태이다. 이 명상 체계는 붓다의 가르침에 유일하게 존재하고 붓다에 의해서 발견되고 명확하게 설해진 진리를 직접 개인적으로 실현하도록 의도되어 있다. 고요의 계발은 불교가 아닌 명상학파에서도 발견된다. 그러나 붓다의 가르침에서 고요 명상이 설해지는 이유는 그것이 일으키는 적정과 집중이 통찰 명상 수행을 위한 확고한 기초를 제공하기 때문이다. 이 두 가지 유형의 명상 각각은 그 자체의 방법론과 명상주제의 범위를 가지고 있으며 이 장에서 설명될 것이다.

고요와 통찰 '고요'로 번역되는 사마타(samatha)라는 단어는 마음의 조용함을 의미한다. 이 단어는 '평화롭게 되다'를 의미하는 삼(sam)이라는 다른 어근에서 유래되었지만 집중(samādhi)과 거의 같은 뜻을 가진 말이다.

전문적으로 말해서, 사마타(samatha)는 여덟 가지 명상의 증득인 경 체계의 네 가지 색계 선정(jhāna, 아비담마 체계로는 다섯 가지)과 네 가지 무색계 선정에서 마음이 한곳에 집중되는 것(cittass' ekaggatā)으로 정의된다. 이 증득은 마음이 한곳에 집중되기 때문에 마음의 흔들림이나 동요가 가라앉게 되고 끝나게 되기 때문에 고요라고 불린다.[1]

'통찰'이라고 번역되는 위빳사나(vipassanā)라는 단어는 다양한 방법으로 보는 것(vividhākārato dassana)으로 설명된다. 통찰은 무상·고·무아의 세 가지 특성의 관점에서 현상을 직접 명상하여 인식하는 것이다. 이것은 현상의 본성을 알아내려는 쪽으로 향하는 통찰지(paññā)의 마음부수의 역할이다.

『아비담맛타 상가하』(*Abhidhammattha Sangaha*, 아비담마 주제 개요)의 이 장에서의 고요와 통찰 명상에 대한 설명은 『위숫디막가』(*Visuddhimagga*, 淸淨道論) 전체에 대한 요약이다. 독자가 이 주제를 보다 정교하게 다루기 원하면 『청정도론』을 참고하라.

사마타의 개요
(samathasangaha)

기본 범주

2 명상주제들

Tattha samathasangahe tāva dasa kasiṇāni, dasa asubhā, dasa anussatiyo,catasso appamaññāyo, ekā saññā,ekaṃ vavatthānaṃ, cattāro āruppā cā ti sattavidhena samathakammaṭṭhānasangaho.

—

여기, 고요(사마타)의 개요에서 먼저 고요를 계발하기 위한 명상주제의 개요는 일곱 가지이다: (1) 10가지 까시나, (2) 10가지 종류의 부정, (3) 10가지 계속해서 생각함, (4) 네 가지 무량, (5) 한 가지 인식, (6) 한 가지 분석, (7) 네 가지 무색(無色).

§ 2 설명

◉

이 일곱 가지 범주는 6-12에서 열거될 40가지 별개의 명상 주제들이다. 〔표 9.1〕을 참조하라.

3 기질들

Rāgacaritā, dosacaritā, mohacaritā, saddhācaritā, buddhicaritā, vitakkacaritā cā ti chabbidhena caritasangaho.

기질의 개요는 여섯 가지이다: (1) 탐욕의 기질, (2) 성냄의 기질, (3) 미혹의 기질, (4) 믿음 기질, (5) 지성인 기질, (6) 사색하는 기질.

§ 3 설명

◉

'기질(carita)'은 개인적인 본성, 즉 그의 자연적인 태도와 행동에 의해서 드러나는 사람의 성품이다. 사람의 기질은 그들의 과거 업의 다양성 때문에 다르다. 주석가들은 기질이 재생연결심을 생산하는 업에 의해 결정된다고 말한다.

여섯 가지 기질 가운데 탐하는 유형과 믿음의 유형은 둘 다 대상에 대한 호의적인 태도를 포함하기 때문에 유사한 쌍을 형성한다. 하나는 해롭고 다른 하나는 유익하다. 그와 마찬가지로 성냄의 기질과 지성의 기질도 유사한 쌍을 형성한다. 해로운 방식으로 성냄은 그것의 대상에서 돌아서 멀어지는 반면에 지성은 진짜 잘못을 발견하여 그렇게 한다. 미혹의 기질과 사색하는 기질도 유사함을 형성한다. 미혹된 사람은 피상성 때문에 동요하는 반면에 사색하는 사람은 용이한 추측 때문에 그렇게 하기 때문이다. 기질에 대해 더 많은 것을 원하면 『청정도론』 제3장 74-102를 참조하라.

4 수행

Parikammabhāvanā, upacārabhāvanā, appanābhāvanā cā ti tisso bhāvanā.

—

세 가지 단계의 정신적인 수행이 있다: (1) 준비수행, (2) 근접수행, (3) 몰입수행.

§ 4 설명

◉

준비수행은 명상 수행을 시작한 시간부터 다섯 가지 장애가 억압되고 닮은 표상이 나타나는 시간까지 일어난다. 근접수행은 다섯 가지 장애가 억압되고 닮은 표상이 나타날 때 일어난다. 그것은 닮은 표상이 일어나는 순간부터 선정(jhāna)에서 정점에 달하는 인식과정에서의 혈통의 변화 마음(gotrabhū, 種性)까지 계속된다. 종성(혈통의 변화)을 곧바로 뒤따르는 마음을 몰입삼매라고 부른다. 이것은 몰입수행의 시작을 나타내며 색계 선정이나 무색계 선정의 수준에서 나타난다.

5 표상

Parikammanimittaṃ, uggahanimittaṃ, paṭibhāganimmittañ cā ti tīṇi nimittāni ca veditabbāni.

—

세 가지 표상은 다음과 같이 알아야 한다: (1) 준비 표상, (2) 익힌 표상, (3) 닮은 표상.

§ 5 설명

◉

준비 표상은 준비수행 단계 동안에 사용되는 한곳 집중의 원래 대상이다. 익힌 표상은 신체적인 눈에 나타나는 대상과 동일하게 마음에 인지되는 대상의 복사판이다. 모든 결함이 없는 정신적으로 구상화된 이미지가 닮은 표상이다. 닮은 표상은 "익힌 표상을 뚫고 나오듯이 나타나며 구름에서 나온 달처럼 백 배 혹은 천 배 더 청정하다."라고 말해진다(『청정도론』 제 4장 31). 또한 다음 17을 참조하라.

40가지 명상주제
(kammaṭṭhānasamuddesa)

6 까시나(kasina)들

Kathaṃ? Paṭhavīkasiṇaṃ, āpokasiṇaṃ, tejokasiṇaṃ, vāyokasiṇaṃ, nīlakasiṇaṃ, pītakasiṇaṃ, lohitakasiṇaṃ, odātakasiṇaṃ, ākāsakasiṇaṃ, ālokakasiṇañ cā ti imāni dasa kasiṇāni nāma.

—

어떻게? 10가지 까시나가 있다: 땅 까시나, 물 까시나, 불 까시나, 바람 까시나, 푸른색 까시나, 노란색 까시나, 붉은색 까시나, 흰색 까시나, 허공 까시나, 광명 까시나.

§ 6 설명

◉

10가지 까시나 까시나(kasina)라는 단어는 '전체' 혹은 '전체성'을 뜻한다. 그것이 그렇게 불리는 이유는 닮은 표상이 제한 없이 모든 곳에서 확대되고 확장될 수 있기 때문이다.

땅 까시나 등 땅 까시나의 경우에 직경이 대략 30cm 되는 원반을 만들고 그것을 순수한 색깔의 흙으로 덮고 매끄럽게 만든다. 이것이 땅 까시나를 수행하기 위한 준비 표상의 역할을 하는 까시나 원반이다. 다음에 그 원반을 대략 1m 정도 떨어지게 놓고 눈을 반쯤 뜨고 "땅, 땅" 하며 그것을 명상하면서 그것에 집중한다.

물 까시나를 수행하기 위해서는 깨끗한 물로 가득 찬 용기를 이용해서 "물, 물" 하면서 그것을 명상한다.

불 까시나를 수행하기 위해서는 불을 붙이고 "불, 불"이라고 생각하면서 가죽 조각에 있는 구멍이나 천 조각에 있는 구멍을 통해서 그것을 본다. 바람 까시나를 수행하는 자는 창문이나 벽의 구멍을 통해서 들어오는 바람에 "바람, 바람" 하면서 집중한다.

색 까시나를 수행하기 위해서는 규정된 크기의 원반을 준비하고 그것을 푸른색, 노란색, 붉은색 또는 하얀색으로 색칠한다. 다음에 그 색의 이름을 마음으로 반복하여 그것에 집중한다. 요구되는 색의 꽃에서 대상을 준비할 수도 있다.

광명 까시나는 달이나 깜박거리지 않는 등불, 혹은 땅에 드리워진 빛의 원, 혹은 벽의 틈을 통해서 들어오거나 벽에 드리워진 햇빛이나 달빛에 집중해서 수행할 수 있다.

허공 까시나는 직경이 대략 30cm 되는 구멍을 "허공, 허공" 하면서 명상하며, 그것에 집중함으로써 수행한다. 까시나를 완전하게 다루기 위해서는 『청정도론』의 제4장과 제5장을 참조하라.

7 부정(不淨)

Uddhumātakaṃ, vinīlakaṃ, vipubbakaṃ, vicchiddakaṃ, vikkhāyitakaṃ, vikkhittakaṃ, hatavikkhittakaṃ, lohitakaṃ, puḷavakaṃ, aṭṭhikañ cā ti ime dasa asubhā nāma.

—

10가지 종류의 부정이 있다: 부푼 시체, 검푸른 시체, 문드러진 시체, 끊어진 시체, 뜯어 먹힌 시체, 조각나 흩어진 시체, 난도질당해 흩어진 시체, 피가 흐르는 시체, 벌레가 버글거리는 시체, 해골이 된 시체.

§ 7 설명

◉

10가지 종류의 부정은 다양한 썩음의 단계에 있는 시체들이다. 이 명상주제들은 감각적 욕망을 제거하기 위해서 특별히 권해진다. 『청정도론』 제6장을 참조하라.

8 따라 마음챙김[隨念]

Buddhānussati, dhammānussati, sanghānussati, sīlānussati, cāgānussati, devatānussati, upasamānussati, maraṇānussati, kāyagatāsati, ānāpānassati cā ti imā dasa anussatiyo nāma.

–

10가지 따라 마음챙김[隨念]이 있다: 붓다를 따라 마음챙김, 법을 따라 마음챙김, 승가를 따라 마음챙김, 계를 따라 마음챙김, 보시를 따라 마음챙김, 천신을 따라 마음챙김, 고요함(평화)을 따라 마음챙김, 죽음을 따라 마음챙김, 몸에 대한 마음챙김, 들숨날숨에 대한 마음챙김.

§ 8 설명

◉

붓다 등을 따라 마음챙김 처음 세 가지 따라 마음챙김은 전통적인 정형구

로 열거되는 바와 같이 불·법·승의 미덕을 따라 마음챙김함으로써 수행한다.[2]

계를 따라 마음챙김은 훼손되지 않고 파기나 흠이 없는 것으로 생각되는 계행의 특별한 자질들을 따라 마음챙김하는 수행이다.

보시를 따라 마음챙김 보시의 특성들에 대해서 마음챙김하는 것을 포함한다.

천신을 따라 마음챙김 "천신들은 그들의 믿음·계·공부·보시·지혜 때문에 매우 고양된 상태로 태어난다. 나도 역시 이와 똑같은 자질들을 가지고 있다."라고 마음챙김하는 수행이다. 이 명상주제는 그것의 대상으로, 그리고 목격자로 천신을 세워서 자기 자신의 믿음 등의 특별한 자질들에 마음챙김하기 위한 것이다.

고요함을 따라 마음챙김 열반의 고요한 속성을 명상하는 것이다.

죽음을 따라 마음챙김 자기 자신의 죽음이 절대로 확실하다는 사실과 죽음의 도래는 완전히 분명하지 않다는 사실과 죽음이 올 때 모든 것을 포기해야 한다는 사실을 명상하는 것이다.

몸에 대한 마음챙김 머리카락, 몸의 털, 손발톱, 이빨, 피부, 살, 힘줄, 뼈, 골수 등 몸의 32가지 혐오스러운 부분을 명상하는 것이다.

들숨날숨에 대한 마음챙김 숨을 들이쉬고 내쉴 때 공기가 부딪힌다고 느껴지는 곳이면 어디든지, 즉 콧구멍이나 윗입술의 근처에서 들숨과 날숨의 감각접촉에 주의를 기울이는 것이다.

10가지 따라 마음챙김에 관해서는 『청정도론』 제7장과 제8장을 참조하라.

[표 9.1] 한눈에 보는 40가지 명상주제

명상주제	기질	수행			표상			선(禪)
까시나 (10)								
땅 까시나	모두	준비	근접	본	준비	익힌	닮은	초선-제5선
불 ″	″	″	″	″	″	″	″	″
물 ″	″	″	″	″	″	″	″	″
바람 ″	″	″	″	″	″	″	″	″
푸른색 ″	성내는	″	″	″	″	″	″	″
노란색 ″	″	″	″	″	″	″	″	″
붉은색 ″	″	″	″	″	″	″	″	″
흰색 ″	″	″	″	″	″	″	″	″
허공 ″	모두	″	″	″	″	″	″	″
광명 ″	″	″	″	″	″	″	″	″
부정 (10)								
부푼 시체	탐하는	″	″	″	″	″	″	초선만
검푸른 ″	″	″	″	″	″	″	″	″
문드러진 ″	″	″	″	″	″	″	″	″
끊어진 ″	″	″	″	″	″	″	″	″
뜯어 먹힌 ″	″	″	″	″	″	″	″	″
조각나 흩어진 ″	″	″	″	″	″	″	″	″
난도질당해 흩어진 ″	″	″	″	″	″	″	″	″
피가 흐르는 ″	″	″	″	″	″	″	″	″
벌레가 버글거리는 ″	″	″	″	″	″	″	″	″
해골이 된 ″	″	″	″	″	″	″	″	″
따라 마음챙김 (10)								
붓다[佛]	믿는	″	″	…	″	″	…	없음
담마[法]	″	″	″	…	″	″	…	″
상가[僧]	″	″	″	…	″	″	…	″
계	믿는	준비	근접	…	준비	익힌	…	없음
보시	″	″	″	…	″	″	…	″
천신	″	″	″	…	″	″	…	″
고요함	지적인	″	″	…	″	″	…	″
죽음	″	″	″	…	″	″	…	″
몸	탐하는	″	″	몰입	″	″	닮은	초선
들숨날숨	미혹·사색	″	″	″	″	″	″	초선-제5선
무량 (4)					″			
자애	성내는	″	″	″	″	″	…	초선-제4선
연민	″	″	″	″	″	″	…	″
더불어 기뻐함	″	″	″	″		″	…	″
평정	″	″	″	″	″	″	…	제5선만
인식 (1)		″	″	…		″	…	없음
음식 혐오	지적인				″			
분석 (1)		″	″	…		″	…	없음
사대	지적인				″			
무색계 (4)		″	″	″	″	″	…	무색계 초선
공무변처	모두	″	″	″	″	″	…	무색계 제2선
식무변처	″	″	″	″	″	″	…	무색계 제3선
무소유처	″	″	″	″		″	…	무색계 제4선
비상비비상처	″							

9 무량

Mettā, karuṇā, muditā, upekkhā cā ti imā catasso appamaññāyo nāma, brahmavihārā ti pi pavuccanti.

—

신성한 머묾[梵住]이라고도 불리는 네 가지 무량이 있다: 자애, 연민, 더불어 기뻐함, 평정.

§ 9 설명

◉

네 가지 무량 이것들이 무량(appamañña)이라고 불리는 이유는 제한이나 방해 없이 모든 중생들에게 내뿜어질 수 있기 때문이다. 그것들이 또한 브라흐마위하라(brahmavihāra, 梵住), 즉 '신성한 머묾'이나 고귀한 상태라고 불리는 이유는 범천에 있는 천신들의 정신적인 거주처이기 때문이다.

자애(mettā, 慈) 모든 중생들의 복지와 행복을 바라는 것이다. 이것은 악의를 제거하는 데 도움이 된다.

연민(karuṇā, 悲) 다른 중생들이 고통을 받을 때 마음을 떨리게 만드는 것이다. 그것은 다른 이들의 괴로움을 제거하기를 바라는 것이며 이것은 잔인함의 반대이다.

더불어 기뻐함(muditā, 喜) 다른 이들의 성공과 번영에 대해 기뻐하는 자질이다. 그것은 축하하는 태도이고, 다른 이들의 성공에 대한 질투와 불만족을 제거하는 데 도움이 된다.

평정(upekkhā, 捨) 하나의 신성한 머묾으로서, 집착과 혐오감 없이 다른 이들을 공평하게 대우하는 마음의 상태이다. 공평한 태도가 그것의 주된 특성이고 편애와 성냄의 반대이다.

신성한 머묾에 대한 완전한 설명을 원하면 『청정도론』 제9장을 참조하라.

10 한 가지 인식

Āhāre paṭikkūlasaññā ekā saññā nāma.

—

한 가지 인식은 음식에 대해 혐오하는 인식이다.

§ 10 설명

◉

음식에 대한 혐오의 인식은 음식 구하기의 어려움, 음식을 사용하는 것에 대한 불쾌감, 소화 과정, 배설 등과 같은 음식의 혐오스러운 측면들에 대한 반조를 통해서 일어나는 인식이다. 『청정도론』 제11장 1-26을 참조하라.

11 한 가지 분석

Catudhātuvavatthānaṃ ekaṃ vavatthānaṃ nāma.

—

한 가지 분석은 사대(四大)의 분석이다.

§ 11 설명

◉

사대에 대한 분석은 몸의 고체 부분에서 드러나는 땅의 요소, 몸의 액체 부분에서 드러나는 물의 요소, 몸의 열에서 드러나는 불의 요소, 호흡과 생명 유지에 필수적인 흐름에서 드러나는 공기 요소와 같은 사대로 이 몸이 합성되어 있다고 명상하는 것을 포함한다. 『청정도론』 제11장 27-117을 참조하라.

12 무색(無色)

Ākāsānañcāyatanādayo cattāro āruppā nāmā ti sabbathā pi samathaniddese cattāḷīsa kammaṭṭhānāni bhavanti.

—

네 가지 무색은 공무변처 등이다. 그리하여 사마타의 설명에는 모두 40가지 명상주제가 있다.

§ 12 설명

◉

네 가지 무색계 선정의 대상들이 있다: (1) 공무변처, (2) 식무변처, (3) 무소유처, (4) 비상비비상처. 『청정도론』 제10장을 참조하라.

13 적합함의 분석
(sappāyabheda)

Caritāsu pana dasa asubhā kāyagatāsatisankhātā koṭṭhāsabhāvanā ca rāgacaritassa sappāyā.
Catasso appamaññāyo nīlādīni ca cattāri kasiṇāni dosacaritassa.
Ānāpānaṃ mohacaritassa vitakkacaritassa ca.
Buddhānussati ādayo cha saddhācaritassa.
Maraṇa-upasama-saññā-vavatthānāni buddhicaritassa.
Sesāni pana sabbāni pi kammaṭṭhānāni sabbesam pi sappāyāni.
Tatthā pi kasiṇesu puthulaṃ mohacaritassa, khuddakaṃ vitakka-caritass'evā ti.

Ayam ettha sappāyabhedo.

—

기질에 관하여 말하면, 10가지 부정과 몸에 대한 마음챙김, 즉 32부분에 대한 명상은 탐하는 기질에 적합하다.
네 가지 무량과 네 가지 색이 있는 까시나는 성내는 기질에 적합하다.
들숨날숨에 대한 마음챙김은 어리석은 기질과 산만한 기질에 적합하다.
여섯 가지 붓다 등을 따라 마음챙김[隨念]은 믿는 기질에 적합하고, 죽음을 따라 마음챙김·고요함[평화]을 따라 마음챙김·음식에 대해 혐오하는 인식·사대(四大)의 분석은 지적인 기질에 적합하다.
나머지 모든 명상주제는 모든 기질에 적합하다.
까시나들 중에서, 넓은 것은 어리석은 기질에 적합하고, 작은 것은 산만한 기질에 적합하다.

여기에서 이것이 적합함에 의한 분석이다.

수행의 분석
(bhāvanābheda)

14 세 단계에 따라서

Bhāvanāsu pana sabbatthā pi parikammabhāvanā labbhat'eva.
Buddhānussati ādisu aṭṭhasu saññā -vavatthānesu cā ti dasasu kamma-ṭṭhānesu upacārabhāvanā va sampajjati, natthi appanā.
Sesesu pana samatiṃsa kammaṭṭhānesu appanābhāvanā pi sampajjati.

—

준비수행 단계는 이 모든 40가지 명상주제에서 얻어질 수 있다. 10가지 명상주제에서는—붓다를 따라 마음챙김 등 여덟 가지 따라 마음챙김, 한 가지 인식, 한 가지 분석—단지 근접수행만이 얻어지고 몰입수행은 [얻어지지 않는다]. 나머지 30가지 명상주제에서는 몰입수행도 얻어진다.

§ 14 설명

◉

붓다를 따라 마음챙김으로 시작하는 10가지 명상주제에서는 마음이 다양한 자질들과 주제들에 대해서 반조하는 데 바쁘고, 이것은 한곳 집중으로 하여금 몰입을 얻기 위해 필요한 고정을 얻지 못하게 만드는 강렬한 생각의 적용(vitakka)을 포함한다.

15 자나(jhāna, 禪, 禪定)에 따라서

Tatthā pi dasa kasiṇāni ānāpānañ ca pañcakajjhānikāni. Dasa asubhā kāyagatāsati ca paṭhamajjhānikā. Mettādayo tayo catukkajjhānikā. Upekkhā pañcamajjhānikā. Iti chabbīsati rūpāvacarajjhānikāni kammaṭṭhānāni. Cattāro pana āruppā arūpajjhānikā.

Ayam ettha bhāvanābhedo.

—

여기에서 10가지 까시나와 들숨날숨에 대한 마음챙김은 다섯 가지 선정를 일으킨다. 10가지 부정과 몸에 대한 마음챙김은 (단지) 초선을 일으킨다. 자애 등 처음 세 가지 무량은 네 가지 선정을 일으킨다. 평정은 제5선(만)을 일으킨다.
그러므로 이 26가지 명상주제는 색계 선정을 일으킨다.
네 가지 무색은 무색계 선정을 일으킨다.

여기서 이것이 수행에 의한 분석이다.

§ 15 설명

◉

10가지 부정(不淨)과 몸에 대한 마음챙김은 둘 다 위딱까(vitakka, 일으킨 생각)의 실행을 요구한다. 그리하여 그것들은 위딱까가 없는 초선정보다 높은 선정들은 유도할 수 없다. 처음 세 가지 무량은 반드시 기쁜 느낌(somanassa)과 결합하여 일어나서 기쁜 느낌을 수반하는 네 가지 낮은 선정만 일으킬 수 있다. 평정의 무량은 중립적인 느낌과 결합해서 일어나고, 그리하여 평정의 느낌이 함께하는 제5선의 수준에서만 일어난다.

대상의 분석
(gocarabheda)

16 표상들

Nimittesu pana parikammanimittaṃ uggahanimittañ ca sabbatthā pi yathārahaṃ pariyāyena labbhant'eva. Paṭibhāganimittaṃ pana kasiṇ'-āsubha- koṭṭhāsa-ānāpānesv'eva labbhati. Tattha hi paṭibhāganimittam ārabbha upacārasamādhi appanāsamādhi ca pavattanti.

—

세 가지 표상 가운데 준비 표상과 익힌 표상은 일반적으로 적절하게 모든 대상에서 얻어진다. 그러나 닮은 표상은 까시나, 부정, 몸의 부분들, 들숨날숨에 대한 마음챙김에서만 얻어진다. 닮은 표상을 통해서 근접삼매와 몰입삼매가 일어난다.

17 명상에서 표상들의 나타남

Kathaṃ? Ādikammikassa hi paṭhavīmaṇḍalādisu nimittaṃ uggaṇhantassa tam ālambanaṃ parikammanimittan ti pavuccati. Sā ca bhāvanā parikammabhāvanā nāma.

—

어떻게? 초심자가 땅의 원반 등에서 표상을 취할 때 그 대상을 준비 표상이라 하고 그 수행을 준비수행이라 한다.

Yadā pana taṃ nimittaṃ cittena samuggahitaṃ hoti, cakkhunā passantass'eva manodvārassa āpātham āgataṃ tadā tam ev'ālambanaṃ uggahanimittaṃ nāma. Sā ca bhāvanā samādhiyati.

—

그 표상이 완전하게 취해져 마치 눈으로 그것을 보는 것처럼 마음의 문[意門]의 영역에 들어오면 그때 그것은 익힌 표상이라 불리고 그 수행은 삼매에 든다.

Tathāsamāhitassa pan'etassa tato paraṃ tasmiṃ uggahanimitte parikammasamādhinā bhāvanam anuyuñjantassa yadā tappaṭibhāgaṃ vatthudhammavimuccitaṃ paññattisankhātaṃ bhāvanāmayam ālambanaṃ citte sannisinnaṃ samappitaṃ hoti, tadā taṃ paṭibhāganimittaṃ samuppannan ti pavuccati.

—

이와 같이 삼매에 들 때, 그 다음에 그는 그 익힌 표상에서 준비삼매를 통해 수행에 전념한다. 그렇게 할 때 본래 대상의 결점을 벗었고, 익힌 표상과 닮았고, 개념이라 부르는 수행에서 생긴 대상이 마음에 잘 확립되고 고정된다. 그때 닮은 표상이 일어났다고 한다.

18 선정의 증득

Tato paṭṭhāya paripanthavippahīnā kāmāvacarasamādhisankhātā upacārabhāvanā nipphannā nāma hoti. Tato paraṃ tam eva paṭibhāganimittaṃ upacārasamādhinā samāsevantassa rūpāvacara-paṭhamajjhānam appeti.

—

그 후에 [다섯 가지] 장애를 버린 욕계 삼매로 구성된 근접수행이 성취된다. 그 후에 근접삼매를 통해 닮은 표상을 계속해서 반복할 때 색계 초선에 든다.

Tato paraṃ tam eva paṭhamajjhānaṃ āvajjanaṃ, samāpajjanaṃ, adhiṭṭhānaṃ, vuṭṭhānaṃ, paccavekkhaṇā cā ti imāhi pañcahi vasitāhi vasībhūtaṃ katvā vitakkādikam oḷārikangaṃ pahānāya vicārādisukhumang'uppattiyā padahato yathākkamaṃ dutiyajjhānādayo yathāraham appenti.

—

그 후에 전향, 증득[入定], 결의[留定], 출정, 반조의 다섯 가지 자유자재를 통해 그 초선에 대해 자유자재를 얻는다. 그 다음에 일으킨 생각 등 연속적인 거친 요소들을 버리고 지속적인 고찰 등 미세한 요소를 일으키기 위해 노력하면서 자신의 능력에 따라 순서대로 제2선 등에 든다.

Icc'evaṃ paṭhavīkasiṇādīsu dvāvīsatikammaṭṭhānesu paṭibhāganimittam upalabbhati. Avasesesu pana appamaññā sattapaññattiyaṃ pavattanti.

이와 같이 땅 까시나 등 22가지 명상주제에서 닮은 표상이 발견된다. 나머지 [18가지] 명상주제 가운데서 무량은 (그것들의 대상으로) 중생이라는 개념을 대상으로 일어난다.

§ 18 설명

◉

다섯 가지 자유자재 이 가운데서 전향의 자유자재(āvajjanavasitā)는 자신이 원하는 것에 따라 빠르고 쉽게 위딱까(vitakka, 일으킨 생각), 위짜라(vicāra, 지속적 고찰) 등과 같은 다양한 선정의 요소들에 전향할 수 있는 능력이다. 증득의 자유자재(samāpajjanavasitā)는 그것들의 증득 과정에서 많은 바왕가가 일어나지 않고 다양한 선정들을 빠르고 쉽게 얻을 수 있는 능력이다. 결심의 자유자재(adhiṭṭhānavasitā)는 수행자의 이전 결심에 의해서 결정된 기간 동안 선정에 머물 수 있는 있는 능력이다. 출정의 자유자재(vuṭṭhānavasitā)는 선정에서 빠르고 쉽게 나올 수 있는 능력이다. 그리고 반조의 자유자재(paccavekkhaṇāvasitā)는 방금 나온 선정을 반조할 수 있는 능력이다. 이 다섯 가지 자유자재 이외에도 전 우주를 에워싸는 것처럼 나타날 때까지 구상화된 닮은 표상의 크기를 점차적으로 크게 함으로써 그것을 확장시키는 능력을 계발하도록 수행자는 격려 받는다.

19 무색의 증득

Ākāsavajjitakasiṇesu pana yaṃ kiñci kasiṇaṃ ugghāṭetvā laddham ākāsaṃ anantavasena parikammaṃ karontassa paṭhamāruppam appeti.

Tam eva paṭhamāruppaviññāṇaṃ anantavasena parikammaṃ karontassa dutiyāruppam appeti. Tam eva paṭhamāruppaviññāṇābhāvaṃ pana natthi kiñcī ti parikammaṃ karontassa tatiyāruppam appeti. Tatiyāruppaṃ santam etaṃ paṇītam etan ti parikammaṃ karontassa catutthāruppam appeti.

—

다음에 허공의 까시나를 제외하고 어떤 까시나든지 거두어들이고, 남아 있는 허공을 무한하다고 명상하여 준비한다. 그렇게 하여 첫 번째 무색의 증득(몰입삼매)에 든다. 첫 번째 무색의 식(識)을 무한하다고 명상하여 준비할 때, 두 번째 무색의 증득에 든다. 그 첫 번째 무색의 식(識)의 부재에 대해 '아무것도 없다'고 명상하여 준비할 때, 세 번째 무색의 증득에 든다. 세 번째 무색의 증득에 대해 '이것은 고요하고, 이것은 수승하다'고 명상하여 준비할 때, 네 번째 무색의 증득에 든다.

20 다른 명상주제들

Avasesesu ca dasasu kammaṭhānesu buddhaguṇādikam ālambanam ārabbha parikammaṃ katvā tasmiṃ nimitte sādhukam uggahite tatth' eva parikammañ ca samādhiyati, upacāro ca sampajjati.

—

나머지 10가지 명상주제와 더불어, 붓다의 덕 등을 대상으로 취하여 준비하고 그 표상을 완전하게 취할 때, 거기서 준비수행을 통해 삼매에 이르고 근접삼매 또한 성취한다.

21 직접적인 지혜[神通智]

Abhiññāvasena pavattamānaṃ pana rūpāvacarapañcamajjhānaṃ abhiññāpādakā pañcamajjhānā vuṭṭhahitvā adhiṭṭheyyādikam āvajjetvā parikammaṃ karontassa rūpādisu ālambanesu yathāraham appeti.

Abhiññā ca nāma:

Iddhividhaṃ dibbasotaṃ paracittavijānanā

Pubbenivāsānussati dibbacakkhū ti pañcadhā.

Ayam ettha gocarabhedo.

Niṭṭhito ca samathakammaṭṭhānanayo.

—

직접적인 지혜의 토대가 되는 제5선으로부터 출정하여, 결심 등으로 전향한 뒤 준비할 때, 눈에 보이는 형상 등과 같은 그런 대상에 대해 적절하게 직접적인 지혜로써 일어나는 색계 제5선에 든다.

직접적인 지혜는 다섯 가지이다: 비범한 능력[神足通], 신성한 귀[天耳通], 다른 사람의 마음을 아는 것[他心通], 과거 삶에 관한 기억[宿命通], 신성한 눈[天眼通].

여기서 이것이 대상의 분석이다.

사마타의 명상주제의 방법을 마쳤다.

§ 21 설명

◉

제5선으로부터 출정하여 등 『위숫디막가』(*Visuddhimagga*, 清淨道論)는 직접적인 지혜를 행사하기 위한 절차를 다음과 같이 설명한다: "(예비단계를 성취한 후에) 수행자는 직접적인 지혜의 기초가 되는 선정을 얻고 거기에서 출정한다. 다음에 만약 그가 100개가 되기를 원하면 '100개가 되자'와 같이 예비적인 일을 한다. 그 후에 그는 직접적인 지혜의 기초가 되는 선정에 들었다가 나와서 결심한다. 그는 그 결심하는 마음과 동시에 100개가 된다."(제12장 57).

직접적인 지혜[신통지]는 다섯 가지이다

(1) 비범한 능력[神足通]은 자기 몸의 많은 형태들을 보여주는 능력, 마음대로 나타나고 사라지는 능력, 방해받지 않고 벽을 통과할 수 있는 능력, 땅속으로 들어가고 땅속에서 나올 수 있는 능력, 물 위에서 걸을 수 있는 능력, 허공에서 움직일 수 있는 능력, 태양과 달을 만지고 쓰다듬을 수 있는 능력, 육신을 지니고 범천의 세계까지 자유자재로 갈 수 있는 능력을 포함한다.

(2) 신성한 귀[天耳通]는 멀고 가까운 미묘하고 거친 소리를 듣도록 한다.

(3) 다른 사람의 마음을 아는 것[他心通]은 다른 사람의 생각을 읽고 그들의 마음 상태를 직접 알 수 있는 능력이다.

(4) 과거 삶에 대한 기억[宿命通]은 자기의 과거 태어남을 알고 그 태어남에 대한 다양한 세부사항을 발견할 수 있는 능력이다.

(5) 신성한 눈[天眼通]은 멀든지 가깝든지 간에 천상이나 지상의 사건들을 볼 수 있게 해주는 천리안의 능력이다. 천안통에 포함되는 것은 중생들의 죽음과 재생에 대한 지혜(cutūpapātañāṇa), 즉 중생들이 그들의 업에 따라 어떻게 죽고 재생하는가에 대한 직접적인 인식이다.

이런 종류의 직접적인 지혜는 모두 세간적이고 제5선의 자유자재에 의존한다. 본문에서는 또한 여섯 번째 직접적인 지혜를 말한다. 이것은 번뇌 파괴의 지혜(āsavakkhayañāṇa, 漏盡知)이고, 이것은 출세간이며 통찰을 통해서 일어난다.

위빳사나의 개요
(vipassanāsangaha)

기본 범주

22 청정의 단계

Vipassanākammaṭṭhāne pana sīlavisuddhi, cittavisuddhi, diṭṭhivisuddhi, kankhāvitaraṇavisuddhi, maggāmaggañāṇadassanavisuddhi, paṭipadāñāṇadassanavisuddhi, ñāṇadassanavisuddhi cā ti sattavidhena visuddhisangaho.

–

통찰에서 청정의 개요는 일곱 가지이다: (1) 계(戒) 청정, (2) 심(心) 청정, (3) 견(見) 청정, (4) 의심을 극복함에 의한 청정, (5) 도와 도 아님에 대한 지견(知見) 청정, (6) 도 닦음에 대한 지견 청정, (7) 지견 청정.

§ 22 설명

◉

이 일곱 단계의 청정 각각은 뒤따르는 것을 위한 의지물이 되어 차례대로 얻어질 수 있다. 첫 번째 청정은 도의 계(戒) 측면에, 두 번째는 삼매[定]의 측면에, 마지막 다섯 가지는 지혜[慧]의 측면에 상응한다. 처음의 여섯 가지 단계는 세간적이고, 마지막은 출세간의 도이다. 〔표 9.2〕 참조.

[표 9.2] 일곱 가지 청정의 단계들

청정		수행	
I.	계 [청정]	네 가지 청정한 계	
II.	심 [청정]	근접삼매와 몰입삼매	
III.	견 [청정]	정신과 물질의 특성 등을 이해하는 것	
IV.	의심을 극복함에 의한 [청정]	정신과 물질의 조건을 식별하는 것	
V.	도와 도 아님에 대한 지견 [청정]	1. 2.	명상의 지혜 생멸의 지혜(약한 단계) 명상의 그릇된 길과 바른 길을 구별하는 것
VI.	도 닦음에 대한 지견 [청정]	2. 3. 4. 5. 6. 7. 8. 9. 10.	생멸의 지혜(성숙한 단계) 무너짐의 지혜 공포의 지혜 위험의 지혜 역겨움의 지혜 해탈하기를 바라는 지혜 깊이 숙고하는 지혜 형성들에 대한 평정의 지혜 수순의 지혜
	VI과 VII 사이	11.	종성(種性, 혈통의 변화)
VII.	지견 [청정]	네 가지 도에 대한 지혜	

• 통찰 지혜들은 아라비아 숫자를 사용하여 오른쪽에 열거되어 있다.

23 세 가지 특성[三法印]

Aniccalakkhaṇaṃ, dukkhalakkhaṇaṃ, anattalakkhaṇañ cā ti tīṇi lakkhaṇāni.

—

세 가지 특성 있다: 무상의 특성, 괴로움의 특성, 무아의 특성.

§ 23 설명

◉

무상의 특성 일어나고 소멸하고 변하는 방식, 즉 존재한 후에 비존재에 이르는 것이다.
괴로움의 특성 일어남과 소멸함에 의해 계속해서 압박받는 방식이다.
무아의 특성 자유자재를 행사할 수 없는 방식, 즉 정신과 물질의 현상들에 대해 완전한 통제력을 행사할 수 없다는 사실이다.

24 세 가지 관찰

Aniccānupassanā, dukkhānupassanā, anattānupassanā cā ti tissoanupassanā.

—

세 가지 관찰이 있다: 무상의 관찰, 괴로움의 관찰, 무아의 관찰.

25 10가지 통찰 지혜

(1) Sammasanañāṇaṃ, (2) udayabbayañāṇaṃ, (3) bhangañāṇaṃ, (4) bhayañāṇaṃ, (5) ādīnavañāṇaṃ, (6) nibbidāñāṇaṃ, (7) muñcitukamyatāñāṇaṃ, (8) paṭisankhāñāṇaṃ, (9) sankhār'upekkhāñāṇaṃ, (10) anulomañāṇañ cā ti dasa vipassanāñāṇani.

—

10가지 종류의 통찰 지혜가 있다: (1) 명상의 지혜, (2) 생멸의 지혜, (3) 무너짐의 지혜, (4) 공포의 지혜, (5) 위험의 지혜, (6) 역겨움의 지혜, (7) 해탈하기를 원하는 지혜, (8) 깊이 숙고하는 지혜, (9) 형성들에 대한 평정의 지혜, (10) 수순의 지혜.

26 세 가지 해탈

Suññato vimokkho, animitto vimokkho, appaṇihito vimokkho cā ti tayo vimokkhā.

—

세 가지 해탈이 있다: 공한[空] 해탈, 표상이 없는[無相] 해탈, 원함이 없는[無願] 해탈.

27 세 가지 해탈의 관문

Suññatānupassanā, animittānupassanā, appaṇihitānupassanā cā ti tīṇi vimokkhamukhāni ca veditabbāni.

—

세 가지 해탈의 관문이 있다: 공의 관찰, 표상 없음의 관찰, 원함 없음의 관찰.

§ 26-27 설명

◉

이 범주들은 다음 과정에서 설명될 것이다.

청정의 분석
(visuddhibheda)

28 계 청정

Kathaṃ? Pātimokkhasaṃvarasīlaṃ, indriyasaṃvarasīlaṃ, ājīvapārisuddhisīlaṃ, paccayasannissitasīlañ cā ti catupārisuddhisīlaṃ sīlavisuddhi nāma.

계 청정은 네 가지 종류의 청정한 계로 구성된다:

(1) 빠띠목카(pātimokkha, 戒目)의 단속에 관한 계
(2) 감각기능의 단속에 관한 계
(3) 생계의 청정에 관한 계
(4) 필수품에 관한 계

§ 28 설명

◉

이 네 가지 청정한 계는 비구 스님의 삶에 연관하여 설명된다.

계목의 단속에 관한 계 빠띠목카(pātimokkha)는 스님을 단속하는 근본적인 계율의 목록이다. 이 목록은 중요성의 다양한 정도에 따라 227가지 규율로 구성되어 있다. 계목에 제정되어 있는 규칙을 완전하게 준수하는 것이 계목의 단속에 관한 계이다.

감각기능의 단속에 관한 계 감각 대상을 마주할 때 마음챙김을 하여 마음이 즐거운 대상에 대해 끌림의 동요를 일으키지 않도록 하고 즐겁지 않은

대상에 대해 혐오감의 동요를 일으키지 않도록 하는 것이다.

생계의 청정에 관한 계 비구가 생필품을 얻는 방법을 다룬다. 비구는 청정함과 정직함에 헌신한 스님에 어울리지 않는 방법으로 그의 생필품을 얻어서는 안 된다.

필수품에 관한 계 비구가 적절한 목적을 반조한 후에 의복, 탁발음식, 거처, (환자를 치료할) 약품의 네 가지 필수품을 사용해야 하는 것을 뜻한다.

29 심 청정

Upacārasamādhi, appanāsamādhi cā ti duvidho pi samādhi cittavisuddhi nāma.

—

심 청정은 두 가지 종류의 삼매로 구성된다: 근접삼매와 몰입삼매.

§ 29 설명

◉

빠알리 불교 전통은 두 가지 통찰 수행의 접근방법을 인정한다. 사마타의 길(samathayāna)로 불리는 하나의 접근방법은 위빳사나를 수행하기 위한 기초로 사마타 명상을 근접삼매나 몰입삼매의 수준까지 먼저 수행하는 것을 포함한다. 이 방법을 채택하는 자인 사마타야니까(samathayānika) 명상 수행자는 먼저 근접삼매나 색계 혹은 무색계 선정들 가운데 하나를 얻는다. 그 다음에 그는 선정에서 일어나는 정신적인 현상들과 육체적인 현상들을 정신·물질로 정의하고 그것들의 조건을 찾음으로써(30-31 참조) 통찰 수행으로 돌아간다. 그 후에 그는 세 가지 특성의 관점에서 이 요소들을 명상한다(32 참조). 이 명상 수행자에게 근접삼매나 몰입삼매를 그가 미리 증득하는 것이 마음의 청정으로 여겨진다.

순수 위빳사나의 길(suddhavipassanāyāna)이라고 불리는 다른 접근 방법은 위빳사나를 수행하기 위한 기반으로 사마타 수행을 이용하지 않는다. 대신에 그 명상 수행자는 그의 계를 청정하게 한 후에, 그 자신의 경험 속에 나타나는 정신적인 과정과 물질적인 과정의 변화에 대한 마음챙김 관찰로 직접 들어간다. 이 관찰이 힘과 정확성을 얻게 될 때, 마음은 근접삼매에 필적하는 정도의 삼매로 항상 변하는 경험의 흐름에 자연스럽게 집중된다. 이와 같이 그들의 현재 순간 물질적인 과정과 정신적인 과정에 마음이 매순간 고정되는 것은 순간삼매(khaṇikasamādhi)로 알려져 있다. 그것은 근접삼매와 동등한 정도의 정신적인 안정을 포함하기 때문에, 이 순간삼매는 순수 위빳사나의 길을 채택한 명상 수행자인 위빳사나야니까(vipassanāyānika) 명상 수행자에게는 마음의 청정으로 여겨진다. 그런 명상 수행자는 '선정의 습기' 없이 위빳사나를 수행하기 때문에 '순수 위빳사나 수행자(sukkhavipassaka)'라고 불린다.[4]

30 견 청정

Lakkhaṇa-rasa-paccupaṭṭhāna-padaṭṭhāna-vasena nāmarūpapariggaho diṭṭhivisuddhi nāma.

—

견 청정은 그것들의 특징, 역할, 나타남, 가까운 원인에 대해서 정신과 물질을 파악하는 것이다.

§ 30 설명

◉

견 청정이라고 불리는 이유는 그것이 영원한 자아라는 잘못된 견해를 정화시키는 데 도움이 되기 때문이다. 이 청정은 정신·물질의 요소들 안이나 배후에 어떤 통제력을 갖고 있는 자아가 없이 상호 의존하여 일어나는 정신과 물질의 요소들로 인격을 식별함으로써 명상하는 도중에 도달되는 청정이다. 이 단계는 또한 정신·물질의 분석적인 지혜(nāmarūpavavatthānañāṇa)라고 불리는데, 그 이유는 정신적인 현상들과 물질적인 현상들이 그것들의 특성 등에 의해서 구별되기 때문이다.

31 의심을 극복함에 의한 청정

Tesam eva ca nāmarūpānaṃ paccayapariggaho kankhāvitaraṇavisuddhi nāma.

—

의심을 극복함에 의한 청정은 그 동일한 정신과 물질들의 조건을 파악하는 것이다.

§ 31 설명

◉

의심을 극복함에 의한 청정이라고 불리는 이유는 그것이 과거·현재·미래의 삼세 동안에 정신·물질의 조건에 대한 의심을 제거하는 지혜를 계발하기 때문이다. 그것은 명상하는 과정 동안에 현재의 정신·물질 복합체는 우연이나 창조주 신이나 최초의 영혼과 같은 가정적인 원인에서 존재하게 되는 것이 아니라, 이전의 무명·갈애·취착·업에 의해서 존재하게 되었다는 것을 이해하기 위해서 (조건에) 의지하여 일어남[緣起]의 지혜를 적용함으로써 성취된다. 수행자는 다음에 이 같은 원리를 과거와 미래에도 적용시킨다. 이 단계는 조건을 파악하는 지혜(paccayapariggahañāṇa)라고도 불린다.

32 도와 도 아님에 대한 지견 청정

Tato paraṃ pana tathāpariggahitesu sappaccayesu tebhūmakasankhāresu atītādibhedabhinnesu khandhādinayam ārabbha kalāpavasena sankhipitvā aniccaṃ khayaṭṭhena, dukkhaṃ bhayaṭṭhena, anattā asārakaṭṭhenā ti addhānavasena santativasena khaṇavasena vā sammasanañāṇena lakkhaṇattayaṃ sammasantassa tesv'eva paccayavasena khaṇavasena ca udayabbayañāṇena udayabbayaṃ samanupassantassa ca.

—

수행자가 그렇게 삼계의 형성들[行]을 조건과 함께 파악했을 때 과거 (현재, 미래)로 나누어지는 무더기[蘊] 등을 통해 그것들을 무리별로 모은다. 그는 다음에 기간·연속성·순간에 의해서 파괴라는 의미의 무상, 두려움이라는 의미의 고통, 핵 없음이라는 의미의 무아의 세 가지 특성의 관점에서 형성들을 명상한다. 다음에 그는 조건을 통해, 그리고 순간을 통해 (그 형성들의) 생멸을 생멸의 지혜로 명상한다.

Obhāso pīti passaddhi adhimokkho ca paggaho

Sukhaṃ ñāṇam upaṭṭhānam upekkhā ca nikanti cā ti.
Obhāsādi -vipassan'upakkilesa paripanthapariggahavasenamaggāmag ga-lakkhaṇavavatthānaṃ maggāmaggañāṇadassana-visuddhi nāma.

—

그렇게 할 때, 광명, 희열, 편안, 결의, 분발, 행복, 지혜, 마음챙김의 확립, 평온, 집착이 일어난다.
광명 등 위빳사나의 불완전함의 경계들을 장애라고 파악함으로써 도와 도 아님의 특징을 정의하는 것을 도와 도 아님에 대한 지견 청정이라 한다.

§ 32 설명

◉

그것들을 무리별로 모은다 이것은 정신적인 현상들과 물질적인 현상들이 세 가지 특성의 관점에서 탐구되는 위빳사나의 수행 단계인 명상의 지혜(sammasanañāṇa)를 준비하는 것을 보여준다. 명상 수행자는 먼저 모든 물질을 그것이 과거의 것이든 미래의 것이든 현재의 것이든, 안의 것이든 밖의 것이든, 거친 것이든 미세한 것이든, 저열한 것이든 수승한 것이든, 먼 것이든 가까운 것이든 물질의 무더기로 구성되어 있다고 간주한다. 같은 방법으로 그는 모든 느낌들, 인식들, 정신적인 형성들, 마음의 작용들을 느낌의 무더기, 인식의 무더기, 형성들의 무더기, 마음의 무더기 각각에 의해서 구성되는 것으로 간주한다.
그는 다음에 명상의 지혜로 이해한다 이것은 세 가지 특성을 다섯 가지 무리로 모아진 형성들에 실제로 귀속시키는 것을 보여준다. 이 모든 형성들은 그것들이 일어나는 바로 그곳에서 파괴를 겪고 그것들의 동일성을 유지하고 있는 어떤 다른 법으로 옮겨갈 수 없기 때문에 '파괴라는 의미에서(khayaṭṭhena) 무상'의 특징이 있고, 무상한 것은 무엇이든지 어떤 안정도 제공하지 못해서 두렵기 때문에 '두려움의 의미에서(bhayaṭṭhena) 괴로움'이며, 그것들은 자아나 실체의 핵이나 어떤 내적인 통제자를 갖고 있지 않기 때문에 '핵 없음의 의미에서(asārakaṭṭhena) 무아'이다.

기간·연속성·순간에 의해서 '기간에 의해서(addhāna)'는 연장된 기간의 견지에서라는 뜻이다. 수행자는 각각의 한 삶에서 형성된 것들을 무상하고 괴로움이며 무아라고 보는 것으로 시작하여 다음에 점차적으로 기간을 줄인다. 즉 한 삶의 세 단계까지, 10년 단위까지, 년까지, 달까지, 보름까지, 날까지, 시간 등까지 심지어 단 한 단계에서 형성된 것들이 무상하고 괴롭고 무아라고 인정할 때까지 기간을 줄인다. (『청정도론』 제20장 46-65 참조) '연속성에 의해서(santati)'는 연속적인 일련의 비슷한 정신적 현상들과 물질적인 현상들에 의해서라는 뜻이다. '순간에 의해서(khaṇa)'는 순간적인 정신적 현상들과 물질적인 현상들에 의해서라는 뜻이다.

생멸의 지혜(udayabbayañāṇa) 형성된 것들의 생멸을 명상할 때의 지혜이다. '일어남'은 법들의 생김, 생성, 일어남을 의미하고, '사라짐'은 그것의 변화, 파괴, 부서짐을 의미한다. 생멸의 지혜는 수행자가 조건을 통하여 형성된 것들이 어떻게 일어나는지, 그것들의 조건이 소멸을 통해서 어떻게 멸하는지를 볼 때, '조건에 의해서(paccayavasena)' 수행된다. 그것은 형성된 것들이 일어나고 사라지는 현재의 순간에 순간적인 현상의 실제적인 일어남과 멸함을 명상할 때 '순간에 의해서(khaṇavasena)' 수행된다. (『청정도론』 제20장 93-99 참조)

그렇게 할 때 생멸의 지혜는 두 단계로 일어난다. '약한' 생멸의 지혜인 첫 번째 단계 동안에, 명상의 과정이 탄력을 받을 때, 10가지 '위빳사나의 불완전함의 경계들(vipassan'upakkilesā)'이 명상 수행자에게 나타난다. 그는 그의 몸에서 발현하는 광명(obhāsa)을 볼 수도 있다. 그는 전례 없었던 희열(pīti), 편안(passaddhi), 행복(sukha)을 경험한다. 그의 결심(adhimokkha)

은 증가하고, 대단히 분발(paggaha)하고, 그의 지혜(ñāṇa)는 성숙하고, 그의 마음챙김의 확립(upaṭṭhāna)은 안정되고, 흔들리지 않는 평정(upekkhā)을 계발한다. 그리고 이 경험들 저변에 미세한 집착(nikanti), 즉 이 경험들을 즐기고 그것들에 집착하는 것이 있다.

도 등의 특성들의 분별 그런 고양된 경험들이 명상 수행자에게 나타날 때, 만약 그가 분별이 없으면 그는 출세간의 도와 과에 도달했다는 잘못된 생각을 일으킬 것이다. 그 다음 그는 그런 것들에 집착하고 있다는 사실을 모르고 위빳사나 명상을 그만두고 이 경험을 즐기고 앉아 있을 것이다. 그러나 만약 그가 분별을 가지고 있다면, 그는 이 상태들을 익어가는 위빳사나의 자연스런 부산물로 여기게 될 것이다. 그는 그것들은 무상하고 괴롭고 무아인 것으로 명상할 것이고 그것들에 집착하지 않고 위빳사나 명상을 계속할 것이다. 그 10가지 불완전함의 경계를 도가 아닌 것으로, 그리고 통찰 수행을 올바른 도로 이와 같이 분별하는 것이 도와 도 아님에 대한 지견 청정이라 불린다.

33 도 닦음에 대한 지견 청정

Tathā paripanthavimuttassa pana tassa udayabbayañāṇato paṭṭhāya yāvānulomā tilakkhaṇaṃ vipassanāparamparāya paṭipajjantassa nava vipassanāñāṇāni paṭipadāñāṇadassanavisuddhi nāma.

—

그리하여 그가 장애들로부터 벗어나 진보할 때, 그가 수행해 나가면서 생멸의 지혜로부터 시작하여 수순에서 정점에 이르러 세 가지 특성에 대한 연속적인 통찰을 통과한다. 이 아홉 가지 통찰 지혜를 도 닦음에 대한 지견 청정이라 부른다.

§ 33 설명

◉

이 아홉 가지 통찰 지혜 도 닦음에 대한 지견 청정을 구성하는 아홉 가지 통찰 지혜는 다음과 같다(25 참조).

(1) **생멸의 지혜**(udayabbayañāṇa) 이것은 위빳사나의 불완전함의 경계들에 선행했던 것과 같은 지혜이지만, 그 불완전함이 극복되었을 때 그것은 이제 더 강하고 명료하게 성숙해지고 발전한다.

(2) **무너짐의 지혜**(bhangañāṇa) 명상 수행자의 지혜가 날카로워지면 그는 더 이상 그의 마음챙김을 형성들의 일어남이나 머묾으로 가져가지 않고, 형성들의 소멸, 파괴, 사라짐, 부서짐과 관련되도록 마음챙김한다. 이것이 무너짐의 지혜이다.

(3) **공포의 지혜**(bhayañāṇa) 명상 수행자가 삼세에서의 형성들의 무너짐을 명상할 때, 그는 존재의 모든 영역에서의 그런 모든 무너지는 것들이 반드시 공포스러운 것이라고 인정한다.

(4) **위험의 지혜**(ādīnavañāṇa) 모든 형성들은 공포스럽다는 것을 인정함으로써 명상 수행자는 그것들이 어떤 핵이나 어떤 만족도 없다고 보고 단지 위험으로만 본다. 그는 또한 조건 지어지지 않고 일어남과 파괴가 없는 곳에서만 안전이 있다고 이해한다.

(5) **역겨움의 지혜**(nibbidāñāṇa) 그가 모든 형성들을 위험으로 볼 때, 그는 그것들을 역겨워하게 되고 존재의 영역에 속한 형성들의 장에서 어떤 즐거움도 취하지 않는다.

(6) **해탈하기를 바라는 지혜**(muñcitukamyatāñāṇa) 명상의 과정에서 일어나는 것이며 형성들의 전체 장에서 해탈하고 그것에서 탈출하기를

원하는 것이다.

(7) 깊이 숙고하는 지혜(paṭisankhāñāṇa) 형성들의 전체 장에서 해탈하기 위해서, 명상 수행자는 다시 동일한 형성들을 재검토하고 다양한 방법으로 세 가지 특성이 그 형성들에 있다고 간주한다. 그가 그 형성된 것들을 세 가지 특성에 의해서 반조할 때, 이것을 깊이 숙고하는 지혜라고 한다.

(8) 형성된 것들에 대한 평정의 지혜(sankhār'upekkhāñāṇa) 깊이 숙고하는 지혜를 통과한 후에, 그 명상 수행자는 형성들에서 '나'와 '나의 것'으로 볼 수 있는 것이 아무것도 없다고 안다. 그래서 그는 공포와 기쁨을 버리고 모든 형성들에 대해서 무관심하고 중립적이 된다. 그리하여 그에게 형성들에 대한 평정의 지혜가 일어난다.

(9) 수순의 지혜(anulomañāṇa) ('적응'이라고도 표현할 수 있는) 이 지혜는 (다음에 다루게 될) 출세간 도의 인식과정에 나오는 종성(혈통의 변화)의 마음에 선행하여 일어나는 욕계의 마음에 있는 지혜이다. 이 단계의 통찰이 수순이라고 불리는 이유는 그것이 이전의 여덟 가지 통찰 지혜와 뒤따르게 될 도의 증득에서의 진리의 작용에 수순하기 때문이다.

34 지견 청정

Tass' evaṃ paṭipajjantassa pana vipassanāparipākam āgamma idāni appanā uppajjissatī ti bhavangaṃ vocchinditvā uppanna-manodvārāvajjanānantaraṃ dve tīṇī vipassanācittāni yaṃ kiñci aniccādilakkhaṇam ārabbha parikamm'-opacār'-ānulomanāmena pavattanti. Yā sikhāppattā sā sānulomasankhārupekkhā vuṭṭhāna-gāminīvipassanā ti ca pavuccati.

—

그리하여 그가 명상을 할 때, 통찰의 성숙으로, 그는 '이제 (도의) 몰입삼매가 일어날 것이다.'라고 느낀다. 그 순간에, 생명연속심(바왕가)을 끊고, 의문전향이 일어나고, 그것들의 대상으로 무상 등과 같은 특성들 가운데 하나를 가지고 두 가지 혹은 세 가지 (순간의) 통찰의 마음이 뒤따른다. 그들은 준비, 근접, 수순이라고 일컬어진다. 진리에 수순하는 지혜와 함께 형성들에 대한 평정의 지혜가 완성되었을 때 '벗어남으로 인도하는 통찰'이라고 불린다.

Tato paraṃ gotrabhūcittaṃ nibbānam ālambitvā puthujjanagottam abhibhavantaṃ ariyagottam abhisambhontañ ca pavattati. Tass' ānantaram eva maggo dukkhasaccaṃ parijānanto samudayasaccaṃ pajahanto nirodhasaccaṃ sacchikaronto maggasaccaṃ bhāvanāvasena appanāvīthim otarati. Tato paraṃ dve tīṇi phalacittāni pavattitvā nirujjhanti. Tato paraṃ bhavangapāto va hoti.

—

그 다음에 열반을 대상으로 종성(혈통의 변화)의 마음이 일어난다. 이것은 범부의 혈통을 벗고 성자의 혈통을 발전시킨다. 그 바로 다음에 (예류)도가 괴로움의 진리를 완전히 이해하고, 그것의 일어남의 진리를 버리고, 그것의 소멸의 진리를 깨닫고, 그것의 소멸에 이르는 도의 진리를 닦아서 (출세간) 몰입삼매 인식과정에 든다. 그 다음에 두 가지 혹은 세 가지 과의 마음순간이 일어났다가 멸한다. 그 다음에 생명연속심으로 들어간다.

Puna bhavangaṃ vocchinditvā paccavekkhaṇañāṇāni pavattanti.

Maggaṃ phalañ ca nibbānaṃ paccavekkhati paṇḍito

Hīne kilese sese ca paccavekkhati vā na vā.
Chabbisuddhikkamen'evaṃ bhāvetabbo catubbidho
Ñāṇadassanavisuddhi nāma maggo pavuccati.

Ayam ettha visuddhibhedo.

—

그 다음에 생명연속심을 끊고 반조의 지혜가 일어난다.
지자는 도·과·열반을 반조하고 버린 오염원들과 남아 있는 오염원들을 반조하기도 하고 혹은 반조하지 않기도 한다.
그리하여 여섯 가지 청정에 의해 차례대로 계발되어야 하는 네 가지 도는 지견 청정이라고 불린다.

여기서 이것이 청정의 분석이다.

§ 34 설명

◉

의문전향이 일어난다 도의 인식과정에 대해서는 제4장 14를 참조하라. 통찰 마음의 세 가지 순간이 보통의 기능을 가진 사람에게 일어나고 비범하게 예리한 기능들을 가진 사람에게는 (준비의 순간을 빼고) 두 가지 순간이 일어난다.
벗어남으로 인도하는 통찰(vuṭṭhānagāminīvipassanā) 이것은 출세간의 도의 일어남에 선행하는 위빳사나의 최고 단계이다. 그 도가 벗어남이라고 불리는 이유는 객관적으로는 그것이 형성된 것들로부터 벗어나서 열반을 대상으로 삼기 때문이며, 주관적으로는 그것이 오염원들로부터 벗어나기 때문이다.

혈통의 변화 마음(gotrabhūcitta, 種性) 이 마음은 열반으로의 첫 번째 전향이고 출세간 도의 가까운 조건이다. 그것이 혈통의 변화라고 불리는 이유는 그것이 범부의 '혈통'이나 가문(puthujjanagotra)에서 성자의 혈통이나 가문(ariyagotra)으로의 전이의 특징을 가지기 때문이다. 그러나 이 지혜가 열반을 인지한다는 점에서는 도와 비슷하지만 도와는 다르게 사성제를 덮어버리는 오염원들의 암흑을 내쫓지는 못한다. 두 번째 이상의 도에 접근할 때 수행자가 이미 성자들의 혈통에 속하기 때문에 이 마음순간은 혈통의 변화 대신에 오다나(vodāna), 즉 청백의 경지라 불린다.

도 도의 마음(maggacitta)은 사성제 각각에 대하여 네 가지 역할을 동시에 수행한다. 여기에서 언급되는 이 네 가지 역할은 괴로움을 철저히 이해하는 것(pariññā), 그것의 원인인 갈애를 버리는 것(pahāna), 그것의 소멸인 열반을 실현하는 것(sacchikiriya), 성스러운 팔정도를 수행하는 것(bhāvanā)이다. 준비 순간을 거치지 않는 예리한 기능들을 가진 자에게는 세 가지 과의 마음이 도 다음에 일어나고, 준비 순간을 경험한 자들에게는 두 가지 과의 마음들이 일어난다.

반조의 지혜(paccavekkhaṇañāṇa) 각각의 네 가지 출세간의 도를 증득한 후에, 제자는 도·과·열반을 반조한다. 항상 그렇게 하는 것은 아니지만 보통 그는 버려진 오염원들과 남아 있는 오염원들도 반조한다. 그래서 최대 19가지 반조의 지혜가 있다. : 처음 3가지 도 각각에 다섯 가지(① 도, ② 과, ③ 열반, ④ 버려진 오염원, ⑤ 남아 있는 오염원)와 마지막 도에 네 가지(①~④)이다. 그 이유는 완전히 해탈한 아라한은 반조할 더 이상의 남아 있는 오염원이 없기 때문이다.

해탈의 분석
(vimokkhabheda)

35 해탈에 이르는 세 가지 관문

Tattha anattānupassanā attābhinivesaṃ muñcantī suññatānupassanā nāma vimokkhamukhaṃ hoti. Aniccānupassanā vipallāsa-nimittaṃ muñcantī animittānupassanā nāma. Dukkhānupassanā taṇhāpaṇidhiṃ muñcantī appaṇihitānupassanā nāma.

—

여기에서, 자아에 대한 집착을 버리는 무아의 관찰[隨觀]은 공(空)의 관찰이라 이름하는 해탈의 관문이 된다. 전도된 표상을 버리는 무상의 관찰은 표상이 없는[無相] 관찰이라 불리는 해탈의 관문이 된다. 갈애로 인한 원함을 버리는 고의 관찰은 원함이 없는[無願] 관찰이라 불리는 해탈의 관문이 된다.

§ 35 설명

◉

통찰이 최고점에 도달하면, 그것은 명상 수행자의 성향에 따라 결심한 대로 무상·괴로움·무아의 세 가지 관찰 가운데 하나에 확고하게 자리 잡는다. 주석서에 따르면, 믿음이 지배적인 기능인 사람은 무상의 관찰에 확고해지고, 집중이 지배적인 사람은 괴로움의 관찰에 확고해지고, 통찰지가 지배적인 사람은 무아의 계속 관찰에 확고해진다. 이 관찰의 마지막 단계는 수행자가 출세간 도의 해탈 경험에 아주 근접한 것이며 그리하여 '해탈에 이르는 관문(vimokkhamukha)'이라고 불린다. 여기에서 해탈이라 불리는 것은 성스러운 도이며 해탈에 이르는 관문이라고 불리는 것은 도에 이르는 관찰이다.

무아의 관찰이 공(空)의 관찰이라고 불리는 이유는 그것이 형성된 것들에 대하여 자아나 중생이나 사람을 공한 것으로 보기 때문이다. 무상의 관찰이 표상 없음의 관찰이라고 불리는 이유는 그것이 '왜곡의 표상(vipallāsanimitta)', 즉 인식의 왜곡 때문에 형성된 것들 위에서 머뭇거리는 영원함, 안전, 영속성이라는 기만적인 외양을 버리기 때문이다. 그리고 괴로움의 관찰이 원함 없음의 관찰이라고 불리는 이유는 형성된 것들에서의 거짓된 기쁨의 인식을 버림으로써 욕망을 제거하기 때문이다.

36 도와 과의 해탈

Tasmā yadi vuṭṭhānagāminīvipassanā anattato vipassati, suññato vimokkho nāma hoti maggo; yadi aniccato vipassati, animitto vimokkho nāma; yadi dukkhato vipassati, appaṇihito vimokkho nāmā ti ca. Maggo vipassanāgamanavasena tīṇi nāmāni labhati. Tathā phalañ ca maggāgamanavasena maggavīthiyaṃ.

—

그러므로 벗어남으로 인도하는 통찰로써 무아를 관찰하면 그 도는 공한 해탈로 알려진다. 만약 무상을 관찰하면 그 도는 표상이 없는 해탈로 알려진다. 만약 고를 관찰하면 그 도는 원함이 없는 해탈로 알려진다. 이 도는 통찰의 방식에 따라 세 가지 이름을 가진다. 그와 마찬가지로 도(道)의 인식과정에서 (일어나는) 과(果)는 도의 방식에 따라 세 가지 이름을 가진다.

§ **36 설명**

◉

명상 수행자가 무아의 관찰을 통해서 도를 얻을 때, 자아가 비어 있는 것으로서의 공함의 측면을 통하여 그 도가 열반을 그것의 대상으로 만드는 것을 공한 해탈이라 한다. 수행자가 무상의 관찰을 통해서 도를 얻을 때, 형성된 것들의 표상이 없는 것으로서의 표상 없는 측면을 통하여 그 도가 열반을 그것의 대상으로 만드는 것을 표상 없는 해탈이라 한다. 수행자가 괴로움의 관찰을 통하여 도를 얻을 때, 갈애의 욕망이 없는 것으로서의 원함 없는 측면을 통해서 그 도가 열반을 그것의 대상으로 만드는 것을 원함 없는 해탈이라 한다. 과도 역시 그것을 선행하는 도와 같은 명칭을 갖는다.

37　과 증득에서의 해탈

Phalasamāpattivīthiyaṃ pana yathāvuttanayena vipassantānaṃ yathāsakaṃ phalam uppajjamānam pi vipassanāgamanavasen'eva suññatādivimokkho ti ca pavuccati. Ālambanavasena pana sarasavasena ca nāmattayaṃ sabbattha sabbesam pi samam eva.

Ayam ettha vimokkhabhedo.

—

그러나 과의 증득 과정에서 앞에 설한 방법대로 관찰하는 자들에게 각각의 경우에 일어난 과는 통찰의 방식에 따라 공한 해탈 등으로 불린다. 그러나 대상과 각각의 자질에 따라 세 가지 이름은 모든 (도와 과에) 고루 적용된다.

여기서 이것이 해탈의 분석이다.

§ 37 설명

◉

성스러운 제자가 각각의 과의 증득에 들면, 과의 경험은 그것의 증득을 바로 이끌었던 통찰의 유형에 따라 이름 지어지는 것이지 도의 인식과정에서의 처음의 도의 증득에 따라 이름 지어지는 것이 아니다. 즉 수행자가 무아의 관찰에 의해서 과의 증득에 들면, 그 과는 공한 해탈이라 불린다. 무상의 관찰에 의하면 표상 없는 해탈이라 불린다. 그리고 괴로움의 관찰에 의하면 원함 없는 해탈이라 불린다. 그러나 포괄적으로 말해서 모든 도와 과는 표상 없고 원함 없고 공한 열반을 대상으로 가지기 때문에 세 가지 이름 전부를 가질 수 있고 그것들 모두는 표상 없고 원함 없고 공한 특성을 공유한다.

개인의 분석
(puggalabheda)

38 예류자

Ettha pana sotāpattimaggaṃ bhāvetvā diṭṭhivicikicchāpahānena pahīnāpāyagamano sattakkhattuparamo sotāpanno nāma hoti.

—

여기서 예류도를 닦아 사견과 의심을 버림으로써 예류자가 된다. 그는 악처에 태어남을 버리고 최고로 일곱 번 태어난다.

§ 38 설명

◉

예류자는 거스름 없이 열반으로 인도하는 흐름인 팔정도에 들어선 사람이다. 예류자는 가장 거친 족쇄들인 유신견, 의심, 의례·의식에 대한 집착을 끊어 버렸다. 그는 불·법·승에 대한 흔들리지 않는 믿음을 가진다. 그리고 그는 어떤 악처에든 재생할 가능성에서 벗어났다. 그는 네 가지 번뇌(āsava) 가운데 사견의 번뇌를 제거했고, 14가지 해로운 마음부수 가운데 사견과 의심을 제거했으며, 주석서에 따르면 질투와 인색도 제거했다. 그는 악처의 재생으로 인도할 만큼 충분히 강한 모든 정도의 오염원들로부터도 벗어났다. 그의 행위는 살생, 도둑질, 사음, 거짓말, 중독성 물질을 삼가는 오계를 세심하게 지키는 특징이 있다.

세 가지 유형의 예류자가 있다.

(1) 인간계와 천상세계에 최대 일곱 번 재생하게 될 사람(sattakkhattuparama).

(2) 아라한과를 얻기 전에 두 번 혹은 세 번 좋은 가문에 태어나는 사람(kolankola).

(3) 목표를 얻기 전에 단지 한 번 더 재생할 사람(ekabījī).

39 일래자

Sakadāgāmimaggaṃ bhāvetvā rāgadosamohānaṃ tanukarattā sakadāgāmī nāma hoti, sakid eva imaṃ lokaṃ āgantā.

—

일래도를 닦아 탐욕, 성냄, 미혹을 엷어지게 함으로써 일래자가 된다. 그는 단 한 번만 더 이 세상에 돌아온다.

§ 39 설명

◉

일래자는 보다 거친 형태의 탐욕, 성냄, 미혹을 제거했다. 그리하여 비록 엷어진 형태의 오염원들이 그에게 여전히 일어나지만, 그 번뇌들은 자주 일어나지 않고 그것들의 강박적인 힘은 약하다.

레디 사야도는 주석서들이 일래자가 한 번 더 돌아오는 '이 세상(imaṃ lokaṃ)'이라는 표현에 대해 두 가지 상충하는 해석을 제공한다고 지적한다. 한 해석에서는 그것이 천상의 세계에서 돌아오는 인간세계이고, 다른 해석에서는 그것이 범천 세계에서 돌아오는 욕계 세상이다. 레디 사야도는 주석서들에서 전자의 해석을 지지함에도 불구하고, 경에서는 두 번째 해석이 더 많이 지지받는다고 주장한다.

『뿍갈라빤냣띠』(*Puggalapaññatti*, 人施說論)의 주석서에 따르면 다섯 부류의 일래자가 있다.

(1) 그는 인간세상에서 일래과를 얻고, 인간세상에 재생하여 여기에서 마지막 열반을 얻는다.

(2) 그는 인간세상에서 일래과를 얻고, 천상세계에 재생하여 거기서 마지막 열반을 얻는다.

(3) 그는 천상세계에서 일래과를 얻고, 천상세계에 재생하여 거기서 마지막 열반을 얻는다.

(4) 그는 천상세계에서 일래과를 얻고, 인간세상에 재생하여 여기서 마지막 열반을 얻는다.

(5) 그는 인간세상에서 일래과를 얻고, 천상세계에 재생하여 거기서 완전한 수명을 채우고 인간세상에 다시 재생하여 여기서 마지막 열반을

얻는다.

에까비지(ekabījī) 예류자는 단지 한 번 더 재생하는 반면에, 다섯 번째 유형의 일래자는 두 번 재생한다는 사실에 주목해야 한다. 그럼에도 불구하고 그가 여전히 '일래자'라고 불리는 이유는 그가 단지 한 번 더 인간 세상에 돌아오기 때문이다.

[표 9.3] 도에 의한 오염원들의 제거

		예류자	일래자	불환자	아라한
1	미혹				
2	부끄러움 없음				
3	잘못에 대한 두려움 없음				
4	들뜸				
5	탐욕 (감각적)				
	탐욕 (다른)				
6	사견				
7	자만				
8	성냄				
9	질투				
10	인색				
11	후회				
12	해태				
13	혼침				
14	의심				
	합계	4	0	3	8

40 불환자

Anāgāmimaggaṃ bhāvetvā kāmarāgavyāpādānaṃ anavasesappahānena anāgāmī nāma hoti, anāgantā itthattaṃ.

—

불환도를 닦아 감각적 욕망과 악의를 남김없이 버리고 불환자가 된다. 그는 이 (욕)계로 돌아오지 않는다.

§ 40 설명

◉

불환자는 욕계 세상에 묶는 족쇄들인 감각적 욕망과 악의를 완전히 제거했다. 그는 또한 감각적인 대상을 취하는 모든 탐욕뿐만 아니라 감각적 욕망의 번뇌와 해로운 마음부수인 성냄과 후회를 제거했다. 그리하여 그는 색계에 자연스럽게 재생하여 거기서 마지막 열반을 얻는다. 오직 불환자만이 정거천에 재생하지만, 모든 불환자가 거기에 재생한다고 하는 고정된 것이 없다는 것에 주목해야 한다.

텍스트들은 다섯 가지 유형의 불환자를 언급한다.

(1) 더 높은 세상에 자연스럽게 재생하여 수명의 중간에 이르기 전에 마지막 도를 일으키는 사람(antarā-parinibbāyī).

(2) 수명의 중간을 지난 후에, 심지어 죽음에 임박했을 때 마지막 도를 일으키는 사람(upahacca-parinibbāyī).

(3) 자극 없이 마지막 도를 얻는 사람(asankhāra-parinibbāyī).

(4) 자극으로 마지막 도를 얻는 사람(sasankhāra-parinibbāyī).

(5) 더 높은 세상에서 또 다른 더 높은 세상으로 재생하여 마침내 가장 높은 정거천인 색구경천(Akaniṭṭha)에 이르러 거기서 마지막 도를 일으

키는 사람(uddhaṃsoto akaniṭṭhagāmī).

41 아라한
(Arahant)

Arahattamaggaṃ bhāvetvā anavasesakilesappahānena arahā nāma hoti khīṇāsavo loke aggadakkhiṇeyyo.
Ayam ettha puggalabhedo.

—

아라한도를 닦아 오염원을 남김없이 버리고 아라한이 된다. 그는 번뇌를 부순 자이며 세상에서 최상의 공양을 받을 만하다.

이것이 개인에 따른 분석이다.

§ 41 설명

◉

처음 세 가지 도에 의해서 버려진 다섯 가지 족쇄는 낮은 족쇄들(orambhāgiya-saṃyojana, 下分結)라고 불리는데 그 이유는 그것들이 중생들을 존재의 낮은 세상인 욕계에 묶어 두기 때문이다. 그 낮은 족쇄들을 제거한 자인 불환자는 더 이상 욕계로 돌아오지 않지만 그는 여전히 다섯 가지 높은 족쇄(uddhambhāgiya-saṃyojana, 上分結)에 의해 윤회에 묶여 있다. 아라한도를 증득함으로써 이 다섯 가지 높은 족쇄인 색계 존재에 대한 욕망, 무색계 존재에 대한 욕망, 자만, 들뜸, 무명 또한 제거된다. 네 번째 도는 또한 나머지 두 가지 번뇌인 존재에 대한 집착의 번뇌와 무명의 번뇌를 파괴한다. 이런 이유로 아라한은 '번뇌를 파괴한 자(khīṇāsava)'라 불린다. 아라한도는 또한 앞의 도들에 의해 버려지지 않고 남겨진 나머지 해로운 마음부수들을 제거한다: 미혹, 부끄러움 없음, 잘못에 대한 두려움 없음, 들뜸, 자만, 해태, 혼침.

증득의 분석
(samāpattibheda)

42 과의 증득

Phalasamāpatthiyo pan'ettha sabbesam pi yathāsakaphalavasena sādhāraṇā'va. Nirodhasamapattisamāpajjanaṃ pana anāgāmīnañ c'eva arahantānañ ca labbhati.

—

여기서 과의 증득은 모두에게 공통이고, 각자가 그들 각각의 과를 얻을 수 있다. 그러나 멸진정의 증득은 오직 불환자와 아라한만이 얻는다.

§ 42 설명

◉

과의 증득(phalasamāpatti)은 성스러운 제자가 열반을 대상으로 출세간의 몰입삼매에 들어가는 명상의 증득이다. 그것은 지금 여기에서의 열반의 지복을 경험하려는 목적으로 얻어진다. 이 증득에서 일어나는 마음들은 그 제자의 깨달음의 수준에 상응하는 과의 마음들이다. 그래서 네 가지 단계의 성자들 각자는 예류자가 예류과의 증득을 얻는 등 그들 자신의 적절한 과의 증득에 들어갈 수 있다. 그 증득은 처음에 과를 얻기로 결심하고 생멸의 지혜로 시작하여 차례대로 통찰 지혜들을 닦아서 도달하게 될 수 있다. (『청정도론』 제23장 6-15 참조)

43 멸진정의 증득

Tattha yathākkamaṃ paṭhamajjhānādimahaggatasamāpattiṃ samāpajjitvā vuṭṭhāya tattha gate sankhāradhamme tattha tatth'eva vipassanto yāva ākiñcaññāyatanaṃ gantvā tato paraṃ adhiṭṭheyyādikaṃ pubbakiccaṃ katvā n'evasaññānāsaññāyatanaṃ samāpajjati. Tassa dvinnaṃ appanājavanānaṃ parato vocchijjati cittasantati. Tato nirodhasamāpanno nāma hoti.

—

이 경우에, 초선에서 시작하여 연속하여 고귀한 증득에 든다. 다음에 거기에서 나온 후에, 그 증득의 각각에 있는 조건 지어진 법들을 통찰한다.
무소유처까지 이른 다음 결정 등과 같은 예비적인 의무들에 주의를 기울이고, 비상비비상처에 든다.
몰입삼매에서의 두 개의 자와나(속행) 다음에 마음의 흐름이 끊어진다. 그때 그는 멸진정을 증득했다고 일컬어진다.

§ 43 설명

◉

멸진정의 증득은 마음과 마음부수들의 흐름이 일시적으로 완전히 끊어져 버리는 명상의 증득이다. 그것은 색계와 무색계 선정에 통달한 불환자와 아라한만 얻을 수 있다. 더욱이 그것은 욕계나 색계에서만 증득될 수 있다. 멸진정에 들기 위한 필수 전제조건인 네 가지 색계 선정들이 없기 때문에 무색계에서는 그것을 증득할 수 없다.

멸진정에 들어가기 위해서 명상 수행자는 적절한 순서대로 각각의 선정을 얻어야 한다. 각 선정에서 출정한 후에 그는 그것의 구성요소들을 무상·고·무아로 관찰한다. 이런 방법으로 그 절차를 무소유처까지 밟아간다. 무소유처에서 출정한 후에 명상 수행자는 네 가지 결의를 한다: (1) 다른 사람들 소유의 어떤 필수품도 멸진정 동안에 파괴되지 않기를(그 자신의 필수품은 멸진정 자체 동안에 자동적으로 보호된다.) 결의한다. (2) 승가가 그의 봉사를 원하면 출정할 수 있기를 결의한다. (3) (붓다의 재세 시에) 붓다께서 부르시면 출정할 수 있기를 결의한다. (4) 칠 일 안에 죽지 않기를 결의한다.

이런 결의를 한 후에 그는 두 개의 자와나 순간 동안 일어나는 네 번째 무색계 선정에 든다. 그런 직후에 그는 마음의 흐름이 일시적으로 끊어지는 멸진정을 얻는다.

44 멸진정에서의 출정

Vuṭṭhānakāle pana anāgāmino anāgāmiphalacittaṃ arahato arahattaphalacittaṃ ekavāram eva pavattitvā bhavangapāto hoti. Tato paraṃ paccavekkhaṇañāṇaṃ pavattati.

Ayam ettha samāpattibhedo.
Niṭṭhito ca vipassanākammaṭṭhānanayo.

—

(멸진정으로부터) 출정할 때 불환자의 경우 불환과의 마음이 한 번 일어나고, 아라한의 경우 아라한과의 마음이 (한 번 일어난) 뒤 바왕가로 들어간다. 그 다음에 반조하는 지혜가 일어난다.

여기서 이것이 증득의 분석이다.

위빳사나를 계발하기 위한 명상주제의 방법이 끝났다.

45 결론

Bhāvetabbaṃ pan'icc'evaṃ bhāvanādvayam uttamaṃ
Paṭipattirasassādaṃ patthayantena sāsane.

붓다의 교단에서 도닦는 맛을 체험하기 원하는 자는
이와 같이 설한 최상의 두 가지 수행을 닦아야 한다.

§ 45 설명

◉
'두 가지 명상'은 고요와 통찰이다.

Iti Abhidhammatthasangahe
Kammaṭṭhānasangahavibhāgo nāma
navamo paricchedo.

이와 같이 『아비담맛타 상가하』에서
명상주제의 개요라 불리는
제9장이 끝난다.

Cārittasobhitavisālakulodayena
Saddhābhivuddhaparisuddhaguṇodayena
Nambavhayena paṇidhāya parānukampaṃ
Yaṃ patthitaṃ pakaraṇaṃ pariniṭṭhitaṃ taṃ

Puññena tena vipulena tu mūlasomaṃ
Dhaññādhivāsamuditoditamāyugantaṃ
Paññāvadātaguṇasobhitalajjibhikkhū
Maññantu puññavibhavodayamangalāya

존경할 만한 가문에 속한, 믿음으로 가득 찬, 훌륭한 계로 가득 찬, 세련된 예절을 갖고 있는 사람인 남바(Namba)의 요청으로 다른 사람들에 대한 연민에서 쓴 이 논문이 완성되었다.

이 큰 공덕으로 지혜에 의해서 청정해지고 계로 빛나는 겸손한 스님들이 세상이 끝날 때까지 공덕의 획득을 위해서, 그들의 행복을 위해서 행운의 거처인 가장 유명한 물라소마(Mūlasoma) 승원을 기억하기를.

후기에 대한 설명

|

아비담마 스승들은 아누룻다 스님이 『아비담맛타 상가하』(*Abhidhammattha Sangaha*, 아비담마 주제 개요)를 썼던 승원의 이름에 대해서 두 가지 다른 의견을 주장한다. 한 학파는 그 이름을 뚜물라소마 위하라(Tumūlasoma Vihāra)로 보고, 뚜물라(tumūla)를 크다는 뜻인 마하(mahā)와 동의어라고 주장한다. 그러나 뚜물라와 같은 그런 단어는 빠알리어나 산스크리트어에 존재하지 않는다. 두 언어는 크다는 것을 의미하지 않고 그것과 어원적으로 관련된 '소란(tumult)'을 의미하는 뚜물라(tumula)라는 단어를 가지고 있다. 이 단어는 일반적으로 전쟁과 연결되어 사용된다. 그것은 웻산따라 자따까(Vessantara Jātaka)의 다음 구절에서 나온다. Ath' ettha vattatī saddo tumulo bheravo mahā: "그때 힘센 소리, 끔찍한 큰 소란이 울려왔다" (Mahānipāta, v.1809; PTS ed. vi,504).

다른 한 해석은 그 승원의 이름이 물라소마 위하라(Mūlasoma Vihāra)라고 주장한다. 뚜(tu)라는 음절은 여기서 활음(듣기 좋은 음조)을 위해서 사용된 격변화를 하지 않는 접속 소사인 것으로 간주된다. 아누룻다 스님이 '뚜'를 그의 논문 다른 어디에선가 비슷한 방식으로 썼기 때문에(제1장 32; 제8장 12 참조), 그가 여기서 그것을 사용하는 것도 가능한 것처럼 보인다. 그리하여 우리는 그 승원의 이름을 물라소마 위하라로 간주하기로 한다. 스리랑카 전통에서 이 승원이 칠로(Chilaw) 지역에 위치했으며 현재는 문넷사람 꼬윌(Munnessaram Kovil)이 그 장소에 있다고 일반적으로 믿어진다.[1]

저자가 이 승원을 묘사하기 위해 사용하는 단냐디와사(dhaññādhivāsa)라는 어구는 초기 전통들이 그것을 번역했던 것처럼 '곡물의 거처'를 의미하지 않는다. 여기서 단냐(dhañña)라는 단어는 '행운의' 혹은 '공덕이 되는'이라는 파생적인 의미를 지닌다. 레디 사야도는 그 승원이 설립자인 마힌다(Mahinda) 장로로부터 시작하여 공덕이 있는 장로들의 거처였기 때문에 그 승원이 그렇게 묘사되었다고 설명한다.

Iti Anuruddhācariyena racitaṃ
Abhidhammatthasangahaṃ nāma
pakaraṇaṃ niṭṭhitaṃ.

그리하여 아누룻다 스님이 쓴
『아비담맛타 상가하』라고 불리는
논문이 끝난다.

주해

서론

1. 『앗타살리니』(Atthasālinī) 2; *The Expositor*, 3쪽.
2. 『앗타살리니』(Atthasālinī) 2-3; *The Expositor*, 3-4쪽.
3. 『담마상가니』(*Dhammasanganī*, 法集論)는 또한 경에서 가져온 42가지 이개조로 구성되는 경 매트릭스를 포함한다. 그러나 이것은 본 아비담마에 보조적이고 중요한 경의 용어들에 대한 간결한 정의를 제공하기 위한 부록으로 더 많은 역할을 한다. 더욱이 그 정의들 자체는 아비담마 범주의 견지에서 짜여진 것이 아니고, 경 매트릭스는 논장(Abhidhamma Piṭāka)의 어떤 연속된 책에서도 사용되지 않는다.
4. 예를 들어, 다음을 참조하라: A. K. Warder, *Indian Buddhism*, 두 번째 개정. (Delhi: Motilal Banarsidass, 1980), 218-24쪽; Fumimaro Watanabe, *Philosophy and its Development in the Nikāyas and Abhidhamma* (Delhi: Molilal Banarsidass, 1983), 18-67쪽; *Encyclopaedia of Buddhism*, 분책. 1에서 Kogen Mizuno가 쓴 「Abhidhamma Literature」 기사. (Govt. of Ceylon, 1961).
5. 『앗타살리니』(Atthasālinī) 410; *The Expositor*, 519쪽.
6. 『앗타살리니』(Atthasālinī) 13; *The Expositor*, 16-17쪽.
7. 『앗타살리니』(Atthasālinī) 16; *The Expositor*, 20쪽.
8. 설일체유부 아비담마(Sarvāstivādin Abhidhamma)의 첫 번째 책인 『상기띠빠르야야』(*Sangītiparyāya*)는 중국 출처에 의해서 사리뿟따(Sāriputta)의 것으로 여겨진다(그러나 산스크리트와 티베트 출처에 의해서는 아님). 반면에 두 번째 책인 『다르마스깐다』(*Dharmaskandha*)는 산스크리트와 티베트 출처에 의해서 그의 것으로 여겨진다(그러나 중국 출처에 의해서는 아님). 중국 정경은 또한 그것의 학파가 알려져 있지 않은 『샤리뿟뜨라 아비다르마 샤스뜨라』(*Shāriputra Abhidharma-Shāstra*)라는 제목의 책을 포함한다.
9. 이것들은 각각의 도와 과의 마음이 다섯 가지 선정 각각과 결합하여 나누어지는 다섯 가지 마음을 모아서 익숙한 89가지 마음으로 줄어든다.

10.『야마까』(*Yamaka*, 雙論)는 그것의「찟따 야마까(Citta-yamaka)」장에서, 순간의 세분을 일컫는 카나(khāṇa)라는 용어를 사용하고, 또한 일어남과 사라짐의 아순간인 웁빠다 카나(uppāda-khaṇa)와 방가 카나(bhanga-khaṇa)를 소개한다. 그러나 아순간의 세 가지 체계는 아비담마 주석서에 처음 나오는 것처럼 보인다.

11. A. Devananda Adhidarana Nayaka Thero 스님, *Paramattha-vinicchaya and Paramattha-vibhāvinī-vyākhayā*의 서문(Colombo: Vidyā Sagara press, 1926), iii쪽.

12. G.P. Malalasekera, *The Pali Literature of Ceylon* (Colombo: M.D. Gunasena, repr. 1958), 168-70쪽. Malalasekera는 James Gray가 그의 *Buddhaghosuppatti* 판본에서의 딸라잉(Talaing) 기록에서 가져온 남인도 성인들과 유학들의 연대기적 목록을 제시한다는 사실을 지적하고; 거기서 우리는 아누룻다가 7세기나 8세기 이후에 살았다고 주장되는 저자들의 견해를 따라서 언급했다는 사실을 알게 된다. Bhadanta Sāriputta Mahāsami가 Parākrama-Bāhu 대왕(1164-97)의 치세 동안에『아비담맛타 상가하』를 싱할리어로 바꿔 쓴 것을 편찬했기 때문에, 이것은 아누룻다를 12세기 중반보다 더 이른 시기에 상정한다.

13. *Encyclopaedia of Buddhism*, Fasc. 4 (Govt. of Ceylon, 1965)에 나와 있는「Anuruddha (5)」기사 참조. Buddhadatta 스님의 관점은 또한 Warder의 *Indian Buddhism*, 533-34쪽에 의해 받아들여진다.

14. 이 저자는 12세기에 스리랑카에 와서 Bhadanta Sāriputta 밑에서 공부했던 또 다른 버마 스님과 일반적으로 혼동된다. 두 명의 차빠다(Chapada)에 대한 경우를 A.P. Buddhadatta 스님이 *Corrections of Geiger's Mahāvaṃsa, Etc*.(Ambalangoda: Ananda Book Co., 1957), 198-208쪽에서 설득력 있게 주장한다.

제 1 장

1. Paramassa uttamassa ñāṇassa attho gocaro. Vibhv.
2. Vibhv.에 따르면 딧티가따(diṭṭhigata)는 단지 사견을 의미하고, 접미사 가따(gata)는 여기서 어떤 의미도 갖지 않는다.
3. (i) 위찌(Vici (vicinanto)=묻는+낏츠(kicch)=짜증내다, (ii) 위(vi)=~이 없는+찌낏차(cikicchā)=치료.
4. 때때로 또한 뒤따르는 아루빳자나(arūpajjhāna, 무색계 선정)들과 구별하기 위해서 루빳자나(rūpajjhāna, 색계 선정)들이라고 불림.
5. Ārammaṇ'upanijjhānato paccanīkajjhāpanato jhānam. Vism. IV,119.
6. So hi ārammaṇe cittaṃ āropeti.『앗타살리니』(Atthasālinī) 114.
7.『청정도론』제4장 89-91.

8. 그의 『청정도론』(*Visuddhimagga*)의 번역인 *The Path of Purification*에서 냐나몰리(Ñāṇamoli) 스님은 그것을 행복(happiness)으로 번역했다. 이 번역은 그 다음 요소인 수카(sukha)에 대한 번역어로 종종 사용되어서 그 두 개의 혼동을 일으킨다.
9. 『청정도론』 제4장 94-100.
10. 이 비유의 상세한 설명을 원하면, Asl. 117-18; *Expos*., 155-56쪽을 참조하라.
11. 이 자격조건은 일래도에 관해 만들어진다. 131쪽을 참조하라.
12. 상세한 것을 원하면, Henepola Gunaratana의 *The Jhānas in Theravada Buddhist Meditation* (BPS Wheel No. 351/353, 1988), 60-62쪽을 참조하라.

제 2 장

1. 『앗타살리니』(Atthasālinī) 67; *Expos*., 90쪽.
2. Kāyaviññātti, vacīviññātti. 제6장 3 참조.
3. 토대에 관해서는, 제3장 20-22를 참조하라.
4. 위 참조, 76쪽.
5. 다양한 마음부수들의 특징 등에 관한 다음의 설명은 『청정도론』 제4장 88-100, 제9장 93-96, 제14장 134-77, 그리고 『앗타살리니』(Atthasālinī) 107-33, 247-60에서 모은 것이다. *Expos*., 142-80쪽, 330-46을 참조하라.
6. 주석서들은 그렇게 말하지만, 가까운 원인으로서의 평온은 오로지 집중을 계발할 때 일어나는 즐거운 느낌에만 적용되는 것처럼 보인다. 느낌에 대한 보다 일반적인 가까운 원인은 '감각접촉을 조건으로 느낌이 생긴다'(phassapaccayā vedanā)는 원리에 따라 느낌이 될 것이다. 사실, 여기서 느낌을 전반적으로 다루는 것은 특별한 종류의 느낌에 제한된다. 다양한 모든 느낌을 보다 완전하게 다루기를 원하면, 제3장 2-4와 설명을 참조하라.
7. 다시, 이 마지막 두 개의 주석서의 진술은 심오한 집중의 경지에 도달한 한곳 집중(一境性)에만 들어맞는 것처럼 보인다.
8. 위 114-131쪽을 참조하라.
9. 혹은 마음을 대상에 올려놓는 것(ārammaṇe cittassa abhiniropana).
10. 혹은 대상을 계속 만지기(ārammaṇ'ānumajjana).
11. 경에서 찬다(chanda, 열의)는 로바(lobha, 탐욕)와 라가(rāga, 탐욕)로 종종 쓰여서, 비난할 만한 의미에서 욕망을 의미하는 것으로도 쓰인다. 그러나 경은 또한 해로운 법들을 버리기 위해 그리고 유익한 법들을 얻기 위해 열의를 일으키는 것에 대해서 말할 때, 찬다를 잠정적으로 이로운 요소로 인정한다. 예를 들어 바른 정진의 정의를 원하면 D.22/ii,312 (=M.141/iii, 251-52)를 참조하라.

12. 이 두 요소들은 부끄러움과 잘못에 대한 두려움의 반대이므로, 그것들의 의미는 이 아름다운 마음부수들과 함께 감각접촉에 의해 보다 완전하게 이해될 수 있다. 다음 160쪽을 참조하라.
13. 성자들을 보는 것은 사견이 마음을 장악하지 못하게 할 수 있는 진정한 담마(Dhamma, 法)를 들을 수 있게 인도하기 때문이다.
14. 께뚜깜야따(Ketukamyatā)는 문자 그대로 현수막을 날리려는(자신을 광고하려는) 욕구를 뜻한다.
15. 왜냐하면 자만이 견해와 결합하지 않은 탐욕에 뿌리박은 마음들에만 일어나기 때문이다.
16. 짜증(혹은 적의의 원인, aghātavatthu)에 대한 아홉 가지 근거에 대해서는 D.33/iii, 262를 참조하라.
17. 이 비유들의 전체 버전은 『밀린다빤하』(*Milindapañha*)에서 발견되고, 『앗타살리니』(Atthasālinī) 119-20에서 인용된다. *Expos*., 157-58쪽을 참조하라.
18. 아삘라빠나(Apilāpana), 즉 '흔들거리지 않는'으로 번역된다. 주석가들은 사띠(sati)가 마음을 물에 있는 호박처럼 이리저리 까닥거리도록 허용하는 것 대신에 마음을 돌처럼 견고하게 유지한다고 주장한다.
19. 『앗타살리니』(Atthasālinī) 103-104; *Expos*., 136-37.
20. 연민이 괴로운 사람들과의 공감을 포함하지만 그것은 해로운 마음들에만 속하는 느낌인 슬픔이나 근심과 결코 함께하지 않는다는 것을 주목해야 한다.
21. 증오 없음과 정신적인 중립이 출세간 마음들에서도 발견되지만, 그것들은 중생들에 대한 자애와 평온의 무량으로 거기에 나타나지 않는다.

제 3 장

1. 편안함(passaddhi)은 명상 수행에서 일어나는 기쁜 느낌만의 가까운 원인이다.
2. 심장 토대에 대해서는 다음 20을 참조하라.
3. 다섯 가지 느낌의 이 정의들은 『청정도론』 제14장 128에서 발견된다.
4. 『앗타살리니』(Atthasālinī) 263; *Expos*., 349-50쪽. 다섯 가지 유형의 감성은 첫 번째 네 가지 감각 대상들이 되는 것으로의 파생된 물질의 종류로 간주된다. 그러나 감촉 대상은 세 가지 주된 요소[三大]로 구성된다. 제6장 3을 참조하라.
5. 다음 8에 있는 자와나(javana, 속행)에 대한 설명을 참조하라. 정신적인 즐거움은 예외적으로 즐거운 대상의 경우에 일어나는 기쁜 조사하는 마음에서의 자와나에 선행하지만, 이것도 순수한 감각식(識)을 따른다.
6. Suppatiṭṭhitabhāvasādhanasankhāto mūlabhāvo. Vibhv.
7. 『청정도론』 제17장 70.
8. 즉, 오문 인식과정에서. 의문 인식과정에서 자와나 단계는 의문전향 마음을 따른다.

9. 이것은 아라한이 아닌 경우에 그렇다. 아라한에게 자와나들은 윤리적으로 결정할 수 없는[無記] 것이다. 자와나는 제4장에서 보다 완전하게 다루어진다.
10. 즉 탐욕에 뿌리박은, 사견이 함께하는 네 가지 마음들과 의심이 함께하는 마음은 예류자와 일래자에게는 없을 것이다. 반면 성냄에 뿌리박은 두 가지 마음은 불환자에게는 없을 것이다.
11. 루빠(rūpa)라는 단어는 두 가지 주된 의미를 갖는다. (1) 물질, 혹은 물질성, (2) 눈에 보이는 형색. 전자는 후자가 한 종류로 포함되는 일반적인 범주이다.
12. 주된 물질과 파생된 물질 사이의 구별은 제6장 2에서 보다 완전하게 다루어질 것이다.
13. 『청정도론』 제8장 111을 참조하라.

제 4 장

1. 의문 인식과정을 위해 심장 토대는 물질이 발견되는 이 영역들에서만 단지 요구된다. 의문 인식과정은 대상으로 다섯 가지 감각 자료 가운데 어떤 것이라도 취하는 반면에, 정신 대상은 그것의 구별되는 자료들을 보여주기 위해서 열거되었다.
2. 하지만 하나의 예외가 몸의 암시, 말의 암시, 네 가지 물질적인 특징들에 만들어진다(제4장 4 참조). 두 가지 유형의 암시는 한 마음순간의 일시적인 지속기간을 가진다. 네 가지 특징 중 생성과 상속은 일어나는 순간에 지속기간이 동일하고, 무상함은 소멸의 순간에 [지속기간이 동일하고], 쇠퇴는 49가지 마음의 아순간에 [지속기간이 동일하다].
3. 그 비유는 『앗타살리니』(Atthasālinī) 271-72, *Expos*., 359-60쪽에 소개되어 있지만, 망고를 먹는 것을 넘어서 계속되지 않는다. (『위바위니 띠까』*Vibhāvinī Ṭīkā*에서처럼) 이후의 전통은 등록과 대응이 되는 것으로 과일을 삼키고 다시 잠드는 것과 바왕가에 다시 빠지는 것을 덧붙인다.
4. 『청정도론』 제22장 23, 주해 7을 참조하라.
5. 『삼모하위노다니』(*Sammohavinodanī*) 10-11. *Dispeller of Delusion*, 1:10-11.
6. 이 조항으로부터 만약 혐오가 매우 바라는 대상에 대해 일어난다면 등록 마음들은 기쁨이 함께하지 않을 것이다(17에서 진술된 바와 같이), 대신에 그들은 평온과 함께하는 유익한 과보의 마음들이 될 것이다.

제 5 장

1. 비록 시간 연속의 논리가 범천의 경우에도 대겁(mahākappa)이 되는 것을 의미하는 것처럼 보이지만 주석가들은 그들의 해석의 기반을 불에 의한 세계의 주기적인 파괴가 대범천을 통과하여 연장된다고 주장하는 (경에서 가져온) 또 다른 전통에 두고 있다. 이런 파괴는 대겁 안의 하나의 아승기겁(asankheyyakappa)의 끝에 일어나기 때문에, 대범천들(Mahā Brahmās)은 단 하

나의 아승기겁보다 더 오래 살 수 없다는 결론이 따른다. 이것에 대한 다른 전통의 자료들은 D.1/i,17-18과 D.27/iii,84-85이다.

2. 10가지 행위의 과정들에 대한 상세한 분석을 원하면 『앗타살리니』(Atthasālinī) 97-102; *Expos*., 128-35쪽을 참조하라.
3. 이 세 가지 견해들은 『디가 니까야』 2, 『맛지마 니까야』 60, 『맛지마 니까야』 76, 그리고 다른 곳에서 발견된다. 주석서의 분석을 원하면, 빅쿠 보디의 *The Discourse on the Fruits of Recluseship* (BPS 1989), 69-83쪽 참조.
4. 『앗타살리니』(Atthasālinī) 267-88; *Expos*., 354-79쪽 참조.

제 6 장

1. Mahāniddesa에 따르면: ruppati, kuppati, ghaṭṭīyati, bhijjati.
2. Stītoṇhādi-virodhippaccayehi vikāraṃ āpajjati āpādiyati. Vibhv.
3. 사대의 특성 등에 대한 이 설명은 『청정도론』 93과 109에서 취한 것이다.
4. 파생된 물질에 대한 상세한 설명은 여기에서 한 설명의 기반이 되는 『청정도론』 36-70에서 발견된다.
5. 여기에서 접두사 사(sa), 즉 '함께'는 결합(sampayutta)를 의미하지 않고 오염원들의 대상을 만들 수 있는 능력을 의미한다.

제 7 장

1. 『범망경』(*Brahmajāla Sutta*, D.1)은 자아와 세상의 성품에 대한 62종의 사견을 열거한다. 이들 모두는 두 가지 극단적인 견해인 그것들의 영원한 존재를 단언하는 상견과 그것들의 최종적인 파괴를 받아들이는 단견으로 나뉜다.
2. 상세한 설명을 원하면, 레디 사야도의 *The Requisites of Enlightenment* (BPS Wheel No. 171/174, 1971)를 참조하라.
3. 경과 그것의 주석서들을 원하면, Soma Thera의 *The Way of Mindfulness* (Kandy: BPS, 1981)를 참조하라. 가장 현대적인 설명은 Nyanaponika Thera의 *The Heart of Buddhist Meditation* (London: Rider, 1962)과 U Silananda의 *The Four Foundation of Mindfulness* (Boston: Wisdom, 1990)이다.
4. 여기에서 주어진 설명은 레디 사야도로부터 파생된 것이다. 『아비담마 설명서』(Manual)의 이전 판본들에서 나라다 스님에 의해 표현된 잇디빠다(iddhipāda)가 단지 출세간이라는 견해는 잘못된 것으로 보인다.

5. 무더기[蘊]에 대한 상세한 분석을 원하면 『청정도론』 제14장을 참조하라.
6. 감각 장소들과 요소들은 『청정도론』 제15장에서 상세하게 다루어진다.
7. 사성제는 『청정도론』 제16장에서 상세하게 설명된다.

제 8 장

1. 뒤따르는 설명은 『청정도론』 제17장과 『삼모하위노다니』(*Sammohavinodanī*) 제6장에 기반을 둔다.
2. 이 설명들에 대한 자료들은 다음에 나와 있다: 『청정도론』 제17장, 66-100, U Nāranda의 *Guide to Conditional Relations*, 1:8-79, 레디 사야도의 *The Buddhist Philosophy of Relations*, 1-57쪽.
3. 스승들에 의해 채택된 아비담마 해석의 한 줄은 토대 대상 앞에 생긴 의지 조건을 마지막 자와나 과정이 대상으로 심장 토대를 가지는 경우인 죽음 마음에 앞서는 열일곱 번째 마음순간에 일어난 심장 토대에 제한할 것이다. 레디 사야도는 『빠라맛타디빠니』(*Paramatthadīpanī*)에서 이 좁은 해석에 반대하는 주장을 장황하게 하고, 이 입장이 여기에서 받아들여진다.
4. 레디 사야도, *Buddhist Philosophy of Relations*, 50-51쪽.
5. 『앗타살리니』(Atthasālinī) 392; *Expos*., 501쪽. 여기에서는 영어로 재생될 수 없는 말장난이 있다: '이름' 혹은 '정신'을 뜻하는 나마(nāma)라는 단어는 '굽다'라는 의미의 동사 어근인 남(nam)에서 파생되었다.
6. 아비담마에서의 발전된 개념 이론에 관하여 더 많이 원하면, 『청정도론』 제8장, 주해 11을 참조하라.

제 9 장

1. 『앗타살리니』(Atthasālinī) 144; *Expos*., 191쪽.
2. *The Mirror of the Dhamma* (BPS Wheel No. 54 A/B, 1984), 5-8쪽 참조.
3. 즉, 자신의 육체를 100개 만들어내는 신통력을 행사하기 위해서.
4. 사마타야나(samathayāna, 사마타 수행자)와 위빳사나야나(vipassanāyāna, 위빳사나 수행자) 사이의 차이에 대한 보다 완전한 토론을 원하면, Gunaratana의 *The Jhānas*, 51-55쪽을 참조하라.

후 기

1. A. 데와난다 아디까라나 나야까(Devananda Adhikarana Nayaka) 장로스님의 『빠라맛타위닛차

야』(*Paramatthavinicchaya*)의 서론, ii쪽. 몇몇 학자들은 물라소마 위하라(Mūlasoma Vihāra)를 왓따가마니(Vaṭṭagāmaṇi) 왕(88-76 B.C.)이 그의 부인인 소마(Somā)를 위해서 건축했던 『마하왕사』(Mahāvaṃsa, XXXIII, 84)에서 언급된 승원과 동일시한다. 그 승원은 다음과 같이 언급된다: "그가 소마데위(Somadevī)를 데려왔을 때 그는 그녀를 다시 그녀의 지위에 오르게 하고 그녀를 기리기 위해 그녀의 이름을 담고 있는 소마라마(Somārāma)를 지었다." 번역자 Geiger는 그 승원을 아마도 '여왕의 임시거처'라고 사람들이 불렀던 건물 부지인 아바야기리 위하라(Abhayagiri Vihāra) 근처에서 찾아야 함에 틀림없다고 하는 이 구절에 대한 주해를 썼다. 그러나 삿다띳사(Saddhātissa) 스님은 그의 『아비담맛타 상가하』 판본의 서론(xvi쪽)에서 10세기까지 거슬러 올라가는 어떤 비문들은 물라소마 위하라가 왓따가마니 왕과 그의 대신인 물라(Mūla)에 의해 여왕인 소마데위를 기리기 위해 뽈론나루와(Polonnaruwa)에 지어졌다는 기록이 있다고 말한다. 삿다띳사 스님은 또한 문넷사람(Munnessaram) 힌두 사원이 아누룻다가 거주하곤 했던 원래의 물라소마 위하라(Mūlasoma Vihāra)였다고 주장하는 유명한 스리랑카 전통을 언급한다.

역자후기

나는 거의 서른 살이 될 때까지 불교에 대해 전혀 아는 바가 없었다. 서른 살쯤에 동양철학을 풀어쓴 어떤 책을 읽은 것이 인연이 되어 동양 사상에 조금씩 젖어들게 되었다. 여러 사상들을 거쳐 만난 불교라는 역사·문화적 종교는 망망대해에서 바늘을 찾는 것과 같았다. 자포자기와 절망 속에서도 명상을 하며 이런저런 길을 모색하던 중에 이른바 초기불교라는 영역에서 최고의 저작들을 출판한 빅쿠 보디의 a Comprehensive Manual of Abhidhamma를 미국에서 주문해서 공부하게 되었다. 그 후 이 책은 나의 삶을 완전하게 바꾸어놓았다.

이 책을 읽고 번역하고 교정하고 강의하고 출판하는 데 거의 10여 년이 걸렸다. 그 세월이 지나는 어느 날 나는 한국에서 최초로 번역된 네 권의 『맛지마니까야』를 거의 삼시간에 읽고 전체의 내용을 바로 이해하고 한 장의 종이에 전체의 내용을 매우 간단하게 정리할 수 있는 안목을 갖게 되는 경험을 가졌다. 이것이 가능했던 이유에 대해 사유해 보았다. 바로 수승한(abhi) 법(dhamma)으로 번역되는 아비담마(abhidhamma)를 온 마음을 다해 공부한 공덕(puñña)이었음에 분명하다. 그 후 초기불교 경전인 4부 니까야(Nikāya)와 테라와다(Theravāda)라고 불리는 상좌부불교의 부동의 준거가 되는 『청정도론(Visuddhimagga)』을 읽고 정리하고 강의하는 데 아비담마는 그것의 권능을 유감없이 발휘했다.

수승한 법이라는 의미를 갖고 있는 아비담마는 '얼음처럼 차가운 물'에 비유되곤 한다. 냉정한 면에서도 차갑고 그것에 몸을 오래 담글 수 없다는 면에서도 매우 차갑다. 많은 사람들이 아비담마의 수승한 법이 훌륭하다는 것을 알고는 있지만 그 냉정함과 그 차가움을 오래 견디지 못하고 그곳에서 발을 뺀다. 불교를 역사·종교적 맥락에서 의례나 의식의 차원으로 이해하고, 지친 마음에 위로로 삼고, 여러 가지 복을 받기를 원하는 이들에게는 아비담마가 견딜 수 없는 냉정하고 살을 에는 차가운 물로 느껴질 수 있다.

그러나 이와 같이 얼음처럼 차가운 물로 비유되는 아비담마는 윤회라는 고통의 더위에 쓰러질 듯한 환멸을 느끼는 이들에게는 그 물에 발을 담그고 그 물을 마시는 순간 죽음과 같은 고통에서 바로 벗어나는 기적적인 사건(miraculous event)이 될 수 있다. 이 차가운 물은 죽음에 이르게 할 정도의 더위에 지쳐 사물을 있는 그대로(as it as) 보지 못하고 실재하지 않는 환영(illusion)을 보며 살아가는 존재에게 자신과 다른 사람 또는 사물의 진정한 성품을 '지금 여기(here and now)'에서 꿰뚫어 볼 수 있는 지혜를 주어 건강하고 행복한 몸과 마음을 갖도록 한다.

그렇다면 아비담마, 즉 수승한 법이 진정으로 의미하는 것은 무엇인가? 아비담마의 진정한 의미, 즉 법의 열쇠는 무엇일까? 모든 법의 문을 열 수 있는 마스터 키(master key)는 과연 있는가? 이것을 얻게 되면 깨달음의 문으로 들어갈 수 있는 그런 열쇠! 고통의 문제, 삶의 문제, 진리의 문제, 마음의 문제 등을 최종적으로 해결하길 원하는 진지한 존재에게 아비담마는 그 열쇠를 선물한다! 아비담마가 선물로 주는 그 열쇠는 무엇인가?

예를 들어, "나는 괴롭다" 또는 "너는 행복하다"라고 말한다. 그런데 여기서 말하는 '나' 또는 '너'는 법(dhamma)이라고 불리지 않는다. '나' 또는 '너'는 크게 정신(nāma)과 물질(rūpa)로 나뉘기 때문이다. 정신의 법들도 마음(citta, 心)과 52가지의 마음부수(cetasika, 心所)들로 세분된다. 물질의 법들도 아비담마에서는 28가지로 나누어 설명한다. '나' 또는 '너'는 인격적인(personal) 차원의 의미로 사용되지만, '마음', 심리현상들인 '마음부수들', 또는 '물질'은 비인격적인(impersonal) 차원의 의미로 사용되는 법들이다. 다시 말해서, 비인격적인 차원의 법에는 '나' 또는 '너'와 같은 미혹(moha)을 유발하는 인격적인 요소들이 없다. 이 비인격적인 법들의 공통된 속성은 생겼다가 사라진다는 것이다. 어떤 법도 생겨서 그것의 동일성을 단 한 순간이라도 유지하는 것은 없다. 이것을 '무상(anicca)'이라고 하고, 이런 변화에 압박받고 있는 것을 '고(dukkha)'라고 하며, 그 변화와 압박을 통제할 수 있는 주재자가 없는 것을 이른바 '무아(anattā)'라고 한다.

최고의 영원한 행복을 뜻하는 열반(nibbāna)의 법을 제외한 모든 법은 무상·고·무아라는 세 가지 특성을 갖고 있다. 그러나 무상·고의 특성이 없는 법이 하나 있다. 그것이 바로 열반이다. 하지만 열반은 무아라는 특성은 갖고 있다. 그래서 제법무아(sabbe dhammā anattā)라고 하는 것이다! 그러므로 열반을 포함한 모든 법의 '단 하나의 공통된 특성(a single common quality)'은 바로 '무아'이다. 바로 이 '무아'가 모든 법의 문을 열 수 있는 '유일한 마스터 키(the only master key)'이다! 당연히 깨달음의 문도 이 열쇠로 열 수 있다.

첫 번째 깨달은 존재를 예류자(sotāpanna, 수다원)라고 한다. 예류자는 어떻게 깨달음을 얻은 성자가 되었는가? 그 열쇠도 바로 '무아'이다. 예류자는 이른바 열 가지 족쇄(saṃyojana) 중에서 첫 번째 족쇄인 유신견(sakkāya-diṭṭhi, 有身見)을 제거한 존재이다. 유신견은 '자아(attā)'가 있다는 견해(diṭṭhi)이다. 예류자는 바로 이 견해를 제거한 성자이다. 두 번째 깨달은 자는 일래자(사다함)이고, 세 번째 깨달은 자는 불환자(아나함)이며, 네 번째 최종적인 깨달음을 얻는 자는 아라한(arahant)이다.

아라한은 어떻게 최종적인 깨달음을 완성했는가? 그 열쇠도 역시 '무아'이다. 아라한은 열 가지 족쇄 중 마지막 족쇄인 '무명(avijjā, 無明)'을 제거했다. 무명은 법(dhamma, 法)을 '마음', '마음부수들' 또는 '물질'이라는 비인격적인 속성들로 보지 못하고, '나' 또는 '너'라는 이른바 '자아'라는 비법(adhammā, 非法)으로 보는 것을 뜻한다. 단순한 '경험적 자아(empirical self)'가 복잡한 사유를 걸쳐서 '영원한 실체적 자아(eternal and substantial self)'로 발전하게 된 것이 거의 모든 종교 역사의 한 일면이다. 이른바 '붓다의 가르침'을 뜻하는 불교(Buttdha Sāsana, 佛敎)만이 '영원한 실체적 자아'라는 무명 또는 미혹을 '환영'이라고 가르친다. 이 '자아 환영(illusion of Self)'을 완전하게 버린 존재가 바로 아라한이다. 그는 '무아'라는 열쇠로 깨달음의 마지막 문을 연 존재이다. 요컨대 아비담마는 법의 열쇠, 깨달음의 열쇠, 사성제 또는 연기의 열쇠인 '무아'를 정리하여 가르치는 수승한 법이라고 결론지을 수 있다.

아무로 알아주지 않는 '공부'를 한다고 세상살이를 다소 등한시하는 남편과 아버지를 이해하고, 훌륭한 가정을 만들어 준 나의 가장 큰 후원자이자 스승과 같은 아내와, 훌륭한 대학에서 공부하고 직장에서 자신의 일을 잘 해내어 나의 마음의 짐을 덜어준 나의 아들과 딸에게 먼저 감사한다.

대학원 박사과정에서 소중한 가르침을 주신 김방룡 교수님, 이종성 교수님, 김세정 교수님, 최정묵 교수님, 한대석 교수님에게 감사드립니다. 연구와 수행을 병행하며 바쁘신 중에도 일부 원고의 교정을 해 주신 위오기 교수님과 전체 원고를 학자적 안목으로 정밀하게 교정해 주신 지성구 교수님께 감사드립니다. 오랫동안 나에게 아비담마와 초기경전을 강의할 수 있는 기회를 준 지견명상원의 보안 원장님과 법우님들께도 감사드립니다. 마지막으로 불광출판사의 이상근 주간과 출판 관계자들에게 감사드립니다.

2018년 10월 법륜 김종수

부록

—

참고문헌

—

빠알리어-한글 용어 사전

—

색인

부록 I

89가지와 121가지 마음들에 대한 출처

		『담마상가니』	『청정도론』	『앗타살리니』
해로운 마음들 – 12				
탐욕에 뿌리박은	첫 번째	365	90–91	336
〃	두 번째	399	〃	339–40
〃	세 번째	400	〃	340
〃	네 번째	402	〃	341
〃	다섯 번째	403	〃	〃
〃	여섯 번째	409	〃	〃
〃	일곱 번째	410	〃	〃
〃	여덟 번째	412	〃	〃
성냄에 뿌리박은	첫 번째	413	92	314–44
〃	두 번째	421	〃	344
미혹에 뿌리박은	첫 번째	422	93	314–45
〃	두 번째	427	〃	346
원인 없는 마음들 – 8				
해로운 과보의				
안식		556	101	384–85
이식 등		〃	〃	〃
받아들이는		562	〃	〃
조사하는		564	〃	〃
유익한 과보의				
안식		431	96	348–49
이식 등		443	〃	349–50
받아들이는		455	97	350

조사하는 (기쁨)		469	97–98	351–52
조사하는 (평온)		484	97–98	351–52
작용만 하는				
오문전향		566	107	385–86
의문전향		574	108	388
미소를 일으키는		568	〃	386–88
욕계 아름다운 – 24				
유익한	첫 번째	1	83–85	141–207
〃	두 번째	146	〃	207
〃	세 번째	147	〃	208
〃	네 번째	149	〃	〃
〃	다섯 번째	150	〃	〃
〃	여섯 번째	156	〃	〃
〃	일곱 번째	157	〃	〃
〃	여덟 번째	159	〃	〃
과보의	첫 번째–여덟 번째	498	100	353–79
작용만 하는	첫 번째–여덟 번째	576	109	388
색계 – 15				
유익한	초선	160,167	86	216–25
〃	제2선	161,168	〃	239–43
〃	제3선	163,170	〃	225
〃	제4선	165,172	〃	228–34
〃	제5선	174	〃	235–39
과보의	초선	499	103	379–80
〃	제2선–제5선	500	〃	"
작용만 하는	초선	577	109	388–89
	제2선–제5선	578	〃	〃

무색계 – 12				
유익한	첫 번째	265	87	270
〃	두 번째	266	〃	275
〃	세 번째	267	〃	276
〃	네 번째	268	〃	277–83
과보의	첫 번째	501	104	379–80
〃	두 번째	502	〃	〃
〃	세 번째	503	〃	〃
	네 번째	504	〃	〃
작용만 하는	첫 번째	579	109	388–89
〃	두 번째	580	〃	〃
〃	세 번째	581	〃	〃
〃	네 번째	582	〃	〃
출세간 – 8 / 40				
유익한				
예류도		277	88	289–319
〃	초선	〃	…	307–10
예류도	제2선–제5선	342	…	307–10
일래도		361	88	319–20
불환도		362	〃	320
아라한도		363	〃	320–29
과보의				
예류과		505	105	380–84
〃	초선	〃	…	…
〃	제2선–제5선	508	…	…
더 높은 세 가지 과		553	105	380–84

● 『담마상가니』의 참조번호는 문단번호에 의한 것이고, 『청정도론』의 참조번호는 *The Path of Purification* 제14장의 단락번호이고, 『앗타살리니』의 참조번호는 *The Expositor*의 쪽 번호이다.

부록 II

52가지 마음부수에 대한 출처

		『담마상가니』	『청정도론』	『앗타살리니』
윤리적으로 가변적인 것—13				
공통들—7				
(1)	감각접촉	2	134	144
(2)	느낌	3	125-28	145
(3)	인식	4	129-30	146
(4)	의도	5	135	147
(5)	한곳 집중	11	139	156
(6)	생명기능	19	138	163
(7)	주의	…	152	175
때때로들—6				
(8)	일으킨 생각	7	88-98*	151
(9)	지속적 고찰	8	〃	152
(10)	결심	…	151	175
(11)	정진	13	137	158
(12)	희열	9	94-100*	153
(13)	열정	…	150	175
해로운 마음부수들—14				
(14)	미혹	390	163	332
(15)	부끄러움 없음	387	160	331
(16)	잘못에 대한 두려움 없음	388	160	331
(17)	들뜸	429	165	346
(18)	탐욕	389	162	332
(19)	사견	381	164	331
(20)	자만	1116	168	340
(21)	성냄	418	171	342
(22)	질투	1121	172	342

(23)	인색	1122	173	343
(24)	후회	1161	174	343
(25)	해태	1156	167	340
(26)	혼침	1157	167	340
(27)	의심	425	177	344
아름다운 마음부수들—25				
아름다운 공통들—19				
(28)	믿음	12	140	157
(29)	마음챙김	14	141	159
(30)	부끄러움	30	142	164
(31)	잘못에 대한 두려움	31	142	164
(32)	탐욕 없음	32	143	167
(33)	성냄 없음	33	143	167
(34)	중립	153	153	176
(35)	정신적인 몸의 편안함	40	144	171
(36)	마음의 편안함	41	144	171
(37)	정신적인 몸의 가벼움	42	145	172
(38)	마음의 가벼움	43	145	172
(39)	정신적인 몸의 부드러움	44	146	172
(40)	마음의 부드러움	45	146	172
(41)	정신적인 몸의 적합함	46	147	172
(42)	마음의 접합함	47	147	172
(43)	정신적인 몸의 능숙함	48	148	172
(44)	마음의 능숙함	49	148	172
(45)	정신적인 몸의 올곧음	50	149	173
(46)	마음의 올곧음	51	149	173
절제들—3				
(47)	바른 말	299	155	296
(48)	바른 행위	300	155	297
(49)	바른 생계	301	155	298
무량들—2				

(50)	연민	…	154	176
(51)	함께 기뻐함	…	154	176
미혹없음—1				
(52)	통찰지 기능	16	143	161

- 세 가지 출처의 참조번호는 부록 I에서 설명된 방법대로이다. 별표로 표시된 『청정도론』의 참조번호는 제14장이 아닌 제4장의 단락번호이다.

참고문헌

1. 『아비담맛타 상가하』(ABHIDHAMMATIHASANGAHA) 자료

Kosambi, Dhammānanda. *Abhidhammatthasangaha and Navanīta-Ṭikā* Colombo: Mangala Traders, n.d. (Pali in Sinhala script.)

Nārada Mahathera. *A Manual of Abhidhamma*. 4th ed. Kandy: BPS, 1980. (Pali in Roman script with English translation.)

Rewata Dhamma, Bhadanta. *Abhidhammattha Sangaha with Vibhāvinī-Ṭīkā*. Varanasi: Bauddhaswadhyaya Satra, 1965. (Pali in Devanagari script.)

Saddhātissa, Hammalawa. *The Abhidhammatthasangaha and the Abhidhammatthavibhāvinī-Ṭīkā*. Oxford: PTS, 1989. (Pali in Roman script.)

2. 『상가하』(SANGAHA) 자료에 대한 주석서

(1) 수망갈라사미(Sumangalasami) 스님 저, 『아비담맛타위바위니-띠까(*Abhidhammatthavibhāvinī-Ṭīkā*)』:

Paññānanda, Rev. Welitara, ed. *Abhidharmārtha Sangraha Prakaraṇa, containing the Abhidharmārtha Vibhāvinī-Ṭīkā*. Colombo 1898. (Pali in Sinhala script.)

Rewata Dhamma, Bhadanta, ed. See entry under "Editions of the Abhidhammattha Sangaha consulted" above.

Saddhātissa, Hammalawa, ed. See entry under "Editions of the Abhidhammattha Sangaha consulted" above.

(2) 레디 사야도 저, 『빠라맛타디빠니-띠까(*Paramatthadīpanī-Ṭīkā*)』:

Ledi Sayadaw. *Paramatthadīpanī Sangaha Mahā-Ṭīkā*. Rangoon, 1907.

(3) 다른 참고문헌 주석서:

Kosambi, Dhammānanda. *Navanīta-Ṭīkā*. See entry under "Editions of the Abhidhammattha Sangaha consulted" above.

Rewata Dhamma, Bhadanta. *Abhidharma Prakāsinī*. 2 vols. Varanasi: Varanaseya Sanskrit University, 1967. (Hindi commentary.)

3. 논장(ABHIDHAMMAPITAKA) 번역서

Dhammasaṅgaṇī: C.A.F. Rhys Davids, trans. *A Buddhist Manual of Psychological Ethics*. 1900. Reprint. London: PTS, 1974.

Vibhanga: U Thittila, trans. *The Book of Analysis*. London: PTS, 1969.

Dhātukathā: U Nārada, trans. *Discourse on Elements*. London: PTS, 1962.

Puggalapaññatti: B.C. Law, trans. *A Designation of Human Types*. London: PTS, 1922, 1979.

Kathāvatthu: Shwe Zan Aung and C.A.F. Rhys Davids, trans. *Points of Controversy*. London: PTS, 1915, 1979.

Paṭṭhāna: U Nārada, trans. *Conditional Relations*. London: PTS, Vol. 1, 1969; Vol. 2, 1981.

4. 아비담마 주석서의 번역서

Atthasālinī (Commentary on the *Dhammasaṅgaṇī*): Pe Maung Tin, trans. The Expositor. 2 vols. London: PTS, 1920-21, 1976.

Sammohavinodanī (Commentary on the *Vibhanga*): 비구 Ñaṇamoli, trans. *The Dispeller of Delusion*. Vol. 1. London: PTS, 1987; Vol. 2. Oxford: PTS, 1991.

Kathāvatthu Commentary: B.C. Law, trans. *The Debates Commentary*. London: PTS 1940, 1988.

5. 다른 참고문헌

Aung, Shwe Zan and Rhys Davids, C.A.F. *Compendium of Philosophy*. London: PTS, 1910, 1979. Pioneering English translation of the Abhidhammattha Sangaha, with interesting Introduction and Appendix.

Devananda, Ven. A., Adhiikarana Nayaka Thero. *Paramattha-vinicchaya and Paramattha-vibhāvinī-vyākhyā*. Colombo: Vidya Sagara Press, 1926.

Ledi Sayadaw. *Buddhist Philosophy of Relations (Paṭṭhānuddesa Dīpanī)*. 1935. Reprint. Kandy: BPS, 1986.

Malalasekera, G.P. *The Pali Literature of Ceylon*. 1928. Reprint. Kandy: BPS, 1994.

Mizuno, Kogen. "Abhidharma Literature." *Encyclopaedia of Buddhism*. Fasc. 1. Government of Ceylon, 1961.

Ñanamoli, Bhikkhu, trans. *The Path of Purification (Visuddhimagga)*. Kandy: BPS, 1975.

Nārada, U. *Guide to Conditional Relations*. Part 1. London: PTS, 1979.

Nyanaponika Thera. *Abhidhamma Studies*. Kandy: BPS, 1965. Essays focused mainly on the Dhammasanganī.

Nyanatiloka Thera. *Guide through the Abhidhamma Piṭaka*. Kandy: BPS, 1971.

Perera, R.R. "Anuruddha (5)." *Encyclopaedia of Buddhism*. Fasc. 4. Government of Ceylon, 1965.

Van Gorkom, Nina. *Abhidhamma in Daily Life*. Bangkok: Dhamma Study Group, 1975.

Warder, A.K. *Indian Buddhism*. 2nd rev. ed. Delhi: Motilal Banarsidass, 1980.

Watanabe, Fumimaro. *Philosophy and its Development in the Nikāyas and Abhidhamma*. Delhi: Motilal Banarsidass, 1983.

빠알리어-한글 용어사전

〔한글 음역에 사용된 하이픈(-)은 장음 표시〕

- akusala(아꾸살라): 해로운
- anga(앙가): 요소
- ajjhatta(앗잣따): 안의
- ajjhattika(앗잣띠까): 안의
- aññamañña(안냐만냐): 상호 (조건)
- aññasamāna(안냐사마-나): 윤리적으로 가변적인 (마음부수)
- aññātāvindriya(안냐-따-윈드리야): 구경의 지혜를 구족한 자의 기능
- aññindriya(안닌드리야): 구경의 지혜의 기능
- ati-iṭṭha(아띠 잇타): 매우 원하는
- atiparitta(아띠빠릿따): 매우 작은 (대상)
- atimahanta(아띠마한따): 매우 큰 (대상)
- atīta(아띠-따): 지나간[과거의]
- attavāda(앗따와-다): 자아의 교리
- atthapaññatti(앗타빤냣띠): 의미로서의 개념
- atthi(앗티): 존재 (조건)
- adukkhamasukha(아둑캄아수카): 괴롭지도 즐겁지도 않은 (느낌)
- adosa(아도-사): 성냄 없음
- addha(앗다): 기간
- addhāna(앗다-나): 지속 기간
- adhiṭṭhāna(아딧타-나): (1) 장소, 기초; (2) 결의
- adhipati(아디빠띠): 지배적인; 지배 (조건)
- adhimokkha(아디목카): 결심
- anaññātaññassāmītindriya(아난냐-딴냣사-미-띤드리야): "나는 알려지지 않은 것을 알 것이다"라는 기능
- anattā(안앗따-): 무아
- anantara(안안따라): 틈이 없는 (조건)
- anāgata(안아-가따): 미래
- anāgāmī(안아-가-미-): 불환자
- anicca(아닛짜): 무상
- aniccatā(아닛짜따-): 무상함
- aniṭṭha(안잇타): 바라지 않는
- anipphanna(아닙판나): 추상적인 (물질)
- animitta(아니밋따): 표상 없는
- aniyatayogī(아니야따요기-): 고정되지 않은 부가물
- anupassanā(아누빳사나-): 관찰
- anupādisesa(안우빠-디세-사): 찌꺼기가 남아있지 않은 (닙바나 요소)
- anuloma(아눌로-마): 수순
- anusaya(아누사야): 잠재 성향
- anussati(아눗사띠): 따라 마음챙김
- anottappa(안옷땁빠): 잘못에 대한 두려움
- aparāpariyavedanīya(아빠라-빠리야웨-다니-야): 무한히 효력이 있는 (업)
- apāyabhūmi(아빠-야부-미): 악처
- appaṭigharūpa(압빠띠가루-빠): 영향을 주지 않는 물질
- appaṇihita(압빠니히따): 원함이 없는

- appanā(압빠나-): 몰입[삼매]
- appamaññā(압빠만냐-): 무량
- abyākata(아뱌-까따): (업으로) 판단할 수 없는[無記]
- abhijjhā(아빗자-): 욕심
- abhiññā(아빈냐-): 직접적인 지혜[신통지]
- amoha(아모-하): 미혹 없음[無痴]
- arahatta(아라핫따): 아라한
- arahant (아라한뜨): 아라한 (해탈한 자)
- ariya(아리야): 성스러운, 성자
- ariyasacca(아리야삿짜): 성스러운 진리
- arūpa(아루-빠): 무색의
- arūpāvacara(아루-빠-와짜라): 무색계
- alobha(알로-바): 탐욕 없음[無貪]
- avacara(아와짜라): 세계
- avigata(아위가따): 떠나지 않은 (조건)
- avijjā(아윗자-): 무명
- avinibbhogarūpa(아위닙보-가루-빠): 분리할 수 없는 물질 현상들
- avibhūta(아위부-따): 분명하지 않은 (물질)
- asankhata(아상카따): 조건 지어지지 않은
- asankhārika(아상카-리까): 자극받지 않은 (마음)
- asaññasatta(아산냐삿따): 인식이 없는 존재[무상유정]
- asāraka(아사-라까): 핵이 없는
- asubha(아수바): 부정(不淨)
- asura(아수라): 아수라 ("타이탄")
- asekkha(아섹카): 유학을 넘어선 자 (즉 아라한)
- ahirika(아히리까): 부끄러움 없음
- ahetuka(아헤-뚜까): 원인 없는
- ahosi(아호-시): 효력을 상실한 (업)
- ākāra(아-까-라): 방식[형식]
- ākāsa(아-까-사): 허공
- ākāsānañcāyatana(아-까-사-난짜야따나): 공무변처
- ākiñcaññāyatana(아-낀짠냐-야따나): 무소유처
- āciṇṇa(아-찐나): 습관적인 (업)
- ādīnava(아-디-나와): 위험
- āpātha(아-빠-타): (감각의) 길
- āpo(아-뽀-): 물
- āyatana(아-야따나): 감각장소(토대)
- āyu, āyuppamāna(아-유, 아윱빠마-나): 수명
- ārammaṇa(아-람마나): 대상
- āruppa(아-룹빠): 무색 (계 혹은 상태)
- ālambana(알-람바나): 대상
- āloka(알-로-까): 빛
- āvajjana(아-왓자나): 전향
- āsanna(아-산나): 죽음에 가까운 (업)
- āsava(아-사와): 번뇌
- āsevana(아-세-와나): 반복 (조건)
- iṭṭha(잇타): 원하는
- iṭṭhamajjhatta(잇타맛잣따): 원하는 것이 중간인[적당히 원하는]
- itthatta(잇탓따): 여성
- idaṃsaccābhinivesa(이담삿짜-비니웨-사): "이것만이 진리이다"라는 독단적인 믿음
- iddhipāda(잇디빠-다): 성취수단
- iddhividha(잇디위다): 신통력
- indriya(인드리야): 기능
- iriyāpatha(이리야-빠타): 몸의 자세
- issā(잇사-): 질투
- ukkaṭṭha(욱깟타): 수승한 (업)
- uggaha(욱가하): 익힌 (표상)

- ujjukatā(웃주까따-): 올곧음
- utu(우뚜): 온도
- udayabbaya(우다얍바야): 일어나고 사라지다
- uddhacca(웃닷짜): 들뜸
- upakkilese(우빡낄레-사): (통찰의) 불완전함
- upaghātaka(우빠가-따까): 파괴적인 (업)
- upacaya(우빠짜야): 생산
- upacāra(우빠짜-라): 근접
- upacchedaka(우빳체-다까): 파괴적인 (업)
- upaṭṭhāna(우빳타-나): 인식[앎]
- upatthambaka(우빳탐바까): 지원하는 (업)
- upanissaya(우빠닛사야): 강한 의지 (조건)
- upapajjavedanīya(우빠빳자웨-다니-야): 나중에 효력이 있는 (업)
- upapīḷaka(우빠삘-라까): 방해하는 (업)
- upādāna(우빠-다-나): 취착[집착]
- upādārūpa(우빠-다-루-빠): 파생 물질
- upekkhā(우뻭카-): 평온[평정]
- uppāda(웁빠-다): (1) 일어남; (2) 일어나는 [아순간]
- ekaggatā(에-깍가따-): 한곳 집중
- ogha(오-가): 홍수
- ojā(오-자-): 음식
- ottappa(옷땁빠): 잘못에 대한 두려움
- obhāsa(오-바-사): 광명
- omaka(오-마까): 열등한 (업)
- oḷārikarūpa(올라-리까루-빠): 거친 물질
- kaṭattā(까땃따-): 비축된 (업)
- kappa(깝빠): 겁
- kabaḷīkāra(까발리-까-라): 먹을 수 있는
- kamma(깜마): 업, 행위
- kammaññatā(깜만냐따-): 적합함
- kammaṭṭhāna(깜맛타-나): 명상주제
- kammanimitta(깜마니밋따): 업의 표상
- kammapatha(깜마빠타): 업의 길
- karuṇā(까루나-): 연민
- kalāpa(깔라-빠): 무리
- kasina(까시나): 까시나 (명상 장치)
- kāma(까-마): (1) 욕계, (2) 감각적 (욕망 혹은 즐거움)
- kāmāvacara(까-마-와짜라): 욕계
- kāya(까-야): 몸 (육체적인 혹은 정신적인)
- kāyaviññatti(까-야윈낫띠): 몸의 암시
- kāla(깔-라): 시간
- kālavimutta(깔-라위뭇따): 시간에서 독립적인
- kicca(낏짜): 작용, 역할
- kiriya, kriyā(끼리야, 끄리야-): 작용만 하는
- kilesa(낄레-사): 오염원
- kukkucca(꾹꿋짜): 후회
- kusala(꾸살라): 유익한
- khaṇa(카나): 순간; 아순간
- khandha(칸다): 무더기[蘊]
- khaya(카야): 파괴
- gati(가띠): 태어날 곳[운명]
- gatinimitta(가띠니밋따): 태어날 곳[운명]의 표상
- gantha(간타): 매듭
- gandha(간다): 냄새
- garuka(가루까): 무거운 (업)
- gocara(고-짜라): 대상
- gocaraggāhika (-짜락가-히까): 대상을 취하는
- gocararūpa(고짜라루-빠): 대상의 물질
- gotrabhū(고-뜨라부-): 혈통의 변화[종성]
- ghāna(가-나): 코

- ghāyana (가-야나): 냄새나는
- cakkhu (짝쿠): 눈
- carita (짜리따): 기질
- citta (찟따): 마음
- cittavīthi (찟따위-티): 인식과정
- cittasantāna (찟따산따-나): 마음의 흐름
- cittuppāda (찟뚭빠-다): 마음, 마음의 행위나 상태
- cuti (쭈띠): 죽음
- cetanā (쩨-따나-): 의도
- cetasika (쩨-따시까): 마음부수
- chanda (찬다): (하려는 혹은 얻으려는) 열의
- janaka (자나까): 생산하는 (업)
- jaratā (자라따-): 늙음
- jarāmaraṇa (자라-마라나): 늙음과 죽음
- javana (자와나): 자와나 (즉 인식과정의활동적인 단계, 속행)
- jāti (자-띠): 태어남
- jivhā (지워하-): 혀
- jīvitarūpa (지-위따루-빠): 물질적인 생명 현상들
- jīvitindriya (지-위띤드리야): 생명 기능
- jhāna (자-나): 선정(몰입삼매 명상)
- jhānanga (자-낭가): 선정의 요소
- ñāṇa (냐-나): 지혜
- ṭhāna (타-나): (1) 단계; (2) 존재 (아순간)
- ṭhiti (티띠): 존재 (아순간)
- taṇhā (딴하-): 갈애
- tatramajjhattatā (따뜨라맛잣따따-): 마음의 중립
- tadārammaṇa (따드아-람마나): 등록
- tiracchānayoni (띠랏차-나요-니): 축생
- tihetuka (띠헤-뚜까): 3가지 원인의
- tejo (떼-조-): 불
- thīna (티-나): 해태
- dasaka (다사까): 10
- dassana (닷사나): (1) 봄; (2) (지혜로서의) 견
- dāna (다-나): 보시
- diṭṭhadhammavedanīya (딧타담마웨-다니-야): 즉시 효력 있는 (업)
- diṭṭhi (딧티): 견해, 사견
- diṭṭhigata (딧티가따): 사견
- dibbacakkhu (딥바짝쿠): 신성한 눈(天眼)
- dibbasota (딥바소-따): 신성한 귀(天耳)
- dukkha (둑카): (1) 괴로움 (2) 고통, 고통스런 (느낌)
- deva (데-와): 신
- domanassa (도-마낫사): 불만족
- dosa (도-사): 미움, 성냄
- dvāra (드와-라): 문
- dvāravimutta (드와-라위뭇따): 문을 벗어난
- dvipañcaviññāṇa (드위빤짜윈냐-나): 다섯 가지 감각식의 두 가지 세트(한쌍의 전오식)
- dhamma (담마): (1) Dhamma(담마), 즉 붓다의 가르침; (2) 현상, 상태 (3) 정신적 대상
- dhammavicaya (담마위짜야): 법의 조사 (깨달음의 요소)
- dhātu (다-뚜): 요소
- natthi (낫티): 비존재 (조건)
- navaka (나와까): 구원소
- nānakkhaṇika (나-낙카니까): 동시에 존재하지 않는 (업 조건)
- nāma (나-마): (1) 정신, 정신의 (2) 이름
- nāmapaññatti (나-마빤냣띠): 이름으로서의 개념
- nāmarūpa (나-마루-빠): 정신과 물질

• nikanti(니깐띠): 집착
• nipphanna(닙판나): 구체적인 (물질)
• nibbhāna(닙바-나): 닙바나(열반)
• nibbidā(닙비다-): 역겨움
• nimitta(니밋따): 표상
• niyatayogī(니야따요-기-): 고정된 부가물
• niyama(니야마): 절차
• niraya(니라야): 지옥
• nirodha(니로다): 소멸
• nirodhasamāpatti(니로-다사마-빳띠): 소멸의 증득[멸진정]
• nissaya(닛사야): 의지 (조건)
• nīvaraṇa(니-와라나): 장애
• n'evasaññānāsaññāyatana(네-와산냐-나-산냐-야따나): 비상비비상처
• pakatūpanissaya(빠까뚜-빠닛사야): 자연적인 강한 의지 (조건)
• pakiṇṇaka(빠낀나까): (1) 때때로의 (마음부수) (2) 혼합의
• paggaha(빡가하): 노력
• paccaya(빳짜야): 조건
• paccayasatti(빳짜야삿띠): 조건 짓는 힘
• paccayuppanna(빳짜윱빤나): 조건 지어져 일어난
• paccavekkhaṇa(빳짜웩카나): 반조
• paccupaṭṭhāna(빳쭈빳타-나): 나타남
• paccuppanna(빳쭙빤나): 현재
• pacchājāta(빳차-자-따): 뒤에 생긴 (조건)
• pañcadrāra(빤짜드와-라): 다섯 가지 감각문[五門]
• pañcadvārāvajjana(빤짜드와-라-왓자나): 오문전향 (마음)
• paññatti(빤냣띠): 개념
• paññā(빤냐-): 통찰지
• paññindriya(빤닌드리야): 통찰지 기능
• paṭigha(빠띠가): (1) 악의 (2) (감각의) 부딪침
• paṭiccasamuppāda(빠띳짜삼웁빠-다): 연기
• paṭipadā(빠띠빠다-): 도 닦음
• paṭibhāga(빠띠바-가): 닮은 (표상)
• paṭisankhā(빠띠상카-): 반조 (명상)
• paṭisandhi(빠띠산디): 재생연결
• paṭṭhāna(빳타-나): 조건관계
• paṭhavī(빠타위-): 흙
• padaṭṭhāna(빠닷타-나): 가까운 원인
• paracittavijānanā(빠라찟따위자-나나-): 다른 사람의 마음을 아는 것
• paramattha(빠라맛타): 궁극적 실재
• parikamma(빠리깜마): 예비의
• pariggaha(빠릭가하): 분별력
• paricchedarūpa(빠릿체-다루-빠): 제한하는 물질 현상들 (즉 허공)
• pariññā(빠린냐-): 완전한 이해
• paritta(빠릿따): (1) 제한된 (즉 욕계) (2) 작은 (대상)
• pavatta, pavatti(빠왓따, 빠왓띠): 존재의 과정
• pasādarūpa(빠사-다루-빠): 감성 물질
• passaddhi(빳삿디): 편안함, 경안
• pahāna(빠하-나): 버림
• pāka(빠-까): 과보의
• pāguññatā(빠-군냐따-): 능숙
• pīti(삐-띠): 희열
• puggala(뿍갈라): 개인
• puñña(뿐냐): 공덕; 공덕의
• puthujjana(뿌툿자나): 범부
• pubbenivāsānussati(뿝베-니와-사-눗사띠): 전생의 기억

• purisatta (뿌리삿따): 남성
• purejāta (뿌레-자-따): 앞에 생긴 (조건)
• peta (뻬-따): "배고픈 유령"
• pettivisaya (뻿띠위사야): 배고픈 유령의 영역
• phala (팔라)—과
• phassa (팟사): 감각접촉
• phusana (푸사나): 접촉
• phoṭṭhabba (폿탑바): 감촉의 (대상)
• bala (발라): 힘
• bahiddhā (바힛다-): 외부의
• bāhira (바-히라): 외부의
• bojjhanga (봇장가): 깨달음의 요소
• bodhipakkhiyadhamma (보-디빡키야담마): 깨달음의 필수요소
• bhanga (방가): 무너짐; 무너짐 (아순간)
• bhaya (바야): 두려움; 두려운
• bhavanga 바왕가: 생명연속심
• bhāvanā (바-와나-): 명상, (팔정도의, 혹은 사마타와 위빳사나의) 수행
• bhāvarūpa (바-와루-빠): 성의 물질 현상들
• bhūtarūpa (부-따루-빠): 필수적인 물질[사대]
• bhūmi (부-미): (존재의) 세상 혹은 (마음의) 영역
• magga (막가): 도
• magganga (막강가): 도 요소
• macchariya (맛차리야): 인색
• manasikāra (마나시까-라): 주의
• manussa (마눗사): 인간
• mano (마노-): 의(意, 마음)
• manodvāra (마노-드와-라): 意門
• manodvārāvajjana (마노-드와-라-왓자나): 의문전향
• manodhātu (마노-다-뚜): 意界
• manoviññāṇadhātu (마노-윈냐-나다-뚜): 의식계
• manosañcetanā (마노-산쩨-따나-): 정신적 의도
• maraṇa (마라나): 죽음
• mahaggata (마학가따): 고귀한
• mahanta (마한따): 큰 (대상)
• mahākiriya (마하-끼리야): 큰 작용만 하는 (마음)
• mahākusala (마하-꾸살라): 큰 유익한 (마음)
• mahābhūta (마하-부따-): 큰 필수적인 (물질)
• mahāvipāka (마하-위빠-까): 큰 과보의 (마음)
• māna (마-나): 자만
• mānasa (마-나사): 마음
• micchādiṭṭhi (밋차-딧티): 사견
• middha (밋다): 혼침
• muñcitukamayatā (문찌뚜깜야따-): 해탈하기를 원함
• muditā (무디따-): 함께 기뻐함(喜]
• mudutā (무두따-): 유연성
• mūla (물-라): 뿌리
• mettā (멧따-): 자애
• mogha (모-가): 헛된 (인식과정)
• momūha (모-무-하): 순전한 미혹
• moha (모-하): 미혹
• yoga (요-가): 굴레, 매듭
• rasa (라사): (1) 작용 (2) 맛
• rāga (라-가): 탐욕, 집착
• rūpa (루-빠): (1) 물질, 물질 현상 (2) 색(계) (3) 보이는 형색
• rūpakalāpa (루-빠깔라-빠): 물질의 무리
• rūpāvacara (루-빠-와짜라): 색계
• lakkhaṇa (락카나): 특성

• lakkhaṇarūpa(락카나루-빠): 특성 물질
• lahutā(라후따-): 가벼움
• loka(로-까): 세상
• lokiya(로-끼야): 세간
• lokuttara(로-꿋따라): 출세간
• lobha(로-바): 탐욕
• vacī(와찌-): 말
• vacīviññatti(와찌-윈냣띠): 말의 암시
• vaṭṭa(왓따): 존재의 회전
• vaṇṇa(완나): 색
• vatthu(왓투): (1) 토대 (2) 법
• vavatthāna(와왓타-나): 분석
• vasitā(와시따-): 자유자재
• vāyāma(와-야-마): 정진
• vāyo(와-요-): 바람
• vikārarūpa(위까-라루-빠): 변하는 물질
• vigata(위가따): 떠난 (조건)
• vicāra(위짜-라): 지속적 적용[고찰]
• vicikicchā(위찌낏차-): 의심
• viññatti(윈냣띠): 암시
• viññāṇa(윈냐-나): 식(識)
• viññāṇañcāyatana(윈냐-난짜-야따나): 식무변처
• vitakka(위딱까): 최초의 적용[일으킨 생각]
• vinibbhogarūpa(위닙보-가루-빠): 분리할 수 있는 물질
• vipassanā(위빳사나-): 통찰
• vipāka(위빠-까): 과보, 과보의
• vippayutta(윕빠윳따): ~와 관련되지 않은, 비관련 (조건)
• vibhūta(위부-따): 분명한 (대상)
• vimokkha(위목카): 해탈
• vimokkhamukha(위목카무카): 해탈에 이르는 관문
• virati(위라띠): 절제
• viriya(위리야): 정진
• visaya(위사야): 대상
• visuddhi(위숫디): 청정
• vīthi(위-티): 과정
• vīthicitta(위-티찟따): 인식과정에 속하는 마음
• vīthimutta(위-티뭇따): 과정에서 벗어난 (즉 인식과정 밖에 있는)
• vīmaṃsā(위-망사-): 조사
• vuṭṭhāna(웃타-나): 벗어남, 출정
• vedanā(웨-다나-): 느낌
• votthapana(웟타빠나): 결정하는
• vohāra(오-하-라): 관습적인 표현
• vyāpāda(워야-빠-다): 악의
• sa-upādisesa(사 우빠-디세-사): 찌꺼기가 남은[有餘] (닙바나 요소)
• saṃyojana(상요-자나): 족쇄
• sakadāgāmī(사까다-가-미-): 일래자
• sankappa(상깝빠): 의도[생각]
• sankhata(상카따): 조건 지어진
• sankhāra(상카-라): (1) 형성 (2) 정신적 형성(네 번째 무더기) (3) 업의 형성 (4) 자극하는
• sankhepa(상케-빠): 모임
• sangaha(상가하): (1) 개요 (2) 결합, 포함
• sacca(삿짜): 진리
• sacchikiriya(삿치끼리야): 성취
• saññā(산냐-): 인식
• sati(사띠): 마음챙김
• satipaṭṭhāna(사띠빳타-나): 마음챙김의 확립
• sadda(삿다): 소리
• saddhā(삿다-): 믿음

- sanidassanarūpa(사니닷사나루-빠): 보이는 물질
- santati(산따띠): 연속, 상속
- santīraṇa(산띠-라나): 조사하는 (마음), 조사
- sandhi(산디): 연결
- sappaccaya(삽빳짜야): 조건을 가진
- sappaṭigharūpa(삽빠띠가루-빠): 부딪치는 물질
- sabhāva(사바-와): 내재적 본성
- samatha(사마타): 고요(그침)
- samanantara(삼안안따라): 빈 틈 없는 (조건)
- samādhi(사마-디): 집중
- samāpajjana(사마-빳자나): 증득(의 행위)
- samāpatti(사마-빳띠): (명상의) 증득
- samuṭṭhāna(사뭇타-나): 일어남; 일어남의 방식
- samudaya(삼우다야): 일어남 (성스러운 진리로서의)
- sampaṭicchana(삼빳띳차나): 받아들이는
- sampayutta(삼빠윳따): ~와 관련된; 관련 (조건)
- sampayoga(삼빠요-가): 결합
- sammappadhāna(삽맙빠다-나): 최고의 정진[正勤]
- sammasana(삼마사나): 명상 (지혜)
- sammā-ājīva(삼마- 아-지-와): 바른 생계
- sammākammanta(삼마- 깜만따): 바른 행위
- sammādiṭṭhi(삼마- 딧티): 바른 견해
- sammāvācā(삼마- 와-짜-): 바른 말
- sammāvāyāma(삼마- 와-야-마): 바른 정진
- sammāsankappa(삼마- 상깝빠): 바른 생각
- sammāsati(삼마- 사띠): 바른 마음챙김
- sammāsamādhi(삼마- 사마-디): 바른 삼매
- sammuti(삼무띠): 관습적인 (실재 혹은 진리)
- saḷāyatana(살라-야따나): 여섯 가지 감각기관
- savana(사와나): 들음
- sasankhārika(사상카-리까): 자극받은 (마음)
- sahagata(사하가따): ~이 함께한
- sahajāta(사하자-따): 함께 생긴 (조건)
- sahita(사히따)—~와 함께
- sahetuka(사헤-뚜까): 뿌리박은, 원인 있는
- sādhāraṇa(사-다-라나): 공통의
- sāyana(사-야나): 맛봄
- sāsava(사-사와): 오염되기 쉬운
- sīla(실-라): 계
- sīlabbataparāmāsa(실-랍바따빠라-마-사): 의례·의식에 대한 집착
- sukha(수카): 행복, 즐거움, 즐거운 (느낌)
- sukhumarūpa(수쿠마루-빠): 미세한 물질
- sugati(수가띠): 선(처)
- suññata(순냐따): 공(空)
- suddhāvāsa(숫다-와-사): 정거천
- sekkha(섹카): 유학 (즉 세 가지 보다 낮은 단계의 성스러운 제자들)
- sota(소-따): 귀
- sota(소-따): 흐름
- sotāpatti(소-따-빳띠): 예류
- sotāpanna(소-따-빤나): 예류자
- sobhana(소-바나): 아름다운
- somanassa(소-마낫사): 기쁨
- hadayavatthu(하다야왓투): 심장 토대
- hasana(하사나): 미소 짓는
- hasituppāda(하시뚭빠-다): 미소를 일으키는 (마음)
- hiri(히리): 부끄러움
- hetu(헤-뚜): 원인(뿌리)

색인

몇 개의 번역되지 않은 것들을 제외하고 모든 기술 용어들이 해당 한글 번역 밑에 색인되었다. 그것들은 색인 앞에 있는 빠알리어-한글 용어사전에서 발견될 것이다. 참조번호들은 번역과 설명을 포함하고 있는 장 번호와 섹션 번호이다. 섹션 번호 다음의 괄호 속에 있는 번호는 언급된 섹션 안에서 발견되는 수 목록에 있는 항목의 번호를 의미한다.

ㄱ

- 가벼움 (lahutā 라후따-) – 정신적인 제2장 5 (10,11); 육체적인 제6장 4 (10), 14
- 갈애 (taṇhā 딴하-) – 제5장 37; 제6장 30; 제7장 13; 제8장 3 (7,8), 7, 8, 9; 제9장 35. 또한 탐욕 참조
- 감각 토대 (āyatana 아-야따나) – 제5장 36, 40; 제8장 3 (4,5), 16
- 감각장소 (āyatana 아-야따나) – 선정; 무색; 감각장소 참조
- 감각접촉 (phassa 팟사) – 제2장 2 (1); 제8장 3 (5,6)
- 감성 물질 (pasādarūpa 빠사-다루-빠) – 제1장 8; 제3장 12, 16, 20, 21; 제3장 4, 6; 제6장 3 (2), 7; 제8장 24
- 감촉 (phoṭṭhabba 폿탑바) – 제3장 16; 제6장 3 (3)강한 의지 조건 (upanissayapaccaya 우빠닛사야빳짜야) – 제8장 17, 27
- 개념 (paññatti 빤냣띠) – 제1장 2, 18–20; 제3장 16, 17, 18; 제5장 39; 제8장 17, 29–32
- 개인 (puggala 뿍갈라) – 제3장 13; 제4장 24–26; 제9장 38–41
- 겁 (kappa 깝빠) – 제5장 14
- 견 청정 (diṭṭhivisuddhi 딧티위숫디) – 제9장 30
- 견 (diṭṭhi 딧티) – 바른 견해, 사견 참조
- 결심 (adhimokkha 아디목카) – 제2장 3 (3), 11, 26

• 결정하는(votthapana 옷타빠나) – 제1장 10; 제2장 28; 제3장 8 (11), 9, 10, 14, 18; 제4장 6, 8; 제6장 11
• 결정할 수 없는(abyākata 아뱌-까따) – 제1장 3, 8, 12; 제3장 5-7
• 계(avacara 아와짜라) – 제1장 3
• 계(sīla 실-라) – 제5장 24; 제6장 8, 28
• 고귀한(mahaggata 마학가따) – 제1장 25; 제2장 15, 18, 21-22, 25; 제3장 10, 14, 17, 18; 제4장 14, 22. 또한 색계; 무색계 참조
• 고요(samatha 사마타) – 제1장 18-20; 제4장 1, 2-21 도처에
• 고통(dukkha 둑카, 괴로움) – 제1장 8; 제3장 2-4
• 공덕(puñña 뿐냐) – 제5장 24
• 공무변처(ākāsānañcāyatana 아-까-사-난짜-야따나) – 제1장 22-24; 제5장 7; 제9장 19
• 공성(suññata 순냐따) – 제6장 31; 제9장 35, 36, 37
• 과(果) (phala 팔라) – 제1장 27, 28, 31-32; 제3장 18; 제4장 14, 15, 16, 22; 제9장 34, 36, 44; 과의 증득 (°saṃāpatti 사마-빳띠) – 제4장 22; 제9장 37, 42
• 과보의(vipāka 위빠-까): 조건 – 제8장 14; 마음 – 제1장 3, 14; 제3장 18; 제4장 17; 제5장 27-33; 제8장 3 (2,3,4,9), 14; 색계 – 제1장 19, 21; 제3장 9, 10, 14; 제5장 13, 31; 무색계 – 제1장 23, 25; 제3장 9. 10, 14, 21, 32; 과보의 회전 – 제8장 8; 욕계 – 제1장 16; 제3장 9, 10, 14; 제4장 17; 제5장 11, 28-30; 출세간 – 제1장 27; 28; 해로운 – 제1장 8; 제4장 17; 제5장 27; 유익한 – 제1장 9, 14; 제2장 23-24, 25; 제4장 17; 제5장 28-30. 또한 과; 업 참조
• 인식과정(vīthi 위-티) – 인식과정 참조
• 인식과정에서 벗어난(vīthimutta 위-티뭇따) – 제4장 2; 제5당 1-42 도처에
• 관련 조건(sampayuttapaccaya 삼빠윳따빳짜야) – 제8장 13
• 괴로움(dukkha 둑카) – 제3장 2; 제7장 38, 40; 제8장 3 (11); 제9장 23, 32, 35, 26
• 구경의 지혜(aññā 안냐-) – 제7장 18, 22
• 구체적인 물질(nipphannarūpa 닙판나루-빠) – 제6장 2, 3
• 궁극적 실재(paramattha 빠라맛타) – 제1장 2; 제6장 32; 제7장 1
• 귀(sota 소-따) – 제6장 3 (2)
• 근접(upacāra 우빠짜-라) – 제4장 14; 제9장 14, 18, 20, 34
• 기능(indriya 인드리야) – 제3장 2; 제5장 31; 제6장 7, 14; 제7장 18, 20, 22, 23, 27, 28; 조건 – 제8장 24
• 기능수행 경(Indriyabhāvanā Sutta 인드리야바-와나- 숫따) – 제4장 17
• 기쁨(somanassa 소-마낫사) – 제1장 4, 9, 10, 13, 14, 15, 18-20; 제3장 2-4;

ㄴ

ㄷ

ㄹ

ㅁ

ㅂ

ㅅ

ㅇ

ㅈ

ㅊ

ㅋ

ㅌ

ㅍ

ㅎ

해설 빅쿠 보디

빅쿠 보디는 뉴욕의 브루클린에서 태어난 유대계 미국인 상좌부 스님이다. 그는 클레어몬트 대학원 대학교(CGU)에서 박사학위를 취득하고 스리랑카에서 구족계를 받았다. 스님은 불교출판협회(BPS)의 두 번째 회장으로 임명되었고, 상좌부불교 전통에 기반을 둔 많은 출판물들을 저술했다. 상좌부불교 논장인 아비담마의 주제들을 체계적으로 정리 · 설명하여 세계적인 고전이 된 이 책(a Comprehensive Manual of Abhidhamma)은 가히 상좌부불교의 핵심 교리를 일목요연하게 통찰할 수 있는 역저로 꼽힌다.

옮김 김종수

법륜 김종수는 학부에서는 영어영문학을, 대학원 석사과정에서는 영어언어학과 철학을, 대학원 박사과정에서는 철학을 공부했다.(박사학위 논문 「禪定(jhāna)에서의 止 · 觀(samatha-vipassanā)의 상보적 관계 연구– 빠알리 니까야(Pāḷi-Nikāya)를 중심으로 –」) 수십 년 동안 여러 가지 수련과 명상 수행을 했고, 미얀마 국제파욱숲속명상센터의 우레와따 반떼에게 선정(jhāna)을 지도받았다. 미얀마의 대표적인 지성 멤 틴 몬 박사가 지은 『붓다 아비담마』를 번역하여 불광출판사에서 출간했다. 아비담마, 『청정도론』, 「대념처경」, 「들숨날숨에 대한 마음챙김 경」, 「초전법륜경」, 「무아의 특징 경」, 「법구경」, 『디가 니까야』, 『맛지마 니까야』 등을 강의했다.

아비담마 종합 해설

아비담맛타 상가하 빠알리어 텍스트·번역·해설

2019년 1월 4일 초판 1쇄 발행
2023년 10월 13일 초판 2쇄 발행

지음 아누룻다 • 해설 빅쿠 보디 • 옮김 법륜 김종수
발행인 박상근(至弘) • 편집인 류지호 • 편집이사 양동민
편집 김재호, 김소영, 양민호, 최호승, 하다해
디자인 쿠담디자인 • 제작 김명환 • 마케팅 김대현, 이선호 • 관리 윤정안
콘텐츠국 유권준, 정승채, 김희준
펴낸 곳 불광출판사 (03169) 서울시 종로구 사직로 10길 17 인왕빌딩 301호
대표전화 02) 420-3200 편집부 02) 420-3300 팩시밀리 02) 420-3400
출판등록 제300-2009-130호(1979. 10. 10.)

ISBN 978-89-7479-493-4 (93220)

값 35,000원

잘못된 책은 구입하신 서점에서 바꾸어 드립니다.
독자의 의견을 기다립니다. www.bulkwang.co.kr
불광출판사는 (주)불광미디어의 단행본 브랜드입니다.